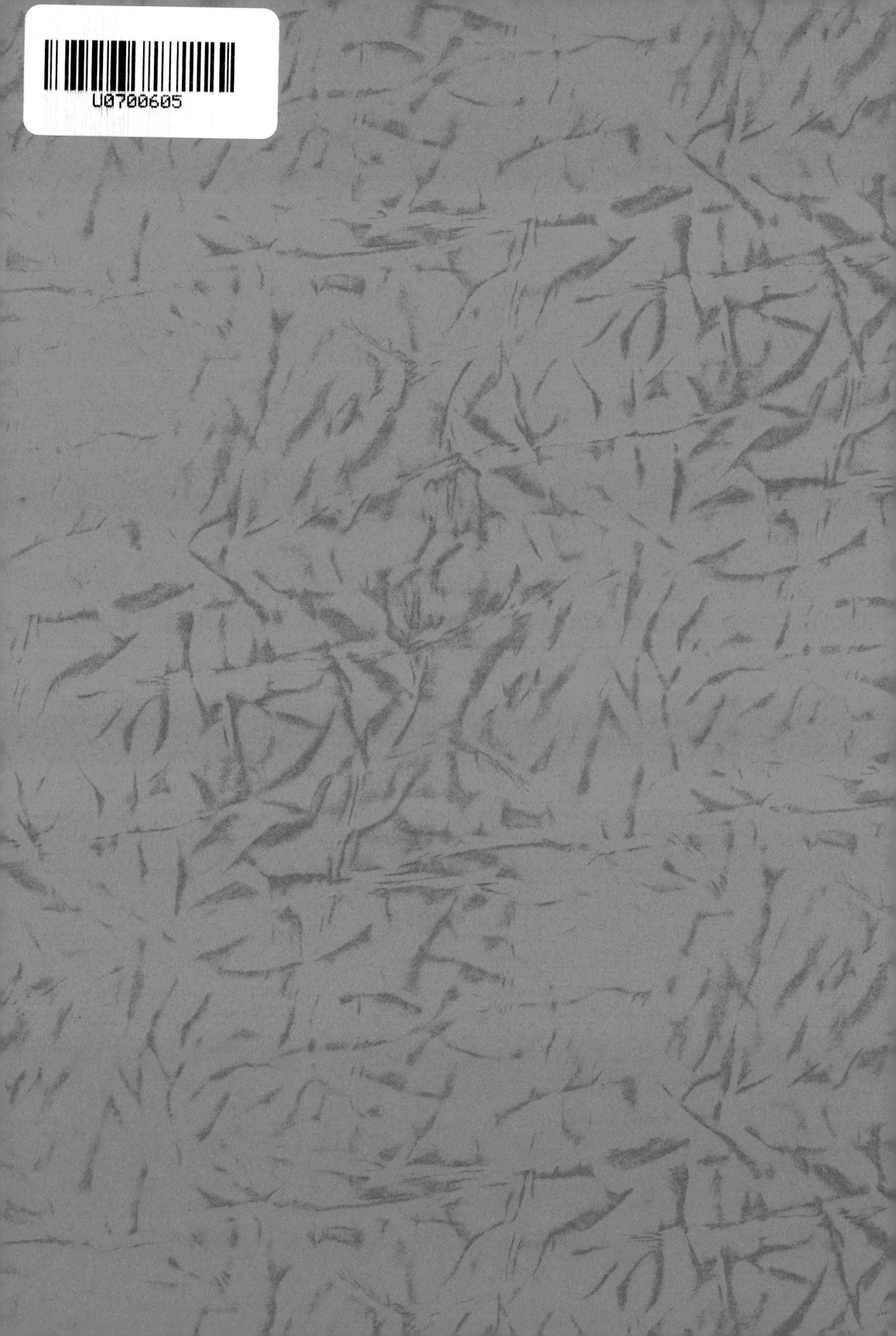

中國第一歷史檔案館編

宣統朝上諭檔

（二）

廣西師範大學出版社

凡例

一、本書所輯為中國第一歷史檔案館所藏清代光緒朝上諭檔，一年一册，按原檔影印編輯出版。

二、本書所輯上諭檔基本維持檔案形成的月日順序，以諭旨頒發先後為序，依次編排，一般調整祇在同日檔案文件之中進行。

三、本書對原檔諭旨時間的處理原則：(一)凡原檔標明頒發諭旨時間者，以頒諭時間為序編排；(二)凡未標明時間或時間有誤之諭旨，均進行必要的考證查出；(三)個別無法查考時間之諭旨，採用此前一件之時間。第(二)(三)項均在『校勘表』中註明。

四、本書對各類非諭旨性文件，不作時間考證。

五、本書對此類文件作了考證調整：原檔同日内之文件(包括奏摺、奏片、交片、咨文、名單、清單及所錄本日以前諭旨等)，凡内容上有内在聯係，但按原排列順序卻被相互隔離開的，經考證調整到一起。調整後諭旨在前，所屬附件在後。同一諭旨有兩件以上附件者，按其原有先後順序排列。另，對原檔册中存在的錯序、錯位、錯頁者，亦分別糾正和調整。凡調整件，均於『校勘表』註明。

六、本書對原檔考證調整的主要依據，是我館所藏清代當時形成的

『隨手登記檔』。

七、本書對同日内奏報的秋審朝審名單等附件，均視為單一件，依照原有順序歸併於同日相關諭旨之後，編一個文件順序號。

八、本書對於原檔中天頭處出現的『硃』、『硃圈』及諭旨左下方的『吏部摺』『禮部片』、『摘鈔交總理衙門』、『×月×日』等字樣，以及諭旨行文中間改動添加的各種字樣，均一律保留。

九、本書對原檔上後人打印的阿拉伯頁碼號、原檔夾縫處原標的漢字頁碼號、原檔天頭處所附的紙籤簽、地角處所圈劃的符號，在編輯過程中一律删除。

十、本書對於原檔中存在的錯字、衍字、簡化字、異體字、古體字等，均不作改動和糾正。

十一、本書將編者經過調整、校勘、考證的結果，以『校勘表』形式説明之。『校勘表』自右往左豎寫，各著録項自上而下依次登記：順序號、頁碼號、原檔頁碼號、校勘内容。校勘内容和使用符號：(一)無時間(或時間有誤)之諭旨，標明據『隨手登記檔』查到的時間；(二)某件諭旨時間暫未查出，標用此前一件之時間，以『*』標明；(三)凡經過調整順序的文件，一律註明『調整』字樣；(四)檔案原件殘破缺損者，均註『殘缺』；(五)墨迹霉變污染遮蓋一個字以上者，註明『污跡』字樣，並將所能辨識者的文字標出。

十二、本書所有文件統一編號，各冊序號獨立。

宣統朝上諭檔　第二冊　目錄

宣統二年(庚戌　公元一九一〇年)

正月

二月

三月

四月

二十四日……（一七二）
二十五日……（一七二）
二十七日……（一七四）
二十八日……（一七五）
二十九日……（一七五）
三十日……（一七六）

六月

初一日……（一七七）
初二日……（一七七）
初三日……（一七九）
初四日……（一七九）
初五日……（一八〇）
初六日……（一八二）
初七日……（一八六）
初八日……（一八六）
初九日……（一八八）
初十日……（一九〇）
十二日……（一九〇）
十三日……（一九一）
十四日……（一九一）
十五日……（一九三）
十六日……（一九三）
十七日……（一九三）

十八日……（一九五）
十九日……（一九六）
二十日……（一九七）
二十三日……（一九八）
二十四日……（一九九）
二十五日……（二〇〇）
二十六日……（二〇二）
二十七日……（二〇四）
二十八日……（二〇七）
二十九日……（二一四）

七月

初一日……（二二六）
初二日……（二二七）
初三日……（二二八）
初四日……（二二八）
初五日……（二三〇）
初七日……（二三〇）
初八日……（二三三）
初九日……（二三四）
初十日……（二三五）
十一日……（二四一）
十二日……（二四七）
十三日……（二五三）

八月

九月

十月

十一月

十二月

宣統朝上諭檔　第二冊　校勘表

序號	頁碼	原檔頁碼	校勘內容
一九	一〇	四九	正月十一日調整
二〇	一一	五一	正月十一日調整
二一	一一	五三	正月十一日調整
三七	一七	八七	正月十八日調整
三八	一七	八九	正月十八日調整
三九	一八	九一	正月十八日調整
四〇	一八	九三	正月十八日調整
五二	二三	一一三	正月二十一日調整
六二	二五	一三五	正月二十七日調整
六七	二七	一四五	正月二十九日調整
六	二九	一一	二月初六日
二〇	三五	四三	二月初十日
二二	三五	四七	二月十二日
二八	三七	六九	調整
四二	四一	八九	二月二十一日調整

序號	頁碼	原檔頁碼	校勘內容
四三	四二	九一	二月二十一日調整
四六	四三	一〇三	調整
四七	四三	一〇五	調整
五六	四五	一二一	調整
六七	四九	一四七	調整
七〇	五〇	一四九	調整
七一	五〇	一四五	二月二十六日調整
八四	五四	一七五	二月三十日
一八	六〇	三九	調整
四二	六九	九三	調整
八	八九	一九	調整
三二	九八	七一	調整
三九	一〇一	九五	調整
五七	一〇七	一三一	四月十六日調整
五八	一〇七	一三三	四月十六日調整

序號	頁碼	原檔頁碼	校勘内容
七三	一一三	一五五	四月十九日調整
七九	一一五	一八一	四月二十日調整
八三	一一六	一九一	調整
八六	一一七	一八九	調整
八八	一一七	一八三	四月二十日調整
九三	一一九	一九七	調整
九八	一二一	二二一	調整
一一五	一二六	二四五	調整
一〇	一三三	二七	調整
二二	一四五	七九	調整
二三	一四五	七三	五月初七日
二六	一四六	八一	五月初八日
三〇	一四八	九一	五月初九日
三一	一四八	一〇三	調整
三四	一四九	九一	調整
三五	一四九	一〇三	五月初八日調整
三六	一五二	一〇一	五月初十日
三八	一五三	一〇一	調整
四〇	一五六	一一七	五月十一日調整

序號	頁碼	原檔頁碼	校勘内容
四三	一五八	一一七	調整
五〇	一六四	一七一	調整
五四	一六五	一七三	調整
六九	一七〇	二〇五	調整
一七	一八二	三七	調整
三五	一九一	七五	六月十三日
五二	一九七	一一三	調整
五八	一九八	一二三	六月二十三日
六〇	一九九	一二九	調整
六二	一九九	一三一	調整
七三	二〇四	一七三	調整
一六	二三〇	三五	調整
二三	二三三	四九	七月初八日
二四	二三三	五一	調整
二七	二三四	五九	七月初九日調整
二八	二三四	六一	七月初九日調整
二九	二三五	六三	七月初九日調整
三三	二三五	八一	調整
三八	二四三	一〇三	調整

序號	頁碼	原檔頁碼	校勘内容
四二	二四八	一五九	調整
四五	二五三	一二一	調整
四七	二五四	一二三	調整
四九	二五四	一二五	調整
五一	二五四	一二七	調整
五三	二五五	一二九	調整
六三	二六二	一九三	調整
七三	二六六	二〇九	七月十六日
九四	二七四	二五五	七月二十三日調整
九五	二七四	二五七	七月二十三日調整
九六	二七五	二五九	七月二十三日
九七	二七五	二六一	七月二十三日
一〇五	二七七	二八一	調整
一〇九	二七八	二九一	調整
一一四	二九〇	三三七	調整
一二三	二九二	三四七	七月二十六日
一二四	二九二	三三九	調整
六	二九六	一九	調整
一一	二九七	(七月)三六三	調整

序號	頁碼	原檔頁碼	校勘内容
一二	二九八	(七月)三六五	調整
一六	二九九	二九	九月初四日調整
一七	二九九	三一	九月初四日調整
二一	三〇〇	四一	調整
三二	三〇二	七五	調整
三七	三〇九	九一	調整
六七	三二二	一六一	調整
八八	三二八	二〇一	八月二十五日
九三	三三〇	二二一	調整
九八	三三一	二三九	八月二十七日
一〇五	三三五	二三三	調整
一〇八	三三五	二三九	調整
二	三三九	九	調整
三	三四〇	五	九月初一日
六	三四一	二七	九月初二日調整
七	三四一	二九	九月初二日調整
二六	三四八	六三	調整
二八	三四九	六五	調整
三二	三五〇	七三	調整

序號	頁碼	原檔頁碼	校勘内容
五六	三五八	一二九	九月十三日調整
五七	三五八	一三一	九月十三日調整
六四	三六〇	一四三	九月十四日調整
八一	三六七	一八七	調整
八三	三六七	一九一	調整
八五	三六八	一八九	調整
八七	三六八	一九三	調整
八九	三六八	一九五	調整
九九	三七	二二九	調整
一一	三八〇	四五	十月初五調整
一八	三八二	三九	調整
四六	三九五	一一五	調整
一〇〇	四一九	二四七	十二月二十四日調整
一〇一	四一九	二四九	十月二十四日調整
一二二	四二六	二八一	十月二十八
一二七	四三四	三一三	十月二十八
一三〇	四三五	二八五	十月二十九日調整
一三一	四三六	二二五	十月二十九日調整
二	四三九	七	調整

序號	頁碼	原檔頁碼	校勘内容
三	四三九	九	調整
一四	四四三	三三	調整
二三	四四六	四七	調整
三〇	四四八	六一	十一月初七日
六七	四六九	一六五	十一月十三日污迹〔二目〕
七〇	四七一	一七一	十一月十四日
七七	四七四	一九三	調整
八〇	四七五	一九九	調整
八六	四七六	二一七	十一月十七日調整
一〇八	四八五	二六一	調整
二〇	五〇五	四一	十二月初五日
三〇	五一三	九三	調整
三二	五一三	九五	調整
一四三	五五五	三三五	調整
一四八	五五七	三四三	十二月二十八日調整
一四九	五五八	三四五	十二月二十八日調整
一五六	五六〇	三六五	調整
一五七	五六〇	三六七	調整

1

鈐章

宣統二年正月初二日內閣奉

上諭上年順天直隸各屬被灾地方業經分别蠲緩糧租小民諒可不至失所惟念今春青黃不接之時民力未免拮据加恩著將被灾歉收之武清等州縣廳各村莊應徵本年春賦地丁錢糧等項並原緩宣統元年及節年地丁錢糧等項分别緩至本年麥後及秋後啟徵其坐落武清天津二縣地方之津軍廳葦漁課納糧地畝並歸入該二縣灾歉村莊一律辦理以紓民力該督即按照原奏開明詳細數目刊刻謄黃徧行曉諭務使實惠均霑毋任吏胥舞弊用副朝廷履端布闓嘉惠畿疆之至意該部即遵諭行欽此

軍機大臣署名

臣奕 臣世 臣鹿 臣那 臣戴 假

2

鈐章

宣統二年正月初二日內閣奉

上諭豫親王懋林前得罰俸處分著加恩寬免欽此

軍機大臣署名

臣奕 臣世 臣鹿 臣那 臣戴 假

3

鈐章

宣統二年正月初二日內閣奉

上諭莊親王載功著加恩賞戴三眼花翎欽此

軍機大臣署名

臣奕 臣世 臣鹿 臣那 臣戴 假

4

鈐章

宣統二年正月初三日內閣奉
上諭吉林度支使陳玉麟著開缺送部引見欽此
軍機大臣署名
臣奕
臣世
臣鹿
臣那
臣戴 假

5

鈐章

宣統二年正月初三日內閣奉
上諭吳重憙奏特參庸劣不職各員一摺河南候補通判白榕性情懶惰人亦平庸候補知縣應桂馨人不安分聲名惡劣准補黑岡管河縣丞車鉞宗旨不正久未回工滎澤縣管河縣丞陳謙請咨赴引二年餘未曾回工靈寶縣縣丞鄭榕任性妄為民不堪擾候補縣丞方培東年老多病難期振作固始縣往流集巡檢國文魁縱子為非頗滋民怨候補巡檢程霖調驗不到候補典史曹蘊鏡浮躁多事永城營虞城汛千總高良發擅離職守歸德鎮右營歸併左營候補把總赫連恭禮募補勇糧舞弊營私均著即行革職候補知縣鄭振軒嗜好未除有意規避候補縣丞稽爾楫嗜好已深兼滋物議均著革職永不敘用候補副將石慶藩前管帶防營御下不嚴操防未能得力著以遊擊降補
該部知道欽此
軍機大臣署名
臣奕
臣世
臣鹿
臣那
臣戴 假

6

王大臣年歲生日單

和碩禮親王世鐸 年六十八歲七月初一日生
慶親王奕劻 年七十三歲二月二十九日生
恭親王溥偉 年三十一歲十二月二十二日生
睿親王魁斌 年四十七歲八月十二日生
鄭親王昭煦 年十一歲十月初六日生

豫親王懋林 年十九歲五月十七日生
肅親王善耆 年四十五歲八月二十七日生
莊親王載功 年五十二歲八月初六日生
怡親王毓麒 年十一歲三月十九日生
順承郡王訥勒赫 年三十歲五月初八日生
郡王銜多羅貝勒載洵 年二十六歲四月初七日生
載濤 年二十四歲五月十三日生
多羅貝勒載瀛 年五十二歲正月十二日生
載潤 年三十三歲七月十六日生
毓朗 年四十八歲十二月十五日生
貝勒銜固山貝子溥倫 年三十七歲十月初二日生
固山貝子溥伒 年十八歲七月十九日生
毓橚 年五十三歲五月十二日生
貝子銜奉恩鎮國公載澤 年四十三歲二月二十四日生
奉恩鎮國公溥霱 年三十二歲四月十八日生
溥植 年二十九歲五月十九日生
溥塈 年二十七歲五月二十二日生
溥佶 年二十三歲十一月三十日生
毓亨 年三十六歲七月二十四日生

毓敏 年三十三歲二月初一日生
毓岐 年二十八歲九月初一日生
毓璋 年二十二歲正月初六日生
全榮 年四十二歲十月初二日生
魁璋 年十七歲三月十九日生
奉恩輔國公載帛 年五十八歲十月初五日生
奎瑛 年五十五歲六月二十八日生
壽全 年五十歲二月十二日生
意普 年四十三歲正月十七日生
溥葵 年三十八歲五月二十五日生
溥閤 年二十七歲六月十一日生
溥釗 年二十六歲四月二十一日生
毓炤 年二十八歲十二月初三日生
增培 年十八歲正月二十六日生
廣壽 年二十歲十二月二十六日生
大學士世續 年五十八歲四月十五日生
那桐 年五十四歲七月二十三日生
鹿傳霖 年七十五歲七月十八日生
陸潤庠 年七十歲五月初四日生

協辦大學士榮慶 年五十二歲十二月初六日生
戴鴻慈 年五十八歲正月初六日生
尚書梁敦彥 年五十三歲十月初二日生
李殿林 年六十八歲六月二十日生
葛寶華 年六十七歲七月十八日生
鐵良 年四十八歲二月十八日生
廷杰 年七十歲十一月二十日生
溥頲 年六十二歲四月十五日生
徐世昌 年五十六歲九月十三日生
壽耆 年五十二歲十一月初六日生
呂海寰 年六十八歲六月初五日生
都察院都御史張英麟 年七十三歲四月十四日生
內務府大臣奎俊 年七十歲三月十九日生
繼祿 年六十六歲六月十七日生
增崇 年四十七歲十一月初四日生
景豐 年五十八歲四月二十五日生
都統鳳山 年五十二歲五月二十九日生
成章 年七十二歲四月十九日生
芬車 年六十九歲二月二十七日生

阿穆爾靈圭 年二十五歲十月二十四日生
桂祥 年六十七歲三月十八日生
壽蔭 年七十六歲十二月十七日生
奎順 年六十五歲十月二十日生
色楞額 年六十四歲四月十四日生
載振 年三十五歲三月初六日生
崇勳 年六十八歲七月初二日生
博迪蘇 年三十九歲十月初三日生
張德彝 年六十四歲十一月十一日生
明啟 年七十一歲
溥良 年五十七歲十月二十二日生
誠勳
總督錫良 年五十九歲正月二十一日生
陳夔龍 年五十歲五月初三日生
張人駿 年六十五歲正月二十九日生
瑞澂 年四十七歲三月十三日生
李經羲 年五十二歲二月十七日生
松壽 年六十二歲十一月十二日生
袁樹勛 年六十四歲五月初十日生

趙爾巽 年六十七歲五月二十三日生
長庚 年六十六歲
將軍文瑞 年六十五歲四月十一日生
台布
清銳
瑞興 年七十一歲
恩存
增祺
樸壽 年五十四歲四月二十四日生
玉崑
署將軍信勤 年四十一歲六月初八日生
廣福

7

鈐章

宣統二年正月初四日內閣奉

上諭上年山東被災各州縣業經分別蠲緩錢漕小民諒可不至失所惟念今春青黃不接之時民力未免拮据加恩著將被災之濟甯等州縣各村莊應徵本年上忙錢漕租課等項均分別緩至本年麥後及秋後啟徵其坐落該州縣境內之寄莊竈課與裁併衛所並永利等場均隨同民田一律辦理以紓民力該撫即按照單開詳細數目刊刻謄黃徧行曉諭務使實惠均霑毋任吏胥舞弊用副

朝廷始和布澤惠愛羣黎之至意該部即遵諭行

欽此

軍機大臣署名

臣奕 臣世 臣鹿 臣那 臣戴 假

8

鈐章

宣統二年正月初七日內閣奉

上諭岑春蓂奏查明澧州南洲等州廳縣被水田畝請分別蠲緩遞緩錢漕蘆課等項一摺湖南上年五月間永順等府霪雨兼旬山水暴發建瓴直下沅酉資澧諸水亦一同泛漲澧州等屬田廬被淹

秋收均形歉薄若將應徵錢漕蘆課等項照常徵
收民力實有未逮加恩著照所請所有澧州南州
安鄉等州廳縣均著按照被災輕重情形將應徵
錢漕蘆課等項分別蠲緩遞緩以紓民力該撫即
將所開詳細數目刊刻謄黃徧行曉諭務使實惠
及民毋任吏胥舞弊用副朝廷軫念民艱之至意
餘著照所議辦理該部知道欽此
軍機大臣署名
臣奕
臣世
臣鹿
臣那
臣戴 假

9

鈐章
宣統二年正月初七日内閣奉
上諭鐵良奏假期屆滿病仍未痊懇請開缺一摺鐵
良著再賞假一箇月毋庸開缺陸軍部尚書著壽
勳署理欽此
軍機大臣署名
臣奕
臣世
臣鹿
臣那
臣戴 假

10

鈐章
宣統二年正月初八日内閣奉
上諭陸軍部左侍郎著那晉署理欽此
軍機大臣署名
臣奕
臣世
臣鹿
臣那
臣戴 假

11

前署吏部右侍郎瑞良
候補侍郎丁振鐸
唐紹怡 現在告假

硃〇

12

内閣學士麒德

瑞豐

毓隆

那晉

榮勳

溥善

楊佩璋

李聯芳

吳郁生

王垿 現署法部右侍郎

都察院副都御史伊克坦

陳名侃

陸軍部左丞姚錫光 現署右侍郎

右丞朱彭壽

13

滿頭班

花翎二品銜領班三品章京英秀

花翎二品銜幫領班四品章京文年

花翎三品銜　記名道府章京郎中榮元

三品銜在任即選知府章京郎中麟祥

花翎三品銜章京侍讀裕銘

章京候補員外郎伊密揚阿

花翎四品銜額外章京理藩部員外郎存瑞

花翎三品銜在任即選道額外章京上行走鍾佩

漢頭班

花翎領班三品章京劉穀孫

花翎領班章京上行走候補五品京堂楊壽樞

二品銜幫領班四品章京徐宗溥

三品銜章京員外郎劉慶篤

花翎四品銜章京主事趙國良

四品銜章京主事張潤

四品銜章京主事宋子聯

三品銜章京　記名繁缺知府郎中楊芾

花翎員外郎銜章京候補主事曾文玉

花翎四品銜章京　記名道府郎中舒鴻貽

額外章京翰林院編修黃彥鴻

滿二班

花翎署理領班三品章京聯綬
花翎三品銜幫領班四品章京成俊
花翎三品頂戴章京郎中榮奎
花翎三品銜　記名道府俟升四品後賞加二品銜章京郎中常奉
花翎四品銜章京主事鴻恩
四品銜章京主事興廉
四品銜章京員外郎星輅
章京錄事官松海

漢二班

二品銜領班三品章京易貞
花翎幫領班四品章京趙廷珍
三品銜章京　記名繁缺知府郎中孫筍經
四品銜章京主事盧文明
四品銜章京主事邢維經
三品頂戴章京員外郎萬雲路
四品銜章京主事雷延壽
四品銜章京編修楊渭
額外章京法部小京官呂式斌
額外章京內閣候補中書江保傳

14

鈐章

宣統二年正月初九日內閣奉
上諭張人駿等奏蘇州等屬秋收歉薄請將應徵錢漕分別蠲減緩徵一摺江蘇蘇州等屬上年入夏以來霪雨連緜山水下注田禾半被淹沒秋後又復亢晴收成均形歉薄若將應徵錢漕照常徵收民力實有未逮加恩著照所請所有長洲等二十八州廳縣拋荒坍廢等田銀米吳江等六縣被淹無收田銀米震澤等二縣被淹無收及未種各田銀米同新陽縣蘆價田條銀溧陽等縣被淹被旱無收漕屯各田銀米崑山等二縣拋荒蘆價田條銀丹陽等二縣被淹無收蘆田課銀靖江縣被歉無收漕田銀米同蘆田課銀陽湖等縣被淹災田下忙條銀及漕米暨溧陽縣上忙條銀一律全行蠲免丹徒等縣歉收田條銀漕米各等項均著分別減免以紓民力餘著照所議辦理該督等即照所奏詳細開明區圖村莊頃畝及應行蠲免細數刊刻謄黃徧行曉諭務使實惠均霑毋任吏胥舞弊用副朝廷軫念民艱至意該部知道欽此

軍機大臣署名

臣奕　臣世　臣鹿　臣那　臣戴（假）

15

鈐章

宣統二年正月初九日内閣奉
上諭張人駿等奏江甯等屬秋禾被灾請將新舊錢糧分别蠲緩一摺江蘇江甯等屬上年入夏以後連遭霪雨湖河泛漲田禾多被淹浸收成歉薄若將新舊錢糧照常徵收民力實有未逮加恩著照所請所有海州贛榆二州縣及上元等二十六州縣廳同淮安等四衛屯田歸併各該州縣被灾田地應徵上年地丁等項錢糧均著分别蠲緩其上元等州縣廳衛節年未完原緩遞緩各款均著分别展緩帶徵以紓民力該督撫即照所奏詳細開明區圖村莊頃畝數目刊刻謄黄徧行曉諭務使實惠均霑毋任吏胥舞弊用副朝廷軫念民艱至意餘著照所議辦理該部知道欽此

軍機大臣署名

臣奕　臣世　臣鹿　臣那　臣戴（假）

16

鈐章

軍機大臣欽奉
諭旨籌辦海軍大臣貝勒載洵等奏派海軍顧問官一摺道員嚴復伍光健魏瀚鄭清濂均著派充籌辦海軍事務處顧問官欽此

軍機大臣署名

臣奕　臣世　臣鹿　臣那

正月初十日

臣戴 假

17

鈐章

軍機大臣欽奉

諭旨管理陸軍貴冑學堂貝勒載潤等奏酌擬陸軍
貴冑學堂章程及蒙旗世爵班監學專章繕單列
表呈覽一摺著依議又奏刊刻管理陸軍貴冑學
堂事務關防并銷燬前發總辦關防一摺知道了
欽此

軍機大臣署名

臣奕 臣世 臣鹿 臣那 臣戴 假

正月十一日

18

鈐章

宣統二年正月十一日內閣奉

上諭前福州將軍景星由部屬簡放道員歷任按察
使布政使薦擢湖北巡撫福州將軍均能克勤厥
職當因患病准予開缺回旗調理嗣經派充資政
院協理大臣禁煙大臣辦理一切悉臻妥協茲聞
溘逝軫惜殊深加恩著照將軍例賜卹任內一切
處分悉予開復應得卹典該衙門察例具奏伊子
蔭琦著以郎中補用欽此

軍機大臣署名

臣奕 臣世 臣鹿 臣那 臣戴

19

光緒十五年七月十三日內閣奉

上諭杭州將軍恭鏜由部屬升補道員迭經簡擢歷
任都統將軍宣力邊陲供職勤慎本年由黑龍江

將軍調補杭州將軍未及到任遽聞溘逝軫惜殊深著加恩照將軍例賜卹任内一切處分悉予開復應得卹典該衙門察例具奏並准其入城治喪伊子刑部主事瑞澂著以本部員外郎補用以示優眷欽此

20

光緒三十三年十一月十七日内閣奉

上諭開缺甯夏將軍色普徵額咸豐年間以前鋒進營當差積功洊升副都統擢任甯夏將軍宣力有年克勤厥職前經諭令開缺來京茲聞溘逝軫惜殊深加恩著照將軍例賜卹任内一切處分悉予開復應得卹典該衙門察例具奏准其入城治喪伊子三等侍衛寶恆著賞給二等侍衛欽此

21

光緒二十八年十一月十三日内閣奉

上諭綏遠城將軍鍾泰由宗人府經歷洊升副都統擢任甯夏將軍募兵防堵安靖地方簡任綏遠城以來撫輯軍民克盡厥職茲聞溘逝軫恤殊深加恩著照將軍例賜卹任内一切處分悉予開復應得卹典該衙門察例具奏准其入城治喪伊子御史榮凱著以應升之缺升用官學生榮紳著以主事用欽此

鈐章

22

宣統二年正月十一日内閣奉

上諭張人駿奏考察屬員秉公舉劾一摺江蘇江甯府知府楊鍾羲揚州府知府嵩峋徐州府知府田庚署泰州知州趙興霙署桃源縣知縣陳杭署碭山縣知縣左秋周既據該督臚陳政蹟均著傳旨嘉獎江蘇候補道桂運熙狎妓聚賭舉止輕佻候補知府葛德潤久辦釐捐玩公肥己候補直隸州知州龔寶琛行為卑鄙罔顧廉隅正任丹陽縣知縣羅良鑑失察櫃書浮收不恤輿情幾釀巨案候補知縣陳亮恭經理電燈官廠採辦朦混操守難信署泰興縣印莊司巡檢試用州吏目馬家豐習為狡詐不堪造就候補布理問陶揚嘉素行無賴改名誣告同寅抗傳匿審候補巡檢呂康齡佻健荒唐冠裳不齒候補巡檢徐輔臣性嗜樗蒲罔知

檢束候選巡檢孟平前帶巡防隊冶遊賭博紀律
不嚴准補江南内洋水師通州營遊擊龔先第顛
倒是非居心險詐均著即行革職陶揚嘉呂康齡
並著驅逐回籍交地方官嚴加管束沛縣知縣李
緒田才欠開展人地不宜著開缺另補候補知府
姚繩武前辦統捐因仍積弊告誡不悛著以通判
降補前署句容縣知縣姚祖義辦事操切釀成命
案候補知縣朱永錫勘丈屯田不實虧欠公款均
著以府經歷縣丞降補該部知道欽此

軍機大臣署名

臣奕 臣世 臣鹿 臣那 臣戴假

23

鈐章

宣統二年正月十二日内閣奉

上諭二月初四日祭

社稷壇遣載功恭代行禮欽此

軍機大臣署名

臣奕 臣世 臣鹿 臣那 臣戴假

24

鈐章

軍機大臣欽奉

諭旨廣西京官唐景崇等奏粵商承鹽加餉西省受
害最深請飭詳慎覈議一摺著該衙門歸併前案
妥議具奏欽此

軍機大臣署名

臣奕 臣世 臣鹿 臣那

正月十四日

25

鈐章

宣統二年正月十六日内閣奉
上諭西藏達賴喇嘛阿旺羅布藏吐布丹甲錯濟寨
汪曲却勒朗結夙荷
先朝恩遇至優極渥該達賴具有天良應如何虔修經
典恪守前規以期傳衍黄教乃自執掌商上事務
以來驕奢淫佚暴戾恣睢為前此所未有甚且跋
扈妄為擅違朝命虐用藏衆輕起衅端光緒三十
年六月間乘亂潛逃經駐藏大臣以該達賴聲名
狼藉據實糾參奉
旨暫行革去名號迨該達賴行抵庫倫折回西寧朝廷
念其遠道馳驅冀其自新悛改飭由地方官隨時
存問照料前年來京展覲
賜加封號
錫賚駢蕃並於起程回藏時派員護送該達賴雖沿途
逗遛需索騷擾無不量予優容曲示體恤寛既往
而策將來用意至為深厚此次川兵入藏專為彈
壓地方保護開埠藏人本無庸疑慮詎該達賴回
藏後布散流言藉端抗阻誣詆大臣停止供給疊

經剴切開導置若罔聞前據聯豫等電奏川兵甫
抵拉薩該達賴未經報明即於正月初三日夜内
潛出不知何往當經諭令該大臣設法追回妥為
安置迄今尚無下落掌理教務何可迭次擅離且
查該達賴反復狡詐自外生成實屬上負國恩下
辜衆望不足為各呼圖克圖之領袖阿旺羅布藏
吐布丹甲錯濟寨汪曲却勒朗結著即革去達賴
喇嘛名號以示懲處嗣後無論逃往何處及是否
回藏均視與齊民無異並著駐藏大臣迅即訪尋
靈異幼子數人繕寫名籤照案入於金瓶掣定作
為前代達賴喇嘛之真正呼畢勒罕奏請施恩俾
克傳經延世以重教務朝廷彰善癉惡一秉大公
凡爾藏中僧俗皆吾赤子自此次降諭之後其各
遵守法度共保治安毋負朕綏靖邊疆維持黄教
之至意欽此

軍機大臣署名

臣奕
臣世
臣鹿
臣那

26

鈐章

宣統二年正月十六日内閣奉

上諭御史江春霖奏參慶親王奕劻一摺朝廷虚衷納諫博採羣言然必指陳確實方足以明是非該御史所奏直隸總督陳夔龍為奕劻之乾女壻安徽巡撫朱家寶之子朱綸為載振之乾兒各節果何所據而言著江春霖明白回奏欽此

軍機大臣署名

臣奕 臣世 臣鹿 臣那

27

鈐章

宣統二年正月十七日内閣奉

上諭河南開封府知府員缺緊要著該撫於通省知府内揀員調補所遺員缺著徐承焜補授欽此

軍機大臣署名

臣奕 臣世 臣鹿 臣那

28

鈐章

宣統二年正月十七日内閣奉

上諭御史陳善同奏直省州縣調委紛紜妨害吏治請申明定章以資整頓一摺州縣為親民之官必須久於其任方足以專責成現在各直省調委各缺其為地擇人者固所時有其為屬員調劑缺分規避處分亦難保必無嗣後該督撫等務當遵照定章調委各員不得過實缺十分之二仍於每季彙奏開單聲明毋得視為具文如實有人地相需者准其體察情形分別改補調補俾得各理各任以重地方欽此

軍機大臣署名

臣奕 臣世 臣鹿 臣那

29

鈐章

軍機大臣欽奉

諭旨呂海寰等奏酌擬中國紅十字會試辦章程請

立案一摺著派盛宣懷充紅十字會會長餘依議

該衙門知道欽此

軍機大臣署名

臣奕

臣世

臣鹿

臣那

30

應

簡漢協辦大學士名單

吏部尚書李殿林

禮部尚書葛寶華

郵傳部尚書徐世昌

都察院都御史張英麟

硃○

31

鈐章

宣統二年正月十八日內閣奉

上諭內閣學士吳郁生著在軍機大臣上學習行走

欽此

軍機大臣署名

臣奕

臣世

臣鹿

臣那

32

鈐章

宣統二年正月十八日內閣奉

上諭徐世昌著以郵傳部尚書協辦大學士欽此

軍機大臣署名

臣奕

臣世

臣鹿

臣那

33

鈐章

宣統二年正月十八日內閣奉
上諭湖南永州鎮總兵員缺著馬文翰補授欽此

軍機大臣署名

臣奕 臣世 臣鹿 臣那

34

鈐章

宣統二年正月十八日內閣奉
上諭湯壽潛奏父老且衰勢難就養懇請開缺一摺
江西提學使湯壽潛著准其開缺欽此

軍機大臣署名

臣奕 臣世 臣鹿 臣那

35

鈐章

宣統二年正月十八日內閣奉
上諭前據御史江春霖奏參慶親王奕劻一摺牽涉
瑣事羅織多人朝廷早鑒其誣妄其中謂陳夔龍
為奕劻之乾女壻朱家寶之子朱綸為載振之乾
兒尤屬荒誕不經當即諭令明白回奏茲據覆奏
率以數十年前捕風捉影之事及攻訐陰私之言
皆屬毫無確據恣意牽扯謬妄已極國家設立言官
原冀其指陳得失有裨政治若如該御史兩次所
奏實屬莠言亂政有妨大局親貴重臣固不應任
意詆誣即內外大臣名譽所關亦不當輕於污衊
似此信口雌黃意在沽名實不稱言官之職江春
霖著回原衙門行走以示薄懲欽此

軍機大臣署名

臣奕 臣世 臣鹿 臣那

36

鈐章

宣統二年正月十八日内閣奉
上諭協辦大學士尚書戴鴻慈忠清亮達學識閎通
由翰林疉掌文衡游陟清要擢任正卿均能恪盡
厥職考察政治尤能抉擇精微有裨憲法朕御極
後優加倚畀俾參機務晉協綸扉夙夜靖共深資
擘畫前因偶患微痾賞假調理方冀醫治就痊長
承恩眷遽聞溘逝軫惜殊深著賞給陀羅經被派
貝子溥倫帶領侍衛十員即日前往奠醊加恩賞
加太子少保銜照大學士例賜卹入祀賢良祠賞
銀二千兩治喪由廣儲司給發任内一切處分悉
予開復應得卹典該衙門察例具奏靈柩回籍時
沿途地方官妥為照料伊子一品廕生戴曾謨著
以郎中補用用示篤念藎臣至意欽此

軍機大臣署名

臣奕
臣世
臣鹿
臣那

37

光緒七年正月初三日内閣奉
上諭協辦大學士兵部尚書沈桂芬清慎忠勤老成
端恪由翰林薦升卿貳外任封疆同治年間入參
樞務擢任正卿朕御極後重加倚任晉協綸扉辦
理一切事宜均能殫心竭力勞瘁不辭前因偶患
微痾賞假調理遽聞溘逝軫悼實深著賞給陀羅
經被派貝勒載漪帶領侍衛十員即日前往奠醊
加恩晉贈太子太傅照大學士例賜卹入祀賢良
祠任内一切處分悉予開復賞銀二千兩治喪由
廣儲司給發應得卹典該衙門察例具奏靈柩回
原籍時沿途地方官妥為照料伊子沈文肅著賞
給舉人准其一體會試伊孫一品廕生沈錫珪著
賞給郎中用示篤念藎臣至意欽此

38

光緒十九年十二月初二日内閣奉
上諭兵部尚書許庚身忠勤恪慎練達老成由内閣
中書充補軍機章京蒙
穆宗毅皇帝特達之知擢升卿寺朕御極後簡任侍郎
命在軍機大臣上行走兼總理各國事務補授兵

部尚書加太子少保銜迭掌文衡夙夜靖共深資
倚畀近因偶感微痾賞假調理方冀醫治就痊長
承恩眷遽聞溘逝軫惜良深著賞給陀羅經被派
貝勒載瀅帶領侍衛十員即日前往奠醊賞銀二
千兩治喪由廣儲司給發加恩晉贈太子太保銜
照尚書例賜卹任内一切處分悉予開復應得卹
典該衙門查例具奏伊子内閣中書許之棻著賞
給郎中俟服闋後分部學習行走一品廕生許之
鵬著賞給舉人准其一體會試伊孫許寶瑜著俟
及歲時帶領引見其靈柩回籍時著沿途地方官
妥為照料用示篤念藎臣至意欽此

39 光緒二十四年九月十六日内閣奉
上諭豫親王本格前於同治年間由應封宗室承襲
親王蒙
恩賞戴三眼花翎歷任内大臣都統宗人府左宗正領
侍衛内大臣閱兵大臣勤慎持躬恪恭盡職前因
患病准其開去差使賞食半俸兹聞溘逝悼惜殊
深著賞給陀羅經被派貝子溥倫即日帶領侍衛
十員前往奠醊加恩於例賞外賞銀一千兩經理
喪事由廣儲司給發任内一切處分悉予開復其
餘飾終典禮著該衙門察例具奏欽此

40 光緒三十三年八月十一日内閣奉
上諭定郡王溥煦前於咸豐年間由應封宗室承襲
郡王蒙
恩賞戴三眼花翎御前行走當差勤慎恪恭盡職前因
患病准其開去差使賞食全俸兹聞溘逝悼惜殊
深著賞給陀羅經被派貝勒載濤即日帶領侍衛
十員前往奠醊加恩於例賞外賞銀一千兩經理
喪事由廣儲司給發任内一切處分悉予開復其
餘飾終典禮該衙門察例具奏欽此

41 鈐章
宣統二年正月十八日内閣奉
上諭克勤郡王崧杰承襲王爵入直當差前因患病
開去差使賞假調理兹聞溘逝軫惜殊深著賞給
陀羅經被派貝勒毓朗帶領侍衛十員即日前往

奠餟所有飾終典禮該衙門察例具奏欽此

軍機大臣署名

臣奕 臣世 臣鹿 臣那

42

鈐章

宣統二年正月十九日內閣奉

上諭前經諭令建言諸臣毋得懷挾私見及毛舉細故儻敢任意嘗試必予懲處該言官等應如何敬謹懍遵乃昨據御史江春霖奏參慶親王奕劻並明白回奏各摺牽涉瑣事羅織多人以毫無確據之言肆意誣衊殊屬有妨大局本應予以重懲姑念該御史平日戇直尚無劣跡是以從寬祇令其回原衙門行走朝廷於用舍大權斟酌至當毫無容心茲據陳田趙炳麟胡思敬等奏請收回成命暫予優容留任効用之處著毋庸議欽此

軍機大臣署名

臣奕假 臣世 臣鹿 臣那 臣吳

43

鈐章

宣統二年正月十九日內閣奉

上諭江西提學使著王同愈補授欽此

軍機大臣署名

臣奕假 臣世 臣鹿 臣那 臣吳

44

鈐章

軍機大臣欽奉

諭旨貝勒載濤奏開用陸軍貴冑學堂關防日期一

摺知道了欽此

軍機大臣署名

臣奕 假
臣世
臣鹿
臣那
臣吳

正月十九日

45

鈐章

宣統二年正月二十日内閣奉

上諭湖北提督著張彪補授欽此

軍機大臣署名

臣奕 假
臣世
臣鹿
臣那
臣吳

46

鈐章

宣統二年正月二十日内閣奉

上諭安徽潁州府知府員缺著長紹補授欽此

軍機大臣署名

臣奕 假
臣世
臣鹿
臣那
臣吳

47

鈐章

軍機大臣欽奉

諭旨修訂法律大臣沈家本等奏編定商民各律照

章派員分省調查一摺著依議欽此

軍機大臣署名

臣奕 假
臣世
臣鹿
臣那

臣吳

正月二十一日

48

鈐章

軍機大臣欽奉

諭旨左翼監督麟光奏稅務截算上年九箇月經徵
數目並開支各款飭部核議開單呈覽其盈餘銀
兩應交何處一摺著度支部議奏盈餘銀兩著交
廣儲司欽此

軍機大臣署名

臣奕 假
臣世
臣鹿
臣那
臣吳

正月二十一日

49

鈐章

軍機大臣欽奉

諭旨右翼監督兜欽奏稅務截算上年九箇月經徵
數目並開支各款飭部核議開單呈覽其盈餘銀
兩應交何處一摺著度支部議奏盈餘銀兩著交
廣儲司又奏撥還部墊銀兩一片著依議該部知
道欽此

軍機大臣署名

臣奕 假
臣世
臣鹿
臣那
臣吳

正月二十一日

50

鈐章

宣統二年正月二十一日內閣奉
上諭四川松潘鎮總兵員缺著開泰補授欽此

軍機大臣署名

臣奕 假
臣世

51

四川松潘鎮總兵員缺請

旨簡放

臣鹿
臣那
臣吴

52

鈐章

宣統二年正月二十一日内閣奉

上諭安徽巡警道員缺著卞緒昌補授安徽勸業道

員缺著童祥熊補授欽此

軍機大臣署名

臣奕 假
臣世
臣鹿
臣那
臣吴

53

鈐章

宣統二年正月二十二日内閣奉

上諭朱家寶奏甄別屬員分別奬懲一摺安徽徽州府知府劉汝驥廬江縣知縣馬文錦太和縣知縣田毓璠婺源縣知縣魏正鴻既據該撫臚陳政績均著傳旨嘉奬潁州府知府鳳林年力就衰神思恍惚著以原品休致祁門縣知縣杜英才遇事因循差役滋擾前署霍邱縣補用知縣董玉書緝捕無能幾釀事變前署含山縣補用知縣李光綸才識懦庸事多廢弛蒙城縣知縣龄安馭下無方差役越境為盜未能覺察前辦大州局委員試用知縣曹述詰氣質粗暴濫刑以逞試用縣丞王廷勳充正陽關巡官濫責苛罰不恤怨讟桐城縣馬踏巡檢林承法懦怯無能操守難信前署宿松縣典史試用巡檢周鏡蒀性情浮躁擅離職守前代理宿松縣典史試用巡檢賈寅熙聲名平常罔知檢束前署潛山縣天堂寨巡檢劉章浩藉案需索物議頗滋試用巡檢高國綬借差逞兇被控有據均著即行革職署黟縣太平縣知縣閻希仁署合肥縣

黟縣知縣胡汝霖盜案疊出未能一律破獲均著
摘去頂戴勒限緝捕餘著照所議辦理該部知道
欽此

軍機大臣署名

臣奕假

54

鈐章

軍機大臣欽奉
諭旨給事中陳慶桂奏粵鹽加價藉抵賭餉宜妥籌
辦法一摺著該衙門歸併前案妥議具奏欽此

軍機大臣署名

臣奕 臣世 臣鹿 臣那 臣吳

正月二十二日

55

鈐章

宣統二年正月二十三日內閣奉

上諭給事中忠廉等奏言路無所遵循請明降諭旨
一摺前因御史江春霖以毫無確據之言肆意瀆
陳殊失建言大體諭令回原衙門行走以示薄懲
茲據該給事中等奏稱請飭仍遵
欽定臺規
列聖諭旨辦理等語覽奏殊多誤會朝廷優待言官凡
有切實指陳無不虛衷採納豈有抑遏言路之心
況我朝
列聖廣開言路凡有條陳得當無不虛衷嘉納其參劾
失實者亦必予以譴責詳載臺規該給事中等當
共知之嗣後仍宜恪遵
祖訓謹守臺規凡遇民生疾苦官吏貪橫諸大端務當
據實陳奏如立言得體必立予施行用副朕博採
羣言虛懷納諫之至意將此通諭知之欽此

軍機大臣署名

臣奕假 臣世 臣鹿 臣那 臣吳

56

鈐章

宣統二年正月二十四日内閣奉

上諭二月十一日祭

朝日壇遣懋林恭代行禮欽此

軍機大臣署名

臣奕假

臣世

臣鹿

臣那

臣吴

57

鈐章

軍機大臣欽奉

諭旨法部奏酌擬死罪施行詳細辦法一摺著憲政

編查館議奏欽此

軍機大臣署名

臣奕假

臣世

臣鹿假

58

鈐章

軍機大臣欽奉

諭旨御史崇芳奏同姓爲婚未可弛禁一摺著修訂

法律大臣覆核具奏欽此

軍機大臣署名

正月二十四日

臣那

臣吴

臣奕假

臣世

臣鹿假

臣那

臣吴

59

鈐章

軍機大臣欽奉

諭旨陸軍部奏議覆趙爾巽等奏甯遠淺山夷務肅清

正月二十四日

請獎一摺建昌鎮總兵田振邦著賞給提督銜餘
依議欽此

軍機大臣署名

臣奕（假） 臣世 臣鹿 臣那 臣吳

正月二十五日

60

鈐章

軍機大臣欽奉

諭旨御史石長信奏皖省丁漕加捐改錢為銀民情
實多未便請飭部核議仍照舊章辦理一摺著度
支部議奏欽此

軍機大臣署名

臣奕 臣世 臣鹿

臣那 臣吳

正月二十七日

61

鈐章

軍機大臣欽奉

諭旨郵傳部奏勘明開徐海清路綫情形籌擬及時
興辦一摺知道了欽此

軍機大臣署名

臣奕 臣世 臣鹿 臣那 臣吳

正月二十七日

62

鈐章

軍機大臣欽奉

諭旨農工商部會奏核覆前協辦大學士戴鴻慈奏

興利實邊一摺著各該衙門隨時會商東三省督
撫妥籌辦理欽此

軍機大臣署名

臣奕
臣世
臣鹿
臣那
臣吳

63

鈐章

軍機大臣欽奉
諭旨陸軍部奏遵設憲政籌備處並陳明分期籌備
大概情形一摺又奏釐訂軍備專章宜因時變通
一片均著軍諮處知道欽此

軍機大臣署名

臣奕假
臣世
臣鹿
臣那

臣吳

正月二十八日

64

查本處前領班三品章京華世奎現已服闋擬
請仍以三品章京在領班上行走謹
奏
宣統二年正月二十八日奏
旨知道了欽此

65

鈐章

宣統二年正月二十九日內閣奉
上諭君臣為千古定名我朝滿漢文武諸臣有稱臣
稱奴才之分因係舊習相沿以致名稱各異恭讀
高宗純皇帝諭旨奴才即僕僕即臣本屬一體嗣後凡
內外滿漢諸臣會奏公事均著一體稱臣等因欽此
祖訓煌煌允宜遵守況當此預備立憲時代尤宜化除
成見悉泯異同嗣後內外滿漢文武諸臣陳奏事
件著一律稱臣以昭畫一而示大同將此通諭知
之欽此

軍機大臣署名

臣奕 臣世 臣鹿假 臣那 臣吴

66

鈐章

宣統二年正月二十九日内閣奉

上諭軍機大臣上學習行走内閣學士吴郁生著加

恩在紫禁城内騎馬欽此

軍機大臣署名

臣奕 臣世 臣鹿假 臣那 臣吴

67

鈐章

軍機大臣欽奉

諭旨貝勒載洵等奏恭報

崇陵開工日期一摺知道了又奏派監修各員一片著

依議欽此

軍機大臣署名

臣奕 臣世 臣鹿假 臣那 臣吴

68

交陸軍部昨日奉

旨內外滿漢諸臣陳奏事件著一律稱臣已有旨通

諭矣嗣後武職各員引見口奏履歷仿文職例應

稱臣者稱臣不應稱臣者則稱名滿員仍稱阿哈

欽此相應傳知

貴部欽遵可也此交

二月初一日

69

鈐章

宣統二年二月初二日奉

旨蘇州織造仍著棫興接管毋庸更換欽此

軍機大臣署名

臣奕假 臣世 臣鹿 臣那 臣吳

70

鈐章

軍機大臣欽奉

諭旨都察院代奏湖北試用道彭汶孫條陳調查礦

產以興大利呈一件著農工商部知道欽此

軍機大臣署名

臣奕 臣世 臣鹿 臣那 臣吳

二月初三日

71

鈐章

軍機大臣欽奉

諭旨都察院代奏法部主事吳本鈞等請將已故提

督雷正綰戰功宣付國史館並集資建祠呈一件

雷正綰著准其宣付國史館立傳並在立功省分

捐建專祠該衙門知道欽此

軍機大臣署名

臣奕
臣世
臣鹿
臣那
臣吴

二月初三日

72

鈐章

宣統二年二月初三日奉

旨鑲藍旗蒙古副都統著兜欽兼署欽此

軍機大臣署名

臣奕
臣世
臣鹿
臣那
臣吴

滿屋繕　旨

73

二月初七日引

見人員

吏部三十九人

度支部一人

理藩部二人

正黄旗滿洲十八人

共五十二人

74

鈐章

宣統二年二月初七日内閣奉

上諭鐵良奏假期屆滿病仍未痊懇請開缺一摺陸

軍部尚書鐵良著准其開缺欽此

軍機大臣署名

臣奕
臣世
臣鹿假
臣那
臣吴

75

鈐章

宣統二年二月初七日内閣奉

上諭陸軍部尚書著廕昌補授未到任以前仍著壽勳署理左侍郎仍著那晉署理欽此

軍機大臣署名

臣奕 臣世 臣鹿假 臣那 臣吳

76

鈐章

宣統二年二月初七日内閣奉

上諭陸軍部右侍郎著姚錫光補授欽此

軍機大臣署名

臣奕 臣世 臣鹿假 臣那 臣吳

77

鈐章

宣統二年二月初七日内閣奉

上諭外務部尚書梁敦彥著充稅務處會辦大臣欽此

軍機大臣署名

臣奕 臣世 臣鹿假 臣那 臣吳

78

鈐章

軍機大臣欽奉

諭旨本日吏部帶領引見之州縣事實列入最優等在任候選道湖北宜都縣知縣王國鐸著在任以道員儘先補用欽此

軍機大臣署名

臣奕 臣世 臣鹿假

臣那

臣吳

二月初七日

79

致四川總督駐藏大臣函

次山制軍建侯都護閣下此次川兵進藏原以番情頑梗諸多廢弛不得不力求振頓玆有人條陳嗣後商上事務及四噶布倫與番目缺等之選授均由駐藏大臣主張不必會同繼世之達賴以免牽制其修飭兵備振興實業舉辦警察提倡學校諸要政均屬切要辦法業經迭奉

旨飭辦希即體察情形認真辦理至馭番夷之法畏之以威不如懷之以德必須約束將弁勿得騷擾予人口實總以推廣

皇仁安輯藏衆為主義以上各節統希與聯大臣趙制軍酌度情形迅速籌辦為要順請

勛安

鹿傳霖

世續

慶親王仝啟

那桐

吳郁生

二月初七日

80

鈐章

宣統二年二月初八日內閣奉

上諭陸軍部尚書廕昌現在尚未服滿著改為署任

欽此

軍機大臣署名

臣奕

臣世

臣鹿

臣那

臣吳

81

鈐章

軍機大臣欽奉

諭旨郵傳部奏遵議黃河培修隄岸礙難由路款協

濟一摺著依議欽此
軍機大臣署名
臣奕
臣世
臣鹿
臣那
臣吴
二月初八日

82
鈐章
宣統二年二月初九日内閣奉
上諭廣西慶遠府知府員缺著全興補授欽此
軍機大臣署名
臣奕
臣世
臣鹿
臣那
臣吴

83
鈐章
宣統二年二月初九日内閣奉
上諭陸軍部左丞著朱彭壽轉補右丞著許秉琦補
授左參議著慶蕃轉補右參議著錫嘏補授欽此
軍機大臣署名
臣奕
臣世
臣鹿
臣那
臣吴

84
滿頭班
花翎二品銜領班三品章京英秀
花翎二品銜幫領班四品章京文年
花翎三品銜　記名道府章京郎中榮元
三品銜在任即選知府章京郎中麟祥
花翎三品銜章京侍讀裕銘
章京候補員外郎伊密揚阿
花翎四品銜額外章京理藩部員外郎存瑞

花翎三品銜在任即選道額外章京上行走鍾佩
漢頭班
花翎領班三品章京劉穀孫
花翎領班章京上行走候補五品京堂楊壽樞
二品銜幫領班四品章京徐宗溥
三品銜章京員外郎劉慶篤
花翎四品銜章京主事趙國良
四品銜章京主事張潤
四品銜章京主事宋子聯
三品銜章京　記名繁缺知府郎中楊芾
花翎員外郎銜章京候補主事曾文玉
花翎四品銜章京　記名道府郎中舒鴻貽
額外章京翰林院編修黃彥鴻
滿二班
花翎署理領班三品章京聯綬
花翎三品銜幫領班四品章京成俊
花翎三品頂戴俟升四品後　賞加二品銜章京郎中榮奎
花翎三品銜　記名道府俟升四品後　賞加二品銜章京郎中常泰
花翎四品銜章京主事鴻恩

四品銜章京主事興廉
四品銜章京員外郎星輅
章京錄事官松海
漢二班
二品銜領班三品章京易貞
二品銜領班上行走三品章京華世奎
花翎幫領班四品章京趙廷珍
三品銜章京　記名繁缺知府郎中孫筍經
四品銜章京主事盧文明
四品銜章京主事邢維經
三品頂戴章京員外郎萬雲路
四品銜章京主事雷延壽
四品銜章京編修楊渭
額外章京法部小京官呂式斌
額外章京內閣候補中書江保傳

致駐藏聯大臣函
建侯統帥大人閣下此次川兵入藏達賴潛逃
所有藏中一切事宜歷經欽奉

諭旨電達在案
執事駐藏日久於藏事極稱接洽近年外結鄰
好内撫悍番艱困備嘗
蓋勤懋著茲值達賴被革之後遐邇驚疑復能
不動聲色妥為布置俾商上照常供職藏民照
舊措招似此
賢勞早為
朝廷所洞鑒若論
酬庸之典升遷即在意中惟藏務孔殷需材甚亟
執事久任巖疆必有真知灼見能繼斯任者尚望
密保二三員上備採擇庶將來接替有人規隨
足賴於藏事裨益匪淺至藏中現在情形辦到
如此地步殊非易易尤以維持善後為要義訪
舉達賴自應亟早定局以安藏心惟歷任選舉
總不免需索情形貽人口實之處在
執事清操亮節為當世所共信其經手諸人務
希嚴為防閑勿得稍有弊混又川軍甫經抵藏
自應抱定保護彈壓宗旨隨時嚴行約束不可
稍有騷擾致寒藏番之心以上兩端於大局關

繫甚重鄙見所及詳為布達敬祈
台端留意尚此密佈敬頌
勛綏
見面帶上帶下緘發
那
世
慶親王同啟
鹿
吳
二月初十日

86

鈐章
宣統二年二月初十日内閣奉
上諭廣西潯州府知府員缺著張官勛補授欽此
軍機大臣署名
臣奕假
臣世
臣鹿
臣那
臣吳

87

鈐章

軍機大臣欽奉

諭旨御史胡思敬奏議員互選不公一摺又奏選舉
碩學通儒請飭資政院變易名目改定章程一片
均著資政院知道欽此

軍機大臣署名

臣奕 臣世 臣鹿 臣那 臣吳

88

鈐章

軍機大臣欽奉

諭旨稅務處奏總稅務司赫德病仍未痊懇請開缺
一摺赫德著再賞假一年裴式楷賞給頭品頂戴
餘依議欽此

軍機大臣署名

臣奕 臣世

臣鹿 臣那 臣吳

二月十一日

89

二月十三日引

見人員

正白旗漢軍二人

鑲白旗漢軍二人

前鋒護軍統領三十人

火器營十八人

內務府三人

共五十五人

90

鈐章

軍機大臣欽奉

諭旨會議政務處奏議覆御史趙炳麟奏財政學務
亟須整頓摺又奏議覆御史趙熙奏檢定小學教
員章程妨礙教育片均著依議又奏派本處提調

片知道了欽此

軍機大臣署名

臣奕 臣世 臣鹿假 臣那 臣吳

二月十三日

91

鈐章

軍機大臣欽奉

諭旨御史文鑑奏法律學堂考試畢業並未加入品
行分數一摺學部知道欽此

軍機大臣署名

臣奕 臣世 臣鹿假 臣那 臣吳

二月十三日

92

鈐章

軍機大臣欽奉

諭旨民政部會奏酌擬修正報律草案加具按語開
單呈覽一摺著憲政編查館覆核具奏欽此

軍機大臣署名

臣奕 臣世 臣鹿假 臣那 臣吳

二月十三日

93

鈐章

軍機大臣欽奉

諭旨翰林院侍讀榮光奏津浦路務應迅求利便一
摺督辦津浦鐵路大臣知道欽此

軍機大臣署名

臣奕 臣世

二月十三日

臣鹿假
臣那
臣吴

94

鈐章

宣統二年二月十五日内閣奉

上諭朱家寶奏查明皖省上年被灾各屬民情困苦懇恩量予接濟一摺安徽各屬歷歲荒歉上年又遭水患曾經加恩將是年錢漕銀米分別緩徵遞緩以紓民力現當青黃不接之時民情仍形困苦覽奏殊深憫惻著加恩賞給帑銀三萬兩由度支部給發著該撫督飭員紳妥為散放務使實惠均霑毋任吏胥舞弊用副朝廷軫念民依有加無已之至意該部知道欽此

軍機大臣署名

臣奕
臣世
臣鹿假

臣那
臣吴

95

鈐章

宣統二年二月十五日内閣奉

上諭安徽皖南鎮總兵員缺著張士翰補授欽此

軍機大臣署名

臣奕
臣世
臣鹿假
臣那
臣吴

96

陸軍部咨報安徽皖南鎮總兵王文煥因病出缺請

旨簡放

97

鈐章

宣統二年二月十五日内閣奉

上諭本日召見上年

東陵
西陵内務府京察一等圈出之麟祥明盛富基均著記
名以關差道府用並准其一等加一級欽此
軍機大臣署名
臣奕
臣世
臣鹿假
臣那
臣吴

98
鈐章
軍機大臣欽奉
諭旨恭親王溥偉等奏議覆吉林巡撫陳昭常奏吉
省辦理禁煙暨提前禁種一律淨盡請將辦理禁
煙各員照章擇尤保奬一摺著依議欽此
軍機大臣署名
臣奕
臣世
臣鹿假

二月十五日
臣那
臣吴

99
鈐章
軍機大臣欽奉
諭旨恭親王溥偉等奏遵旨調驗已革准補山東嘉
祥縣知縣郭鴻賓等均無發癮情形一摺郭鴻賓
等五員均著開復原參處分仍令照舊供職原參
失實之前山東巡撫袁樹勛著交部照章議處該
部知道欽此
原件交吏部另抄交禁煙大臣
軍機大臣署名
臣奕
臣世
臣鹿假
臣那
臣吴

二月十五日

100

鈐章

軍機大臣欽奉

諭旨學部奏請定游學畢業生廷試日期一摺著於

四月十五日考試欽此

軍機大臣署名

臣奕 臣世 臣鹿（假） 臣那 臣吴

二月十五日

101

鈐章

宣統二年二月十六日奉

旨杭州織造著聯榮去欽此

軍機大臣署名

臣奕 臣世 臣鹿（假）

臣那 臣吴

102

鈐章

宣統二年二月十六日内閣奉

上諭趙爾巽奏四川提學使趙啟霖呈請開缺養親

據情代奏一摺趙啟霖著准其開缺欽此

軍機大臣署名

臣奕 臣世 臣鹿（假） 臣那 臣吴

103

鈐章

宣統二年二月十六日内閣奉

上諭四川提學使著劉嘉琛補授欽此

軍機大臣署名

臣奕

臣世
臣鹿假
臣那
臣吴

104

鈐章

軍機大臣欽奉

諭旨郵傳部理藩部會奏遵議體察勘修蒙疆鐵路
情形一摺著依議欽此

軍機大臣署名

臣奕假
臣世
臣鹿假
臣那
臣吴

二月十八日

105

鈐章

軍機大臣欽奉

諭旨郵傳部奏遵設憲政籌備處情形一摺著憲政
編查館知道欽此

軍機大臣署名

臣奕假
臣世
臣鹿假
臣那
臣吴

二月十八日

106

鈐章

軍機大臣欽奉

諭旨御史陳善同奏海軍方始萌芽亟宜培養人才
自製船械一摺著籌辦海軍大臣知道欽此

軍機大臣署名

臣奕假
臣世
臣鹿假
臣那

107

臣吴

二月十八日

鈐章

軍機大臣欽奉

諭旨博迪蘇等奏謹將宣統元年八月以後接徵崇文門關稅數目截至年終專案奏報繕單呈覽一摺又奏開支交進等項銀兩數目一片又奏提撥殖邊學堂等處經費一片又奏平餘另款撥給學堂工廠等項捐款一片均著度支部知道欽此

軍機大臣署名

臣奕 臣世 臣鹿假 臣那 臣吴

二月十九日

108

鈐章

宣統二年二月二十一日內閣奉

上諭禮部尚書葛寶華廉明勤慎學問優長由部曹洊陟卿貳疊掌文衡擢授尚書宣力有年克稱厥職前因患病迭次賞假方期調理就痊長資倚畀兹聞溘逝軫惜殊深加恩賞給陀羅經被派貝勒毓朗帶領侍衛十員即日前往奠醊照尚書例賜卹任內一切處分悉予開復應得卹典該衙門查例具奏伊子葛紹煒俟及歲時以主事用用示篤念藎臣至意欽此

軍機大臣署名

臣奕假 臣世 臣鹿假 臣那 臣吴

109

光緒十三年二月三十日內閣奉

上諭禮部尚書延煦練達勤慎學問優長由翰林洊

陟卿貳外任都統旋補左都御史擢授尚書宣力
有年克稱厥職前因患病疊次賞假方期調理就
痊長資倚畀茲聞溘逝軫惜殊深加恩賞給陀羅
經被派貝勒載瀅帶領侍衛十員即日前往奠醊
照尚書例賜卹並著賞銀五百兩由廣儲司給發
經理喪事任内一切處分悉予開復應得卹典該
衙門察例具奏伊孫容濬著賞給主事分部學習
行走用示篤念藎臣至意欽此

110 光緒二十六年四月二十六日内閣奉
上諭工部尚書徐樹銘持躬恪慎學問優長由翰林
洊陟卿貳疊掌文衡升補左都御史擢授尚書宣
力有年克稱厥職前因患病疊次賞假茲聞溘逝
軫惜殊深加恩賞給陀羅經被派貝子溥倫帶領
侍衛十員即日前往奠醊照尚書例賜卹任内一
切處分悉予開復應得卹典該衙門察例具奏欽此

111 二月二十二日引
見人員

宗人府三人
吏部十七人
正黄旗蒙古二人
正白旗滿洲五人
鑲白旗蒙古二人
鑲紅旗蒙古九人
圓明園八旗十人
内務府二十人
共六十八人

112 鈐章
宣統二年二月二十二日内閣奉
上諭禮部尚書著榮慶調補唐景崇著補授學部尚
書欽此
軍機大臣署名
臣奕 臣世 臣鹿假 臣那 臣吴

硃〇

113

應調尚書名單

外務部尚書梁敦彥
吏部尚書李殿林
民政部尚書善耆
度支部尚書載澤
學部尚書榮慶
署陸軍部尚書廕昌（現在出差）
法部尚書廷杰
農工商部尚書溥頲
郵傳部尚書徐世昌
理藩部尚書壽耆
都察院都御史張英麟
尚書呂海寰

硃〇

114

應升尚書名單

外務部左侍郎聯芳
右侍郎鄒嘉來
吏部左侍郎唐景崇
右侍郎于式枚

民政部左侍郎烏珍
右侍郎林紹年
度支部左侍郎紹英
右侍郎陳邦瑞（現在出差）
禮部左侍郎景厚
右侍郎郭曾炘
學部左侍郎嚴修（現在請假）
右侍郎寶熙
陸軍部左侍郎壽勳
右侍郎姚錫光
法部左侍郎紹昌
右侍郎沈家本（現充修訂法律大臣）
署農工商部左侍郎熙彥
右侍郎楊士琦
郵傳部左侍郎汪大燮
右侍郎盛宣懷
理藩部左侍郎達壽
右侍郎恩順
倉場侍郎桂春

俞廉三

大理院卿定成

115

鈐章

宣統二年二月二十二日内閣奉

上諭吏部左侍郎著吴郁生補授欽此

軍機大臣署名

臣奕　臣世　臣鹿（假）　臣那　臣吴

116

鈐章

軍機大臣欽奉

諭旨本日吏部帶領引見之州縣事實列入最優等

候選道在任候補直隸州知州前安徽太和縣知

縣王樹中著候補直隸州知州後在任以道員儘

先補用欽此

軍機大臣署名

臣奕　臣世　臣鹿（假）　臣那　臣吴

二月二十二日

117

州縣事實列入最優等候選道在任候補直隸

州知州前安徽太和縣知縣王樹中

硃○

旨著候補直隸州知州後在任以道員儘先補用

118

休致前署河南南陽縣知縣候補通判王體陵

旨著以通判用

硃○

旨著以府經歷縣丞用

旨著仍照原案休致

119

候補侍郎唐紹怡

丁振鐸

前署吏部右侍郎瑞良

120

内閣學士麒德
瑞豐
毓隆
那晋 現署陸軍部左侍郎
榮勳
溥善
楊佩璋
李聯芳
吴郁生
王埬 現署法部右侍郎

硃○

121

鈐章
上諭吴郁生著以侍郎在軍機大臣上學習行走欽此
宣統二年二月二十三日内閣奉
軍機大臣署名
臣奕
臣世
臣鹿 假
臣那
臣吴

122

鈐章
上諭吏部左侍郎著于式枚轉補瑞良著補授吏部右侍郎欽此
宣統二年二月二十三日内閣奉
軍機大臣署名
臣奕
臣世
臣鹿 假
臣那
臣吴

123

應調侍郎名單
外務部左侍郎聯芳
右侍郎鄒嘉來
吏部左侍郎吴郁生
右侍郎于式枚
民政部左侍郎烏珍
右侍郎林紹年
度支部左侍郎紹英

硃○

右侍郎陳邦瑞
禮部左侍郎景厚
右侍郎郭曾炘
學部左侍郎嚴修
右侍郎寶熙
陸軍部左侍郎壽勳
右侍郎姚錫光
法部左侍郎紹昌
右侍郎沈家本 現充修訂法律大臣
署農工商部左侍郎熙彥
右侍郎楊士琦
郵傳部左侍郎汪大燮
右侍郎盛宣懷 現在出差
理藩部左侍郎達壽
右侍郎恩順
倉場侍郎桂春
俞廉三
大理院卿定成

124

鈐章

軍機大臣欽奉
諭旨都察院奏查明已革安徽知府范蓀廉被參冤
抑請旨遵行一摺范蓀廉著准其開復原官原參
之前安徽巡撫福潤布政使于蔭霖應得處分該
員等業經病故著毋庸議該部知道欽此
軍機大臣署名
臣奕
臣世
臣鹿 假
臣那
臣吴
二月二十三日

125

鈐章

軍機大臣欽奉
諭旨都察院代奏浙江京官陸軍部左丞朱彭壽等
呈稱已故四川總督劉秉璋功德在民條列事實
懇請加恩予謚一摺劉秉璋著加恩予謚該衙門

知道欽此

軍機大臣署名
臣奕
臣世
臣鹿假
臣那
臣吴

二月二十三日

126
應升侍郎名單
麒德
瑞豐
毓隆
那晉現署陸軍部左侍郎
榮勳
溥善
楊佩璋
李聯芳
王垿現署法部右侍郎

宗人府府丞朱益藩
副都御史伊克坦
陳名侃
翰林院學士錫鈞
許澤新
大理院少卿劉若曾

127
候補侍郎唐紹怡
丁振鐸

硃○前署吏部右侍郎瑞良

128
鈐章
軍機大臣欽奉
諭旨御史玉春奏八旗開放兵丁月餉虧短數目並不一律請飭整頓一摺著值年旗轉傳各旗營查覈妥議具奏欽此

軍機大臣署名
臣奕
臣世

二月二十四日

臣鹿假 臣那 臣吴

129

鈐章

軍機大臣欽奉

諭旨資政院奏敬陳速記學堂開辦情形一摺又奏

呈進蔡錫勇所著傳音快字書一片知道了書留

覽欽此

軍機大臣署名

臣奕 臣世 臣鹿假 臣那 臣吴

二月二十四日

130

鈐章

宣統二年二月二十五日内閣奉

上諭輔國公溥葵前得罰俸處分著加恩寬免欽此

軍機大臣署名

臣奕 臣世 臣鹿假 臣那 臣吴

131

鈐章

宣統二年二月二十五日内閣奉

上諭楊文鼎奏已故提督戰功卓著懇恩賜卹一摺

湖北提督夏毓秀勇敢誠樸軍紀嚴明咸豐年間

束髮從戎轉戰雲南貴州四川等省剿辦髮逆番

夷土匪所向有功由偏裨洊升總兵擢授提督整

頓營務勞瘁不辭茲聞溘逝軫惜殊深夏毓秀加

恩著照提督軍營立功後病故例從優議卹任内

一切處分悉予開復應得卹典該衙門察例具奏

並將戰功事蹟宣付國史館立傳伊子學部候補
主事夏瑞庚著以員外郎補用以彰勞勩該衙門
知道欽此

軍機大臣署名

臣奕 臣世 臣鹿（假） 臣那 臣吳

132

鈐章

宣統二年二月二十六日内閣奉

上諭直隸勸業道員缺著孫多森補授欽此

軍機大臣署名

臣奕 臣世 臣鹿（假） 臣那 臣吳

133

鈐章

宣統二年二月二十六日内閣奉

上諭陝西陝安道員缺著黃誥補授欽此

軍機大臣署名

臣奕 臣世 臣鹿（假） 臣那 臣吳

134

陝西陝安道員缺請

旨簡放

135

鈐章

宣統二年二月二十六日内閣奉

上諭直隸巡警道員缺著舒鴻貽補授欽此

軍機大臣署名

臣奕 臣世

臣鹿假
臣那
臣吴

136
鈐章
軍機大臣欽奉
諭旨軍諮處奏請留軍諮使暫緩出京一摺副都統
馮國璋著開去
梁格莊稽查值班官兵差使該部知道欽此
軍機大臣署名
臣奕
臣世
臣鹿假
臣那
臣吴
二月二十六日

137
辦理軍機處為知照事所有本處蘇拉紙匠茶
役人等現在一律改用門照相應造具清册知照
貴大臣以憑查覈可也計清册一本
右知照
景運門
宣統二年二月二十六日

138
二月二十七日引
見人貟
度支部四人
郵傳部十六人
步軍統領衙門十八人
正黄旗漢軍五人
正白旗滿洲十六人
共五十九人

139
鈐章
宣統二年二月二十八日内閣奉

上諭浙江督糧道員缺著曲江宴補授欽此

軍機大臣署名

二月二十八日

臣奕
臣世
臣鹿假
臣那
臣吴

140

鈐章

軍機大臣欽奉

諭旨修訂法律大臣沈家本奏法律學堂收支款目

謹具奏銷清單一摺度支部知道單併發欽此

軍機大臣署名

二月二十八日

臣奕
臣世
臣鹿假
臣那
臣吴

141

鈐章

軍機大臣欽奉

諭旨修訂法律大臣沈家本等奏議覆御史崇芳奏

同姓為婚未可弛禁一摺著依議欽此

軍機大臣署名

二月二十八日

臣奕
臣世
臣鹿假
臣那
臣吴

142

鈐章

軍機大臣欽奉

諭旨沈家本奏京員恭纂書籍有裨掌故敬將原書

進呈一摺著將所纂書籍交南書房閲看後再行

請旨欽此

軍機大臣署名

143

鈐章

軍機大臣欽奉

諭旨修訂法律大臣沈家本等奏變通秋審覆覈舊制以舉法權一摺著憲政編查館覈覆具奏欽此

軍機大臣署名

二月二十八日

臣奕

臣世

臣鹿假

臣那

臣吴

二月二十八日

144

鈐章

軍機大臣欽奉

諭旨郵傳部會奏議覆陳夔龍奏北洋提撥京奉餘利銀兩免其扣除請無庸置議一摺著依議欽此

軍機大臣署名

臣奕

臣世

臣鹿假

臣那

臣吴

二月二十八日

145

鈐章

軍機大臣欽奉

諭旨督辦津浦鐵路大臣徐世昌等奏議覆翰林院侍讀榮光奏津浦鐵路迅求利便謹陳明籌設天津車站情形一摺著依議欽此

軍機大臣署名

臣奕

二月二十八日

臣世 臣鹿假 臣那 臣吴

146

鈐章

宣統二年二月二十九日内閣奉

上諭山東濟南府知府員缺緊要著該撫於通省知
府内揀員調補所遺員缺著鮑心增補授欽此

軍機大臣署名

臣奕 臣世 臣鹿假 臣那 臣吴

147

鈐章

軍機大臣欽奉

諭旨理藩部奏遵設憲政籌備處一摺著憲政編查
館知道又奏酌設諮議官一片著依議欽此

軍機大臣署名

臣奕 臣世 臣鹿 臣那 臣吴

二月二十九日

148

鈐章

軍機大臣欽奉

諭旨憲政編查館奏行政事務宜明定權限酌擬辦
法一摺著依議欽此

軍機大臣署名

臣奕 臣世 臣鹿假 臣那 臣吴

二月二十九日

149

鈐章

軍機大臣欽奉

諭旨憲政編查館奏覈議死罪施行詳細辦法一摺

又奏蒙古死罪案件概歸理藩部主稿大理院覆

判一片均著依議欽此

軍機大臣署名

臣奕

臣世

臣鹿假

臣那

臣吴

二月二十九日

150

鈐章

軍機大臣欽奉

諭旨順天府奏臚陳籌備第三屆憲政事宜並各級

審判制度暨現行清訟辦法請飭詳議一摺著該

衙門議奏又奏建築習藝所請由備荒經費本息

項下撥給銀兩一片著照所請該部知道欽此

軍機大臣署名

臣奕

臣世

臣鹿假

臣那

臣吴

二月三十日

151

交内閣值年旗轉傳各旗昨日奉

旨内外滿漢諸臣陳奏事件著一律稱臣已有旨通

諭矣嗣後各旗員引見口奏履歷仍稱阿哈欽此

相應傳知

貴衙門欽遵可也此交

正月二十九日

152

鈐章

宣統二年三月初一日内閣奉

上諭江北提督著雷震春署理欽此

軍機大臣署名

臣奕

臣世

臣鹿假

臣那

臣吴

153

鈐章

宣統二年三月初一日内閣奉

上諭正黄旗蒙古副都統署江北提督王士珍奏因

病懇請開缺一摺王士珍著准其開缺欽此

軍機大臣署名

臣奕

臣世

臣鹿假

臣那

臣吴

154

鈐章

宣統二年三月初一日内閣奉

上諭廣東廣州府知府員缺緊要著該督於通省知

府内揀員調補所遺員缺著聯堃補授欽此

軍機大臣署名

臣奕

臣世

臣鹿假

臣那

臣吴

155

鈐章

宣統二年三月初二日奉

旨陳寶琛著補授内閣學士兼禮部侍郎銜欽此

軍機大臣署名

臣奕

臣世

臣鹿假

臣那

臣吴

156

鈐章

宣統二年三月初二日内閣奉
上諭興京副都統靈熙著留京當差欽此

軍機大臣署名

臣奕
臣世
臣鹿假
臣那
臣吴

157

鈐章

軍機大臣欽奉
諭旨貝勒載洵等奏現修
崇陵工程各段情形一摺即著承修大臣妥籌善法以
期鞏固而昭敬慎欽此

軍機大臣署名

臣奕
臣世
臣鹿假
臣那
臣吴

三月初二日

158

鈐章

軍機大臣欽奉
諭旨都察院奏代遞廣東京官胡蓉第等呈為廣東
賭害甚烈請飭兩廣督臣實力禁賭另籌抵款等
語著度支部知道欽此

軍機大臣署名

臣奕
臣世
臣鹿假
臣那
臣吴

三月初三日

159

鈐章

軍機大臣欽奉
諭旨憲政編查館會奏遵議考驗外官畫一辦法並

續增章程一摺又會奏議覆山東巡撫奏在籍紳
士籌辦憲政出力請奬應請毋庸給奬一摺均著
依議欽此

軍機大臣署名

臣奕 臣世 臣鹿假 臣那 臣吳

三月初三日

160

鈐章

宣統二年三月初四日内閣奉
上諭督辦鹽政大臣載澤奏遵旨詳議一摺各督撫
電奏鹽政章程不無窒礙各節既據該大臣詳細
聲明酌量變通應如所奏辦理各省鹽務糾轕紛
紜非統一事權不足以資整頓各該督撫等務當
懍遵上年十一月十九日諭旨與該大臣和衷共
濟妥協辦理以副朝廷整飭鹺綱之至意欽此

軍機大臣署名

臣奕 臣世 臣鹿假 臣那 臣吳

161

鈐章

宣統二年三月初四日内閣奉
上諭學部左侍郎嚴修奏因病懇請開缺一摺嚴修
著准其開缺欽此

軍機大臣署名

臣奕 臣世 臣鹿假 臣那 臣吳

162

鈐章

宣統二年三月初四日内閣奉

上諭霍倫泰奏請飭查明賑款籌還國債一摺援引既屬錯誤措詞尤多失實至片奏各節乃舉地方案件臚列多端率請查辦該副都統本無糾察之責外官賢否豈能深悉其爲受人嗾使情節顯然著傳旨申飭原摺片擲還欽此

軍機大臣署名

臣奕

臣世

臣鹿假

臣那

臣吴

163

鈐章

宣統二年三月初四日内閣奉

上諭鑲紅旗蒙古副都統承祐奏因病懇請開缺一摺承祐著准其開缺欽此

軍機大臣署名

164

鈐章

宣統二年三月初四日奉

旨鑲紅旗副都統著吴祿貞補授欽此

軍機大臣署名

臣奕

臣世

臣鹿假

臣那

臣吴

臣奕

臣世

臣鹿假

臣那

臣吴

165

鈐章

軍機大臣欽奉

諭旨翰林院侍讀榮光奏大學堂所設經學三科名

稱宜正一片著學部知道欽此

軍機大臣署名

臣奕 臣世 臣鹿假 臣那 臣吴

三月初四日

166

鈐章

宣統二年三月初五日内閣奉

上諭四月初三日常雩大祀

天於

圜丘遣懋林恭代行禮

四從壇派承蔭榮鏊扎克丹德壽各分獻欽此

軍機大臣署名

臣奕 臣世 臣鹿假

臣那 臣吴

167

鈐章

宣統二年三月初五日内閣奉

上諭四月初一日孟夏時享

太廟遣載功恭代行禮

後殿派訥勒赫行禮東廡西廡派希璋錫明各分獻欽此

軍機大臣署名

臣奕 臣世 臣鹿假 臣那 臣吴

168

鈐章

宣統二年三月初五日内閣奉

上諭學部左侍郎著寶熙轉補李家駒著補授學部右侍郎欽此

169

軍機大臣署名

臣奕

臣世

臣鹿 假

臣那

臣吴

應調侍郎名單

外務部左侍郎聯芳

右侍郎鄒嘉來

吏部左侍郎于式枚

右侍郎瑞良

民政部左侍郎烏珍

右侍郎林紹年

度支部左侍郎紹英

右侍郎陳邦瑞

禮部左侍郎景厚

右侍郎郭曾炘

學部右侍郎寶熙

170

陸軍部左侍郎壽勳

右侍郎姚錫光

法部左侍郎紹昌

右侍郎沈家本 現充修訂法律大臣

署農工商部左侍郎熙彥

右侍郎楊士琦

郵傳部左侍郎汪大燮

右侍郎盛宣懷 現在出差

理藩部左侍郎達壽

右侍郎恩順

倉場侍郎桂春

俞廉三

大理院卿定成

候補侍郎唐紹怡 現在告假

丁振鐸

候補內閣學士現署學部左侍郎李家駒

鈐章

宣統二年三月初五日內閣奉

上諭本日召見之承襲一等男爵蕭年玉著以同知用欽此

軍機大臣署名

臣奕
臣世
臣鹿假
臣那
臣吳

171

鈐章

軍機大臣欽奉

諭旨學部奏藍翎侍衛補用司務成林呈請開去侍衛差缺等語成林著註銷司務仍充侍衛之差欽此

軍機大臣署名

臣奕
臣世
臣鹿假
臣那
臣吳

三月初五日

172

應升侍郎名單

内閣學士麒德

瑞豐

毓隆

那晉 現署陸軍部左侍郎

榮勳

溥善

楊佩璋

李聯芳

王垿 現署法部右侍郎

陳寶琛

宗人府府丞朱益藩

副都御史伊克坦

陳名侃

翰林院學士錫鈞

許澤新

大理院少卿劉若曾

173

鈐章

宣統二年三月初六日内閣奉

上諭甘肅蘭州府知府員缺緊要著該督於通省知

府内揀員調補所遺員缺著慶隆補授欽此

軍機大臣署名

臣奕

臣世

臣鹿假

臣那

臣吴

174

鈐章

宣統二年三月初七日内閣奉

上諭雲南迤東道員缺著魏家驊補授欽此

軍機大臣署名

臣奕

臣世

臣鹿假

臣那

臣吴

175

鈐章

軍機大臣欽奉

諭旨御史吴緯炳奏旅京舉貢乏資回籍請變通章

程量予甄録一摺著禮部議奏欽此

軍機大臣署名

臣奕

臣世

臣鹿假

臣那

臣吴

三月初七日

176

三月初八日引

見人員

吏部三十七人

民政部四人

法部十人

理藩部一人

正白旗滿洲十五人

武備院二人
頤和園十人
共七十九人

177
鈐章
軍機大臣欽奉
諭旨農工商部奏南洋勸業會開會有期請派大臣為審查總長前往蒞會一摺著派楊士琦為審查總長又奏審查總長蒞會一切經費請准作正開銷一片又奏請派蒯光典就近為勸業會提調一片均著依議又奏將會場陳列各品評定甲乙給予褒獎一片知道了欽此
軍機大臣署名
臣奕
臣世
臣鹿假
臣那
臣吴
三月初八日

178
鈐章
軍機大臣欽奉
諭旨農工商部奏修訂礦章遵將切實籌辦情形先行具奏一摺知道了欽此
軍機大臣署名
臣奕
臣世
臣鹿假
臣那
臣吴
三月初八日

179
鈐章
軍機大臣欽奉
諭旨郵傳部奏遵章臚陳第三屆籌備成績一摺著憲政編查館知道欽此
軍機大臣署名
臣奕
臣世

三月初八日

廿 臣鹿假 臣那 臣吴

180

鈐章

軍機大臣欽奉

諭旨郵傳部奏設立印刷處請派員經理一摺著歸

度支部印刷局辦理欽此

軍機大臣署名

臣奕 臣世 臣鹿假 臣那 臣吴

三月初八日

181

鈐章

軍機大臣欽奉

諭旨徐世昌等奏遵籌津浦鐵路由蚌埠渡淮仍應

建築吊橋以期穩固一摺著依議欽此

軍機大臣署名

臣奕 臣世 臣鹿假 臣那 臣吴

三月初八日

182

保舉留川補用道休致前廣西補用知府石德芬

硃○旨照例用

183

滿頭班

花翎二品銜領班三品章京英秀

花翎二品銜幫領班四品章京文年

花翎三品銜 記名道府章京郎中榮元

三品銜在任即選知府章京郎中麟祥

花翎三品銜章京侍讀裕銘
章京候補員外郎伊崧揚阿
花翎四品銜額外章京理藩部員外郎存瑞
花翎三品銜在任即選道額外章京上行走鍾佩
漢頭班
花翎領班三品章京劉穀孫
花翎領班章京上行走候補五品京堂楊壽樞
二品銜幫領班四品章京徐宗溥
三品銜章京員外郎劉慶篤
花翎四品銜章京主事趙國良
四品銜章京主事張潤
四品銜章京主事宋子聯
三品銜章京　記名繁缺知府郎中楊芾
花翎員外郎銜章京候補主事曾文玉
額外章京翰林院編修黃彥鴻
額外章京內閣候補中書秦樹忠
滿二班
花翎著理領班三品章京聯綬
花翎三品銜幫領班四品章京成俊

花翎三品頂戴候升四品後　賞加二品銜章京郎中[illegible]
花翎三品銜　記名道府候升四品後　賞加二品銜章京郎中常泰
花翎四品銜章京主事鴻恩
四品銜章京主事興廉
四品銜章京員外郎星輅
章京錄事官松海
漢二班
二品銜領班三品章京易貞
二品銜領班上行走三品章京華世奎
花翎幫領班四品章京趙廷珍
三品銜章京　記名繁缺知府郎中孫筍經
四品銜章京主事盧文明
四品銜章京主事邢維經
三品頂戴章京員外郎萬雲路
花翎四品銜章京主事雷延壽
四品銜章京編修楊渭
額外章京法部小京官呂式斌
額外章京內閣候補中書江保傳

184

鈐章

宣統二年三月初十日內閣奉
上諭京師自去冬雪澤稀少今春又復雨澤愆期現
在節居穀雨農田待雨孔殷朕心實深寅盼允宜
虔申祈禱本月十二日派肅親王善耆敬謹前詣
大高殿恭代拈香
時應宮派貝勒載潤
昭顯廟派貝子溥倫
宣仁廟派貝子銜鎮國將軍載振
凝和廟派鎮國公溥佶同於是日分詣拈香以迓
甘霖而慰農望欽此

軍機大臣署名

臣奕
臣世
臣鹿假
臣那
臣吳

185

鈐章

宣統二年三月初十日內閣奉
上諭增韞奏查明浙江各屬田禾被災請將應徵地
漕等項分別蠲緩一摺上年浙江杭州等屬田禾
被水旱風蟲受傷致成災歉及歷年沙淤石積尚
未墾復各田地塘若將應徵地漕照常徵收民力
實有未逮加恩著照所請所有仁和等二十州縣
成災十分各田地並仁和等三十州縣及嘉湖衛
歉收民屯學沙牧各田地與富陽等十三縣及衛
所沙淤石積各田地塘應徵宣統元年分地丁等
項正耗錢糧漕白等項米石暨沙牧學租銀錢分
別蠲免緩徵其被災各縣蠲免銀米各災戶已
輸在官者准其流抵次年新賦至秋收減色之於
潛等廳縣及杭嚴台州衢州各衛所與被災歉各
州縣所未完各年舊欠暨原緩帶徵地漕屯餉各
銀米均著遞緩一年徵收以紓民力該撫即按照
單開各廳州縣衛所田地塘項畝分數應蠲應緩
銀錢米石各細數刊刻謄黃徧行曉諭務使實惠
均霑毋任吏胥舞弊用副朝廷軫念民艱至意餘

著照所議辦理該部知道單二件併發欽此
軍機大臣署名
臣奕 臣世 臣鹿假 臣那 臣吴

三月初十日

186
鈐章
宣統二年三月初十日内閣奉
上諭雲南勸業道劉孝祚著開缺送部引見欽此
軍機大臣署名
臣奕 臣世 臣鹿假 臣那 臣吴

187
鈐章
宣統二年三月初十日内閣奉
上諭雲南勸業道員缺著袁玉錫補授欽此
軍機大臣署名
臣奕 臣世 臣鹿假 臣那 臣吴

188
鈐章
軍機大臣欽奉
諭旨陸潤庠等覆奏閲看京員恭纂書籍一摺書中有無訛舛尚須校正著南書房翰林再行閲看覆奏欽此
軍機大臣署名
臣奕 臣世 臣鹿假 臣那

臣吴

三月初十日

189

鈐章

軍機大臣欽奉

諭旨翰林院奏撰擬多羅克勤郡王崧杰祭文呈覽

一摺崧杰現已予謚祭文内漏未繕入著另行撰

繕呈覽欽此

軍機大臣署名

臣奕 臣世 臣鹿假 臣那 臣吴

三月初十日

190

鈐章

軍機大臣欽奉

諭旨段祺瑞奏軍備不實急宜補救一摺著該衙門

知道欽此

軍機大臣署名

臣奕 臣世 臣鹿假 臣那 臣吴

三月初十日

191

頭品頂戴開缺廣東鹽運使丁乃揚

旨交軍機處存記

192

鈐章

宣統二年三月十一日内閣奉

上諭貴州貴陽府知府員缺緊要著該撫於通省知

府内揀員調補所遺員缺著連培型補授欽此

軍機大臣署名

臣奕

193 貴州貴陽府遺缺知府請
旨簡放

三月十一日

臣世 臣鹿假 臣那 臣吳

194 查本處章京郎中舒鴻貽現蒙
簡放直隸巡警道應行添傳一員臣等公同商酌擬傳
記名在前之內閣候補中書秦樹忠在額外章京上
行走謹
奏
宣統二年三月十一日奉
旨知道了欽此

195 鈐章
軍機大臣欽奉
諭旨禁煙大臣恭親王溥偉等奏臚陳辦理禁煙情
形繕單呈覽一摺知道了欽此
軍機大臣署名

三月十一日

臣奕 臣世 臣鹿假 臣那 臣吳

196 鈐章
宣統二年三月十二日內閣奉
上諭湖南巡撫岑春蓂已有旨開缺派楊文鼎暫行
署理楊文鼎著迅赴署任毋稍延緩欽此
軍機大臣署名

臣奕 臣世

197

臣鹿（假）　臣那　臣吴

鈐章

宣統二年三月十二日内閣奉

上諭陳夔龍奏舉劾屬員一摺直隸清苑縣知縣黃
國瑄天津縣知縣胡商彝署吴橋縣知縣南宮縣
知縣呂調元南和縣知縣奴錫章故城縣知縣姜
宗泰既據該督臚陳政績均著傳旨嘉獎宣化縣
知縣江宗瀚擅行苛罰物議沸騰遷安縣知縣劉
道春縱容家丁不孚輿論候補通判李松材相驗
草率民受拖累署樂亭縣知縣候補知縣趙巽年
廢弛捕務不洽輿情候補知縣姚和羹操守不謹
奉差舞弊均著即行革職束鹿縣知縣馮宗岱才
具竭蹶難膺赤緊著以府經歷縣丞降補候補知
縣石盛明調驗癮疾私帶煙末昌黎縣教諭黃樹
棻嗜好難除罔知自愛均著革職永不敘用餘著
照所議辦理該衙門知道欽此

198

軍機大臣署名

臣奕　臣世　臣鹿（假）　臣那　臣吴

鈐章

宣統二年三月十二日内閣奉

上諭聯魁奏特參戒煙不力各員請旨嚴懲一摺新
疆候補通判李士澄署新平縣知縣候補知縣胡
桂齡候補知縣李瑞禾候補從九惠敏署伊犂鎮
標甯遠營中軍左哨把總儘先守備周學詳署伊
犂鎮標中營左旗右哨把總儘先千總張得勝署
伊犂鎮標左營右旗左哨把總儘先千總朱得名
均屬煙癮甚深戒除不力著一併革職永不敘用
又片奏糾劾庸劣各員等語奇臺縣知縣楊方熾
措置乖方幾釀重案鄯善縣知縣尋選馭下不嚴
控案纍纍均著開缺另補阜康縣典史熊仲禹行

同市井有玷官箴著即行革職餘著照所議辦理
該衙門知道欽此

軍機大臣署名

臣奕 臣世 臣鹿假 臣那 臣吴

199

鈐章

軍機大臣欽奉

諭旨御史陳善同奏路鑛等交涉案件日見增多亟
應妥予預防以息紛爭一摺著該部知道欽此

軍機大臣署名

臣奕 臣世 臣鹿假 臣那 臣吴

原件交外部鈔交郵傳部農工商部

三月十二日

200

鈐章

軍機大臣欽奉

諭旨御史陳善同奏請先行自編中學教科書等語
著學部知道欽此

軍機大臣署名

臣奕 臣世 臣鹿假 臣那 臣吴

三月十二日

201

鈐章

軍機大臣欽奉

諭旨都察院代奏候選道錢德芳條陳海軍事宜呈
一件著籌辦海軍大臣知道欽此

軍機大臣署名

臣奕 臣世

三月十三日

臣鹿假 臣那 臣吴

202

鈐章

軍機大臣欽奉

諭旨御史蕭丙炎奏治民之要端在養民請飭通設

習藝工廠以裕生計一摺著農工商部知道欽此

軍機大臣署名

臣奕 臣世 臣鹿假 臣那 臣吴

三月十三日

203

鈐章

宣統二年三月十五日內閣奉

上諭前因京師雨澤稀少當經派肅親王善耆虔詣

大高殿恭代拈香並派貝勒載潤等分詣

時應宮等處拈香虔誠祈禱仰荷

昊蒼默佑連日得沛甘霖朕心實深寅感允宜敬謹報

謝用答

天庥本月十七日仍派肅親王善耆敬謹前詣

大高殿恭代拈香

時應宮仍派貝勒載潤

昭顯廟仍派貝子溥倫

宣仁廟仍派貝子銜鎮國將軍載振

凝和廟仍派鎮國公溥佶同於是日分詣拈香行

禮報謝仍冀頻邀

鴻貺甘澍應時以慰農望欽此

軍機大臣署名

臣奕 臣世假 臣鹿假 臣那 臣吴

204

鈐章

軍機大臣欽奉

諭旨溥偉等奏職官重染嗜好據實糾參一摺正紅
旗滿洲勳舊佐領德來著即革職永不敘用其原
襲勳舊佐領准其子孫接襲欽此

軍機大臣署名

臣奕 臣世假 臣鹿假 臣那 臣吳

三月十五日

205

鈐章

軍機大臣欽奉

諭旨貝子溥倫現在工次十七日
昭顯廟拈香著改派貝勒載洵敬謹前往欽此

軍機大臣署名

臣奕 臣世 臣鹿假 臣那 臣吳

三月十六日

原件交宗人府鈔交禮部、侍衛處

206

鈐章

軍機大臣欽奉

諭旨憲政編查館奏議覆修訂法律大臣沈家本等
奏變通秋審覆核舊制一摺著依議欽此

軍機大臣署名

臣奕 臣世 臣鹿假 臣那 臣吳

三月十六日

207

鈐章

宣統二年三月十七日内閣奉

上諭河南巡撫吴重憙著開缺另候簡用欽此

軍機大臣署名

臣奕

臣世

臣鹿假

臣那

臣吴

208

鈐章

宣統二年三月十七日内閣奉

上諭河南巡撫著寶棻調補迅赴新任毋庸來京陛

見欽此

軍機大臣署名

臣奕

臣世

臣鹿假

臣那

臣吴

209

鈐章

宣統二年三月十七日内閣奉

上諭江蘇巡撫著程德全調補迅速來京陛見未到

任以前著陸鍾琦暫行護理欽此

軍機大臣署名

臣奕

臣世

臣鹿假

臣那

臣吴

210

三月十八日引

見人員

御前大臣帶領年滿奏事官一人

起居注二人

吏部四十九人

禮部十二人

值年旗三人

共六十七人

211

鈐章

軍機大臣欽奉

諭旨農工商部奏遵章臚陳第二年第二居農工商籌備事宜一摺著憲政編查館知道欽此

軍機大臣署名

臣奕

臣世

臣鹿假

臣那

臣吴

三月十八日

212

鈐章

軍機大臣欽奉

諭旨督辦津浦鐵路大臣徐世昌等奏津浦鐵路北段料車已抵德州並全路工程進步情形一摺知道了又奏黄河橋工加深增費一片著依議欽此

軍機大臣署名

臣奕

臣世

213

鈐章

宣統二年三月十九日内閣奉

上諭伊犂將軍著廣福補授希賢著補授伊犂副都統欽此

軍機大臣署名

臣奕

臣世

臣鹿假

臣那

臣吴

三月十八日

臣鹿假

臣那

臣吴

214

鈐章

宣統二年三月十九日内閣奉

上諭奉天巡撫著即裁撤東三省總督錫良著兼管

奉天巡撫事欽此

軍機大臣署名

臣奕
臣世
臣鹿假
臣那
臣吴

215

鈐章

宣統二年三月十九日内閣奉

上諭四川提督著田振邦署理欽此

軍機大臣署名

臣奕
臣世
臣鹿假
臣那
臣吴

216

此次

圈出廢員名單

翼長用若麟東陵總管前

前塔城新滿營左翼協領花沙布

217

鈐章

宣統二年三月二十日内閣奉

上諭鹿傳霖奏假期屆滿病難速痊懇請開去軍機

大臣要差並續假一個月一摺鹿傳霖著再賞假

一個月安心調理毋庸開去軍機大臣差使欽此

軍機大臣署名

臣奕
臣世
臣鹿假
臣那
臣吴

218

鈐章

宣統二年三月二十一日内閣奉

上諭興京副都統墨麒著充
永陵守護大臣欽此

軍機大臣署名

臣奕 臣世 臣鹿（假） 臣那 臣吴

219

鈐章

宣統二年三月二十二日内閣奉
上諭署理江北提督雷震春著賞給侍郎銜欽此

軍機大臣署名

臣奕 臣世 臣鹿（假） 臣那 臣吴

220

鈐章

軍機大臣欽奉
諭旨陸潤庠等奏閲看京員恭纂書籍校正訛舛之
處逐卷加籤呈覽一摺仍著劉錦藻按照南書房
籤出之處更正妥協再行呈進欽此

軍機大臣署名

臣奕 臣世 臣鹿（假） 臣那 臣吴

三月二十二日

221

鈐章

軍機大臣欽奉
諭旨此次查驗詢問保薦人才著仍派那桐榮慶梁
敦彦瑞良俞廉三欽此

軍機大臣署名

臣奕

臣世
臣鹿假
臣那
臣吴

三月二十二日

222

那桐
榮慶
梁敦彥
瑞良
俞廉三

三月二十二日

223

鈐章
宣統二年三月二十三日內閣奉
上諭湖北按察使著馬吉樟補授欽此
軍機大臣署名
臣奕
臣世
臣鹿假

224

臣那
臣吴

收四川總督趙致軍機處函稿
中堂王爺大人鈞鑒二月二十七日奉到二月初七日
鈞函指示籌藏各節飭與聯大臣酌度情形迅
速籌辦等因當經飛轉聯大臣籌議具覆茲將
致聯大臣函稿鈔呈
冰鑒俟得聯大臣覆函再行詳議佈陳現在藏
事略已大定川軍到藏後聯大臣督率統領鍾
頴約束甚嚴藏衆均能相安現在所爭祇在統
治大權若不就此收回日久玩生再致旁落或
以外交權之一部分仍聽藏官得與外人直接
則藏地終不能完全成我屬土此中消息甚微
關係甚大尤望
鈞處指示主持俾資旋轉是所至盼至川邊佈
置經營數年自鑪關以至察木多縱橫數千里
蠻民安居樂業不復有前此戰爭兵革之苦聲
教所敷傾心向化惟瞻對一地仍歸藏屬寔處

川邊中心於統治諸多窒礙時生齟齬邊城因以不
安而瞻民苦於藏官苛暴訴請收還不願屬藏
者屢矣竊謂此次藏番抗我顏行自知獲罪甚
重若乘此機勢設法將瞻對收回彼必不敢置
詞可否祈
代密陳請
旨諭趙爾豐不限時期便宜辦理必有無礙大局之
策或能使藏番自請獻還以贖其阻兵之罪此
中另有消息非可言宣總期與邊藏大局有益
無損而已若仍置而不辦將來藏中控制一有
失宜川邊必因而不靖川藏中梗鞭長莫及此
則愚慮所不能不惓惓早計者也專此肅復敬請
鈞安趙爾巽謹肅

225

四川總督趙致駐藏大臣聯函稿

建侯仁兄鄉大人閣下二月廿七日承准
軍機處函開此次川兵進藏原以番情頑梗諸
多廢弛不得不力求振頓茲有人條陳嗣後商
上事務及四噶布倫與番目缺等之選授均由
駐藏大臣主張不必會同繼世之達賴以免牽
制其修飭兵備振興實業舉辦警察提倡學校
諸要政均屬切要辦法業經迭奉
旨飭辦希即體察情形認真辦理至馭番夷之法畏
之以威不如懷之以德必須約束將弁勿得騷
擾予人口實總以推廣
皇仁安輯藏衆為主義以上各節統希與聯大臣酌
度情形迅速籌辦為要等因查乾隆五十七年
奏准番目補用事例噶布倫戴琫缺出由駐藏大
臣會同達賴喇嘛揀選擬定正陪
奏請補用其商上仔琫以下管事番目缺出即由
駐藏大臣會同達賴喇嘛揀選補放等語現在
藏中既無達賴喇嘛自可統由
尊處自行辦理惟歷年西藏辦事實情與原制
有無出入及現在整頓如何下手應請
尊處主稿妥籌議覆又原奏以東科爾子弟恃
其門第彼此接引躐等超遷番民中即有妥幹
之才並無進身之路以後凡遇挑取大小番目
如充當兵丁之番民果能奮勇出力技藝嫻熟

即非東科爾出身亦准由定琫㳺擢至戴琫等
語此亦破除門第把持之習期於權操自上不
識後來補放番目情形尚能實用此法否總之
此時如能妥籌實行統治大權內政外交均能
安謐將來新達賴及歲時自可不再令主持政
事而西藏始確立為我屬地之基礎
樞府既垂念及此尚望我
公籌策而實行之餘另佈專此佈達敬請
勛安　鄉愚弟趙爾巽頓首
三月二十三日

226

擬復四川總督趙函

次山制軍閣下三月十九日接准
覆函并附致聯大臣函稿備悉一是此次川軍
到藏紀律嚴明兵民輯睦而頻年慘淡經營俾
川邊一帶羣知向化藏事亦賴以底定
執事與趙聯大臣殫心籌畫悉協機宜良深欽佩
現在治藏之策自以統握政權不使旁落為要
義藏中尚未立有達賴喇嘛凡揀選番缺無庸

會商挑取兵丁不限門第均倣逐漸變通辦法
應俟聯大臣體察情形妥為籌議藏印直接一
節自英兵入藏立約後英人即持此議彼持愈
堅我爭愈力迨後商訂章程第三款首段載明
各商埠治理權應歸中國官督飭藏官管理末
段載明印度政府照會之意應并行知照中國
駐藏大臣各等語但使藏官服從駐藏大臣之
命令遇事自必稟承若遽言不聽藏官與外人
直接恐彼忽生詰難於事無益此在當局者之
潛為轉移耳瞻對地方從前業已用兵勦定仍
行
賞給祇以恐失大信屢議收回而未果就目前兵力
而論舉此原非難事惟自藏中多故以來一有
舉動羣相瞻矚
朝廷務存寬大並無因以為利之心若遽事更張迫以
威命藏人或形觖望鄰國亦起責言又將何以
處之自不如示以鎮靜且俟藏局大定再行酌
辦至藏官苛暴似可由駐藏大臣督飭更換以
慰瞻民川邊關繫緊要鎮懾拊循想趙大臣必

能恩威兼濟也此間交涉一切迭經外務部隨
時電達惟其中詳細情形
尊處或未盡悉特再縷聞以資接洽當達賴潛
進奉
旨斥革外務部即照會英使告以西藏交涉仍照中
英定約辦理達賴之革於全局情形並無更動
是以英人雖時致疑問一經駁辨彼即無詞干
預然尚迭次來照謂西藏内政如有變更英不
允有礙廓布哲三國國體近來和平辦法實不
多見華兵大隊從事英政府豈能相信印度及
鄰邦邊界如駐華隊未便過多致令印政府及
各隣邦一律對派各等語其不願藏中稍更現
狀情見乎詞外部復以中英交密故以藏中現
情及派兵本意推誠相告不能因此謂於中國
在藏固有之主權稍有減損西藏内政如有必
須整頓之處無非為藏地安謐起見不致與各
鄰邦稍有牽涉巡警期足彈壓地方華兵駐紮
邊界處所但使地方安静數亦無取過多西藏
條約中英均切實遵守云云既已隱杜其干預

之漸即不能驟施其更變之方藏事之起迄今
數月内外協力維持大局幸而稍定新達賴尚
未選立舊達賴仍在大吉嶺居住其陰結外援
圖復權位之意斷難遽泯即徒黨亦不免有所
觀望且中英感情非舊近如開平礦務澳門葡
界銅官收回税司更替各案與接待濤邸毫不
相涉彼且藉以要挾駁辨再四始行轉圜此等
轇轕事件我尚可據理與爭若事涉邊疆操縱
偶一失宜難保不伺隙而動倘生外釁恐棄前
功欲事挽回更難為力此所以仰秉
宸謨再三審慎不得不與
執事從長計議者也
執事盱衡時局洞燭幾先尚希
詳加酌度並將此函密寄聯趙大臣會籌辦理為
盼此復順頌
勛綏

慶親王那世鹿吳全啟

三月二十三日

227 三月二十四日引
見人員
軍諮處五十三人
前鋒護軍統領二十二人
武備院二人
共七十七人

228
鈐章
宣統二年三月二十四日内閣奉
上諭本日軍諮處帶領引見之京師陸軍測繪學堂
考列優上中等畢業學生朱受豫國勳景文黄秉德
貴林鄧崇熙李華穠龔靖義陳忠元黄耀秋馬景
南臧焜庚厚王琇何具彬陳恕崔作枬均著賞給
舉人授為測繪副軍校王思輔王澄清崇福李廷
棟劉志道長銘于文蔚程立民張啟華林彰鑑保
瑞靳星沅耿之翰陳文海張國柱岳蓬壺馬壽愷
田統宇田兆霖恩懋黄鉞曹壯思周之章徐壽椿
閔文熙文實靳光榮李光知廣興楊善培永麟張
淦寶賢均著賞給舉人授為測繪協軍校林超雙
柱吉立嘎拉均著賞給舉人以測繪協軍校記名
補用欽此
軍機大臣署名
臣奕
臣世
臣鹿假
臣那
臣吴

229
鈐章
軍機大臣欽奉
諭旨學部奏第一次教育統計圖表辦理完竣繕册
呈覽一摺著憲政編查館知道圖表併發欽此
軍機大臣署名
臣奕
臣世
臣鹿假
臣那
臣吴
三月二十五日

230

鈐章

宣統二年三月二十六日内閣奉

上諭山西提學使著駱成驤補授欽此

軍機大臣署名

臣奕 臣世 臣鹿假 臣那 臣吴

231

鈐章

軍機大臣欽奉

諭旨陸軍部奏議覆直隸提督姜桂題奏保併案供差人員聲明請旨一片總兵馬文翰著賞加提督銜儘先補用副將趙倜陳希義方有田均著以總兵交軍機處記名欽此

軍機大臣署名

臣奕 臣世

臣鹿假 臣那 臣吴

三月二十六日

232

鈐章

宣統二年三月二十八日内閣奉

上諭楊士琦現在出差農工商部右侍郎著溥善署理欽此

軍機大臣署名

臣奕 臣世 臣鹿假 臣那 臣吴

233

鈐章

宣統二年三月二十八日内閣奉

上諭本日軍諮處陸軍部帶領引見之軍官學堂深

造科考列上中等畢業學員郝福田著授為工程
隊正軍校江壽麒著授為馬隊正軍校熊炳琦著
授為礮隊正軍校崔承熾著授為輜重隊正軍校
師景雲張紀朱鼎勳陳調元易兆霖馬毓寶均著
授為步隊正軍校胡叔麒楊朝黼張學顏劉鼎臣
程殿林靳同明陳清源方先聰張榮魁均著授為
步隊副軍校宋煥彩全斌均著授為礮隊副軍校

欽此

軍機大臣署名

臣奕 臣世 臣鹿(假) 臣那 臣吴

234

欽章

軍機大臣欽奉

諭旨農工商部右侍郎楊士琦奏前往南洋菸會酌
帶司員一摺又奏開用關防日期一片均知道了

欽此

軍機大臣署名

臣奕 臣世 臣鹿(假) 臣那 臣吴

三月二十八日

235

欽章

軍機大臣欽奉

諭旨貝勒載潤等奏陳明貴胄學堂辦理情形擬定
學生考試日期一摺知道了又奏提調雷振鏞因
病開差一片又奏裁撤提調一差並擬增設監督
副官各員一片均著依議欽此

軍機大臣署名

臣奕 臣世 臣鹿(假) 臣那

臣奕

三月二十八日

236

鈐章

軍機大臣欽奉

諭旨農工商部奏華商集股創辦公司彙案請奬一
摺著依議又奏派王清穆劉世珩仍以原官作為
頭等顧問官並請奬給頂戴一片王清穆劉世珩
著准其充該部頭等顧問官毋庸加給頂戴欽此

軍機大臣署名

臣奕　臣世　臣鹿（假）　臣那　臣吴

三月二十八日

237

鈐章

軍機大臣欽奉

諭旨郵傳部奏洛潼鐵路購買機器材料應照成案
准予免稅一摺著該衙門議奏又奏正太鐵路洋
員請給寶星一片著外務部議奏又奏八品錄事
楊侗等四員請作為候補七品小京官一片著該
部知道欽此

軍機大臣署名

臣奕　臣世　臣鹿（假）　臣那　臣吴

原件交郵傳部

同原摺片鈔交 度支部 稅務處 外務部 吏部

三月二十八日

238

鈐章

軍機大臣欽奉

諭旨郵傳部奏謹擬各省大小輪船公司註册給照
章程繕單呈覽一摺著依議欽此

軍機大臣署名

臣奕

臣世
臣鹿假
臣那
臣吳

三月二十八日

239

三月二十八日引見人員

陸軍部二十一人

理藩部二人

正紅旗蒙古五人

共二十八人

鈐章

宣統二年四月初一日內閣奉

上諭前奉

先朝諭旨設立資政院以為上下議院之基礎

聖謨宏遠薄海同欽朕御極以來日以繼

志述

事為務迭經降旨將該院院章暨各項選舉章程釐定頒布責成內外臣工切實籌辦本年九月初一日為第一次開院之期所有單開各項欽選議員宗

室王公世爵著魁斌載功訥勒赫載瀛載潤溥霱全榮壽全載鎧載振毓盈載燕盛昆慶恕為議員

滿漢世爵著希璋黃懋澄志鈞榮全榮塋延秀曾廣鑾存興李長祿敬昌劉能紀胡祖蔭為議員外

藩王公世爵著博迪蘇貢桑諾爾布色淩敦魯布色隆托濟勒勒旺諾爾布特古斯阿勒坦呼雅克圖綳楚克車林多爾濟帕拉穆達木党蘇倫那彥圖索特那木扎木柴巴勒珠爾拉布坦司迪克那木濟勒錯布丹為議員宗室覺羅著定秀世珣榮普成善景安宜純為議員各部院衙門官著奎濂陳懋鼎趙椿年錫嘏榮凱毓善劉道仁文哲琿張緝光李經畬林炳章慶蕃顧棟臣何藻翔陳善同劉澤熙魏聯奎趙炳麟儼忠胡駿王璟芳文溥吳敬修柯劭忞榮厚胡礽泰汪榮寶劉華長福曹元忠吳緯炳郭家驥為議員碩學通儒著吳士鑑勞乃宣章宗元陳寶琛沈家本嚴復江瀚喻長霖沈林一陶葆廉為議員自應先期召集以備舉行著以本年八月二十日為召集之期所有該院議員均即遵照定期一律齊集將開院以前應有事宜妥行準備該議員等須知此次召集資政院為中國前此未有之創舉即為將來成立國會之先聲務期竭盡忠誠恪守秩序克擔義務代表輿情用副朝廷實行立憲循序程功之至意將此通諭知之欽此

軍機大臣署名

臣奕

臣世

臣鹿 假

臣那

臣吳

241 交

御前大臣資政院所有此次

圈出資政院議員均無庸謝

恩此交

四月初一日

242

華儒制軍閣下敬啟者現在長江一帶亂黨繁

滋往往暗投軍界希圖煽誘數年以內迭起風

潮亦由新軍品類不齊兼分黨派全在統制之

提鎮大員深明大局先以和衆安民訓以尊君

親上則人心鎮定自能弭患無形

執事久涖南邦此等情形諒必周悉而

履新伊始未知江漢將領中能否彼此深相浹

洽尚望隱加揆度兼切防維

藎籌詳密相機而行此鄂局所關抑亦地方之

福也專泐佈達順頌

勛祺

那 世 慶親王仝啟 鹿 吳

四月初一日

243 鈔章

軍機大臣欽奉

諭旨貝勒載洵等奏

崇陵現修工程情形一摺知道了欽此

軍機大臣署名

臣奕 臣世 臣鹿假 臣那 臣吳

四月初二日

244 鈔章

宣統二年四月初二日內閣奉

上諭福建興化府知府陳景墀貴州鎮遠府知府雙

壽均著開缺送部引見欽此

軍機大臣署名

臣奕 臣世

245

鈐章

宣統二年四月初二日内閣奉

上諭浙江定海鎮總兵邱開浩著開缺另候簡用

欽此

軍機大臣署名

臣奕

臣世

臣鹿假

臣那

臣吴

246

鈐章

宣統二年四月初三日内閣奉

上諭貴州鎮遠府知府員缺著吴蔭培補授欽此

軍機大臣署名

247

浙江定海鎮總兵貴州鎮遠府知府各員缺請

旨簡放

臣奕

臣世

臣鹿假

臣那

臣吴

248

鈐章

軍機大臣欽奉

諭旨吏部奏已革山西候補知縣姜詰被参寃抑據

丁寶銓確切查明聲請昭雪應如何量予恩施請

旨一摺已革山西候補知縣姜詰著銷去永不敘

用字樣欽此

軍機大臣署名

臣奕

臣世

臣鹿假

臣那
臣吴

四月初三日

249

鈐章

軍機大臣欽奉

諭旨署陸軍部左侍郎那晉差務較繁著毋庸進文
職班欽此

軍機大臣署名

臣奕
臣世
臣鹿假
臣那
臣吴

四月初四日

250

鈐章

軍機大臣欽奉

諭旨會議政務處奏議覆錫良等奏調查東三省各蒙
旗情形籌擬變通辦法一摺又奏議覆錫良代奏
蒙王呈請速行憲法一片均著依議又奏派幫提
調一片知道了欽此

軍機大臣署名

臣奕
臣世
臣鹿假
臣那
臣吴

四月初四日

251

鈐章

軍機大臣欽奉

諭旨都察院代奏安徽京官內閣中書般良弼等請
將故紳河南遇缺題奏道開封府知府孫雲錦附
祀曾國荃安慶專祠呈一件著照所請該部知道
欽此

軍機大臣署名

臣奕
臣世

四月初四日

臣鹿假
臣那
臣吳

252

鈐章

軍機大臣欽奉

諭旨御史蕭丙炎奏各省釐金積弊太甚請飭嚴加整頓一摺著該衙知道欽此

軍機大臣署名

臣奕
臣世
臣鹿假
臣那
臣吳

四月初四日

253

鈐章

宣統二年四月初五日內閣奉

上諭貝勒載瀛奏病難速痊懇請開去御前行走差使並請停俸一摺載瀛著再賞假一箇月調理毋庸開去差使欽此

軍機大臣署名

臣奕
臣世
臣鹿假
臣那
臣吳

四月初四日

254

鈐章

宣統二年四月初六日內閣奉

上諭此次驗看之學部考驗游學畢業生吳匡時著賞給工科進士魏宸組金保康金鴻翔張更生郝延鍾龔廷棟均著賞給法政科舉人欽此

軍機大臣署名

臣奕
臣世

臣鹿假
臣那
臣吴

255
鈐章
軍機大臣欽奉
諭旨農工商部奏北京製造玻璃公司虧欠鉅款請
按照公司律將公司承辦人已革福建知府蔣唐
祐交京師地方檢察廳押追並遴員清理公司事
務一摺著依議欽此
軍機大臣署名
臣奕
臣世
臣鹿假
臣那
臣吴
四月初六日

256
鈐章
軍機大臣欽奉
諭旨禁煙大臣恭親王溥偉等奏議覆署兩廣總督
袁樹勛奏請明定覆驗煙癮期限章程應請毋庸
置議一摺知道了欽此
軍機大臣署名
臣奕
臣世
臣鹿假
臣那
臣吴
四月初六日

257
查本處章京員外郎劉慶篤補授員外郎已滿
二年照奏定新章擬以郎中升補額外章京翰
林院編修黄彥鴻到班已滿一年照章擬銷去
本衙門字樣以原官品秩充補本處章京為此謹
奏
宣統二年四月初六日奉
旨知道了欽此

258

鈐章

宣統二年四月初七日内閣奉

上諭上年據修律大臣奏進編定現行律當經諭令
憲政編查館覆核奏准茲據該館及該大臣等將
現行刑律黄册並按照新章修改各條繕具進呈
朕詳加披覽尚屬妥協著即刊刻成書頒行京外
一體遵守國家律令因時損益此項刑律爲改用
新律之預備内外問刑各衙門務當悉心講求依法
聽斷毋得任意出入致滋枉縱以副朝廷慎刑協
中之至意欽此

軍機大臣署名

臣奕
臣世
臣鹿 假
臣那
臣吴

259

鈐章

宣統二年四月初七日内閣奉

上諭前據御史胡思敬奏疆臣縱庇私人濫殺多命
請飭查辦一摺當經諭令陳夔龍確查茲據查明
覆奏已革文水縣知縣劉彤光於民人要求種煙
既不早爲勸導臨時又甚張皇致釀重案業經革
職著永不叙用署交城縣知縣直隸州知州徐星
朗查禁敷衍坐任部民聚衆滋事著即行革職陸
軍教練處幫辦布理問銜江蘇武備畢業生夏學
津鹵莽圖功誤傷多命陸軍步隊第一營管帶武
備畢業生李逢春縱令所部騷擾閭閻著一併撤
差褫革山西巡撫丁寶銓兩次奏陳但就各文武
等所稟情形據以入告僅將劉彤光參革而於此
外辦理不善之文武概未議及亦難辭疏忽之咎
丁寶銓著交部察議朝廷於禁煙一事志在必行
此次該省釀亂始由於地方官之查禁不力而統
兵官亦未能審慎辦理故各予以處分至於民間
種煙希圖弛禁膽敢聚衆抗官此等刁風斷不可
長自應嚴加懲治嗣後仍著各該地方官嚴切查
禁毋稍懈弛該衙門知道欽此

軍機大臣署名

臣奕
臣世
臣鹿假
臣那
臣吴

260

鈐章

軍機大臣欽奉
諭旨法部奏交審要案先就現訊命案情形按律酌
擬罪名一摺據稱已革綏遠城將軍貽穀因墾員
姚學鏡等呈報丹丕爾阻墾聚衆搶局並不訊取
確供即將台吉大員率請斬決與增輕作重無殊
惟該革員入告均有各稟可憑丹丕爾任性妄為
亦與妄殺無辜有別酌擬罪名請旨定奪等語已
革綏遠城將軍貽穀已革知府姚學鏡均著照所
擬從重發往新疆効力贖罪仍著監禁俟將墾務
款項查齊覆奏再行請旨欽此
軍機大臣署名
臣奕

四月初七日

臣世
臣鹿假
臣那
臣吴

261

鈐章

軍機大臣欽奉
諭旨憲政編查館修訂法律大臣會奏請將繕寫黃
冊兩館當差之供事酌予獎敘一片著依議欽此
軍機大臣署名
臣奕
臣世
臣鹿假
臣那
臣吴

四月初七日

262

鈐章

宣統二年四月初八日内閣奉

上諭那桐等奏查驗續經報到薦舉各員分別加考
開單呈覽一摺所有中書科中書馬其昶著查驗
大臣那桐等帶領引見陸軍部補用員外郎陳宧
前直隸長蘆鹽運使周學熙山西河東道陳際唐
著於本月初九日起每日一員呈遞膳牌預備召
見欽此

軍機大臣署名

臣奕
臣世
臣鹿假
臣那
臣吴

263

鈐章

宣統二年四月初八日内閣奉

上諭瑞澂奏巡警道溺職殃民據實糾參一摺湖北
巡警道馮啟鈞徇利忘義警政廢弛縱容劣弁擾
害商民著即行革職永不敘用以示懲儆該部知
道欽此

軍機大臣署名

臣奕
臣世
臣鹿假
臣那
臣吴

264

鈐章

宣統二年四月初八日内閣奉

上諭湖北巡警道員缺著全興補授欽此

軍機大臣署名

臣奕
臣世
臣鹿假
臣那
臣吴

265

鈐章

軍機大臣欽奉

諭旨禮部左參議曹廣權奏預備立憲宜及時整飭禮樂以正人心而厚風俗一摺著該衙門議奏欽此

軍機大臣署名

臣奕

臣世

臣鹿假

臣那

臣吴

鈔章著名原件交禮部

鈔交 學部 陸軍部 海軍部 營樂大臣 軍諮處

四月初八日

266

鈐章

軍機大臣欽奉

諭旨内閣侍讀學士延昌奏舉行法官考試請飭改定規則一摺著該衙門議奏欽此

軍機大臣署名

臣奕

臣世

鈔章著名原件交法部

鈔交憲政館

267

四月初八日

臣鹿假

臣那

臣吴

滿頭班

花翎二品銜領班三品章京英秀

花翎二品銜幫領班四品章京文年

花翎三品銜　記名道府章京郎中榮元

三品銜在任即選知府章京郎中麟祥

花翎三品銜章京侍讀裕銘

章京候補員外郎伊密揚阿

花翎四品銜額外章京理藩部員外郎存瑞

花翎三品銜在任即選道額外章京上行走鍾佩

漢頭班

花翎領班三品章京劉穀孫

花翎領班章京上行走候補五品京堂楊壽樞

二品銜幫領班四品章京徐宗溥

三品銜章京郎中劉慶篤

花翎四品銜章京主事趙國良
四品銜章京主事張潤
四品銜章京主事宋子聯
三品銜章京　記名繁缺知府郎中楊芾
花翎員外郎銜章京候補主事曾文玉
章京編修黃彦鴻
額外章京内閣候補中書秦樹忠
滿二班
花翎署理領班三品章京聯綬
花翎三品銜幫領班四品章京成俊
花翎三品頂戴俟升四品後　賞加二品銜章京郎中榮奎
花翎三品銜　記名道府俟升四品後　賞加二品銜章京郎中常泰
花翎四品銜章京主事鴻恩
四品銜章京主事興廉
四品銜章京員外郎星輅
章京錄事官松海
漢二班
二品銜領班三品章京易貞
二品銜領班上行走三品章京華世奎

花翎幫領班四品章京趙廷珍
三品銜章京　記名繁缺知府郎中孫筠經
四品銜章京主事盧文明
四品銜章京主事邢維經
三品頂戴章京員外郎萬雲路
花翎四品銜章京主事雷延壽
四品銜章京編修楊渭
額外章京法部小官官呂式斌
額外章京内閣候補中書江保傳

268

鈐章

宣統二年四月初九日内閣奉
上諭鑲黃旗滿洲都統那彦圖等會奏議覆御史王
春奏開放八旗兵丁餉銀畫一辦法一摺八旗開
放兵餉弊竇叢生亟宜認真整頓以期食餉兵丁
均霑實惠著各旗都統將從前積弊悉行剔除擬
定畫一辦法請旨辦理所請原領一分辦公由部
扣除按照六分數目發給專為閣署辦公之處著
毋庸議欽此

軍機大臣署名

臣奕　臣世　臣鹿假　臣那　臣吳

269

鈐章

宣統二年四月初十日内閣奉

上諭各省添設巡警勸業兩道缺所以保衛治安振興實業皆屬新政要圖而各省或將裁缺人員改授或於候補班中按資請補名為公道而人不稱職則事多廢弛閭閻無以保治安實業亦無振興之望此豈設官本意耶著各該督撫於已補之巡警勸業兩道人員悉心考核如其不能勝任或於此缺不宜即行奏明開缺另補毋得迴護瞻徇總期為缺擇人不為人擇缺庶於地方有益欽此

軍機大臣署名

臣奕　臣世　臣鹿假　臣那　臣吳

270

鈐章

宣統二年四月初十日内閣奉

上諭四川鹽茶道員缺著尹良補授欽此

軍機大臣署名

臣奕　臣世　臣鹿假　臣那　臣吳

271

吏部咨報四川鹽茶道黃膻因病出缺請

旨簡放

272

鈐章

軍機大臣欽奉
諭旨禮部會議具奏議覆給事中陳慶桂奏請將明
儒湛若水從祀
文廟擬請毋庸議一摺著依議欽此

軍機大臣署名
臣奕
臣世
臣鹿假
臣那
臣吴

四月初十日

273

鈐章

宣統二年四月十一日内閣奉
上諭督辦鹽政大臣載澤奏遵旨會商一摺朝廷慎
重鹽政特派大臣督辦原令直接管理以一事權
而資整頓惟因疏銷緝私關涉地方故命各督撫
會同辦理前據錫良等電奏鹽政章程諸多窒礙
當經諭令該大臣會商各督撫詳議具奏茲據覆
陳會商各節朕詳加披覽該督等擬將用人行政
悉歸會辦之督撫是與從前督撫兼管鹽政無異
朝廷何貴有此特舉耶且於前兩次諭旨毫未仰
體至該督辦大臣受國重寄應如何力任其難認
真籌辦乃此次僅據該督等覆電具奏意存諉卸
殊負委任均著傳旨申飭所有鹽務用人行政一
切事宜仍著照奏定章程辦理將來如有應行變
通之處著該督辦大臣隨時體察情形奏明請旨
遵行鹽務關繫重要自此次嚴切申諭後務各懔
遵前兩次諭旨和衷共濟相與有成若各懷挾成
見因循積習斷斷權限貽誤要政惟該大臣與各
督撫等是問恐不能當此重咎也將此諭令知之
欽此

軍機大臣署名
臣奕
臣世
臣鹿假
臣那
臣吴

274

鈐章

軍機大臣欽奉
諭旨禁煙大臣溥偉等奏廣東高州鎮總兵陸建章
應否由禁煙大臣調京查驗抑由該署督照章取
結等語陸建章著由袁樹勛按照定章認真查驗
欽此

軍機大臣署名
臣奕
臣世
臣鹿假
臣那
臣吳

四月十一日

275

四月十二日引
見人員
吏部二十八人
查驗大臣帶領一人
陸軍部十六人
欽天監二人
共四十七人

276

鈐章

宣統二年四月十二日内閣奉
上諭續經報到保薦人才經派那桐等查驗詢問茲
已一律召見引見完竣所有單開之前長蘆鹽運
使周學熙山西河東道陳際唐均著交軍機處存
記陸軍部員外郎陳宧著以四品京堂候補仍回
奉天充當統制差使中書科中書馬其昶著以學
部主事補用欽此

軍機大臣署名
臣奕
臣世
臣鹿假
臣那
臣吳

277

鈐章

宣統二年四月十二日内閣奉
上諭本日補行引見之陸軍貴胄學堂畢業考列上
等之附貢生衛獻玫著補授陸軍副軍校欽此

軍機大臣署名

臣奕
臣世
臣鹿假
臣那
臣吴

278

陸軍貴胄學堂畢業考列上等附貢生衛獻玫
旨著以藍翎侍衛用
旨著以陸軍部主事學習
旨著補授陸軍副軍校
硃。

279

鈐章

軍機大臣欽奉
諭旨本日引見之賞還原銜已革雲南石屏州知州
方紹濂著以知縣用欽此

軍機大臣署名

臣奕
臣世
臣鹿假
臣那
臣吴

四月十二日

280

鈐章

軍機大臣欽奉
諭旨本日引見之卓異官在任候選道直隸州用直隸
豐潤縣知縣馬為瑗著以道員在任即選欽此

軍機大臣署名

臣奕
臣世
臣鹿假
臣那
臣吴

四月十二日

281

鈐章

軍機大臣欽奉

諭旨本日引見之降補都司前浙江平陽協副將曹

春發著以參將用欽此

軍機大臣署名

臣奕

臣世

臣鹿假

臣那

臣吴

四月十二日

282

鈐章

軍機大臣欽奉

諭旨本日引見之期滿侍衛王國忠著以副將發往

河南差委欽此

軍機大臣署名

臣奕

臣世

臣鹿假

臣那

臣吴

四月十二日

283

鈐章

軍機大臣欽奉

諭旨給事中王金鎔奏永平七屬鹽務迭次生事請

飭督辦鹽政大臣遴員調查各揭片著督辦鹽政

大臣查核辦理欽此

軍機大臣署名

臣奕

臣世

臣鹿假

臣那

臣吴

四月十二日

284 休致前河南試用知縣張鴻森

硃○
旨著以縣丞用
旨著以從九品用
旨著仍照原銜休致

285 四月十三日引
見人員
民政部二人

286 鈐章
宣統二年四月十三日内閣奉
上諭琦瑶屢次請假久未當差著開去乾清門並委
散秩大臣差使欽此
軍機大臣署名
臣奕
臣世
臣鹿假
臣那
臣吴

正紅旗漢軍二人
正藍旗滿洲九人
鑲藍旗漢軍十三人
前鋒護軍統領二十三人
内務府三人
共五十二人

287 鈐章
宣統二年四月十四日内閣奉
上諭廷杰奏因病請續假一箇月並請派署尚書員
缺一摺廷杰著賞假一箇月毋庸派署欽此
軍機大臣署名
臣奕
臣世
臣鹿假
臣那
臣吴

288

鈐章

宣統二年四月十四日奉

旨此次考試各省保送舉貢宗室取中二名滿洲取中十三名蒙古取中四名漢軍取中五名直隸取中三十二名奉天取中四名山東取中二十六名山西取中十二名河南取中十六名陝西取中十一名甘肅取中七名江蘇取中二十名安徽取中十四名浙江取中二十二名江西取中二十一名湖北取中十五名湖南取中十二名四川取中十四名福建取中二十二名廣東取中十五名廣西取中十二名雲南取中十名貴州取中十一名欽此

軍機大臣署名

臣奕

臣世

臣鹿假

臣那

臣吴

289

恭擬取中各省舉貢名數單

宗室擬取中二名

滿洲擬取中十三名

蒙古擬取中四名

漢軍擬取中五名

直隸擬取中三十二名

奉天擬取中四名

山東擬取中二十六名

山西擬取中十二名

河南擬取中十六名

陝西擬取中十一名

甘肅擬取中七名

江蘇擬取中二十名

安徽擬取中十四名

浙江擬取中二十二名

江西擬取中二十一名

湖北擬取中十五名

湖南擬取中十二名

四川擬取中十四名

福建擬取中二十二名
廣東擬取中十五名
廣西擬取中十二名
雲南擬取中十名
貴州擬取中十一名

290

鈐章

軍機大臣欽奉

諭旨税務處會奏議覆伊犂將軍廣福奏伊犂創辦製革有限公司請暫准免税一摺著依議欽此

軍機大臣署名

臣奕
臣世
臣鹿假
臣那
臣吴

四月十五日

291

鈐章

軍機大臣欽奉

諭旨貝勒載洵等奏恭修崇陵工程妥籌善法一摺又奏派前奉天勸業道降補同知黄開文充監修差一片均知道了欽此

軍機大臣署名

臣奕
臣世
臣鹿假
臣那
臣吴

四月十五日

292

鈐章

宣統二年四月十六日内閣奉

上諭上年度支部奏稱幣制重要宜策萬全當即諭令會議政務處妥議旋經覆奏准予飭部設局調查兹據該部具奏釐定幣制酌擬則例繕單呈覽及籌擬舊幣辦法各摺朕詳加披覽所擬各節尚

屬切實可行亟宜明白宣示中國國幣單位著即定名曰圓暫就銀為本位以一圓為主幣重庫平七錢二分另以五角二角五分一角三種銀幣及五分鎳幣二分一分五釐一釐四種銅幣為輔幣圓角分釐各以十進永為定價不得任意低昂著度支部一面責成造幣廠迅即按照所擬各項重量成色花紋鑄造新幣積有成數次第推行所有賦税課釐必用制幣交納放款亦然並責成大清銀行會同造幣廠將新舊交換機關籌備完密一面通行各省將現鑄之大小銀銅圓一律停鑄並知照京外各衙門按照單開折合標準及改換計數名稱各條依限妥辦將來新幣發行地方所有生銀及從前鑄造各項銀銅圓准其暫照市價行用由部飭幣廠銀行逐漸收換並酌定限期停止行用迨新幣通行以後無論官私各款均以大清銀幣收發交易不得拒不收受亦不准强行折扣至於偽造制幣大干例禁緝拏懲治均屬地方之責著各部院順天府及將軍都統大臣各省督撫督飭所屬各就所管事項遵照則例切實奉行並轉諭各該處商會宣演則例大意使人人知此次改定幣制專為便民便商剗除向來平色紛淆之弊以立清釐財政之基倘有奸商市儈藉端搖惑愚民抑揚物價即著從嚴懲治用副朝廷利用厚生之至意餘著照所議辦理將此諭令知之欽此

軍機大臣署名

臣奕
臣世
臣鹿假
臣那
臣吴

鈐章

293

宣統二年四月十六日内閣奉

上諭鄒嘉來著轉補外務部左侍郎外務部右侍郎著胡惟德補授欽此

軍機大臣署名

臣奕
臣世

臣鹿假
臣那
臣吳

294

鈐章

宣統二年四月十六日内閣奉

上諭荊州將軍著聯芳補授欽此

軍機大臣署名

臣奕
臣世
臣鹿假
臣那
臣吳

295

鈐章

宣統二年四月十六日内閣奉

上諭鑲紅旗漢軍都統崇勳由翰林洊躋卿貳擢授
都統宣力有年克勤厥職茲聞溘逝軫惜殊深加
恩著照都統例賜卹任内一切處分悉予開復應
得卹典該衙門察例具奏伊子一品廕生松年著
以郎中補用欽此

軍機大臣署名

臣奕
臣世
臣鹿假
臣那
臣吳

296

光緒二十八年七月二十三日内閣奉

上諭正黃旗漢軍都統廣忠由協領洊升都統宣力
有年無曠厥職茲聞溘逝軫惜殊深加恩著照都
統例賜卹任内一切處分悉予開復應得卹典該
衙門查例具奏伊子禮部員外郎常順著以郎中
即補欽此

297

光緒三十二年七月初九日内閣奉

上諭鑲藍旗蒙古都統連順由委驍騎校出征隨從
金順等轉戰甘肅新疆等處積功擢任副都統洊

升烏里雅蘇台將軍鑲藍旗蒙古都統宣力有年
無曠厥職兹聞溘逝軫惜殊深加恩著照都統例
賜卹任内一切處分悉予開復應得卹典該衙門
察例具奏伊子藍翎侍衛恩和著賞給三等侍衛
欽此

298

鈐章

軍機大臣欽奉
諭旨會議政務處奏議覆陳昭常奏酌易吉省添設
民官各缺並請添設雙陽德惠兩縣一摺著依議
欽此

軍機大臣署名
臣奕
臣世
臣鹿 假
臣那
臣吴

四月十六日

299

交學部此次
廷試游學畢業生閱卷大臣
派出陸潤庠于式枚李家駒朱益藩襄校官
派出李方陳榥曾彝進路孝植欽此相應傳知
貴部欽遵可也此交

四月十六日

300

鈐章

軍機大臣欽奉
諭旨肅親王善耆毋庸在梁格莊值班欽此

軍機大臣署名
臣奕
臣世
臣鹿
臣那
臣吴

四月十六日

301

奉天吉林黑龍江
直隸河南
廣東廣西
雲南貴州
四川陜西
甘肅
山東山西
湖北湖南
福建浙江
江蘇安徽江西

302

鈐章
宣統二年四月十七日内閣奉
上諭前經降旨將宗室王公世爵等應選資政院議員八員分别選定並經豫定召集日期令該院各項議員届期一律齊集兹據資政院奏請續行欽選議員開單呈覽一摺所有單開之納税多額互選當選人著孫以芾李士鈺周廷弼林紹箕席綬王佐良宋振聲李湛陽羅乃馨王鴻圖爲議員該員等務各按照定期與上次欽選各項議員暨各省互選議員一律齊集豫備開院並各懔遵前旨竭誠協贊有厚望焉將此諭令知之欽此
軍機大臣署名
臣奕
臣世
臣鹿假
臣那
臣吴

303

鈐章
軍機大臣欽奉
諭旨資政院奏各省諮議局互選該院議員一律選定開單呈覽一摺知道了欽此
軍機大臣署名
臣奕
臣世
臣鹿假
臣那

臣吴

四月十七日

304

鈐章

軍機大臣欽奉

諭旨陸軍部奏前督辦北洋陸軍各學堂學務段祺
瑞請如何獎勵等語副都統段祺瑞著賞給頭品
頂戴欽此

軍機大臣署名

臣奕
臣世
臣鹿假
臣那
臣吴

四月十七日

305

鈐章

宣統二年四月十八日內閣奉

上諭汪大燮現在出差郵傳部左侍郎著李焜瀛署
理欽此

軍機大臣署名

臣奕
臣世
臣鹿假
臣那
臣吴

306

鈐章

宣統二年四月十九日內閣奉

上諭郵傳部左丞著李經楚署理梁士詒著署理右
丞左參議著胡祖蔭署理陳毅著署理右參議欽此

軍機大臣署名

臣奕
臣世
臣鹿假
臣那
臣吴

307

鈐章

宣統二年四月十九日内閣奉

上諭江蘇巡警道員缺著汪瑞闓試署欽此

軍機大臣署名

臣奕 臣世 臣鹿假 臣那 臣吴

308

鈐章

宣統二年四月十九日内閣奉

上諭瑞澂楊文鼎奏會同籌辦湘省善後事宜一摺此次湘省變生倉猝雖因米價昂貴要求平糶而起實有莠民痞棍從中煽亂自非嚴懲不足以昭炯戒除業經格斃及正法各匪外所有續獲匪徒仍著悉心研鞫分别首從盡法懲辦以警刁頑其安分良民務須妥為賑撫毋任失所至所陳一切善後事宜著即相機妥速辦理用弭後患欽此

軍機大臣署名

309

鈐章

宣統二年四月十九日内閣奉

上諭瑞澂奏特參紳士挾私釀亂請分别懲儆一摺據稱該省議勸紳捐先辦義糶湘紳王先謙首先梗議事遂遷延變起之後復歸咎撫臣激變電請易人殊屬不知大體孔憲教楊鞏二人於推戴藩司排陷撫臣持之尤力楊鞏本係被議人員朦捐候選道尤屬品行卑下葉德輝當米貴時積穀萬餘石不肯減價出售實屬為富不仁等語前國子監祭酒王先謙分省補用道孔憲教均著交部嚴加議處吏部主事葉德輝候選道楊鞏均著即行革職交地方官嚴加管束餘著照所議辦理該部知道欽此

臣奕 臣世 臣鹿假 臣那 臣吴

軍機大臣署名
臣奕
臣世
臣鹿假
臣那
臣吳

310

鈐章

宣統二年四月十九日內閣奉
上諭瑞澂楊文鼎奏遵旨查明湘省痞匪藉饑擾亂
地方文武辦理不善分別參辦一摺此次湘民肇
亂該省城文武各員事前疏於防範臨時又因應
失宜均屬咎有應得除開缺湖南巡撫岑春蓂業
經交部議處外巡警道賴承裕操切偏執肇衅釀
患鹽法長寶道朱延熙遇事庸懦應變無方長沙
協都司貴齡左營守備周長泰消防所所長遊擊
龔培林警務委員知縣周騰均保護不力著一併
革職布政使莊賡良措置失當著開缺交部議處
按察使周儒臣長沙府知府汪鳳瀛長沙縣知縣
余屏垣善化縣知縣郭中廣身任地方亦難辭咎
惟平日官聲尚好辦理善後亦頗敏慎周儒臣汪
鳳瀛均著交部察議余屏垣郭中廣均著革職留
任署長沙協副將楊明遠查拿匪犯尚能認真著
摘去頂戴勒令捕匪以觀後效餘著照所議辦理
該部知道欽此

軍機大臣署名
臣奕
臣世
臣鹿假
臣那
臣吳

311

鈐章

宣統二年四月十九日內閣奉
上諭趙爾巽奏提督因病出缺據情代奏一摺已故
四川提督馬維騏由武童隨前雲貴總督岑毓英
轉戰滇邊三迤剿辦蠻夷各匪所向有功洊升總
兵擢授提督巴塘番逆搆亂統兵進剿全台肅清

平日整頓營務勞瘁不辭茲聞溘逝軫惜殊深馬
維騏加恩著照提督軍營立功後病故例從優議
卹任內一切處分悉予開復應得卹典該衙門察
例具奏並將戰功事蹟宣付國史館立傳伊子四
川試用同知馬佩璥著以知府分省補用以彰勞
勩該衙門知道欽此

軍機大臣署名

臣奕 臣世 臣鹿假 臣那 臣吳

312

鈐章

宣統二年二月二十五日內閣奉
上諭楊文鼎奏已故提督戰功卓著懇恩賜卹一摺
湖北提督夏毓秀勇敢誠樸軍紀嚴明咸豐年間
束髮從戎轉戰雲南貴州四川等省勦辦髮逆番
夷土匪所向有功由偏裨洊升總兵擢授提督整
頓營務勞瘁不辭茲聞溘逝軫惜殊深夏毓秀加
恩著照提督軍營立功後病故例從優議卹任內
一切處分悉予開復應得卹典該衙門察例具奏
並將戰功事蹟宣付國史館立傳伊子學部候補
主事夏瑞庚著以員外郎補用以彰勞勩該衙門
知道欽此

313

鈐章

軍機大臣欽奉
諭旨郵傳部會奏遵旨查明浙路公司擬造江橋被
參各節並籌擬辦法一摺著依議欽此

軍機大臣署名

臣奕 臣世 臣鹿假 臣那 臣吳

四月十九日

314

鈐章

軍機大臣欽奉

諭旨順天府奏修補鳳河等處隄工動用備荒經費銀兩一摺著該部知道又奏派員署理東路同知各缺一片知道了欽此

軍機大臣署名

臣奕
臣世
臣鹿假
臣那
臣吴

四月十九日

315

鈐章

軍機大臣欽奉

諭旨順天府奏順天禁煙辦有成效遵照原案撤局以節糜費一摺著依議又奏直隸補用道祇循請獎一片著暫緩給獎又奏候補知府前昌平州知州楊同高給咨送部一片著吏部知道欽此

鈔交吏部

軍機大臣署名

臣奕
臣世
臣鹿假
臣那
臣吴

四月十九日

316

鈐章

軍機大臣欽奉

諭旨御史趙炳麟奏請飭議確定行政經費一摺著在京各衙門各省將軍督撫將九年籌備單内所開各條某年某事需款若干從何籌定分年列表詳議具奏至所稱湘鄂等省流民衆多豫籌安插之策等語著該部妥籌議奏欽此

軍機大臣署名

臣奕
臣世
臣鹿假

原件交内閣
摘鈔交民政度支部

臣那
臣吳

四月十九日

317

鈐章

軍機大臣欽奉
諭旨內務府奏請領搭蓋涼棚銀兩為數過多著核
實估計再行具奏欽此

軍機大臣署名

臣奕 臣世 臣鹿假 臣那 臣吳

四月十九日

318

謹查嘉慶二十年二月內閣奉
旨乾清宮尊藏
實錄

玉牒著間歲抖晾一次等因欽此歷經遵辦在案光緒
三十四年四月奉
旨派員敬謹抖晾本年又屆抖晾之期臣等謹將滿漢
文職大員除有差使各員不行開列外分繕名
單進
呈恭候
欽派滿漢大臣各二員並將上屆
派出各員繕單恭呈
御覽所有抖晾日期由該員等選擇先期知照敬事
房批本處內務府照例預備屆期敬謹遵辦謹
奏

319

鈐章

宣統二年四月二十日內閣奉
上諭鹿傳霖奏病體難支仍請開去軍機大臣要差
並續假一箇月一摺鹿傳霖著再賞假一箇月並
賞給人葠二兩安心調理毋庸開去軍機大臣差
使欽此

軍機大臣署名

320

上諭外務部尚書梁敦彥奏因病續假並請派署員缺一摺梁敦彥著賞假兩箇月外務部尚書兼會辦大臣著那嘉來署理曹汝霖著署理外務部左侍郎右丞著劉玉麟署理欽此

鈐章

宣統二年四月二十日内閣奉

軍機大臣署名

臣奕

臣世

臣鹿假

臣那

臣吴

臣奕

臣世

臣鹿假

臣那

臣吴

321

上諭湖南鹽法長寶道員缺著吴肇邦補授欽此

鈐章

宣統年年四月二十日内閣奉

軍機大臣署名

臣奕

臣世

臣鹿假

臣那

臣吴

322

湖南鹽法長寶道員缺請

旨簡放

323

上諭湖南布政使著趙濱彥補授俞鍾穎著補授廣東按察使欽此

鈐章

宣統二年四月二十日内閣奉

軍機大臣署名

臣奕

臣世
臣鹿假
臣那
臣吴

324
鈐章
宣統二年四月二十日內閣奉
上諭湖南巡警道員缺著桂齡補授欽此
軍機大臣署名
臣奕
臣世
臣鹿假
臣那
臣吴

325
湖南巡警道員缺請
旨簡放

326
鈐章
軍機大臣欽奉
諭旨憲政編查館奏派員分赴各省考查籌備憲政
實在情形一摺著依議又奏候補四品京堂楊度
病痊銷假一片知道了欽此
軍機大臣署名
臣奕
臣世
臣鹿假
臣那
臣吴
四月二十日

327
光緒三十四年
派出各員名單
溥良
熙彥
陳邦瑞
吴重憙

328

鈐章

軍機大臣欽奉

諭旨理藩部奏酌擬諮議官繕單呈覽一摺又奏洛
調人員附入調查編纂兩科襄理文牘一片均著
依議欽此

軍機大臣署名

臣奕
臣世
臣鹿假
臣那
臣吳

四月二十日

329

硃○

吏部尚書李殿林
左侍郎于式枚
民政部右侍郎林紹年
學部右侍郎李家駒

硃○

署法部右侍郎王垿
署郵傳部左侍郎李焜瀛

署郵傳部右侍郎沈雲沛
內閣學士陳寶琛
宗人府府丞朱益藩
吏部右丞孫紹陽
陸軍部左丞朱彭壽
右丞許秉琦
農工商部左丞李國杰
郵傳部右丞李經楚

330

硃○

農工商部尚書溥頲
理藩部尚書壽耆
吏部右侍郎瑞良
民政部左侍郎烏珍
學部左侍郎寶熙

硃○

農工商部左侍郎熙彥
都察院副都御史伊克坦
翰林院學士錫鈞
吏部左丞寶銘
民政部左丞裕厚
右丞延鴻

331
鈐章
宣統二年四月二十一日內閣奉
上諭廣東瓊崖道員缺緊要著該署督於通省道員內揀員調補所遺員缺著榮元補授欽此
軍機大臣署名
臣奕
臣世
臣鹿假
臣那
臣吴

332
廣東瓊崖道遺缺請
旨簡放

333
鈐章
軍機大臣欽奉
諭旨此次廷試游學畢業生著於五月初二日起分二日帶領引見欽此
軍機大臣署名

334
鈐章
宣統二年四月二十二日內閣奉
上諭前據給事中陳慶桂奏廣東新軍滋事恐有寃濫情事請派員查辦一摺當經諭令張人駿澈底查究兹據覆奏查明當日滋亂情形始由新軍二標與警兵口角起釁繼因統帶官不准放假一標營兵首先鬨閙革黨倪映典藉端煽惑各兵希圖起事昌言於衆語極悖逆業經防軍當時格斃共擊死亂兵二十八名正法十一名先後拏獲亂黨四十餘名事雖敉平而該管官等措置失當幾致良莠不分宜於輿情不洽前協統張哲培平日撫馭無方臨事棄營逃避一標統帶劉雨沛於標兵

四月二十一日
臣奕
臣世
臣鹿假
臣那
臣吴

喧鬧之時即已避匿次日又復私逃即著袁樹勛
拏解大理院治罪前充廣東老城巡警第一分局
巡官試用巡檢陳慶熹縱容警兵鎖毆新軍兵士
釀成鉅案實為厲階著即行革職督練公所參議
道員吳錫永疏於籌畫臨事張皇統領水師親軍
保升道員候補知府吳宗禹紀律不嚴失察兵丁
剽竊均著交部議處署兩廣總督袁樹勛於兵勇
交鬨彈壓剿撫兩失其宜且據查當時新軍畏避
出外者多在場滋事者少事後來歸悉被遣散以
致數年訓練尅期成鎮之兵一旦決裂敗壞實屬
咎有難辭前據自請議處案經查明袁樹勛著交
部議處其當日殉難之礮隊一營管帶齊汝漢著
照協參領陣亡例從優議䘏一標一營隊官胡思
深一標二營隊官宋殿魁二標二營前隊隊官李
錚均著照正軍校陣亡例從優議䘏至增祺袁樹
勛前奏參一標一營管帶胡兆瓊一標二營管帶
于如周一標三營管帶楊長卿礮隊二營管帶林
金鏡工程營管帶陳宏萼輜重營管帶許嘉澍均
著交部分別議處餘著照所議辦理該部知道欽
此

軍機大臣署名

臣奕 臣世 臣鹿假 臣那 臣吳

335

鈐章

宣統二年四月二十三日內閣奉
上諭五月十六日夏至大祀
地於
方澤遣莊親王載功恭代行禮
四從壇派布璋札克丹延秀承祭各分獻欽此

軍機大臣署名

臣奕 臣世 臣鹿假 臣那 臣吳

336
鈐章
宣統二年四月二十三日內閣奉
上諭直隸承德府知府員缺緊要著熱河都統會同
直隸總督於通省知府內揀員調補所遺員缺著
陳應濤補授欽此
軍機大臣署名
臣奕
臣世
臣鹿假
臣那
臣吴

337
吏部奏直隸承德府知府管廷獻俸滿開缺送
引承德府遺缺知府請
旨簡放

338
鈐章
宣統二年四月二十三日奉
旨此次考取各省保送舉貢著於五月初二日在保
和殿覆試欽此
軍機大臣署名
臣奕
臣世
臣鹿假
臣那
臣吴

339
鈐章
宣統二年四月二十三日內閣奉
上諭吏部奏遵議湖南官紳處分各一摺開缺湖南
巡撫岑春蓂開缺湖南布政使莊賡良均著照部
議革職湖南按察使周儒臣長沙府知府汪鳳瀛
應得降三級調用處分加恩改為降三級留任前
國子監祭酒王先謙分省補用道孔憲教均著照
部議降五級調用欽此
軍機大臣署名
臣奕
臣世

臣鹿假
臣那
臣吴

340
鈐章
軍機大臣欽奉
諭旨度支部奏請將官俸章程按照國幣則例釐定
等語著依議欽此
軍機大臣署名
臣奕
臣世
臣鹿假
臣那
臣吴
四月二十三日

341
鈐章
軍機大臣欽奉
諭旨吏部奏已革直隷豐潤縣知縣郭文耆等五員

據直隷總督查覆確係被参冤抑可否准其開復
原官聲明請旨一摺郭文耆等五員均著吏部帶
領引見欽此
軍機大臣署名
臣奕
臣世
臣鹿假
臣那
臣吴
四月二十三日

342
鈐章
軍機大臣欽奉
諭旨御史陳善同奏資政院開院會議事屬創舉請
飭各議員先事實行籌備一摺著資政院知道欽此
軍機大臣署名
臣奕
臣世
臣鹿假

臣那
臣吴
四月二十三日

343
鈐章
軍機大臣欽奉
諭旨御史陳善同奏河南修武鑛務交涉關係重要
請飭設法妥籌一摺著外務部知道欽此
軍機大臣署名
臣奕
臣世
臣鹿假
臣那
臣吴
四月二十三日

344
四月二十三日引
見人員
吏部二十六人
度支部二人
鑲白旗蒙古四人
鑲紅旗滿洲四人
鑲藍旗滿洲二人
共三十八人

345
鈐章
宣統二年四月二十四日內閣奉
上諭陝西勸業道員缺著光昭補授欽此
軍機大臣署名
臣奕
臣世
臣鹿假
臣那
臣吴

346
鈐章
宣統二年四月二十四日內閣奉

上諭陝西西安府知府員缺緊要著該撫於通省知
府内揀員調補所遺員缺著丁麟年補授欽此

軍機大臣署名

臣奕 臣世 臣鹿假 臣那 臣吴

347

鈐章

軍機大臣欽奉

諭旨都察院奏代遞北京玻璃公司股東姚漢剛等
公呈及合同各一件著該部知道欽此

軍機大臣署名

臣奕 臣世 臣鹿假 臣那 臣吴

原件及合同鈔呈交法部
另鈔交農工商部

四月二十四日

348

鈐章

軍機大臣欽奉

諭旨延祉奏因病請開去理藩部諮議官差使一摺
著理藩部知道欽此

軍機大臣署名

臣奕 臣世 臣鹿假 臣那 臣吴

四月二十四日

349

鈐章

宣統二年四月二十五日内閣奉

上諭御史儼忠奏州縣懸案不結監禁多人無辜被
累請飭認真查辦以維憲政一摺近來舉行憲政
訴訟一事尤宜實心清理惟各省審判廳尚未能
一律成立各州縣辦理命盗案件難保無羈縶牽
累等弊著各直省督撫認真查核如地方官有懸

案不結無辜久禁者從嚴參辦以副朝廷矜恤庶
獄之至意欽此

軍機大臣署名

臣奕
臣世
臣鹿假
臣那
臣吴

350

鈐章

宣統二年四月二十六日内閣奉

上諭河南開歸陳許鄭道員缺著江瀚補授欽此

軍機大臣署名

臣奕
臣世
臣鹿假
臣那
臣吴

351

鈐章

宣統二年四月二十六日内閣奉

上諭雲南普洱鎮總兵員缺著王世雄調補謝有功
著調補山西太原鎮總兵欽此

軍機大臣署名

臣奕
臣世
臣鹿假
臣那
臣吴

352

鈐章

宣統二年四月二十七日内閣奉

上諭浙江巡警道員缺著楊士燮補授勸業道員缺
著董元亮補授欽此

軍機大臣署名

臣奕假
臣世
臣鹿假
臣那
臣吴

353

鈐章

宣統二年四月二十八日内閣奉

上諭浙江嘉興府知府員缺著英霖補授欽此

軍機大臣署名

臣奕

臣世

臣鹿假

臣那

臣吴

354

浙江嘉興府知府楊士燮升補巡警道所遺員

缺請

旨簡放

355

鈐章

軍機大臣欽奉

諭旨吏部奏遵議處分一摺署兩廣總督袁樹勛著

照部議革職留任督練公所參議道員吴錫永統

領水師親軍候補知府吴宗禹各應得降一級調

用公罪處分著不准抵銷欽此

軍機大臣署名

臣奕

臣世

臣鹿假

臣那

臣吴

四月二十八日

356

鈐章

軍機大臣欽奉

諭旨禁煙大臣恭親王溥偉等奏請將違章吸煙之

記名提督李玉魁照章革職永不敘用一摺著依

議欽此

軍機大臣署名

臣奕

臣世

臣鹿假

臣那

臣吴

四月二十八日

復川督趙函

次山制軍閣下接准
來函內稱邊務大臣籌議酌收藏地謂於邊藏
情形不無裨益同時亦准該大臣詳奏及之本
處查核原奏推求事理並證以
來函所稱各情在趙大臣以桑昂曲宗等處兵
威所至番衆輸誠遂欲因勢利導收歸內屬並
慮英人謀取波密潛通由緬入藏之路不如畫
疆而治預杜侵佔自係綢繆未雨固圉綏邊之
意惟此事關係重要不能不兼顧統籌前復
尊處收瞻一函所有牽礙為難之端業經縷陳
其指但邊藏情勢究難遽斷趙大臣身親其事
聞見較真
執事就近考查現畫亦必有深意本處祇求事
之推行無礙固不敢稍存意見致誤機宜亦不
敢操切圖功致難收束茲再為
執事剖晰言之如趙大臣原奏將邊兵所到之
處改歸邊務大臣管轄一節查上年番衆調兵
抗阻即以察木多改歸邊轄為辭茲若將烏蘇
江以東全行隸邊則番衆之疑懼更多難免不
復行煽擾藏本
中朝土地藏番皆吾赤子屬邊屬藏原無此疆彼
界之分況達賴既經斥革尤宜一視同仁示以
寬大不宜過形畛域轉啟猜嫌如果政權能默
為轉移則民志自有所歸嚮似不在輕改轄地
致近更張如原奏稱英所持者在商埠皆江孜
以西茲所議者在烏蘇江以東既無礙其通商
絕不至於干涉因謂必無牽及交涉之事查本
年英使三次來照皆以西藏變更內政為言並
無一語及於商埠原奏於英人羈縻達賴亦稱
其言出詐偽並非真誠現幸無隙可乘何可無
端別授以隙且已革達賴之黨名鐸爾智者正
在俄都徧登西報迭為辯護甚謂中國經營西
藏破壞舊制但係空談無據尚不足以聳聽聞
若明予以煽惑之資即難免其干預之漸而謂
必無牽及交涉之事實未敢以遽決也目下藏
事大致粗有端緒本月十二日聯大臣具奏藏
地擇要酌設委員摺內如藏以南擬設駐江達

委員一員控制工布並設駐山南委員一員藏
以東擬設駐碩板多委員一員招撫波密並通
邊藏消息似於各該處治理事宜亦經籌及但
不知距藏較遠及桑昂典宗所屬與野番接壤
之處能否兼顧若得邊藏聯為一氣布置妥密
於事必有裨益
來函擬就邊兵占領之處隨宜處置不言收亦
不言還自亦操縱之一策應由
尊處密商趙聯兩大臣體察番情隨時妥籌辦理
來函末段所稱選立達賴不必拘定轉世並指
斥前次之錯誤趕緊尋訪一節
蓋畫甚為周至應一併知照聯大臣妥為籌辦
總之事關大局往復不厭求詳本處並非於原
奏故為異同惟揆勢度時總期措置得宜無稍
窒礙方好放手辦去至請責備由外擔之
執事與季和體國公忠固無所避就然本處亦
何能稍有諉卸也除由外務部函商聯大臣外
專此佈復順頌

勳綏

那桐
世續
慶親王
鹿傳霖
吳郁生 仝啟

358

鈐章

軍機大臣欽奉
諭旨憲政編查館奏遵限考核京外各衙門第二年
第二次籌備憲政成績一摺知道了欽此
軍機大臣署名

臣奕
臣世
臣鹿假
臣那
臣吳

359

鈐章

軍機大臣欽奉

四月二十九日

諭旨郵傳部奏議結京漢牘路交涉情形一摺知道了欽此

軍機大臣署名

臣奕
臣世
臣鹿假
臣那
臣吳

四月二十九日

360

鈐章

軍機大臣欽奉

諭旨農工商部奏北京玻璃公司虧欠鉅款現辦詳細情形一摺知道了欽此

軍機大臣署名

臣奕
臣世
臣鹿假
臣那
臣吳

四月二十九日

361

鈐章

軍機大臣欽奉

諭旨都察院代奏候選直隸州州判王維泰條陳考試留學生請變通授職酌量派差呈一件學部知道欽此

軍機大臣署名

臣奕
臣世
臣鹿假
臣那
臣吳

四月二十九日

362 五月初二日引
見人員
學部一百二十人

363 鈐章
軍機大臣欽奉
諭旨貝勒載洵等奏
崇陵現修工程情形一摺知道了欽此
軍機大臣署名
五月初二日
臣奕 臣世 臣鹿 臣那 臣吴
假

364 欽命舉貢覆試題
百姓足君孰與不足義
親民官避本省得失論

365 五月初三日引
見人員
學部一百十八人

366 鈐章
宣統二年五月初三日内閣奉
上諭此次引見之廷試游學畢業生進士項驤林大
閭程鴻書陳籙唐有恆劉鍾華均著授為翰林院
編修林志琇濮登青顏惠慶朱光燾王煥文均著
授為翰林院檢討王兆枏吴匡時均著改為翰林
院庶吉士劉崇倫王若儼均著以主事按照所學
科目分部補用舉人魏宸組楊汝梅夏錫祺張競
仁潘承福于樹楨陳遵統厲家福王兼善周秉琨
馮閶模王頌賢郭經周蕖祥辛漢金泯瀾曾耀垣
雷休朱祖鋐祁耀川彭望恕陳定保王若宜均著
以主事按照所學科目分部補用劉動麟唐演羅
昌李家桐吴肅汪振聲凌士鈞錢漢陽高近宸麟
趾單毓華劉成志王愷憲錢家治陳爾錫彭樹滋
金保康李祖虞梁宓張清澤劉瑩澤丁濙高方潞

沙曾詒張瑾雯安永昌盛在琨趙鴻藻馮國鑫劉學誠黎炳文余琛楊禧涂壽田劉濬章世炎蹇先榘邱在元黃鳴盛劉頌虞吳淪張德馨熊懋儒張汝翹李讜張慶華丁兆冠林大同盛在珣朱學曾董玉墀趙曾翔王毓崑曹敦錸崔斯哲汪祖澤毛邦偉孫德泰趙保泰郭玉清易翔均著以內閣中書補用王淮琛戴彬陸近禮曾貞邱心榮王庚西張文烺柯鴻烈郭開文張德滋吳淞馬彝德王倫章計萬全涂景新王燮岐朱彰年姚生范張務本傅振舉邵修文吳達彭光祜朱文焯狄梁孫褚辛培謝存胡光第徐煇嚴維坤袁翼過耀根陳培琛黃豫鼎李棟熊成章張翅謝健陸龍翔劉德昭吳成章薛光鉞金鴻翔劉文嘉傅廷楨楊湘吳經銓何脩恆孫蔭蘭梁楚珩彭應蕃王侃楊永貞吳天寵陳光莊璟珂蕭度董修武鄭釗王治昌王泰鎔蕭友梅葉衍華汪翔張毓驊郝延鍾陳天輔張清樾廖治湯中何崇禮戴汝佳劉重熙孟繼旦汪郁年趙一德李成林金殿勳張伯楨胡晴崖馮世德葛為輔吳榮炳劉懋昭談錫恩蔡寅區金均楊光

湛王國樑許孝綬郭衞村許企謙何奇陽區諟周祚章鍾賡川駱通康寶忠石德純曹祖蕃張更生李懷亮汪其砥金天祿侯毓汶均著以小京官按照所學科目分部補用謝曉石陳英才梁志和蔡耀卿徐天敘均著以知縣分省即用左文炬覃壽公鄧塏春梁廖德典何道灘孫潤宇李杭文黃錫齡江洪杰趙翼雲林覲光陳經龔廷棟劉彥卿陳學釗張青選均著以知縣分省試用分部郎中王煥功譚汝鼎均著按照所學科目分部俟奏留後以本部郎中即用分部員外郎沈其昌袁榮叜均著按照所學科目分部俟奏留後以本部員外郎用分部主事陳緯虞熙正陳福頤馬家麟張文廉孫方尚均著按照所學科目分部俟奏留後以本部主事即用湖北補用知縣曹濬湘著仍以知縣歸原省即用指分浙江試用知縣傅定祥著仍以知縣歸原省補用欽此

軍機大臣署名

臣奕

臣世

臣鹿假
臣那
臣吴

367
鈐章
軍機大臣欽奉
諭旨御史麥秩嚴奏保案不實請飭部撤銷一摺著
吏部查覈覆奏欽此
軍機大臣署名
臣奕
臣世
臣鹿假
臣那
臣吴
五月初三日

368
鈐章
軍機大臣欽奉
諭旨民政部步軍統領衙門奏請將拏獲之要犯趙

文普即趙郁卿交法部永遠監禁蕭天任即蕭必
先交法部監禁五年一摺著照所擬辦理該部知
道欽此
軍機大臣署名
臣奕
臣世
臣鹿假
臣那
臣吴
五月初三日

369
查覆試舉貢應請
簡派閱卷大臣除另有差使及應行迴避各員俱不
開列外謹繕名單進
呈伏候
欽點於初三日清晨
發下傳集各員聽候宣
旨再查上屆舉貢覆試閱卷欽奉
派出十二人謹
奏

硃

370 陸潤庠

榮慶

壽耆

鄒嘉來

張英麟

吳郁生

于式枚

景厚

紹昌

熙彥

達壽

林紹年

陳邦瑞

李家駒

秦綬章

毓隆

楊佩璋

李聯芳

劉若曾

371 臣陸潤庠壽耆張英麟吳郁生于式枚熙彥達壽林紹年李家駒秦綬章毓隆劉若曾跪

奏蒙

發下覆試卷三百二十一本臣等公同校閱謹擬一

等九十六名二等一百零八名三等一百一十

七名黏貼黃籤進

呈恭候

欽定俟

發下後再行折閱彌封另繕名單呈

覽謹

奏

372 一等九十六名

陳命官

陶恩章

唐瀚波

沈聰訓

國治

汪涵川

劉蔭第

陳耀嬀
杜芝庭
李樹芳
黄衍良
帥培寅
郭錫炬
張捄
劉明昭
劉志清
馬繼楨
李伯驥
彭蔭棠
汪國傑
王錫鑾
嚴士濬
黄維周
劉登瀛
翟福謙
方汾玉

余其貞
張之基
向一中
張采薇
張勳年
宋焕奎
何積祜
鄭景僑
周殿薰
邱嘉謨
姜崇恩
劉民安
程量書
陳永鑫
吴台
志鈺
高孝聰
張度
嚴紹曾
陸鍾渭

賀紹章
錢葆田
蔣元慶
夏敬愷
荆致中
党遠昉
熊勝
王楚喬
崔崐
陳元璧
江辛
孫振麒
張宗祥
陳鑑藻
葉在廷
張孔瑛
王荃濬
徐步聯
蔣祖庚
馬象雍

胡宗虞
陳錫玉
張嘉德
施茂華
孔憲榮
蔡鎮藩
詹聯芳
張鳳翔
李景澔
余嶽霖
朱啟瀾
黃永筠
王盛春
祥康
莫永成
俞玉書
黃肇河
陸炳章
曹驥觀

周謹庠
周克恭
楊式震
程銘善
陽景新
王鳴珂
陳範
賀長治
施藻章
王維楨
張慶韶
二等一百八名
陳同熙
黃鵬
祁人傑
楊壽祺
祁錫蕃
韓鎮鼎
劉燮梅

王新銘
李萬鍾
陳德昌
恩格
劉榮第
涂澍霖
馮登賢
江友燮
劉鴻書
王繼林
王嗣鋆
王恆
張鳳會
趙芝雲
范晉卿
李正誼
鄭有瑾
丁永暉
李繼楨

張曰睿
臧增慶
王訥
龐友蘭
何增崙
劉熾昌
伊人鏡
周焯
王金鎧
廣熒
張紹仲
周紀武
危尚志
張淑林
呂家寶
劉崇本
李煦東
樊致榮
李洪鈞

余銘芝
黄鼎銘
熊羅宿
黄周
郭巽唐
蘭鴻著
李昂青
查宗釗
鄧振聲
高慶題
劉有璧
李政準
林思律
孫祖燧
徐心義
杜之堂
程文藻
劉樹鑫
程肇基

羅獻修
張培鼎
陳廷策
門安朝
黃華
黃惠傳
湯之光
謝鳳孫
趙正印
國雄
王履泰
李宗漢
王榮貴
崔珄
王楨
張繼祖
富春
秦寶瑤
張永和

王希曾
李中淇
蔣鴻纛
鄔繩準
普勳
佘澤
涂樹藩
孫錫彤
周珩
張坤
本善
劉子棨
姚仚
楊道隆
高凌霄
黃象冕
王祖德
何銘敬
黃家琨

胡承治
劉錦龍
黄廷治
吴惟允
顔之樂
段繼武
三等一百一十七名
黄翼雲
劉續曾
馬良弼
陳端徽
朱撰卿
聞韶
王萬懷
林鶴鳴
張濟川
左攀龍
劉鯤海
孟鍾

鄒俊卿
高維嶽
張熙
杜國樑
慶豐
張治
王樹槐
慈裕
陳敬
段經畬
額哲本
曹信本
藍培原
朱裳
張家樞
曹佐熙
杜培元
史延壽
成芳

齊涵玉
張大年
王執中
林培藻
胡荃菱
王維賢
周汝為
倪隆德
李卓元
汪錫彬
鄭長善
王體融
鄭錫田
吴孝展
張稼軒
朱逢咸
李光麟
馬文焕
恩霖

毓衡
齊福丕
于澤潤
李寶琨
李作棨
郭公闆
熙珍
富和
魯延俊
朱振基
劉昌楹
梁榮祥
安永昌
賈睿熙
尤聲瑱
沈經衢
董玉書
陳蔭松
徐耀鑾

田智良
郭際豐
曹善同
周先聲
魯伯龍
張廷琇
楊炳
盧士芬
趙雲瑞
王紹曾
張家驥
陳庭蘭
李域
王廷燮
虞璋
朱錦綬
馬啟人
曲鳳翼
闞天培

張銘西
張宜炎
王恩詔
牛獻珠
謝家梓
慶祉
金萬川
熊瀛士
孫嶽金
黃慶翰
劉立夫
文海
柏堃
張啟琛
嚴樹滋
周永年
師善
曾唯儒
劉經邦

張咸之
高尊達
沙培金
包延杰
楊華亭
王銘恩
蘇紹章
黄逢元
趙文龍
定剛

373 臣等查對另頁文句人名均屬相符謹開列名
單恭呈
御覽謹
奏

374 鈐章
宣統二年五月初四日内閣奉
上諭壽勳奏遵旨校閲陸軍第一第二兩鎮一摺據
陳此次校閲該兩鎮官兵學術暨内務外場各項
情形近更擴張戰備益整新規成績昭然深堪嘉
許仍著陸軍部督飭專司訓練大臣認真訓練力
求進步俾成勁旅用副朝廷修明武備振厲戎行
之至意餘依議欽此

軍機大臣署名
臣奕
臣世
臣鹿 假
臣那
臣吳

375 鈐章
宣統二年五月初四日内閣奉
上諭鎮國公溥植屢次請假當差懶惰著開去差使
停止俸祿欽此

軍機大臣署名
臣奕
臣世

臣鹿（假）
臣那
臣吴

376

鈐章

軍機大臣欽奉

諭旨都察院奏據浙江巡撫增韞查覆已革縉雲縣知縣范傳衣被劾冤抑可否送部引見一摺范傳衣著送部引見欽此

軍機大臣署名

臣奕
臣世
臣鹿（假）
臣那
臣吴

五月初五日

377

鈐章

軍機大臣欽奉

諭旨貝勒載潤等奏陸軍貴冑學堂考試情形並擬定開學日期一摺知道了欽此

軍機大臣署名

臣奕
臣世
臣鹿（假）
臣那
臣吴

五月初五日

378

鈐章

宣統二年五月初六日内閣奉

上諭湖廣總督著瑞澂補授欽此

軍機大臣署名

臣奕（假）
臣世
臣鹿（假）
臣那
臣吴

379

上諭湖南巡撫著楊文鼎補授欽此

鈐章

宣統二年五月初六日内閣奉

軍機大臣署名

臣奕劻假

臣世續

臣鹿傳霖假

臣那桐

臣吴郁生

380

上諭湖北布政使著王乃徵補授欽此

鈐章

宣統二年五月初七日内閣奉

軍機大臣署名

臣奕劻

臣世續

臣鹿傳霖假

臣那桐

臣吴郁生

381

上諭順天府府尹著丁乃揚補授欽此

鈐章

宣統二年五月初七日内閣奉

軍機大臣署名

臣奕劻

臣世續

臣鹿傳霖假

臣那桐

臣吴郁生

382

上諭廣東廉州府知府員缺著長潤補授欽此

鈐章

宣統二年五月初七日内閣奉

軍機大臣署名

臣奕劻

臣世續

臣鹿傳霖假

臣那桐

臣吴郁生

383

廣東廉州府知府李經野現奏充造幣分廠總
辦所遺員缺請
旨簡放

384

鈐章
軍機大臣欽奉
諭旨憲政編查館會奏酌擬各省法官變通迴避辦
法一摺著依議欽此
軍機大臣署名
臣奕 臣世 臣鹿 臣那 臣吳
假

385

鈐章
軍機大臣欽奉
諭旨禮部奏此次考試舉貢請定引見日期各摺片
著於本月初十十一十二日帶領引見餘依議
欽此
軍機大臣署名
臣奕 臣世 臣鹿 臣那 臣吳
假
五月初七日

386

鈐章
軍機大臣欽奉
諭旨學部奏查明官話簡字報請飭禁止發行一摺
著依議欽此
軍機大臣署名
臣奕 臣世 臣鹿 臣那 臣吳
假
五月初七日

387

滿頭班

花翎二品銜領班三品章京英秀

花翎二品銜幫領班四品章京文年

三品銜在任即選知府章京郎中麟祥

花翎三品銜章京郎中俟升四品後 賞加二品銜裕銘

章京候補員外郎伊密揚阿

花翎四品銜章京員外郎存瑞

額外章京法部候補主事伊星阿

花翎三品銜在任即選道額外章京上行走鍾佩

漢頭班

花翎領班三品章京劉穀孫

花翎領班章京上行走候補五品京堂楊壽樞

二品銜幫領班四品章京徐宗溥

三品銜章京郎中劉慶篤

花翎四品銜章京主事趙國良

四品銜章京主事張潤

四品銜章京主事宋子聯

三品銜章京 記名繁缺知府郎中楊芾

花翎員外郎銜章京候補主事曾文玉

章京編修黃彥鴻

額外章京內閣候補中書秦樹忠

滿二班

花翎二品銜領班三品章京聯綬

花翎三品銜幫領班四品章京成俊

花翎三品頂戴俟升四品後 賞加二品銜章京郎中榮奎

花翎三品銜 記名道府俟升四品後 賞加二品銜章京郎中常泰

花翎四品銜章京主事鴻恩

四品銜章京主事興廉

四品銜章京員外郎星輅

章京錄事官松海

漢二班

二品銜領班三品章京易貞

二品銜領班上行走三品章京華世奎

花翎幫領班四品章京趙廷珍

三品銜章京 記名繁缺知府郎中孫荀經

四品銜章京主事盧文明

四品銜章京主事邢維經

三品頂戴章京員外郎萬雲路

花翎四品銜章京主事雷延壽
四品銜章京編修楊渭
額外章京法部小京官呂式斌
額外章京內閣候補中書江保傳

388

鈐章

宣統二年五月初八日內閣奉
上諭貝勒載瀛奏因病未痊懇恩續假並請開去御
前行走差使一摺載瀛著再賞假一箇月准其開
去御前行走差使欽此

軍機大臣署名

臣奕 假　臣世　臣鹿 假　臣那　臣吳

389

鈐章

宣統二年五月初九日內閣奉
上諭前禮部左侍郎張亨嘉著仍在南書房行走欽此

軍機大臣署名

臣奕　臣世　臣鹿 假　臣那　臣吳

390

鈐章

軍機大臣欽奉
諭旨大理院奏申明京控案件權限等語嗣後除京
控案件仍由大理院辦理外其在
監國攝政王前跪訴者著步軍統領衙門斟酌情
形照章咨由總檢察廳辦理欽此

軍機大臣署名

臣奕　臣世　臣鹿 假　臣那

五月初九日

臣 吳

391 五月初十日引見人員

禮部一百二人

392 宣統二年五月初十日禮部帶領各省覆試舉人引見

宗室二名

普勳 年四十二歲係鑲藍旗宗室果勒明阿佐領下舉人 覆試二等第八十八名

師善 年五十五歲係鑲藍旗宗室松海佐領下舉人 覆試三等第一百五名

滿洲六名

祥康 年四十八歲係鑲白旗滿洲文祿佐領下舉人 覆試一等第八十名

富春 年二十八歲係正黃旗滿洲恩棨佐領下舉人 覆試二等第八十一名

本善 年三十八歲係鑲藍旗滿洲恩廣佐領下舉人 覆試二等第九十四名

成芳 年四十歲係正白旗滿洲錫珍佐領下舉人 覆試三等第三十一名

熙珍 年三十五歲係鑲紅旗滿洲王祿佐領下舉人 覆試三等第五十七名

定剛 年二十九歲係正紅旗滿洲海英佐領下舉人 覆試三等第一百十七名

蒙古三名

聞韶 年三十八歲係鑲紅旗蒙古祥禧佐領下舉人 覆試三等第六名

額哲本 年三十八歲係鑲藍旗蒙古文先佐領下舉人 覆試三等第二十三名

慶祉 年四十六歲係正黃旗蒙古恩傑佐領下舉人 覆試三等第九十四名

漢軍一名

金萬川 年三十六歲係鑲紅旗漢軍鍾岫佐領下舉人 覆試三等第九十五名

直隸二十二名

崔崐 年二十八歲係直隸肥鄉縣舉人 覆試一等第五十五名

張鳳翔 年三十八歲係直隸灤州舉人 覆試一等第七十四名

李景濂 年三十五歲係直隸邯鄲縣舉人 覆試一等第七十五名

楊式震 年四十二歲係直隸滿城縣舉人 覆試一等第八十八名

王新銘 年三十九歲係直隸天津縣舉人 覆試二等第八名

張曰睿 年三十四歲係直隸鹽山縣舉人 覆試二等第二十七名

劉崇本 年三十七歲係直隸雄縣舉人 覆試二等第四十二名

蘭鴻著 年二十四歲係直隸滄州舉人 覆試二等第五十二名

高慶題 年三十二歲係直隸束鹿縣舉人 覆試二等第五十五名

劉樹鑫 年四十六歲係直隸滄州舉人 覆試二等第六十二名

王履泰 年四十歲係直隸定興縣舉人 覆試二等第七十五名

張永和 年三十五歲係直隸成安縣舉人 覆試二等第八十三名

劉續曾 年三十四歲係直隸安州舉人 覆試三等第二名
齊涵玉 年三十八歲係直隸慶雲縣舉人 覆試三等第三十二名
王維賢 年三十九歲係直隸遷安縣舉人 覆試三等第三十七名
齊福丕 年四十四歲係直隸南宮縣舉人 覆試三等第五十二名
安永昌 年三十七歲係直隸赤城縣舉人 覆試三等第六十三名
賈睿熙 年三十六歲係直隸蔚州舉人 覆試三等第六十四名
曹善同 年三十三歲係直隸深澤縣舉人 覆試三等第七十二名
李域 年二十六歲係直隸西甯縣舉人 覆試三等第八十二名
王廷燮 年三十六歲係直隸高陽縣舉人 覆試三等第八十三名
王恩詔 年五十三歲係直隸遵化州舉人 覆試三等第九十一名

山東十五名

陳命官 年三十七歲係山東蓬萊縣舉人 覆試一等第一名
李樹芳 年三十歲係山東德平縣舉人 覆試一等第十名
劉志清 年二十八歲係山東章邱縣舉人 覆試一等第十六名
張勳年 年三十七歲係山東平度州舉人 覆試一等第三十一名
徐步聯 年四十歲係山東博山縣舉人 覆試一等第六十四名
趙芝雲 年四十三歲係山東莒州舉人 覆試二等第二十一名
王訥 年二十七歲係山東安邱縣舉人 覆試二等第二十九名
王金鎧 年三十四歲係山東膠州舉人 覆試二等第三十五名

趙正印 年三十五歲係山東泰安縣舉人 覆試二等第七十三名
王榮貴 年四十四歲係山東諸城縣舉人 覆試二等第七十七名
曹信本 年五十歲係山東濟甯州舉人 覆試三等第二十四名
林培藻 年三十一歲係山東黃縣舉人 覆試三等第三十五名
王體融 年二十五歲係山東萊陽縣舉人 覆試三等第四十三名
張稼軒 年四十歲係山東高苑縣舉人 覆試三等第四十六名
李作棨 年四十六歲係山東諸城縣舉人 覆試三等第五十五名

山西九名

馬繼楨 年三十一歲係山西榆次縣舉人 覆試一等第十七名
荆致中 年三十一歲係山西猗氏縣舉人 覆試一等第五十一名
周克恭 年四十四歲係山西安邑縣舉人 覆試一等第八十七名
王維楨 年二十九歲係山西猗氏縣舉人 覆試一等第九十五名
張淑琳 年二十七歲係山西五臺縣舉人 覆試二等第四十名
孟鍾 年四十三歲係山西太谷縣舉人 覆試三等第十二名
郭際豐 年三十四歲係山西繁峙縣舉人 覆試三等第七十一名
張廷琇 年三十一歲係山西五臺縣舉人 覆試三等第七十五名
張銘西 年三十八歲係山西平定州舉人 覆試三等第八十九名

河南十四名

翟福謙 年二十七歲係河南孟縣舉人 覆試一等第二十五名

王荃濬 年四十五歲係河南汲縣舉人 覆試一等第六十三名

蔡鎮藩 年三十四歲係河南光山縣舉人 覆試一等第七十二名

劉燮梅 年三十七歲係河南河內縣舉人 覆試二等第七名

鄭有璉 年二十七歲係河南濟源縣舉人 覆試二等第二十四名

危尚志 年四十八歲係河南信陽州舉人 覆試二等第三十九名

張坤 年三十七歲係河南陝州舉人 覆試二等第九十三名

劉子榮 年三十八歲係河南信陽州舉人 覆試二等第九十五名

王祖德 年三十歲係河南鹿邑縣舉人 覆試二等第一百名

段繼武 年三十五歲係河南溫縣舉人 覆試二等第一百八名

朱撰卿 年四十一歲係河南太康縣舉人 覆試三等第五名

史延壽 年三十歲係河南輝縣舉人 覆試三等第三十名

李光麟 年三十三歲係河南夏邑縣舉人 覆試三等第四十八名

陳庭蘭 年五十三歲係河南新野縣舉人 覆試三等第八十一名

陝西五名

曹驥觀 年三十九歲係陝西醴泉縣舉人 覆試一等第八十五名

陳同熙 年二十七歲係陝西潼關廳舉人 覆試二等第一名

祁人杰 年三十六歲係陝西咸陽縣舉人 覆試二等第三名

姚岔 年四十歲係陝西南鄭縣舉人 覆試二等第九十六名

藍培原 年四十一歲係陝西南鄭縣舉人 覆試三等第二十五名

甘肅六名

張繼祖 年三十六歲係甘肅金縣舉人 覆試二等第八十名

張治 年三十七歲係甘肅皋蘭縣舉人 覆試三等第十八名

魯廷俊 年三十七歲係甘肅皋蘭縣舉人 覆試三等第五十九名

楊炳 年三十二歲係甘肅秦州舉人 覆試三等第七十六名

關天培 年三十五歲係甘肅秦州舉人 覆試三等第八十八名

牛猷珠 年三十三歲係甘肅莊浪縣舉人 覆試三等第九十二名

江蘇十一名

陶恩章 年三十五歲係江蘇元和縣舉人 覆試一等第二名

姜崇恩 年三十歲係江蘇六合縣舉人 覆試一等第三十七名

嚴紹曾 年三十六歲係江蘇江都縣舉人 覆試一等第四十五名

錢葆田 年三十八歲係江蘇婁縣舉人 覆試一等第四十八名

張孔瑛 年四十二歲係江蘇婁縣舉人 覆試一等第六十二名

臧增慶 年四十六歲係江蘇宿遷縣舉人 覆試二等第二十八名

龐友蘭 年三十七歲係江蘇阜甯縣舉人 覆試二等第三十名

秦寶瑤 年四十九歲係江蘇江甯縣舉人 覆試二等第八十二名

周珩 年四十一歲係江蘇山陽縣舉人 覆試二等第九十二名

朱逢咸 年五十六歲係江蘇六合縣舉人 覆試三等第四十七名

朱錦綬 年四十七歲係江蘇吳縣舉人 覆試三等第八十五名

湖南八名

張之基 年三十三歲係湖南長沙縣舉人 覆試一等第二十八名
何積祜 年三十三歲係湖南道州舉人 覆試一等第三十三名
馬象雍 年三十四歲係湖南善化縣舉人 覆試一等第六十六名
李煦東 年三十七歲係湖南清泉縣舉人 覆試二等第四十三名
鄧振聲 年二十八歲係湖南巴陵縣舉人 覆試二等第五十四名
盧士芬 年四十二歲係湖南甯鄉縣舉人 覆試三等第七十七名
謝家梓 年五十一歲係湖南沅江縣舉人 覆試三等第九十三名
黃逢元 年四十二歲係湖南善化縣舉人 覆試三等第一百十五名

393

鈐章

軍機大臣欽奉

諭旨憲政編查館會奏遵議府廳州縣地方審判廳辦法一摺著依議又奏御史徐定超條陳請釐正司法官制業經先後奏定切實劃分應請毋庸再議一片知道了欽此

軍機大臣署名

臣奕 假
臣世
臣鹿 假
臣那

五月初十日

臣吴

394

鈐章

軍機大臣欽奉

諭旨郵傳部會奏議覆籌辦滇省鐵路情形一摺著依議欽此

軍機大臣署名

臣奕 假
臣世
臣鹿 假
臣那
臣吴

五月初十日

395

鈐章

宣統二年五月初十日內閣奉

上諭前據翰林院侍讀榮光奏請仍在天津城西南

隅設立車站一摺當經諭令郵傳部確查兹據查
明津城西南隅設立車站諸多不便並繪圖具説
據實奏陳津浦鐵路天津總站前因設在南開弊
端百出業經查明改定乃該侍讀一再瀆陳淆亂
是非甘為影販地皮奸商所嗾使置大局於不顧
實屬有站清班翰林院侍讀榮光著交部議處
欽此

軍機大臣署名

臣奕 假
臣世
臣鹿 假
臣那
臣吴

396

鈐章

軍機大臣欽奉
諭旨郵傳部奏編訂第一次交通統計表暨纂輯四
政沿革概略分繕六冊一併呈覽一摺著憲政編
查館知道表冊併發欽此

軍機大臣署名

臣奕 假
臣世
臣鹿 假
臣那
臣吴

五月初十日

397

五月十一日引
見人員
禮部一百二人

398

謹擬主事用一百二十七名
小京官用四十名
中書用十二名
知縣用一百八十八名
一等舉人用主事各貢用小京官
二等就各省人數名次以主事小京官中書
知縣四項兼用
三等之宗室用主事滿蒙漢軍内外兼用各
省舉貢統用知縣

所有臣等按照各省舉貢等第分別擬定錄用
是否有當恭候
欽定
399
此次引
見覆試舉貢三百二十一名並補行引
見二名共三百二十三名
謹擬主事用九十九名
小京官用五十三名
中書用十一名
知縣用一百六十名
一等舉人用主事各貢用小京官
二等就各省人數名次以主事小京官中書
知縣四項兼用
三等之宗室用主事滿蒙漢軍內外兼用各
省舉貢概用知縣
所有臣等按照各省舉貢等第查照上屆辦法
是否有當恭候
欽定

400
宣統二年五月十一日禮部帶領各省覆試舉人引
見
安徽五名
鄭景僑 年三十五歲係安徽青陽縣舉人 覆試一等第三十四名
江辛 年三十八歲係安徽旌德縣舉人 覆試一等第五十七名
程銘善 年三十一歲係安徽合肥縣舉人 覆試一等第八十九名
江友燮 年三十六歲係安徽歙縣舉人 覆試二等第五十五名
查宗鈞 年三十一歲係安徽涇縣舉人 覆試二等第五十三名
浙江十七名
沈聰訓 年三十五歲係浙江會稽縣舉人 覆試一等第四名
杜芝庭 年三十三歲係浙江山陰縣舉人 覆試一等第九名
張采薇 年四十七歲係浙江會稽縣舉人 覆試一等第三十名
程量書 年三十六歲係浙江秀水縣舉人 覆試一等第三十九名
陸鍾渭 年三十九歲係浙江蕭山縣舉人 覆試一等第四十六名
賀紹章 年三十二歲係浙江鎮海縣舉人 覆試一等第四十七名
孫振麒 年三十九歲係浙江奉化縣舉人 覆試一等第五十八名
張宗祥 年二十七歲係浙江海甯州舉人 覆試一等第五十九名
俞玉書 年三十二歲係浙江烏程縣舉人 覆試一等第八十二名
李昂青 年四十一歲係浙江東陽縣舉人 覆試二等第五十二名

孫祖燧 年四十四歲係浙江餘杭縣舉人 覆試二等第五十九名

徐心義 年四十一歲係浙江永康縣舉人 覆試二等第六十名

楊道隆 年三十七歲係浙江會稽縣舉人 覆試二等第九十七名

胡承治 年三十二歲係浙江錢塘縣舉人 覆試二等第一百三名

吴惟允 年三十四歲係浙江仁和縣舉人 覆試二等第一百六名

王萬懷 年五十二歲係浙江山陰縣舉人 覆試三等第七名

包延杰 年三十九歲係浙江烏程縣舉人 覆試三等第一百十一名

江西十四名

張捄 年三十八歲係江西餘干縣舉人 覆試一等第十四名

劉登瀛 年五十五歲係江西新昌縣舉人 覆試一等第二十四名

宋煥奎 年三十九歲係江西萬載縣舉人 覆試一等第三十二名

夏敬愷 年三十九歲係江西新建縣舉人 覆試一等第五十名

詹聯芳 年三十五歲係江西金谿縣舉人 覆試一等第七十三名

王盛春 年三十三歲係江西德化縣舉人 覆試一等第七十九名

賀長治 年三十歲係江西蓮花廳舉人 覆試一等第九十三名

涂澍霖 年三十歲係江西新建縣舉人 覆試二等第十三名

王恆 年二十九歲係江西瑞昌縣舉人 覆試二等第二十名

李正誼 年二十九歲係江西永新縣舉人 覆試二等第二十三名

丁永暉 年三十三歲係江西清江縣舉人 覆試二等第二十五名

熊羅宿 年四十二歲係江西豐城縣舉人 覆試二等第四十八名

涂樹藩 年三十九歲係江西南昌縣舉人 覆試二等第九十名

吴孝展 年三十歲係江西宜黄縣舉人 覆試三等第四十五名

湖北九名

帥培英 年四十三歲係湖北黄梅縣舉人 覆試一等第十二名

彭蔭棠 年三十三歲係湖北孝感縣舉人 覆試一等第十九名

王楚喬 年四十一歲係湖北羅田縣舉人 覆試一等第五十四名

范晉卿 年五十三歲係湖北蘄水縣舉人 覆試二等第二十二名

李繼楨 年三十歲係湖北隨州舉人 覆試二等第二十六名

謝鳳孫 年四十三歲係湖北漢川縣舉人 覆試二等第二十七名

余澤 年四十一歲係湖北麻城縣舉人 覆試二等第八十九名

張濟川 年二十五歲係湖北黄陂縣舉人 覆試三等第九名

尤聲瓆 年四十三歲係湖北黄岡縣舉人 覆試三等第六十五名

四川十名

嚴士濬 年三十四歲係四川成都縣舉人 覆試一等第二十二名

向一中 年三十歲係四川巫山縣舉人 覆試一等第二十九名

李萬鍾 年三十二歲係四川成都縣舉人 覆試二等第九名

余銘芝 年二十七歲係四川遂甯縣舉人 覆試二等第四十六名

高凌霄 年三十六歲係四川壁山縣舉人 覆試二等第九十八名

左攀龍　年三十三歲係四川三台縣舉人　覆試三等第十名

鄒俊卿　年四十二歲係四川銅梁縣舉人　覆試三等第十三名

王樹槐　年四十七歲係四川大足縣舉人　覆試三等第十九名

張家樞　年三十八歲係四川閬中縣舉人　覆試三等第二十七名

嚴樹滋　年三十一歲係四川慶符縣舉人　覆試三等第一百三名

福建十六名

唐瀚波　年四十一歲係福建閩縣舉人　覆試一等第三名

汪涵川　年三十歲係福建侯官縣舉人　覆試一等第六名

陳耀嫣　年三十四歲係福建長樂縣舉人　覆試一等第八名

方汾玉　年四十三歲係福建閩縣舉人　覆試一等第二十六名

周殿薰　年四十四歲係福建同安縣舉人　覆試一等第三十五名

陳永鑫　年四十歲係福建侯官縣舉人　覆試一等第四十名

吴台　年二十五歲係福建莆田縣舉人　覆試一等第四十一名

高孝聰　年三十四歲係福建侯官縣舉人　覆試一等第四十三名

葉在廷　年四十二歲係福建閩縣舉人　覆試一等第六十一名

陳錫玉　年三十九歲係福建閩縣舉人　覆試一等第六十八名

黄永筠　年三十八歲係福建長樂縣舉人　覆試一等第七十八名

黄肇河　年二十九歲係福建連城縣舉人　覆試一等第八十三名

郭翼唐　年三十五歲係福建福安縣舉人　覆試二等第五十名

林思律　年三十四歲係福建閩縣舉人　覆試二等第五十八名

陳端徽　年四十六歲係福建長樂縣舉人　覆試三等第四名

陳敬　年四十一歲係福建侯官縣舉人　覆試三等第二十一名

廣東六名

張度　年三十歲係廣東莞縣舉人　覆試一等第四十四名

馮登賢　年三十四歲係廣東順德縣舉人　覆試二等第十四名

崔甡　年四十八歲係廣東南海縣舉人　覆試二等第七十八名

胡鎣湊　年三十八歲係廣東順德縣舉人　覆試三等第三十六名

李寶琨　年二十九歲係廣東吴川縣舉人　覆試三等第五十四名

梁榮祥　年四十六歲係廣東順德縣舉人　覆試三等第六十二名

廣西八名

王錫鑾　年三十一歲係廣西臨桂縣舉人　覆試一等第二十一名

党遠昉　年四十六歲係廣西北流縣舉人　覆試一等第五十二名

莫永成　年三十六歲係廣西陽朔縣舉人　覆試一等第八十一名

陽景新　年二十七歲係廣西臨桂縣舉人　覆試一等第九十名

張紹仲　年三十七歲係廣西全州舉人　覆試二等第三十七名

黄周　年三十九歲係廣西陽朔縣舉人　覆試二等第四十九名

黄慶翰　年四十歲係廣西桂平縣舉人　覆試三等第九十八名

曾唯儒　年三十七歲係廣西宣化縣舉人　覆試三等第一百六名

雲南九名

王繼林 年二十三歲係雲南蒙自縣舉人 覆試二等第十七名

呂嘉賓 年三十一歲係雲南昆明縣舉人 覆試二等第四十一名

李鴻鈞 年四十二歲係雲南鶴慶州舉人 覆試二等第四十五名

王楨 年二十一歲係雲南昆明縣舉人 覆試二等第七十九名

杜國樑 年四十五歲係雲南浪穹縣舉人 覆試三等第十六名

倪隆德 年四十五歲係雲南會澤縣舉人 覆試三等第三十九名

汪錫彬 年三十二歲係雲南鶴慶州舉人 覆試三等第四十一名

董玉書 年三十五歲係雲南昆明縣舉人 覆試三等第六十七名

趙文龍 年二十九歲係雲南昆明縣舉人 覆試三等第一百十六名

貴州八名

胡宗虞 年三十三歲係貴州安順府舉人 覆試一等第六十七名

何增崙 年三十歲係貴州貴陽府舉人 覆試二等第三十一名

劉熾昌 年三十三歲係貴州貴筑縣舉人 覆試二等第三十二名

陳廷策 年三十七歲係貴州安順府舉人 覆試二等第六十七名

李宗漢 年三十四歲係貴州威甯州舉人 覆試二等第七十六名

黃家琨 年三十二歲係貴州安順府舉人 覆試二等第一百二名

李卓元 年三十歲係貴州青谿縣舉人 覆試三等第四十名

周永年 年三十八歲係貴州湄潭縣舉人 覆試三等第一百四名

401 五月十二日引

見人員

禮部一百十九人

402 鈐章

宣統二年五月十二日内閣奉

上諭翰林院侍讀榮光奏津浦鐵路車站實係繞道糜費一摺天津津浦鐵路車站前經郵傳部查勘並會同直隸總督覆查幾費經營始經定議辦理尚屬周妥前以該侍讀一再瀆陳淆亂是非當經交部議處茲該侍讀復以前情具奏堅執影販地皮之奸商刊刻圖說飾詞聳聽不候部議嘵嘵置辯實屬謬妄已極侍讀榮光著改為交部嚴加議處欽此

軍機大臣署名

臣奕 臣世 臣鹿 假 臣那 臣吴

鈐章

宣統二年五月十二日內閣奉

上諭此次考試舉貢業經引見完竣自應分別錄用陳命官陶恩章唐瀚波沈聰訓王涵川陳耀嫣杜芝亭李樹芳帥培英張捄劉志清馬繼楨彭蔭棠王錫鑾嚴士濬劉登瀛翟福謙方汾玉張之基向一中張釆薇張勳年宋煥奎何積祜鄭景僑周殿薰姜崇恩程量書陳永鋥吳台高孝聰張度嚴紹曾陸鍾渭賀紹章錢葆田夏敬愷荆致中党達昉王楚喬崔崑江辛孫振麒張宗祥葉在廷張孔瑛王荃濬徐步聯馬象雍胡宗虞陳錫玉蔡鎮藩詹聯芳張鳳翔李景澔黃永筠王盛春祥康莫永成俞玉書黃肇河曹驥觀周克恭楊式震程銘善陽景新賀長治王維楨陳同熙劉燮梅王新銘李萬鍾馮登賢王繼林趙芝雲范晉卿鄭有璋張曰睿臧增慶王訥何增崙劉熾昌危尚志呂嘉寶劉崇本李煦東李洪鈞余銘芝蘭鴻著高慶頤劉樹鑫張繼祖富春普懃張坤本善聞韶金萬川師善均著以主事分部學習龐友蘭王金鎧張淑琳鄧振聲陳廷策王履泰崔珄王楨張永和劉子榮高淩霄均著以內閣中書用國治劉蔭第黃衍袁郭錫炬劉明昭李伯驥汪國傑黃維周余其貞邱嘉謨劉民安志鈺蔣元慶熊勝陳元壁陳鑑藻蔣祖庚張嘉德施茂華孔憲榮余嶽霖朱啟瀾陸炳章周謹庠王鳴珂陳範施藻章張慶韶黃鵬祁錫蕃韓鎮鼎陳德昌恩格劉榮第劉鴻書王嗣鋆張鳳會伊人鏡廣熒周紀武樊致榮劉有璧羅獻修張培鼎黃華黃惠傳國雄王希曾鄔繩準孫錫彤劉錦龍顏之樂均著以七品小京官分部學習祁人傑涂澍霖江友燮王恆李正誼丁永暉李繼楨張紹仲熊羅宿黃周郭翼唐李昂青查宗釗林思律孫祖燧徐心義謝鳳孫趙正印李宗漢王榮貴秦寶瑶余澤涂樹藩周珩姚岱楊道隆王祖德黃家琨胡承治吳惟允段繼武劉續曾陳端徽朱撰卿王萬懷張濟川左攀龍孟鍾周俊卿杜國樑張治王樹槐陳敬頤哲本曹信本藍培原張家樞史延壽成芳齊涵玉林培藻胡鎣蓤王維賢倪隆德李卓元汪錫彬王體融吳孝展張稼軒朱逢咸李光麟

齊福丕李寶崐李作棨熙珍魯廷俊梁榮祥安永
昌賈睿熙尤聲瓊董玉書郭際豐曹善同張廷琇
楊炳盧士芬陳廷蘭李域王廷燮朱錦紱關天培
張銘西王恩詔牛獻珠謝家梓慶祉黃慶翰嚴樹
滋周永年曾唯儒包廷杰黃逢元趙文龍定剛楊
壽祺周焯黃鼎銘李政準杜之堂程文藻程適門
安朝湯之光李中淇蔣鴻壽黃象冕何銘敬黃廷
治黃翼雲馬良弼林鶴鳴劉鯤海高維嶽張熙慶
豐慈裕段經畬朱裳曹佐熙杜培元張大年王執
中周汝為鄭長善鄭錫田馬文煥恩霖毓衡于澤
潤郭公闕富和朱振基劉昌楹沈經衢陳蔭松徐
耀鑾田智良周先聲魯伯龍趙雲瑞王紹曾張家
驥虞璋馬啟人曲鳳翼張宜炎熊瀛士孫嶽金劉
立夫文海柏堃張啟琛劉經邦張咸之高尊達沙
培金楊華亭王銘恩蘇紹章均著以知縣分省補
用其補行引見之唐際虞著以七品小京官分部
學習蕭先炆著以知縣分省補用欽此

軍機大臣署名

臣奕 假

臣世
臣鹿 假
臣那
臣吴

404

鈐章

軍機大臣欽奉

諭旨禮部奏考試拔貢事宜一摺知道了又奏朝考
試卷應否進呈一片著毋庸進呈又奏此次試卷
較多閲卷大臣請簡派八員一片著依議欽此

軍機大臣署名

臣奕 假
臣世
臣鹿 假
臣那
臣吴

五月十二日

宣統二年五月十二日禮部帶領各省覆試貢生引見 405

滿洲七名

國治 年四十六歲係鑲藍旗滿洲恩廣佐領下歲貢生 覆試一等第五名

恩格 年四十三歲係正藍旗滿洲包衣定霖管領下歲貢生 覆試二等第十一名

廣葵 年四十八歲係鑲白旗滿洲明輝佐領下恩貢生 覆試二等第三十六名

國雄 年三十七歲係鑲紅旗滿洲斌良佐領下歲貢生 覆試二等第七十四名

慶豐 年三十一歲係鑲白旗滿洲文祿佐領下歲貢生 覆試三等第十七名

恩霖 年二十七歲係鑲黃旗滿洲鳳山佐領下歲貢生 覆試三等第五十名

毓衡 年四十二歲係鑲紅旗滿洲塔克慎佐領下副貢生 覆試三等第五十一名

蒙古二名

慈裕 年三十八歲係鑲黃旗蒙古恩芳佐領下歲貢生 覆試三等第二十名

文海 年三十七歲係正紅旗蒙古常福佐領下拔貢生 覆試三等第一百名

漢軍四名

志鈺 年三十五歲係鑲白旗漢軍普仁佐領下歲貢生 覆試一等第四十二名

韓鎮鼎 年四十四歲係正白旗漢軍桂麟佐領下恩貢生 覆試二等第六名

門安朝 年三十六歲係正紅旗漢軍魁麟佐領下歲貢生 覆試二等第六十八名

富和 年三十六歲係正白旗漢軍德駿佐領下優貢生 覆試三等第五十八名

直隸十名

祁錫蕃 年二十九歲係直隸永年縣副貢生 覆試二等第五名

劉榮第 年四十四歲係直隸玉田縣歲貢生 覆試二等第十二名

劉鴻書 年四十一歲係直隸安肅縣拔貢生 覆試二等第十六名

伊人鏡 年四十六歲係直隸安州拔貢生 覆試二等第三十三名

杜之堂 年三十九歲係直隸廣宗縣拔貢生 覆試二等第六十一名

何銘敬 年三十七歲係直隸正定縣拔貢生 覆試二等第一百一名

周汝爲 年三十八歲係直隸寶坻縣副貢生 覆試三等第三十八名

鄭長善 年四十八歲係直隸邯鄲縣副貢生 覆試三等第四十二名

馬文煥 年五十九歲係直隸香河縣副貢生 覆試三等第四十九名

楊華亭 年三十二歲係直隸樂亭縣副貢生 覆試三等第一百十二名

奉天四名

樊致榮 年三十八歲係吉林五常廳優貢生 覆試二等第四十四名

顏之樂 年四十三歲係奉天遼陽州拔貢生 覆試二等第一百七名

杜培元 年五十歲係奉天安東縣副貢生 覆試三等第二十九名

孫嶽金 年四十六歲係奉天懷德縣歲貢生 覆試三等第九十七名

山東十一名

劉蔭第 年三十九歲係山東沂水縣拔貢生 覆試一等第七名

李伯驥 年五十一歲係山東臨清州副貢生 覆試一等第十八名

王鳴珂 年四十一歲係山東安邱縣副貢生 覆試一等第九十一名

張慶韶 年二十九歲係山東歷城縣副貢生 覆試一等第九十六名
王嗣鋆 年三十五歲係山東濟陽縣恩貢生 覆試二等第十八名
李中淇 年四十六歲係山東即墨縣拔貢生 覆試二等第八十五名
黄象冕 年四十四歲係山東即墨縣優貢生 覆試二等第九十九名
劉昌楹 年三十六歲係山東嘉祥縣拔貢生 覆試三等第六十一名
田智良 年五十歲係山東濰縣歲貢生 覆試三等第七十名
曲鳳翼 年三十七歲係山東甯海州副貢生 覆試三等第八十七名
張咸之 年五十二歲係山東曹縣恩貢生 覆試三等第一百八名

山西三名

張熙 年三十八歲係山西陽曲縣歲貢生 覆試三等第十五名
王執中 年二十八歲係山西盂縣副貢生 覆試三等第三十四名
趙雲瑞 年三十八歲係山西五臺縣拔貢生 覆試三等第七十八名

河南二名

孫錫彤 年三十一歲係河南汲縣副貢生 覆試二等第九十一名
鄭錫田 年二十八歲係河南鄢陵縣副貢生 覆試三等第四十四名

陝西六名

郭錫炬 年二十八歲係陝西蒲城縣優貢生 覆試一等第十三名
周紀武 年三十四歲係陝西白河縣優貢生 覆試二等第三十八名
王希曾 年三十七歲係陝西潼關廳副貢生 覆試二等第八十四名
高維嶽 年三十七歲係陝西長武縣拔貢生 覆試三等第十四名
柏堃 年三十八歲係陝西涇陽縣副貢生 覆試三等第一百一名
沙培金 年三十三歲係陝西南鄭縣優貢生 覆試三等第一百十名

甘肅一名

馬良弼 年四十一歲係甘肅安定縣歲貢生 覆試三等第三名

江蘇九名

余其貞 年三十一歲係江蘇荆溪縣歲貢生 覆試一等第二十七名
蔣元慶 年四十歲係江蘇常熟縣拔貢生 覆試一等第四十九名
蔣祖庚 年四十三歲係江蘇長洲縣副貢生 覆試一等第六十五名
孔憲桊 年四十八歲係江蘇興化縣拔貢生 覆試一等第七十一名
陸炳章 年三十六歲係江蘇太倉州副貢生 覆試一等第八十四名
楊壽祺 年三十六歲係江蘇宜興縣歲貢生 覆試二等第四名
周焯 年四十二歲係江蘇山陽縣歲貢生 覆試二等第三十四名
黄鼎銘 年四十八歲係江蘇揚子縣歲貢生 覆試二等第四十七名
程適 年四十二歲係江蘇荆溪縣拔貢生 覆試二等第六十四名

安徽九名

汪國傑 年三十五歲係安徽歙縣副貢生 覆試一等第二十名
張嘉德 年三十八歲係安徽壽州優貢生 覆試一等第六十九名
周謹庠 年四十六歲係安徽宿州歲貢生 覆試一等第八十六名

劉有壁 年三十九歲係安徽合肥縣歲貢生 覆試二等第五十六名
張大年 年四十五歲係安徽舒城縣歲貢生 覆試三等第三十三名
沈經衛 年三十五歲係安徽合肥縣副貢生 覆試三等第六十六名
魯伯龍 年五十三歲係安徽懷甯縣歲貢生 覆試三等第七十四名
張家驥 年二十八歲係安徽桐城縣副貢生 覆試三等第八十名
虞璋 年三十九歲係安徽望江縣歲貢生 覆試三等第八十四名

浙江五名

陳鑑藻 年四十二歲係浙江上虞縣拔貢生 覆試一等第六十名
施茂華 年四十歲係浙江烏程縣歲貢生 覆試一等第七十名
朱啟瀾 年四十四歲係浙江會稽縣歲貢生 覆試一等第七十七名
劉經邦 年四十三歲係浙江金華縣歲貢生 覆試三等第一百七名
王銘恩 年三十八歲係浙江蕭山縣副貢生 覆試三等第一百十三名

江西七名

黃衍袁 年三十六歲係江西上猶縣拔貢生 覆試一等第十一名
熊勝 年二十九歲係江西新建縣副貢生 覆試一等第五十三名
黃鵬 年三十一歲係江西新昌縣優貢生 覆試二等第二名
李政準 年三十三歲係江西永新縣優貢生 覆試二等第五十七名
湯之光 年四十五歲係江西永新縣歲貢生 覆試二等第七十一名
段經畬 年二十二歲係江西永新縣優貢生 覆試三等第二十二名

王紹曾 年二十九歲係江西奉新縣副貢生 覆試三等第七十九名

湖北六名

陳元壁 年三十八歲係湖北江夏縣歲貢生 覆試一等第五十六名
余嶽霖 年四十六歲係湖北漢陽縣優貢生 覆試一等第七十六名
陳範 年四十二歲係湖北黃陂縣優貢生 覆試一等第九十二名
程文藻 年三十九歲係湖北雲夢縣歲貢生 覆試二等第六十二名
黃廷治 年四十五歲係湖北孝感縣歲貢生 覆試二等第一百零五名
于澤潤 年五十歲係湖北漢川縣副貢生 覆試三等第五十三名

湖南四名

劉民安 年三十六歲係湖南永綏廳歲貢生 覆試一等第三十八名
張培鼎 年二十八歲係湖南長沙縣副貢生 覆試二等第六十六名
曹佐熙 年四十歲係湖南益陽縣優貢生 覆試三等第二十八名
陳蔭松 年六十歲係湖南平江縣歲貢生 覆試三等第六十八名

四川四名

劉明昭 年三十五歲係四川南川縣拔貢生 覆試一等第十五名
施藻章 年四十歲係四川瀘州拔貢生 覆試一等第九十四名
蔣鴻壽 年三十九歲係四川合州歲貢生 覆試二等第八十六名
劉立夫 年三十八歲係四川中江縣優貢生 覆試三等第九十九名

福建六名

邱嘉謨 年四十歲係福建上杭縣拔貢生 覆試一等第三十六名

劉錦龍 年四十四歲係福建仙遊縣歲貢生 覆試二等第一百四名

黃翼雲 年三十六歲係福建永建縣副貢生 覆試三等第一名

郭公闕 年三十歲係福建閩縣副貢生 覆試三等第五十六名

馬啟人 年四十四歲係福建閩縣副貢生 覆試三等第八十六名

高尊達 年四十七歲係福建長樂縣歲貢生 覆試三等第一百九名

廣東九名

張鳳會 年三十五歲係廣東信宜縣歲貢生 覆試二等第十九名

羅獻修 年四十五歲係廣東興甯縣拔貢生 覆試二等第六十五名

黃惠傳 年四十八歲係廣東香山縣歲貢生 覆試二等第七十名

林鶴鳴 年三十九歲係廣東新會縣副貢生 覆試三等第八名

劉鯤海 年四十歲係廣東順德縣歲貢生 覆試三等第十一名

朱振基 年二十八歲係廣東茂名縣副貢生 覆試三等第六十名

周先聲 年三十五歲係廣東茂名縣恩貢生 覆試三等第七十三名

熊瀛士 年四十五歲係廣東南海縣副貢生 覆試三等第九十六名

張啟琛 年三十七歲係廣東開平縣副貢生 覆試三等第一百二名

廣西四名

黃維周 年三十歲係廣西賀縣副貢生 覆試一等第二十三名

鄔繩準 年四十歲係廣西陽朔縣拔貢生 覆試二等第八十七名

朱裳 年三十二歲係廣西臨桂縣優貢生 覆試三等第二十六名

蘇紹章 年四十四歲係廣西容縣拔貢生 覆試三等第一百十四名

雲南一名

張宜炎 年四十八歲係雲南甯州優貢生 覆試三等第九十名

貴州三名

陳德昌 年三十六歲係貴州貴定縣副貢生 覆試二等第十名

黃華 年三十二歲係貴州黃平州歲貢生 覆試二等第六十九名

徐耀鑾 年四十一歲係貴州貴筑縣恩貢生 覆試三等第六十九名

上屆未引

見二名

蕭先炆 年四十九歲係四川三台縣歲貢生 覆試三等第一百十名

唐際虞 年五十五歲係浙江嘉善縣歲貢生 覆試一等第八十一名

406

鈐章

軍機大臣欽奉

諭旨順天府奏整頓順屬州縣巡警並創置警務公
所改編馬隊探訪隊辦法一摺該衙門知道又奏
拏獲盜犯擬請暫時變通咨交大理院審辦一片
該衙門議奏又奏議敘知縣龔慶霖等請優予獎

勵一片著照所請該部知道欽此

原件交吏部
摘鈔交民政部 法部 大理院

軍機大臣署名

臣奕
臣世
臣鹿 假
臣那
臣吳

五月十三日

407

五月十四日引
見人員

吏部四十一人
度支部四人
學部五人
海軍處四人
正黃旗漢軍四人
正白旗蒙古一人
正紅旗滿洲四人
滿洲火器營四人
内務府八人
上駟院二人
共七十七人

408

鈐章

宣統二年五月十四日内閣奉
上諭本日引見之翰林院庶吉士吳震春著授職編修欽此

軍機大臣署名

臣奕
臣世
臣鹿 假
臣那
臣吳

409

鈐章

宣統二年五月十四日内閣奉
上諭本日引見之應襲三等伯爵李馥著准其承襲賞給二等侍衛在大門上行走欽此

軍機大臣署名
臣奕
臣世
臣鹿
臣那
臣吴
假

410
鈐章
上諭本日補行引見陸軍貴冑學堂畢業考列二等之二品廕生承啟著以陸軍部員外郎用欽此
宣統二年五月十四日内閣奉
軍機大臣署名
臣奕
臣世
臣鹿
臣那
臣吴
假

硃
411
二品廕生貴冑學堂畢業生承啟
○旨著以陸軍部員外郎用
旨著以三等侍衛用
旨著以陸軍部主事用

412
鈐章
上諭吏部奏道議處分一摺翰林院侍讀榮光著照部議即行革職欽此
宣統二年五月十四日内閣奉
軍機大臣署名
臣奕
臣世
臣鹿
臣那
臣吴
假

413
鈐章
軍機大臣欽奉
諭旨鳳山奏近畿陸軍各鎮應需額設馬匹照案派

員採購一摺著該衙門知道欽此

軍機大臣署名

臣奕 臣世 臣鹿（假） 臣那 臣吴

五月十四日

414

鈐章

軍機大臣欽奉

諭旨本日引見之降補府經歷縣丞前山西試用直
隸州知州姚振國著以知州用欽此

軍機大臣署名

臣奕 臣世 臣鹿（假） 臣那 臣吴

五月十四日

硃

415

查辦起用降補府經歷縣丞前山西試用直隸州知州姚振國

○旨著以知州用

旨著以通判用

416

鈐章

軍機大臣欽奉

諭旨本日引見之已革在任候補知府直隸沙河縣
知縣吴鴻祺直隸新樂縣知縣王志范直隸安肅
縣知縣甯濟在任候補直隸州直隸遷安縣知縣
孔憲廷均著開復原官欽此

軍機大臣署名

臣奕 臣世 臣鹿（假） 臣那 臣吴

五月十四日

417
已革在任候補知府直隸沙河縣知縣吴鴻祺
已革直隸新樂縣知縣王志范
已革直隸安肅縣知縣甯濟
已革在任候補直隸州直隸遷安縣知縣孔憲廷

418
鈐章
宣統二年五月十六日内閣奉
上諭駐藏大臣聯豫奏稱光緒二十五年已革達賴
喇嘛洛稱第穆呼圖克圖阿旺羅布藏稱勒饒結
賄延瞻對康巴喇嘛使用邪咒圖害達賴生命請
撤銷呼圖克圖及靖善禪師名號等因茲據布賚
綳寺洛嶺札倉喇嘛等偕同第穆本寺喇嘛等聯
名稟稱第穆呼圖克圖阿旺羅布藏稱勒饒結並
無劣跡竟被奇冤臚列案情懇請恩施等語此案
既據聯豫查明第穆呼圖克圖無端受禍良堪矜
憫第穆呼圖克圖阿旺羅布藏稱勒饒結著加恩
復其靖善禪師名號並賞還第穆呼圖克圖催其
轉世所有該寺内財物田產飭由商上查明如數
給還以彰公道而維黄教該部知道欽此

軍機大臣署名
臣奕 假
臣世
臣鹿 假
臣那
臣吴

419
鈐章
宣統二年五月十六日内閣奉
上諭瑞澂楊文鼎電奏湖南常德府濱河築城地勢
低窪本月初間黔省久雨山水下灌又因上游發
蛟河水陡漲初五日以後大雨如注晝夜不息城
根水深八九尺下閘坍塌隄障潰決沿河田廬悉
遭漂没小民蕩析離居覽奏深堪憫惻加恩著賞
給帑銀二萬兩由度支部給發著該督撫派委妥
員前往詳細查勘辦理急賑毋令災民失所並設
法補築圍隄俾得復業用副朝廷軫念災黎至意
該部知道欽此

軍機大臣署名

420

鈐章

軍機大臣欽奉

諭旨度支部會奏議覆東三省總督錫良奏胡盧島修造商埠請令募公債票以資應用一摺著依議欽此

軍機大臣署名

臣奕 假

臣世

臣鹿 假

臣那

臣吴

原件交度支部片鈔交外務部

五月十六日

臣奕 假

臣世

臣鹿 假

臣那

臣吴

421

鈐章

軍機大臣欽奉

諭旨度支部奏釐定兑换紙幣則例繕單呈覽一摺又奏限制官商行號發行紙票一片均著依議欽此

軍機大臣署名

臣奕 假

臣世

臣鹿 假

臣那

臣吴

五月十六日

422

鈐章

宣統二年五月十八日内閣奉

上諭希朗阿奏因病懇請開去一切差使一摺鑲黄旗滿洲副都統希朗阿著准其開去一切差使欽此

軍機大臣署名

臣奕

臣世

臣鹿假
臣那
臣吴

423

鈐章

軍機大臣欽奉
諭旨會議政務處王大臣均著於本月二十一日預
備召見欽此

軍機大臣署名

臣奕
臣世
臣鹿假
臣那
臣吴

五月十九日

424

鈐章

軍機大臣欽奉
諭旨御史趙炳麟奏仕途濫雜請飭詳議官規一摺

著會議政務處議奏欽此

軍機大臣署名

臣奕
臣世
臣鹿假
臣那
臣吴

五月十九日

425

鈐章

宣統二年五月二十日内閣奉
上諭鹿傳霖奏久病請開去軍機大臣要差並續假
一箇月一摺大學士鹿傳霖久直樞廷勤勞倍著
茲因久病未痊朕心實深廑念著再賞假一箇月
並賞給人葠二兩俾資調攝一俟病痊即行銷假
所請開去軍機大臣差使之處著毋庸議欽此

軍機大臣署名

臣奕
臣世

臣鹿假
臣那
臣吴

426

鈐章

宣統二年五月二十日内閣奉

上諭瑞澂奏湖北勸業道鄒履和才難勝任一摺鄒履和著即開缺湖北勸業道著高松如試署欽此

軍機大臣署名

臣奕
臣世
臣鹿假
臣那
臣吴

427

鈐章

軍機大臣欽奉

諭旨農工商部奏湖南華昌公司試鍊純銻漸著成效請將直隸等省補助官款奏明立案一摺著依議欽此

軍機大臣署名

臣奕
臣世
臣鹿假
臣那
臣吴

五月二十日

428

鈐章

軍機大臣欽奉

諭旨農工商部會奏直隸總督陳夔龍條陳墾種各省荒田一摺著依議欽此

軍機大臣署名

臣奕
臣世
臣鹿假
臣那
臣吴

五月二十日

429

鈐章

宣統二年五月二十一日内閣奉

上諭浙江紹興府知府員缺著溥琦補授欽此

軍機大臣署名

臣奕

臣世

臣鹿 假

臣那

臣吴

430

浙江紹興府知府員缺請

旨簡放

431

鈐章

宣統二年五月二十一日内閣奉

上諭據都察院奏代遞諮議局議員孫洪伊等並直
省旗籍各代表等呈請速開國會一摺披覽均悉
速開議院一事上年十二月間據直隸各省諮議
局議員等聯名呈請已經明白宣諭俟九年預備
完全國民程度普及必毅然降旨定期召集朝廷
慎重圖維之意無非願我臣民勿騖虚名而隳實
效本年復經憲政編查館奏派妥員分起前赴各
省按照籌備清單認真考覈並飭各省將籌備事
宜應需之款詳加豫算本日復面詢各衙門行政
大臣亦皆奏稱按期次第籌備一切尚未完全等
語朕仰承
先朝付託之重俯念臣民呼籲之殷夙夜孜孜深望憲
政早一日成立即早紓一日憂勞亦何所靳於議
院耶惟思國家至重憲政至繁緩急先後之間為
治亂安危所繫壯往則有悔慮深則獲全論議院
之地位在憲法中祇為參預立法之一機關耳其
與議院相輔相成之事何一不關重要非盡議院
所能參預而謂議院一開即足致全功而臻郅治
古今中外亦無此理況以我國幅幀之廣近今財
政之艱屢值地方偏災兼虞匪徒滋事皆於憲政
前途不無阻礙而朝廷按期責效並未嘗稍任鬆
懈宵旰急切圖治之心當為薄海臣民所共諒本
年九月即届資政院開院之期業已降旨選定議

員先期集會如能上下一心共圖治理不惟立議
院之基礎兼以養議院之精神朕纘述
前謨定以仍俟九年籌備完全再行降旨定期召集議
院爾等忠愛之忱朕所深悉惟兹事體大宜有秩
序宣諭甚明毋得再行瀆請茲特通行諭令知之
欽此

軍機大臣署名
臣奕 臣世 臣鹿 臣那 臣吴
假

432
鈐章
宣統二年五月二十二日内閣奉
上諭意普蘇嚕岱奏庫存祭器虧短現將看守經管
官役嚴行審訊並自請議處一摺庫存祭器關係
最為重要應如何敬謹看守乃
菩陀峪
定東陵庫内所存金銀器皿竟致失去六件之多實屬
異常疏忽意普蘇嚕岱均著交該衙門議處該管
官員一併查取職名分別交部議處並著民政部
步軍統領衙門順天府直隸總督嚴飭所屬一體
勒限嚴緝務獲懲辦餘著照所議辦理該衙門知
道欽此

軍機大臣署名
臣奕 臣世 臣鹿 臣那 臣吴
假

433
鈐章
宣統二年五月二十二日奉
旨理藩部額外侍郎著色凌那木濟勒旺寶補授
欽此

軍機大臣署名
臣奕

滿屋繕旨

臣世
臣鹿 假
臣那
臣吴

434

鈐章

宣統二年五月二十四日内閣奉
上諭伊犂副都統兼塔爾巴哈台參贊大臣額勒渾
未到任以前著錫恆馳驛前往署理科布多辦事
大臣著錫恆擬保妥員電奏請旨護理欽此

軍機大臣署名

臣奕
臣世
臣鹿 假
臣那
臣吴

另鈔交外務部

435

鈐章

宣統二年五月二十五日内閣奉
上諭增韞奏考察屬員賢否分别舉劾一摺浙江秀
水縣知縣秦國鈞署平湖縣嘉興縣知縣張學智
署餘姚縣瑞安縣知縣湯贊清署石門縣請補錢
塘縣知縣高莊凱署蕭山縣永嘉縣知縣翁長芬
署金華縣候補知縣黄羡欽正任麗水縣知縣李
瑞年署建德縣試用知縣賀家德署分水縣候補
知縣唐繼勛平陽縣知縣王寶璜候補知縣陶霦
既據該撫臚陳政蹟均著傳旨嘉奬定海廳同知
試用通判史悠揚昏聵糊塗事權旁落署衢州府
同知候補同知魯彤曾擅離職守政治多疏正任
杭州府通判方駿前在湖州府通判署任縱役濫
刑辦事顢頇前署餘杭縣候補知縣侯資森才識
平庸馭下寬縱前署諸暨縣另補知縣楊泰階敷
衍因循玩視警政署新昌縣試用知縣劉承均積
壓詞訟輿論不孚東陽縣知縣廖鳴韶玩視禁煙
要政任意欺朦前署湻安縣候補知縣蕭攸裕剛
愎自用辦理鑛案措置乖方署遂安縣候補知縣

鍾靈性耽安逸漠視民瘼署麗水縣正任烏程縣
知縣顧曾沐嗜好甚深難膺民社前署瑞安縣候
補知縣朱桐遇事畏葸禁種罌粟未能切實奉行
前署宣平縣試用知縣陳象紱縱丁滋事於禁煙
要政亦多欺朦前署開化縣大挑知縣王嵩年聽
斷無才濫押釀命候補知縣王祖恩前充官紙局
提調侵蝕公款押追不繳前代理甯海縣知縣試
用按照磨張鵬翰身家念重民瘼念輕前代理仙
居縣知縣台州府經歷王靄吉禁令廢弛貽誤要
政試用縣丞孔昭昂屢滋訟端罔知檢束署塘棲
巡檢正任四安巡檢何式琦才識庸闇聲名平常
仁和縣典史王鴻福年少氣浮兼有嗜好前署餘
杭縣縣丞試用縣丞鄒登瀛罔上營私擅受有據
於潛縣典史胡保勳才具平庸長興縣縣丞程炳
烈不知遠嫌岑港巡檢吳望雲操守難信紹興府
照磨王士楨遇事因循署蕭山縣典史試用從九
品何佑臣物議繁滋廟山巡檢余廷夔習染已深
正任仙居縣典史湯守銘才欠明通永康縣典史
尹功廷性情浮躁開化縣訓導王寶良才具昏庸

難資表率於潛縣教諭孫廷棨規避取巧遂安縣
教諭潘琳書抗違禁令分水縣訓導陳準謳戒煙
不力均著即行革職試用通判賈厚墉浮薄性成
聲名狼藉候補通判陳榮甲行止有虧衣冠敗類
雲和縣典史金鼎銘帷薄不修聲名甚穢均著革
職永不敘用已革知縣江文光巧於趨避罔知愧
奮著永不敘用該部知道欽此

軍機大臣署名

臣奕 臣世 臣鹿 假 臣那 臣吳

436

辦理軍機處為咨送事准
貴部咨取閲卷堂銜前來軍機大臣均不克開
列茲將本處領班銜名開送
貴部查照可也須至咨者

右 咨

禮　部

計開

軍機領班三品章京易貞

劉穀孫

宣統二年五月　二十五　日

437

鈐章

宣統二年五月二十七日内閣奉

上諭本日憲政編查館奏酌擬宗室覺羅訴訟章程繕單呈覽一摺上年頒布法院編制法因司法獨立為憲政初基當將審訊宗室覺羅事宜分别劃歸大理院高等審判廳審理並諭令該館另訂細則奏明請旨兹據擬定此項章程六章並附則凡三十七條朕詳加披閱大致原本大清會典及宗人府則例諸書參以新制承行新舊之間尚屬周密嗣後宗室覺羅案件即照此次定章辦理其在新章以前未結之案概由宗人府分别咨交各該衙門審訊至有爵宗室與有爵宗室民事案件仍由該府審理並著該堂官另擬章程奏請施行外其宗室覺羅刑事案件定案時由大理院咨行宗人府法部查覈後由大理院具奏餘依議欽此

軍機大臣署名

臣奕　臣世　臣鹿 假　臣那　臣吴

438

鈐章

軍機大臣欽奉

諭旨憲政編查館奏案關婦女旌表由該承審衙門隨案聲明毋庸會同禮部具奏一片著依議欽此

軍機大臣署名

臣奕　臣世　臣鹿 假　臣那

臣吴

五月二十七日

439

鈐章

宣統二年五月二十八日内閣奉

上諭廣東高州府知府員缺著鮑振鏞補授欽此

軍機大臣署名

臣奕 臣世 臣鹿（假） 臣那 臣吴

440

廣東高州府知府員缺請

旨簡放

441

鈐章

軍機大臣欽奉

諭旨慶親王奕劻會同陸軍部具奏貴胄學堂前總辦監督馮國璋等應如何獎勵等語前貴胄學堂總辦鑲白旗漢軍副都統馮國璋著賞給頭品頂戴前監督海軍事務處參贊譚學衡著賞給二品頂戴欽此

軍機大臣署名

臣奕 臣世 臣鹿（假） 臣那 臣吴

五月二十八日

442

鈐章

宣統二年五月二十九日内閣奉

上諭吉林民政使著鄧邦述試署所遺交涉使著施肇基試署欽此

軍機大臣署名

臣奕 臣世

臣鹿　假
臣那
臣吴

443
五月二十九日引
見人員
宗人府五人
度支部二人
農工商部二人
理藩部一人
步軍統領衙門十三人
内務府九人
圓明園二人
共三十四人

444
鈐章
軍機大臣欽奉
諭旨農工商部奏商法編訂需時擬就前定之公司
律重加修訂作為暫行章程一摺著依議欽此

軍機大臣署名
臣奕
臣世
臣鹿　假
臣那
臣吴

五月三十日

445
鈐章
宣統二年六月初一日內閣奉
上諭袁樹勛奏江甯提學使陳伯陶呈請開缺在籍
養親據情代奏一摺江甯提學使陳伯陶著准其
開缺欽此
軍機大臣署名
臣奕 臣世 臣鹿假 臣那 臣吴

446
鈐章
宣統二年六月初一日內閣奉
上諭江甯提學使著勞乃宣補授欽此
軍機大臣署名
臣奕 臣世 臣鹿假

臣那 臣吴

447
鈐章
軍機大臣欽奉
諭旨鹿傳霖奏承修內閣紅本大庫工程完竣請派
員驗收一摺著派世續前往驗收餘依議欽此
軍機大臣署名
臣奕假 臣世 臣鹿假 臣那 臣吴
六月初二日

448
鈐章
軍機大臣欽奉
諭旨廷杰等奏司員受賄舞弊請將吏部司員奎徵
暫行革職歸案審辦文海暫行解任備質又請將

湖南試用巡檢黃啟捷候選布政司經歷黃德琨
一併斥革審辦一摺著依議該部知道欽此

軍機大臣署名

臣奕 假
臣世
臣鹿 假
臣那
臣吳

六月初二日

449

鈐章

軍機大臣欽奉

諭旨湖北布政使王乃徵奏籌備憲政酌分緩急一
摺著在京各衙門各省督撫歸併御史趙炳麟條
陳一併詳議具奏欽此

軍機大臣署名

臣奕 假
臣世
臣鹿 假
臣那
臣吳

六月初二日

450

鈐章

軍機大臣欽奉

諭旨貝勒載洵等奏現修
崇陵工程情形一摺又奏各段辦法並呈進樣土一片
又奏派王憲章充監修官一片均知道了欽此

軍機大臣署名

臣奕 假
臣世
臣鹿 假
臣那
臣吳

六月初二日

451

鈐章

軍機大臣欽奉

諭旨湖北布政使王乃徵奏現行紙幣及銅圓定價
請飭部覈議一片著度支部知道欽此
軍機大臣署名
臣奕 假
臣世
臣鹿 假
臣那
臣吴

六月初二日

452

鈐章

宣統二年六月初三日内閣奉
上諭直隸承德府遺缺知府員缺著麟祜補授欽此
軍機大臣署名
臣奕
臣世
臣鹿 假
臣那
臣吴

453

吏部咨報直隸承德府遺缺知府陳應濤丁憂
出缺請
旨簡放

454

鈐章

軍機大臣欽奉
諭旨鑲黃旗滿洲都統那彥圖等奏請將八旗兵饟
援照奏定官俸辦法亦照國幣釐定一摺著會議
政務處議奏欽此
軍機大臣署名
臣奕
臣世
臣鹿 假
臣那
臣吴

六月初四日

455

鈐章

軍機大臣欽奉

諭旨貝子溥倫奏進呈資政院工程總圖並陳明大
概情形一摺著依議圖併發又奏陳明資政院暫
借法律學堂為議場一摺又奏欽選議員單內承
恩公榮泉誤書榮全奏明更正一片均知道了又
奏請頒賞圖書集成並行取各省官書一片著依
議欽此

軍機大臣署名

臣奕 臣世 臣鹿假 臣那 臣吴

六月初四日

456

鈐章

宣統二年六月初五日内閣奉
上諭總司稽察守衛事宜阿穆爾靈圭等奏守衛官
兵當差疏懈據實糾參一摺禁門重地守衛宜嚴
屢經誥誡不啻三令五申乃本月初三日竟有侍
衛處筆帖式海祥擅入蒼震門該班官兵毫無覺
察實屬異常玩忽護軍參領恆春著交部嚴加議
處景運門司鑰長恩隆著一併交部議處值班大
臣正紅旗護軍統領誠全督率無方亦難辭咎著
交部議處餘依議該衙門知道欽此

軍機大臣署名

臣奕 臣世 臣鹿假 臣那 臣吴

457

鈐章

宣統二年六月初五日内閣奉
上諭吉林西南路道員缺著顏世清補授欽此

軍機大臣署名

臣奕 臣世 臣鹿假

臣那
臣吴

458

鈐章

宣統二年六月初五日奉
旨正白旗蒙古副都統王英楷因病奏請開缺一摺
王英楷著准其開缺欽此

軍機大臣署名

臣奕
臣世
臣鹿 假
臣那
臣吴

滿屋繕 旨

459

鈐章

軍機大臣欽奉
諭旨民政部奏華僑熱誠愛國忠悃可嘉一摺候選
郎中陸乃翔在南洋各埠創立商會興辦學校現
復糾合華股創辦實業深堪嘉尚陸乃翔著俟辦
有成效再行優予獎勵該部知道欽此

軍機大臣署名

臣奕
臣世
臣鹿 假
臣那
臣吴

六月初五日

460

鈐章

軍機大臣欽奉
諭旨著派沈林一與原派撰擬講義各員輪班撰擬
進呈欽此

軍機大臣署名

臣奕
臣世
臣鹿 假
臣那

硃○

461
達壽
劉若曾
沈林一

六月初五日

臣吴

462
鈐章
軍機大臣欽奉
諭旨都察院代奏甘肅京官任承允等以已故甘肅布政使丁體常循聲卓著遺愛在民請宣付國史館立傳並請於秦州地方建立專祠呈一件丁體常著准其於秦州地方捐建專祠該部知道欽此
軍機大臣署名
臣奕
臣世
臣鹿 假
臣那
臣吴
六月初五日

463
鈐章
軍機大臣欽奉
諭旨都察院奏據已革河南候補直隸州知州宋敬熙等呈稱被參冤抑並據河南巡撫咨覆查明不無冤抑各摺已革河南候補直隸州知州宋敬熙已革署河南商城縣中牟縣知縣戚渠清均著交吏部帶領引見欽此
軍機大臣署名
臣奕
臣世
臣鹿 假
臣那
臣吴
六月初五日

464
鈐章
宣統二年六月初六日内閣奉
上諭前因宫禁守衛日漸疏懈疊經嚴申誥誡並諭

令稽察守衛大臣詳定專章切實整頓該值班官兵應如何恪守定章始終罔懈乃奉行未久又復視為具文竟至有人擅入內廷重地殊屬不成事體昨已有旨將失察之官兵分別懲處嗣後著責成前鋒護軍各統領總管內務府大臣嚴飭該班官兵懍遵疊次諭旨及奏定章程認真巡查不准絲毫疏懈自此次申諭後儻再仍前玩忽定即從重懲處決不姑寬並著稽察守衛王大臣加意稽察遇有官兵曠誤情事破除情面隨時據實糾參勿稍瞻徇以昭嚴肅欽此

軍機大臣署名

臣奕　臣世　臣鹿（假）　臣那　臣吳

465

致東三省總督函

清郵制軍閣下敬密啟者接准初一日

來電以東省對於日俄舉動亟宜預籌布置擬將錦愛張恰兩路同時並舉以赴事機具徵執事統籌全局高掌遠蹠力爭先著曷勝紉佩查錦愛問題發生以後日俄即從中干預干預不已遂至協以謀我洵如尊論所謂外交政策瞬息千變也今欲固吾邊圉杜彼狡謀誠不可無敏捷之手腕以為抵制之計但欲策其萬全須謀定而後動詳覈來電所擬辦法證以今日之情形其窒礙難行之處約有數端緣錦愛借款包工合同雖與英美公司訂定其對於日俄方面是否能無異言現正在俄京提議恐無效果今若與張恰同時並舉無論其他窒礙尚多即以錦愛而論亦難保其不生阻力此為難者一也粵漢鐵路前因訂借英美德法款項該四國對於合同權利頗多爭執繼因湘鄂兩省呈請自辦益復嘖有煩言現辦法雖未大定各國爭持甚力若以該項借款移就他處恐未易言此為難者又一也至以張恰而論尤宜通盤籌畫查光緒二十五年

四月閒總理衙門曾與俄使表明將來如添造
鐵路由北京向北或向東北俄界方向除用中
國款項及華員自行造路不計外設有他國商
辦必應將此意先與俄國政府或公司商議承
造斷不允他國或他國公司承造云云上年議
築錦州至齊齊哈爾鐵路時俄使即援據前約
來函爭論致辦理諸多棘手然猶可曰錦齊路
綫與前項表明方向各不相涉也若建修張恰
則明係由北京向北矣除籌款自辦外無論移
撥粵漢借款或另借他國款項俄使必仍堅執
前議横生枝節恐交涉困難更有甚於今日且
京張一路為中國完全自辦之路如將來進規
張庫必與京張銜接一氣先修庫綏繼修庫恰
郵傳部所定路綫業已計畫及此今即欲改變
方針另籌辦法未免重添支節有顧難償此為
難者又一也以上數端節節窒礙熟籌
尊論非不赴機迅速力冀挽回惟恐事機牴牾
難期成就用布區區統希
亮察並頌
勛祺

那
世
慶　全啟
鹿
吴

六月初六日

466

致四川總督趙

次珊制軍閣下逕啟者川邊設治一節前由
尊處會同邊務大臣奏陳開辦章程本年續奏
德格春科高日三土司改土歸流辦法均經奉
旨交議敝處再三審核土司業已改流自不能不增
置郡縣惟是熟權得失詳察科條必統全局以
定指歸視財力以為進止實於
大疏所陳開辦四端有未敢遽行議決者用特
專函更為
閣下商之夫爐邊一隅在川藏為吭背而自國
家視之則膚體耳當時巴亂初平奏

旨飭籌善後本擬添置鎮道大員仍隸川督治權之
下旋經特簡大臣鎮撫其地亦祇為通道固圉
之計非遂有斥地建省之謀比年以來土蠻向
化賴
賢昆玉宏此遠謨然藏衛改省之議牽涉外交
既難舉辦僅就鑪邊一帶設置十餘郡縣而以
邊務大臣統治其間仍軍府則規制已非立行
省則迴旋不足此應商者一也方今財政支絀
內外同一艱窘前請開辦經費得半已憂悉索
今復另請寬籌實無常年的款可供指撥即使
川鑪一體恐亦挹注無多且糜心腹以供指臂
正蹈古人所戒此應商者二也又論地方本計
必使地足以養其民民足以養其官乃查歷次
奏報情形始稱巴塘鄉城水土沃美裏塘亦可
開耕今請協濟兵食復稱種稻秀而不實幾等
石田之獲轉須饋餉之勞他年糧賦之徵更將
何從把握此應商者三也尤有進者星使非常
設之官方鎮無不移之節今值
閣下花萼聯鑣左提右挈用能消融畛域視國

如家設有不然更將坐困敝處反復思維與其
紛更於其後何如慎策於其先
執事總領全疆深維大局打箭鑪外地方撥歸
邊務大臣管轄究於彼此行政事宜有無窒礙
擬設鑪安邊北二道能否合併為一或將建昌
道移設仍歸四川總督兼轄仿前兼隸將軍之
制新設府廳州縣每處歲收糧賦若干能否足
支公用川省加捐油糖兩項歲獲若干邊務經
費是否足以久支務祈
藎籌飭員繪圖列表詳晰臚陳即賜示復以便
據依而資決議無任幸盼專此布陳順頌
勛安

六月初六日

那 世 慶 鹿 吳 全啟

467

鈐章

宣統二年六月初七日内閣奉

上諭七月初一日孟秋時享
太廟遣懋林恭代行禮
後殿派魁斌行禮東廡西廡派希璋榮塾各分獻欽此

軍機大臣署名

臣奕
臣世
臣鹿 假
臣那
臣吴

468

鈐章

宣統二年六月初七日内閣奉

上諭伊犁將軍廣福奏藩王營私藐法請旨懲辦一摺據稱舊吐爾扈特東部落郡王帕勒塔函致署伊犁府知府賀家棟欲以官權壓買羊隻又稱擬將貝子德恩沁阿拉什劣蹟糾參指稱交伊犁將軍查辦革去此人之爵將來覆奏能否辦到若由將軍自行嚴劾更佳等語帕勒塔身列藩封在京當差應如何謹慎奉公深知自愛乃擅致信函挾私請託實屬不安本分帕勒塔著交理藩部議處以示懲儆欽此

軍機大臣署名

臣奕
臣世
臣鹿 假
臣那
臣吴

469

鈐章

宣統二年六月初八日内閣奉

上諭鑲藍旗滿洲副都統塔克什訥由繙譯生員總理衙門八品官隨使各國曾著勞績擢升副都統歷充各差均能勤職兹聞溘逝軫惜殊深加恩著照副都統例賜卹任内一切處分悉予開復應得卹典該衙門察例具奏欽此

軍機大臣署名

臣奕

臣世

臣鹿 假

臣那

臣吳

470 六月初九日引

見人員

軍諮處五十三人

民政部六人

步軍統領衙門三人

鑾輿衛二人

值年旗四人

鑲黃旗滿洲八人

正藍旗滿洲四人

共八十人

471 花翎三品頂戴俟升四品後 賞加二品銜章京郎中榮奎

花翎三品銜 記名道府俟升四品後 賞加二品銜章京郎中常泰

花翎四品銜章京主事鴻恩

四品銜章京主事興廉

四品銜章京員外郎星輅

章京錄事官松海

漢二班

二品銜領班三品章京易貞

二品銜領班上行走三品章京華世奎

花翎幫領班四品章京趙廷珍

三品銜章京 記名繁缺知府郎中孫笥經

四品銜章京主事盧文明

四品銜章京主事邢維經

三品頂戴章京員外郎萬雲路

花翎四品銜章京主事雷延壽

四品銜章京編修楊渭

額外章京法部小京官呂式斌

額外章京內閣候補中書江保傳

472 滿頭班

花翎二品銜領班三品章京英秀

花翎二品銜幫領班四品章京文年
三品銜在任即選知府章京郎中麟祥
花翎三品銜俟升四品後　賞加二品銜章京郎中裕銘
章京候補員外郎伊密揚阿
花翎四品銜章京員外郎存瑞
額外章京法部候補主事伊星阿
花翎三品銜在任即選道額外章京上行走鍾佩
漢頭班
花翎領班三品章京劉穀孫
花翎領班章京上行走候補五品京堂楊壽樞
二品銜幫領班四品章京徐宗溥
三品銜章京郎中劉慶篤
花翎四品銜章京主事趙國良
四品銜章京主事張潤
四品銜章京主事宋子聯
三品銜章京　記名繁缺知府郎中楊芾
花翎員外郎銜章京候補主事曾文玉
章京編修黄彥鴻
額外章京内閣候補中書秦樹忠

滿二班
花翎二品銜領班三品章京聯綬
花翎三品銜幫領班四品章京成俊
鈐章
宣統二年六月初九日内閣奉
上諭本日軍諮處陸軍部帶領引見之軍官學堂第二班速成科考列上中等畢業學員張安邦姚任支吴中英趙瑞龍余鵬舉張培勳奚宗唐賈文祥畢化東吴德振楊紹曾杜持王承斌楚壻郭連峰均著授為步隊正軍校方本仁張仲鼎王冠勳均著授為馬隊正軍校孫岳謝紹安均著授為礮隊正軍校吴兆龍文濂蘭芳均著授為工程隊正軍校程夔著授為輜重隊正軍校金鴻恩徐鎮坤寶恒李正溶唐國謨王永清胡驤龍李景泌樊斌馬鳳亭斌啟均著授為步隊副軍校王金山瑞印均著授為馬隊副軍校陳寶琮徐森劉廷森均著授為礮隊副軍校其已補步隊副軍校之訥欽泰王獻廷胡雲程王都慶李濟臣胡國棟成居敬馬隊副軍校穆文善馬興邦孟廣潤礮隊副軍校董玉

銘桂成輜重隊副軍校欒汝霖均著賞加五品
銜欽此

軍機大臣署名

臣奕　臣世　臣鹿　臣那　臣吴
假

473

鈐章

軍機大臣欽奉

諭旨法部奏本年法官考試請派考試官一摺四川
著派張丕基陳棣堂雲南著派何奏箎蕭之篠貴
州著派林棨朱汝珍甘肅新疆著派李擢英蕭丙
炎又奏請派襄校官一片著派顏紹澤銘康靳錫
蘭培元呂興周何賓笙萬之一惲福鴻又奏考官
襄校官酌給津貼一片又奏派赴甘肅考官襄校
各員於該省考試畢再行前赴新疆考試一片均
著依議欽此

軍機大臣署名

臣奕　臣世　臣鹿　臣那　臣吴
假

六月初九日

474

鈐章

軍機大臣欽奉

諭旨正藍旗滿洲副都統豐深著加恩免其帶領引
見欽此

軍機大臣署名

臣奕　臣世　臣鹿　臣那　臣吴
假

六月初九日

475

鈐章

宣統二年六月初十日內閣奉

上諭周樹模電奏江省本年入夏以來陰雨過多至

五月下旬連日大雨各處江河暴漲汎濫為災愛

琿坤河水發屯居被淹雨雹寸餘禾苗傷損嫩江

龍江地畝亦多淹漫秋收失望大賚廳屬塔子城

地方積雨生蟲食禾殆盡等語江省連年歉收茲

復被水被蟲田廬浸沒蕩析堪虞覽奏殊深憫惻

加恩著賞給帑銀二萬兩由度支部發給該撫派

委妥員前往災區切實散放毋任失所用副朝廷

軫念災黎之至意餘著照所請該部知道欽此

鈔周樹模原電交度支部

軍機大臣署名

臣奕 臣世 臣鹿假 臣那 臣吴

476

鈐章

軍機大臣欽奉

諭旨出使日本國大臣郵傳部左侍郎汪大燮著賞

給二等第一寶星欽此

軍機大臣署名

臣奕 臣世 臣鹿假 臣那 臣吴

六月初十日

477

鈐章

宣統二年六月十二日內閣奉

上諭江西贛州府知府員缺緊要著該撫於通省知

府內揀員調補所遺員缺著楊熊祥補授欽此

軍機大臣署名

臣奕 臣世

478
吏部咨報江西贛州府知府許祐身捐請離任
贛州府遺缺知府員缺請
旨簡放
臣鹿　假
臣那
臣吴

479
六月十四日引
見人員
吏部三十六人
法部十八人
正黄旗滿洲十人
共五十六人

480
鈐章
宣統二年六月十四日内閣奉
上諭所有新定宗室覺羅訴訟章程著俟新定法律
實行及將來皇室大典並民刑訴訟法頒布後再
行會同奏明實行現在宗室覺羅訴訟一切事宜
著暫行仍照向章辦理毋庸按照新章更改該衙
門知道欽此
軍機大臣署名
臣奕
臣世
臣鹿　假
臣那
臣吴

481
鈐章
軍機大臣欽奉
諭旨本日引見之已革在任候補直隸州知州前直
隸豐潤縣知縣郭文翥著准其開復原官欽此
軍機大臣署名
臣奕
臣世
臣鹿　假
臣那
臣吴
六月十四日

482

鈐章

軍機大臣欽奉

諭旨沈家本奏法律學堂附設監獄專修科收支款

項截數開報一摺該部知道單併發欽此

軍機大臣署名

六月十四日

臣奕

臣世

臣鹿 假

臣那

臣吴

483

鈐章

軍機大臣欽奉

諭旨沈家本奏法律學堂附設專修科學員畢業陳

明原案酌擬辦法一摺又奏監獄專修科教習日

本法學博士小河滋次郎等到堂教授期滿請賞

寶星一片均著該部知道欽此

軍機大臣署名

484

鈐章

軍機大臣欽奉

諭旨汪大燮奏考察英國憲政編輯各書繕具清本

呈覽一摺書留覽該衙門知道欽此

軍機大臣署名

六月十四日

臣奕

臣世

臣鹿 假

臣那

臣吴

六月十四日

臣奕

臣世

臣鹿 假

臣那

臣吴

485

鈐章

軍機大臣欽奉

諭旨都察院奏代遞內閣侍讀吴烱等條陳滇省路

事懇飭部籌款呈一件該部知道欽此

軍機大臣署名

鈐章署名原件交（全原呈）度支部 鈔交郵傳部

臣奕 臣世 臣鹿（假） 臣那 臣吴

六月十五日

486

鈐章

宣統二年六月十六日內閣奉

上諭鑲白旗漢軍副都統馮國璋現在百日孝滿著

改爲署任照常當差欽此

軍機大臣署名

臣奕 臣世

臣鹿（假） 臣那 臣吴

487

鈐章

軍機大臣欽奉

諭旨憲政編查館奏暫留館員勞乃宣緩赴江甯提

學使新任一摺著依議又奏勞乃宣應否迴避江

蘇據呈代奏一片著毋庸迴避欽此

軍機大臣署名

臣奕 臣世 臣鹿（假） 臣那 臣吴

六月十六日

488

鈐章

宣統二年六月十七日奉

旨此次考取各省拔貢著於本月二十六二十七日
在保和殿覆試欽此
軍機大臣署名
臣奕
臣世
臣鹿
假
臣那
臣吳

489
鈐章
軍機大臣欽奉
諭旨本月二十八日
德宗景皇帝聖誕致祭
奉先殿著派恭親王溥偉恭代行禮
壽皇殿著派貝勒載洵恭代行禮欽此
軍機大臣署名
臣奕
臣世
臣鹿
假

六月十七日
臣那
臣吳

490
鈐章
軍機大臣欽奉
諭旨本月二十八日
德宗景皇帝聖誕著派禮親王世鐸恭詣
梁格莊
行宮暫安殿敬謹行禮欽此
軍機大臣署名
臣奕
臣世
臣鹿
假
臣那
臣吳
六月十七日

491

鈐章

宣統二年六月十八日内閣奉
上諭籌辦海軍事務大臣貝勒載洵著充參預政務
大臣欽此

軍機大臣署名

臣奕 臣世 臣鹿 臣那 臣吴

假

492

鈐章

宣統二年六月十八日内閣奉
上諭馮汝騤奏考察屬員賢否分別舉劾一摺江西
饒州府知府王祖同南安府同知請調廣信府同
知明良署萍鄉縣瀘溪縣知縣楊焜代理萬載縣
補用知州金沛田署贛縣補用知縣汪都良推補
義甯州知州許鳳藻既據該撫臚陳政績均著傳
旨嘉獎廣信府通判晏蔚琦玩視功令顢頇糊塗
龍南縣知縣沈錫綬權落家丁操守不謹署清江
縣知縣葉培椿信任官親家丁事皆懈弛試用知
縣張宣中行止不謹有玷官箴安遠縣板石司巡
檢袁錫璋擅行籤差釀案私和署大庾縣赤石司
巡檢余蔭桐辦事敷衍鄱陽縣典史姚樹藩疏懶
無能餘干縣典史徐錫麟嗜賭玩公均著即行革
職德安縣知縣柴正衡要案延不解勘監斃多名
著開缺撤省聽候查辦署浮梁縣星子縣知縣劉
仁壽禁賭不力著摘去頂戴撤省察看又片奏禁
煙不力之署甯都州補用知縣王樹森於該州私
種煙苗未能禁拔迨委員蒞勘又不上緊嚴辦著
即行革職署永新縣試用知縣盛時賡先事未能
勸禁臨時剷拔幾釀聚衆抗拒之案著摘去頂戴
撤省察看卸署玉山縣試用知縣王慶大禁拔煙
苗不嚴產土較多著摘去頂戴停委三年蓮花廳
同知俞錫祉雖已拔禁惟產苗較多著撤任摘去
頂戴又片奏陸軍混成協馬隊第一營管帶副軍
校江澄清品行不端操守難信應發馬乾含混倒
馬甚多二標步隊第一營管帶縣丞職銜宣象離

敷衍顢頇紀律懈弛二標步隊第二營後隊隊官
協軍校劉聲震嗜賭偷安操課懈弛九江城守營
守備劉國棟任性妄為均著一併革職江澄清並
著驅逐回籍交地方官嚴加管束不准投効各省
軍營該部知道欽此

軍機大臣署名

臣奕
臣世
臣鹿 假
臣那
臣吴

493
旨著以二等侍衛用
陸軍貴胄學堂畢業考列上等一等男爵麟鈺
旨著以二等侍衛用
陸軍貴胄學堂畢業考列上等宗室世綱
旨著以三等侍衛用
旨著以陸軍副軍校補用
旨著以陸軍部主事補用
陸軍貴胄學堂畢業考列中等恩騎尉尚久恩
旨著以藍翎侍衛用
旨著以陸軍協軍校補用
旨著以陸軍部七品小京官補用

494
鈐章
宣統二年六月十九日内閣奉
上諭本日引見陸軍貴胄學堂畢業考列上等之一
等男爵麟鈺著以二等侍衛用宗室世綱著以三
等侍衛用考列中等之恩騎尉尚久恩著以藍翎
侍衛用欽此

軍機大臣署名

臣奕
臣世
臣鹿 假
臣那
臣吴

495
鈐章
軍機大臣欽奉

諭旨本日引見之已革鳳凰城驍騎校純玉著開復
原官欽此

軍機大臣署名

臣奕 臣世 臣鹿 假 臣那 臣吴

六月十九日

496

查辦起用已革鳳凰城驍騎校純玉
旨著開復原官

497

鈐章

軍機大臣欽奉
諭旨御史石鏡潢奏法令解釋紛歧致適用未能畫
一一摺著憲政編查館議奏欽此

軍機大臣署名

臣奕

臣世 臣鹿 假 臣那 臣吴

498

鈐章

宣統二年六月二十日内閣奉
上諭鹿傳霖奏再陳久病情形仍請開去軍機大臣
要差並續假兩箇月一摺覽奏情詞懇切實屬出
於至誠惟朝廷倚任老成深資贊助著再賞假兩
箇月並賞給人葠二兩俾資調攝所請開去軍機
大臣差使之處仍毋庸議欽此

軍機大臣署名

臣奕 臣世 臣鹿 假 臣那 臣吴

499

鈐章

宣統二年六月二十日内閣奉

上諭外務部尚書兼會辦大臣著鄒嘉來補授胡惟
德著轉補外務部左侍郎外務部右侍郎著曹汝
霖補授劉玉麟著補授外務部右丞欽此

軍機大臣署名

臣奕

臣世

臣鹿 假

臣那

臣吴

500

鈐章

宣統二年六月二十日内閣奉

上諭梁敦彥奏假期屆滿病仍未痊懇請開缺一摺
外務部尚書梁敦彥著准其開缺俾得安心調理
一俟病痊即行銷假當差欽此

軍機大臣署名

臣奕

臣世

臣鹿 假

臣那

臣吴

501

鈐章

宣統二年六月二十日内閣奉

上諭外務部左侍郎胡惟德著充税務處幫辦大臣
欽此

軍機大臣署名

臣奕

臣世

臣鹿 假

臣那

臣吴

502

六月二十四日引
見人員
吏部二十一人

503
鈐章
軍機大臣欽奉
諭旨本日引見之已革雲南大姚縣知縣謝懷宣已
革湖北試用知縣張映景均著以縣丞用欽此
軍機大臣署名
臣奕
臣世
臣鹿
臣那
臣吴
假
六月二十四日

504
查辦起用已革雲南大姚縣知縣謝懷宣
旨著以縣丞用
查辦起用已革湖北試用知縣張映景
旨著以縣丞用

505
鈐章
軍機大臣欽奉
諭旨本日引見之已革河南中牟縣知縣戚渠清已
革河南候補直隸州知州宋敬熙均著開復原官
欽此
軍機大臣署名
臣奕
臣世
臣鹿
臣那
臣吴
假
六月二十四日

506
已革河南中牟縣知縣戚渠清
旨著開復原官
已革河南候補直隸州知州宋敬熙
旨著開復原官

507
鈐章
宣統二年六月二十四日内閣奉
上諭禮部右參議著端緒署理欽此

軍機大臣署名
臣奕
臣世
臣鹿 假
臣那
臣吴

508
鈐章
宣統二年六月二十四日内閣奉
上諭山西歸綏道員缺著咸麟補授欽此
軍機大臣署名
臣奕
臣世
臣鹿
臣那
臣吴

509
鈐章
宣統二年六月二十四日内閣奉

上諭增韞奏布政使顔鍾驥呈請開缺修墓據情代
奏一摺浙江布政使顔鍾驥著准其開缺欽此
軍機大臣署名
臣奕
臣世
臣鹿 假
臣那
臣吴

510
鈐章
宣統二年六月二十五日内閣奉
上諭各省舉行新政就地籌款如學堂巡警諸務原以本地方之財用辦本地方之公益而地方自治即以此為根基惟一省之中州縣貧富不同風氣亦異全在地方官酌度情形量力辦事察吏司諸督撫責成則在州縣為牧令者必當勤於理事通達民隱凡涉地方行政添籌捐款應於事前剴切曉諭集耆老子弟告以此事之所以然又善用士紳莅之以嚴察則疑謗之端自少謡言無自而生

即間有恃强抗阻者數其情節擇尤懲治一二人公道既彰斷無激動衆憤之理蓋牧令得人而地方滋亂者未之有也乃聞不肖州縣平時上下隔絕於行政籌款等事不加體察委之地方紳董紳士之賢者或潔身引避不願與聞或亦熱心公益出力辦事而憑藉官勢不諒輿情甚或藉端抑勒挾私自肥百姓以為厲已則怨讟叢生馴至布散謡言釀成事變究其原始僅由一二人之辦理不善而地方官實職其咎試問任用此地方官者督撫安所逃責耶嗣後各省督撫務當督同藩司慎選牧令為地擇人各道府於所轄州縣聲息相通見聞必確凡州縣官辦事不合即當據實稟報儻含糊徇隱則轄境有事一併參處如是則督撫慎選於先責成該管道府寄以耳目又或密加察訪證諸輿論則於州縣官之賢否亦十得其八九矣豈待參劾於事後以為卸責之地耶今各督撫勞於行政亟於籌款而恆疏於察吏不知吏治不修則勞民傷財亂端且從此起新政何由而行其各加意於茲斯為綏靖地方之至計也將此通諭知之欽此

軍機大臣署名

臣奕 臣世 臣鹿假 臣那 臣吴

511

鈐章

宣統二年六月二十五日内閣奉

上諭浙江布政使著吴引孫補授欽此

軍機大臣署名

臣奕 臣世 臣鹿假 臣那 臣吴

512

鈐章

宣統二年六月二十六日内閣奉

上諭朝廷設官分職所重惟廉考諸往古類皆訂有坐贓專律貪人敗類久為法所不容誠以蠹國病民莫此為甚也我朝仁厚開基一切務從寬大

欽頒大清律獨受贓一門制刑特重伏讀

列朝

聖訓復於懲戒貪墨迭次加嚴不少寬假仰見

執中定法具有深意存乎其間降及今日人心愈幻作弊愈工寵賂官邪比比皆是或假新政為名肆行侵蝕或以官缺為市巧試奸欺或夤緣薦引藉博高官或營謀開復代陳冤抑似此廉隅之不飭非

上虧國帑即下刼民財儻非峻法相繩後患何堪設想亟宜申明典章頒示中外嗣後著責成各部院堂官各直省督撫加意嚴查遇有貪官污吏及辦理新政或承辦要工人員查有吞款入己等弊務即羅列款目據實奏參一面追贓一面按律從重治罪至奉旨查辦事件内外大臣於交查案件有關贓款者必須秉公澈究以期水落石出儻有瞻徇寬縱情事一經發覺立予嚴懲並著言路諸臣隨時嚴密訪查詳確糾參請旨辦理總之形端而後表正大法乃能小廉凡自貴戚以下及内外各大臣尤須敦品勵行整躬率屬以袪痼習而正人心自此次申儆之後無論内外大小臣工有犯必懲決不姑寬其各懔遵毋違用副朝廷激濁揚清實事求是之至意將此通諭知之欽此

軍機大臣署名

臣奕

臣世

臣鹿　假

臣那

臣吴

513

鈐章

宣統二年六月二十六日内閣奉

上諭孫寶琦奏考覈文武屬員據實舉劾一摺山東兗沂曹濟道吴永前代理登萊青膠道余則達請

調濟南府知府黃曾源署武定府知府方桂芬請
補臨清直隸州知州金猷大歷城縣知縣張汝鈞
署武城縣本任鉅野縣知縣王延綸署陽信縣知
縣倉永培卸署高苑縣本任惠民縣知縣涂紹光
署惠民縣知縣廖以仁署蘭山縣本任臨邑縣知
縣金榮桂既據該撫臚陳政蹟著即傳旨嘉獎候
補道蔣文懋統領巡防各營軍心解體任性妄為
不知檢束著革職永不敘用登州府知府文淇勇於
任事氣質稍偏著開缺另補登州府同知鮑忠瀚
舉止輕浮輿論不洽館陶縣知縣陳毓崧辦事粗
疏虧空公款章邱縣知縣董燕性情疲軟不堪繁
劇博興縣知縣王熾昌才識庸闇難膺民社霑化
縣知縣沈桐性情迂拘疏於聽斷署郯城縣知縣
韋宗渭任用子弟操守難信署棲霞縣知縣瞿襄
品行鄙陋物議沸騰候補知縣姚世傑逢迎取巧
遇事招搖候補知縣羅培鑾性情卑瑣不知自愛
管帶巡防營候補副將邱鎮榮浮而不實嘖有煩
言均著一併革職濮州營守備王光麟署桃源營
守備候補守備張金元均屬品行卑污嗜好未除

前管帶先鋒中營儘先千總康福奎性情貪詐劣
蹟多端均著革職永不敘用又片奏萊陽縣知縣
朱槐之平日紳民互仇不能秉公處置以致結怨
日深本年聚衆二次惟知敷衍說和且於曲思文
結黨陰謀毫無覺察形同聾瞶海陽縣知縣方奎
才本平庸不孚民望於徵收錢糧搭配制錢銅元
不知剴切曉諭致激民變均著先行革職並將釀
亂情形再行確查據實具奏該部知道欽此

軍機大臣署名

臣奕 臣世 臣鹿 假 臣那 臣吳

鈐章

514

宣統二年六月二十六日內閣奉
上諭河南河北鎮總兵員缺著謝寶勝補授欽此

軍機大臣署名

515

鈐章

軍機大臣欽奉

諭旨嗣後進呈講義諸臣輪應進講日期如遇患病

均准其具摺請假欽此

軍機大臣署名

六月二十六日

臣奕
臣世
臣鹿
假
臣那
臣吴

臣奕
臣世
臣鹿
假
臣那
臣吴

516

鈐章

宣統二年六月二十七日内閣奉

上諭山東登州府知府員缺著光裕補授欽此

軍機大臣署名

臣奕
臣世
臣鹿
假
臣那
臣吴

517

山東登州府知府員缺請

旨簡放

518

鈐章

軍機大臣欽奉

諭旨總司稽察守衛事宜王大臣阿穆爾靈圭等奏

整頓守衛官兵一摺著派載澤壽勳會同阿穆爾

靈圭載潤將前鋒護軍暨内務府三旗護軍各營

逐一查辦釐定章程奏明請旨辦理欽此

軍機大臣署名

臣奕
臣世
臣鹿 假
臣那
臣吳

原件交稽察守衛王大臣
鈔交澤公壽尚書全原奏

六月二十七日

519

鈐章

軍機大臣欽奉
諭旨總司稽察守衛事宜王大臣阿穆爾靈圭等奏
加派稽察章京一片知道了欽此

軍機大臣署名

臣奕
臣世
臣鹿 假
臣那
臣吳

六月二十七日

520

據禮部知會各直省彙考取錄一二等拔貢生
共九百七十三名奉
旨於本月二十六二十七日在保和殿覆試應請
分日
簡派大臣閱看試卷除應迴避各員例不開列外
謹將各衙門送到銜名繕單進
呈伏候
欽點於二十七日清晨
發下傳集各員聽候宣
旨先行閱看第一日試卷其第二日閱卷銜名應另
行開單請
簡再查光緒二十四年拔貢覆試
派出閱卷十二人謹
奏

521

立於禮成於樂義
史稱諸葛亮理民之幹優於將略論

硃
522 陸潤庠
榮慶
鄒嘉來
張英麟
吴郁生
于式枚
林紹年
陳邦瑞
郭曾炘
李家駒
紹昌
熙彦
達壽
秦綬章
顧璜
毓隆
李聯芳
楊佩璋
朱益藩
錫鈞

523 臣陸潤庠張英麟吴郁生于式枚郭曾炘紹昌熙彦顧璜毓隆李聯芳楊佩璋朱益藩跪
奏蒙
發下八旗奉天吉林黑龍江直隸江蘇安徽浙江山東山西河南江西等省拔貢覆試卷四百八十九本臣等公同校閲謹擬一等一百四名二等一百六十九名黏貼黄籤進
呈恭候
欽定俟
發下後再行折閲彌封另繕名單呈
覽謹
奏

524 臣等查對另頁文句人名均屬相符謹開列名
單恭呈
御覽謹
奏

525 查拔貢覆試第一日試卷業經
派員閲看完竣其第二日試卷仍應請

簡派大臣閱看謹將各衙門送到銜名再行繕單進
呈伏候
欽點十二人於二十八日清晨
發下傳集各員聽候宣
旨謹
奏

硃

526

○陸潤庠
榮慶
鄒嘉來
張英麟
○吳郁生
○于式枚
林紹年
○陳邦瑞
○郭曾炘
○李家駒
○紹昌
○熙彥

○達壽
秦綬章
顧璜
○毓隆
李聯芳
楊佩璋
○朱益藩
○錫鈞

527

權然後知輕重度然後知長短義
秦孝公下令求能以奇計強秦者論

528

鈐章
宣統二年六月二十八日內閣奉
上諭聯魁奏府廳州縣興學考成分別舉劾一摺所有實心興學之新疆焉耆府知府張銑署甯遠縣知縣趙孟盤均著傳旨嘉獎其興學不力之烏什廳同知方盈候補直隸州知州開缺奇臺縣知縣楊方熾前代理皮山縣知縣候補同知劉國福均

著即行革職鎮西廳同知袁運鴻著開缺另補餘
著照所議辦理該部知道欽此
軍機大臣署名
臣奕
臣世
臣鹿 假
臣那
臣吳

529
鈐章
宣統二年六月二十八日内閣奉
上諭李經羲等奏提督因病懇請開缺據情代奏一
摺貴州提督徐印川著准其開缺貴州提督著李
寶書補授欽此
軍機大臣署名
臣奕
臣世
臣鹿 假
臣那
臣吳

530
鈐章
軍機大臣欽奉
諭旨陸軍部奏請襲世職一摺何桂珍之曾孫何紹
先著准其承襲雲騎尉世職欽此
軍機大臣署名
臣奕
臣世
臣鹿 假
臣那
臣吳
六月二十八日

531
鈐章
軍機大臣欽奉
諭旨御史胡思敬奏郵傳部候補丞參添派過多請
旨酌量裁減一摺著郵傳部堂官酌量裁撤嗣後
務須覈實辦理勿涉浮濫欽此
軍機大臣署名
臣奕

532

奏蒙

發下福建湖北湖南陝西甘肅四川廣東廣西雲南
貴州等省拔貢覆試卷四百八十一本臣等公
同校閱謹擬一等八十一名二等一百四十名
黏貼黃籤進
呈恭候
欽定
發下再行拆閱彌封另繕名單呈
覽後同昨日進
呈名單恭候
發下一併交禮部張榜曉示照依省分等第名次分
日帶領引

[illegible]跪

六月二十八日

臣世　假
臣鹿
臣那
臣吳

見其餘不取各卷即照例作為各省三等前列與原
定三等之卷填入榜內謹
奏

533

臣等查對另頁文句人名內湖北一等第六名
吳鳳遷四川二等第八名鄒紹陽另頁文句不
符是否誤默正場文句應由禮部查明辦理其
餘文句人名均屬相符謹開列名單恭呈
御覽謹
奏
宣統二年六月二十八日奉
旨著交禮部查明辦理欽此

534

八旗
一等六名
紹志
世興
立佩
穆印

春林
白其焯
二等七名
崇志
董棫
王鍾漢
果敏
桂清
張慶典
謨爾根寶
奉天
一等二名
高汝清
張時宗
二等四名
王守銘
張允升
袁宗濂
王翼庭

吉林
二等一名
劉鳳翔
黑龍江
一等一名
戰殿臣
直隸
一等十二名
郭廷桂
劉潤氏
張訪
陳堂
戴旭
張作霖
張培原
王元白
詹中
方安墉
張鶴浦

郭壽祺
二等三十一名
蘇世楨
馬緒熙
李廣穗
邊錫三
王炳文
朱振譜
梁體仁
趙文富
蔣鐵珍
楊同霖
楊培元
姚得駿
張子瑞
黃傳箓
俞明謙
朱華年
周存培

王炳堉
程鏡堂
張琳
馮肅寬
劉桂芬
李海清
張執中
王允成
李應時
董斅江
孫煥綸
周鼎
張振釗
劉英
江蘇
一等十五名
管聯第
魏儁
成壽彤

李芳
顔士晉
孫鼎
王漢瀓
盧文炳
王澤永
賈治邦
馬憲章
朱肇昇
朱焕奎
東鼎孫
徐儀

二等二十一名
張恪廉
周寶善
仇垛
周志韓
朱晉庥
殷源溥

錢衡璋
馮熙宇
劉鴻恩
詹其桂
郭鍾琦
孫晉詒
梅鶴章
王俊清
姜文傳
韋聯棣
莊啟傳
汪廷沐
唐元斌
張榮祖
孫肇圻

安徽

一等十二名
蔡壎
江友升

吳文璟
陳鵬騫
丁受春
朱枏
方灼
金星
戴維松
汪宏椿
葉新滋
汪兆鸞
二等十三名
盧文煥
劉子敬
熊元襄
朱章斐
鮑寔
姚允中
張琴
姜德森

徐晉
呂寶鼎
王楷祖
華維嶽
曹尚峻
浙江
一等十四名
陸祖穀
金賢賚
王恩賜
聞何杰
金大年
許甄
戴廷祐
陸秉鈞
許正衡
王承吉
王炳成
來裕昌

章滑
朱襄
二等二十名
張寅燮
朱鴻基
項乃登
童聚沂
劉毓盤
鄭紹鈞
王家鼐
黄開甲
葉熙
方贊修
史翰章
俞鑑澄
任乃大
陳寶鑾
金猷琳
丁華

甘蔭棠
張宗弼
張榮燮
胡雲裳
山東
一等九名
王光楣
李宗仁
王澤同
辛長緯
王洙昌
嚴綏之
閆開魯
何錫桐
王貴笙
二等二十二名
周襄
李琪文
李澄懷

陳鼐
王承訓
劉葆珂
張春芳
朱德存
周雲霖
楊兆庚
丁建池
李毓藻
董奎五
楊賡良
楊聯奎
趙會雲
李承訓
賈毓鶚
方作霖
王鳳藻
王興能
吴卓立

山西
一等九名
劉應昭
楊謨顯
陳觀韶
楊煦
陳金綬
郭象升
陳清芝
武國賓
郭象伋
二等十五名
宫重熙
范杰
王紹璟
楊廷秀
可東麓
彭占元
王相賢

任祖蔭
陳榮義
趙昌燮
李兆豐
郭文愷
劉殿傑
杜若汀
胡維藩

河南
一等十名
曹明詳
王煥文
杜愉
湯原鏡
王賡彤
陳見禮
劉文祥
楊士彥
李鳳翔

劉克昌
二等十六名
閻召棠
李貽紳
馬其偉
呂書田
張紹軒
王曾述
賀景循
袁成方
黃宗堅
劉布曾
宮樹棠
商建中
林祖式
胡緒祥
袁廉公
劉永年

江西

一等十四名

張占鼇
褚明柄
戴東清
張星照
李平章
易之門
黃鴻圖
吳愛棠
趙惟仁
王之培
彭鑫
王壬庚
徐邦俊
歐陽蕃

二等十九名

辛贊猷
熊賡和
程日暄
彭祖壽
羅燦奎
楊士晳
黃衍裳
鄧偉
蔡吉士
易振芬
廖彬
劉文明
朱欽
賴行恕
曾樹柯
吳鴻鈞
李政鈞
程蔭穀
萬光復

福建

一等十名

黃占梅

李雲峯
陳崇魯
陳敬湯
周祖頤
黄懋謙
李雲霄
林耿光
林朝瑛
謝仰祖
二等十三名
陳祖蔭
陳旃
林迴瀾
温贊堯
李鈞
楊存珣
陳祖馨
陳楫用
童寬南

黄毓清
歐經鳳
吴孝惔
陳章叡
湖北
一等十一名
阮樹棻
周運恭
朱鑑徽
劉壽祺
謝懷霞
吴鳳遷
范伯才
鄭玉麟
陳子元
龍瑞萱
馮煥奎
二等十四名
金煥模

郭炳炎
賀泰壽
嚴恩露
胡嗣墉
王文錦
吴雨商
張寶善
林鎬
周繼濂
魏廷楨
周之冕
周澂藻
朱希雲

湖南

一等十名

雷渝
李崇範
鄧錫奎
熊丙寅

唐鏡海
葛均
夏壽鈞
黃煥珪
胡家猷
崔廷彥

二等十六名

陳延齡
尹維楨
譚錫璨
張景濤
張聲樹
段績瑩
鄭業盛
晏孝傳
方朝桓
陳畬
廖邦驊
鄭觀民

文冠山
易贊周
陳曾注
陳鋃

陝西

一等六名
馬庸中
劉毓堃
劉炎
白雲鵬
容儒
王家珍

二等十名
徐文永
曹之鼎
陳豫
黃士俊
趙玉璽
趙步武

胡文炳
温懷璋
程九鵬
王慶雲

甘肅

一等五名
王璸
張曦
王運乾
景獻瑞
張文炳

二等十一名
鄧冕
劉乾
董國璜
牟士浚
黃金鼎
閻士相
李仲蓮

張國鈞
安應嵩
郭自修
王正銘

四川
一等十四名
曾順熙
彭洪
唐樹勳
陳兆鸞
王彦藻
邱鴻翔
楊益智
李先敬
曾淮
鄔敘綸
彭光坒
虞書
饒時中

曹經沅
二等二十六名
范光烈
毛書賢
李明忠
吴德溶
李樹芳
梁壽岷
鄧穀人
鄒紹陽
蕭福臣
鄧明綱
徐廷翊
萬體乾
謝檑
徐明熙
李光熙
王蜀瓊
唐玠

文映江
許肇㰘
巫朝輔
賀繼琛
葉琮
陳垿
李世霖
謝澤
袁朝佐

廣東

一等七名

梁之柱
郭柴
吳祖鑑
陸榮鈞
鄧金相
洪翰
張炳瑚

二等十六名

黎慶恩
楊家鼎
黎豫樟
姜福年
劉祿坤
周鈞濂
關祝齡
任超治
黎家驥
沈傅霖
宋以梅
梁秉鈞
胡樹芬
司徒枚
任元熙
劉錫忠

廣西

一等七名

石孟涵

呂炳星
秦昌濟
龍泰任
李受經
王端鴻
尹寶蘅
二等十三名
胡純熙
李炳元
梁士模
趙治天
李金榮
韋大用
黄現兆
劉錦才
何源慶
龍鶴齡
陸覲光
周炳翰

嚴泰信
雲南
一等七名
甘德輝
錢良驥
趙元問
劉盛垣
謝毓枏
劉炳蔚
俞之昆
二等十七名
陳祖基
王協中
丁建中
段世忠
楊佩玉
解永年
何東謙
侯應中

徐曾祜
朱嘉言
陳嘉驥
王焯才
顏英賢
楊粹仁
郭之翰
胡祥樾
繆爾綽

貴州

一等四名

盧德璠
顧作賓
張華棠
胡祖同

二等十四名

黃克修
鄒佩瓏
楊國芬
黃行修
易貴謙
許嘉珍
周煥鎰
胡吉卿
何天衢
方人鳳
趙家鼎
王寶珩
趙金聲
蕭元傑

535

鈐章

宣統二年六月二十九日內閣奉

上諭貴州安義鎮總兵員缺著沈大鼇補授欽此

軍機大臣署名

臣奕
臣世
臣鹿 假
臣那
臣吳

536

鈐章

軍機大臣欽奉

諭旨憲政編查館法部會奏議覆内閣侍讀學士延昌奏舉行法官考試請飭改定規則一摺著依議欽此

軍機大臣署名

臣奕
臣世
臣鹿
臣那
臣吴

假

六月二十九日

537

鈐章

軍機大臣欽奉

諭旨廷杰等奏吏部司員供詞狡執請將候補員外郎王憲章筆帖式瑞至暫行革職歸案審辦筆帖式隆惠解任備質一摺著依議該部知道欽此

軍機大臣署名

六月二十九日

臣奕
臣世
臣鹿
臣那
臣吴

假

538

鈐章

上諭張人駿等奏署布政使提學使沈曾植因病懇請開缺據情代奏一摺安徽署布政使提學使沈曾植着准其開缺欽此

宣統二年七月初一日内閣奉

軍機大臣署名

臣奕 臣世 臣鹿 臣那 臣吴

假

539

鈐章

上諭安徽布政使着玉山補授欽此

宣統二年七月初一日内閣奉

軍機大臣署名

臣奕 臣世 臣鹿 臣那 臣吴

假

540

鈐章

上諭安徽提學使着吴同甲補授欽此

宣統二年七月初一日内閣奉

軍機大臣署名

臣奕 臣世 臣鹿 臣那 臣吴

假

541

鈐章

軍機大臣欽奉

諭旨郵傳部奏遵查粤路弊混情形分别懲處酌擬辦法一摺着依議欽此

軍機大臣署名

臣奕 臣世 臣鹿 臣那 臣吴

假

七月初一日

542

鈐章

宣統二年七月初二日内閣奉

上諭安徽按察使著吴品珩補授欽此

軍機大臣署名

臣奕 臣世 臣鹿（假） 臣那 臣吴

543

鈐章

宣統二年七月初二日内閣奉

上諭湖北荆宜道員缺著卓孝復補授欽此

軍機大臣署名

臣奕 臣世 臣鹿（假） 臣那 臣吴

544

鈐章

宣統二年七月初二日内閣奉

上諭浙江杭州府知府員缺緊要著該撫於通省知

府内揀員調補所遺員缺著楊兆麟補授欽此

軍機大臣署名

臣奕 臣世 臣鹿 臣那 臣吴

545

鈐章

宣統二年七月初二日内閣奉

上諭杭州將軍瑞興著開缺欽此

軍機大臣署名

臣奕 臣世 臣鹿（假） 臣那 臣吴

546

鈐章

軍機大臣欽奉

諭旨恭親王溥偉等奏請將成都將軍玉崑前奏參鑲紅旗佐領長松等四員均照章改為革職永不敘用一片着照所請該部知道餘依議欽此

軍機大臣署名

臣奕 臣世 臣鹿假 臣那 臣吳

七月初二日

547

鈐章

軍機大臣欽奉

諭旨禮部奏此次考試拔貢請定引見日期各摺片着於本月十一十二十三日帶領引見餘依議欽此

軍機大臣署名

臣奕

548

鈐章

宣統二年七月初三日內閣奉

上諭杭州將軍着志銳補授欽此

軍機大臣署名

臣世 臣鹿假 臣那 臣吳

七月初三日

549

鈐章

宣統二年七月初四日內閣奉

臣奕 臣世 臣鹿假 臣那 臣吳

上諭錫良奏舉劾屬員一摺奉天候補道榮厚新民府知府管鳳龢調署奉天府黑龍江呼蘭府知府孟憲彝洮南府知府孫葆瑨本任興京府知府都林布署理興京府知府候補直隸州知州張鳳臺法庫廳同知吴瞻莪遼陽州知州史紀常安東縣知縣陳藝錦縣知縣郭進修鐵嶺縣知縣徐麟瑞署理西豐縣知縣賈耕既據該督臚陳政績均著傳旨嘉奬卸署昌圖府知府候補知府李廷祜漠視要案罔恤民艱著以同知降補海龍府知府孫壽昌年力就衰學務懈弛著以原品休致前署興京廳同知候補知府廖柄樞相驗草率改選知縣魏敦詩經徵税捐舞弊擾商均著即行革職揀選知縣楊錫寵卑鄙無恥仕途敗類著革職驅逐回籍交地方官嚴加管束鎮安縣知縣張霨才具平庸難期振作通化縣知縣慕昌治性情疲緩辦事竭蹶均著開缺同籍本溪縣知縣張錫鴻遇事畏葸跡近規避著開缺另補卸署東平縣知縣本任浙江孝豐縣知縣尹淮書役詐贓毫無覺察著開去本缺留奉另補卸署同江廳同知汪培源冊報朦混濫用私人著以府經歷降補餘著照所議辦理該部知道欽此

軍機大臣署名

臣奕　臣世　臣鹿（假）　臣那　臣吴

550

鈐章

宣統二年七月初四日内閣奉

上諭甯夏副都統著恒齡補授欽此

軍機大臣署名

臣奕　臣世　臣鹿（假）　臣那　臣吴

551 七月初五日引
見人員
宗人府十人
内閣二人
吏部二十六人
步軍統領衙門十四人
鑲白旗滿洲二人
鑲藍旗滿洲十一人
共六十五人

552 鈐章
宣統二年七月初五日内閣奉
上諭奉天奉天府知府員缺緊要著該督於通省知
府内揀員調補所遺員缺著王順存補授欽此
軍機大臣署名
臣奕
臣世
臣鹿假
臣那
臣吴

553 奉天奉天府遺缺知府員缺請
旨簡放

554 鈐章
軍機大臣欽奉
諭旨翰林院侍讀學士惲毓鼎奏京城創辦醫學研
究會請飭學部立案一片著學部知道欽此
軍機大臣署名
臣奕
臣世
臣鹿假
臣那
臣吴
七月初五日

555 鈐章
宣統二年七月初七日内閣奉
上諭直隸保定府知府員缺緊要著該督於通省知
府内揀員調補所遺員缺著閻荷生補授欽此

軍機大臣署名

臣奕 臣世 臣鹿假 臣那 臣吴

556

鈐章

軍機大臣欽奉

諭旨御史王履康奏請變通釐訂國家税地方税年限並將國税提前規定一摺着該衙門知道欽此

軍機大臣署名

臣奕 臣世 臣鹿假 臣那 臣吴

七月初七日

原件交憲政館
鈔交度支部

557

鈐章

軍機大臣欽奉

諭旨度支部會奏請將川省經徵税契案内之司道獎敘一片四川布政使王人文着賞給頭品頂戴候補道徐樾着交軍機處存記欽此

軍機大臣署名

臣奕 臣世 臣鹿假 臣那 臣吴

七月初七日

558

七月初八日引

見人員

學部二十二人

海軍處一人

正黄旗蒙古十二人

健鋭營二十六人

共六十一人

滿頭班

花翎二品銜領班三品章京英秀

花翎二品銜幫領班四品章京文年

三品銜在任即選知府章京郎中麟祥

花翎三品銜俟升四品後　賞加二品銜章京郎中裕銘

章京候補員外郎伊密揚阿

花翎四品銜章京員外郎存瑞

額外章京法部候補主事伊星阿

花翎三品銜在任即選道額外章京上行走鍾佩

漢頭班

花翎領班三品章京劉毅孫

花翎領班章京上行走候補五品京堂楊壽樞

二品銜幫領班四品章京徐宗溥

三品銜章京郎中劉慶篤

花翎四品銜章京主事趙國良

四品銜章京主事張潤

四品銜章京主事宋子聯

三品銜章京　記名繁缺知府郎中楊芾

花翎員外郎銜章京候補主事曾文玉

章京編修黃彥鴻

額外章京內閣候補中書秦樹忠

滿二班

花翎二品銜領班章京聯綬

花翎三品銜幫領班四品章京成俊

花翎三品頂戴俟升四品後　賞加二品銜章京郎中榮奎

花翎三品銜　記名道府俟升四品後　賞加二品銜章京郎中常泰

花翎四品銜章京主事鴻恩

四品銜章京主事興廉

四品銜章京員外郎星輅

章京錄事官松海

漢二班

二品銜領班三品章京易貞

二品銜領班上行走三品章京華世奎

花翎幫領班四品章京趙廷珍

三品銜章京　記名繁缺知府郎中孫筍經

四品銜章京主事盧文明

四品銜章京主事邢維經

三品頂戴章京員外郎萬雲路

花翎四品銜章京主事雷延壽
四品銜章京編修楊渭
額外章京法部小京官呂式斌
額外章京内閣候補中書江保傳

560

鈐章

軍機大臣欽奉
諭旨禮部奏已故工部左侍郎順天學政何廷謙應否准其入祀鄉賢祠一摺何廷謙着准其入祀鄉賢祠欽此

軍機大臣署名
臣奕 臣世 臣鹿假 臣那 臣吴

561

鈐章

軍機大臣欽奉
諭旨恭親王溥偉等奏據實糾叅請旨遵行一摺前據袁樹勛奏廣東高州鎮總兵陸建章前因患病吸煙現已戒斷惟該督前在山東巡撫任内失察册報錯誤着傳旨嚴行申飭陸建章册報不符着交部議處欽此

軍機大臣署名
臣奕 臣世 臣鹿假 臣那 臣吴

562

鈐章

宣統二年七月初八日奉
旨吴祿貞現在出差鑲紅旗蒙古副都統着達壽兼署欽此

軍機大臣署名
臣奕 臣世 臣鹿假

臣那
臣吴

563

鈐章

宣統二年七月初九日內閣奉

上諭農林要政前奉

先朝諭旨著各省督撫飭屬詳查所管地方官民荒田並氣候土宜限一年內繪圖造册報部並迭次飭令各省興辦工藝實業上年五月因時閲兩年奏報無幾復經飭部嚴催現又一年之久各省是否報齊辦理情形如何著農工商部查明覆奏欽此

軍機大臣署名

臣奕
臣世
臣鹿（假）
臣那
臣吴

564

宣統元年五月十六日內閣奉

上諭前奉

先朝諭旨農林要政著各省督撫飭屬詳查所管地方官民各荒並氣候土宜限一年內繪圖造册報部並迭次飭令各省興辦工藝實業原以農工均為富民要圖辦理刻不容緩現在時閲兩年奏報尚屬無幾著農工商部再行嚴催各省督撫將以上應辦農林工藝各項事宜迅速分別舉辦毋再因循悠忽用副朝廷振興實業念切民生之至意欽此

565

光緒三十三年六月二十四日內閣奉

上諭朕欽奉

慈禧端佑康頤昭豫莊誠壽恭欽獻崇熙皇太后懿旨從來求治之道養民為先古人重府事修和外國亦最尚實業方今中國生齒日繁庶而未富生財大道亟應講求國家特設農工商部綜理一切乃數年以來風氣尚未大開則官吏提倡之力勸導之方有未至也著各將軍督撫迅飭所屬於應興各業極力振興凡有能辦農工商礦或獨力經營或集合公司其

確有成效者即各從優獎勵果有一廠一局所用貲
本數逾千萬所用人工至數千名者尤當破格優獎
即爵賞亦所不惜應如何分別等差該部即妥議具
奏並逐年如何增進列表以聞朝廷於大小官吏亦
即以此課其殿最予以勸懲敢有怠玩因循保護不
力定行嚴處不稍寬貸總期地無曠土境無游民馴
致富强有厚望焉欽此

566 光緒三十二年十一月初一日內閣奉
上諭御史趙炳麟奏請推廣農林一摺自來足民之
道端在利用厚生農桑畜牧實爲富强之本我中
國地大物博祇以農林要政未能切實講求棄利
於地未免可惜著各直省督撫通飭各屬詳查所
管地方官民各荒並氣候土宜限一年內無論遠
近繪圖造册悉數報部由農工商部詳定妥章奏
明辦理務使國無曠土野無游民以厚風俗而固
邦基欽此

567
鈐章
軍機大臣欽奉
諭旨御史趙熙奏請飭憲政編查館於會商法官懲
戒暫行章程時加意詳訂一片著該衙門知道欽此
軍機大臣署名
臣奕
臣世
臣鹿（假）
臣那
臣吴
七月初九日

568
鈐章
軍機大臣欽奉
諭旨稅務處奏代理總稅務司安格聯請賞加二品
銜並賞給二等第二寶星一摺著依議欽此
軍機大臣署名
臣奕
臣世
臣鹿（假）

臣那
臣吴

七月初十日

抄交小給部

569 鈐章

軍機大臣欽奉

諭旨籌辦海軍大臣載洵等奏江南福山鎮總兵楊
慕時請廕嫡子聲明請旨一摺著即以該總兵親
生嫡子楊懿直承廕欽此

軍機大臣署名

臣奕
臣世
臣鹿（假）
臣那
臣吴

七月初十日

570 七月十一日禮部引
見人員

禮部一百五十八名

571 宣統二年七月十一日禮部帶領八旗奉天吉
林黑龍江直隸江蘇安徽江西等省覆試一二
等拔貢引
見人員共一百五十八名

八旗十三名

紹志
世興
立佩
移印
春林
白其焯
崇志
董棫
王鍾漢
果敏

桂清
張慶典
謨爾根寶
奉天六名
高汝清
張時宗
王守銘
張允升
袁宗濂
王翼廷
吉林一名
劉鳳翔
黑龍江一名
戰殿臣
直隸四十三名
郭廷桂
劉潤民
張訪
陳堂

戴旭
張作霖
張培原
王元白
詹中
方安墉
張鶴浦
郭壽祺
蘇世楨
馬緒熙
李廣德
邊錫三
王炳文
朱振譜
梁體仁
趙文富
蔣鐵珍
楊同霖
楊培元

姚得駿
張子瑞
黄傳筰
俞明謙
朱華年
周存培
王炳堉
程鏡堂
張琳
馮肅寬
劉桂芬
李海清
張執中
王允成
李應時
董瀫江
孫煥綸
周鼎
張振釗

劉英

江蘇三十六名

管聯第
魏儁
成壽彤
李芳
顔士晉
孫鼎
王漢激
盧文炳
王澤永
賈治邦
馬憲章
朱肇昇
朱煥奎
東鼐孫
徐儴
張恪康
周寶善

仇埰
周志韓
朱晉庥
殷源溥
錢衡璋
馮熙宇
劉鴻恩
詹其桂
郭鍾琦
孫晉貽
梅鶴章
王俊清
姜文傳
韋聯棣
莊啟傳
汪廷沐
唐允斌
張榮祖
孫肇圻

安徽二十五名
蔡壎
江友升
吳文璟
陳鵬騫
丁受春
朱枬
方灼
金星
戴經松
汪宏椿
葉新滋
汪兆鸞
盧文煥
劉子敬
熊元襄
朱章棐
鮑寔
姚允中

張琴
姜德森
徐晉
呂寶鼎
王楷祖
華維嶽
曹尚峻

江西三十三名

張占鼇
褚明柄
戴東清
張星照
李平章
易之門
黃鴻圖
吴愛棠
趙惟仁
王之培
彭鑫

王壬庚
徐邦俊
歐陽藩
辛贊猷
熊賡和
程日暄
彭祖壽
羅燦奎
楊士髫
黃衍裳
鄧偉
蔡吉士
易振芬
廖彬
劉文明
朱欽
賴行恕
曾樹柯
吴鴻鈞

李政鈞
程蔭穀
萬光復

572

鈐章

宣統二年七月十一日內閣奉

上諭瑞澂奏查明貪劣不職各員分別糾參一摺湖北候補知府前署夏口廳同知馮篔衆怨沸騰難膺民社補用知府趙承康不知自愛有玷官箴均州知州劉名馨怨聲載道民視如仇准補隨州知州劉家怡貌似有才性貪而狡試用知縣金榮壽卑劣誕妄心術不端應山縣知縣王鴻卿才具庸下神志頹唐前署房縣知縣候補知縣廷啟殘酷濫刑辦事荒謬黄安縣知縣章冕沾染煙癖刻尚未除准補遠安縣知縣車雲好利忘義志趣猥鄙前署東陽縣知縣候補知縣楊鼎福玩視禁煙諱盜不報丁憂試用知縣傅士修貪詐妄為不知檢束宜城縣知縣王金城舉止粗鄙行同市井漢川縣知縣何蔚紳貪鄙性成被控有案天門縣知縣張嘉畹鄙俗好利頗有貪名均著革職永不敘用前署興國州知州試用知縣汪文鈞偏執任意粗鄙無才崇陽縣知縣王公輔心地糊塗辦事竭蹶署竹山縣知縣本任鄖西縣知縣聶廣澤性情操切不知大體蘄水縣知縣徐培光闒茸無能公事曠廢前署黄岡縣知縣試用直隸州知州廖佩珣材識平庸不親民事通城縣知縣功劍人太闒懦事權旁落黄陂縣知縣董治勛貌似有才跡近庸滑應城縣知縣皮坤年力衰庸性鄙且狡均著即行革職江夏縣知縣楊壽昌操守尚佳性情惰緩准補光化縣知縣黎培質柔緩無能尚應歷練准補襄陽縣知縣薛炳善人近迂執首劇不宜鄖縣知縣邱炳萱性情迂緩人尚安詳房縣知縣劉鴻熙才具太短難勝邊要准補穀城縣知縣陳津性近闒懦人地不宜准補東湖縣知縣陸乃棠敷衍因循才難勝任均著開缺又奏叅教佐幕職及武職各片德安府經歷胡維祺性喜多事聲名甚劣江陵縣郝穴主簿謝鼎善於鑽營卑鄙無恥江夏縣金口巡檢楊濬人甚糊塗不能約束子弟鄖

縣黄龍鎮巡檢鄭彬敢於為惡劣跡多端松滋縣
磨盤巡檢李湘錡抗違功令煙禁廢弛署崇陽縣
桂口巡檢陳銘新畏葸無能彈壓不力署興國州
富池口巡檢鍾蕃信任門丁弄權舞弊竹山縣典
史江國屏年老昏瞶難期振作鄖縣教諭阮泰蔭
精力衰邁縱容子弟捐升通判江蘇候補州吏目
丁炳南前在湖北臬幕招摇把持劣蹟種種湖南
候補遊擊署永州鎮中營遊擊袁春亭不守營規
行同市儈均着即行革職餘着照所議辦理該部
知道欽此

軍機大臣署名

臣奕 假
臣世
臣鹿 假
臣那
臣吴

573

鈐章

軍機大臣欽奉

諭旨農工商部奏籌設度量權衡用器製造廠開工
日期並現擬辦法一摺知道了欽此

軍機大臣署名

臣奕
臣世
臣鹿 假
臣那
臣吴

七月十一日

574

鈐章

軍機大臣欽奉

諭旨郵傳部奏遵旨裁撤丞參上行走人員一摺着
將請留及裁撤人員銜名數目另行繕單具奏欽此

軍機大臣署名

臣奕
臣世

臣鹿(假)
臣那
臣吳

七月十一日

575 七月十二日引
見人員
禮部一百六十五人

576 宣統二年七月十二日禮部帶領浙江福建湖
北湖南河南山東等省覆試一二等拔貢引
見
浙江三十四名
陸祖穀
金賢賚
王恩賜
聞何杰
金大年
許甄

戴廷祜
陸東鈞
許正衡
王承吉
王炳成
來裕昌
章潽
朱襄
張寅燮
朱鴻基
項乃登
童聚沂
劉毓盤
鄭紹鈞
王家鼎
黃開甲
葉熙
方贊修
史翰章

俞鑑澄
任乃大
陳寶鑾
金猷林
丁華
甘蔭棠
張宗郷
張榮綬
胡雲裳
福建二十三名
黃占梅
李雲峯
陳崇魯
陳敬湯
周祖頤
黃懋謙
李雲霄
林耿光
林朝瑛

謝仰祖
陳祖蔭
陳旃
林迴瀾
溫贊堯
李鈞
楊存珣
陳祖馨
陳楫用
童冕南
黃毓清
歐經鳳
吳孝恢
陳章敵
湖北二十五名
阮樹棻
周運恭
朱鑑徽
劉壽祺

謝懷霞
吳鳳遷
范伯才
鄭玉麟
陳子元
龍瑞萱
馮煥奎
金煥模
郭炳炎
賀泰壽
嚴恩露
胡嗣墉
王文錦
吳雨商
張寶善
林鎬
周繼濂
魏廷楨
周之冕

周黻藻
朱希雲
湖南二十六名
雷渝
李崇範
鄧錫奎
熊丙寅
唐鏡海
葛均
夏壽鈞
黃煥珪
胡家猷
崔廷彥
陳延齡
尹維楨
譚錫璪
張景濤
張聲樹
段績瑩

鄭業盛
晏孝傳
方朝桓
陳畬
廖邦驊
鄭觀民
文冠山
易贊周
陳增注
陳銀
河南二十六名
曹明詳
王煥文
杜愉
湯原鏡
王賡彤
陳見禮
劉文祥
楊士彥

李鳳翔
劉克昌
閻名棠
李貽紳
馬其偉
呂書田
張紹軒
王曾述
賀景循
袁成方
黃宗堅
劉希曾
宮樹棠
商建中
林祖式
胡緒祥
袁廉公
劉永年
山東三十一名

王光楣
李宗仁
王澤同
辛長緯
王泳昌
嚴綏之
閆開魯
何錫桐
王貴笙
周襄
李琪文
李澄懷
陳鼎
王承訓
劉葆珂
張春芳
朱德存
周雲霖
楊兆庚

丁建池
李毓藻
董奎五
楊賡良
楊聯奎
趙曾雲
李承訓
賈毓鷄
方作霖
王鳳藻
王興能
吳卓立

577

鈐章

宣統二年七月十二日內閣奉
上諭龐鴻書奏特參庸劣不職各員一摺貴州署黎
平府准補興義府知府劉大琮年衰性滑馭下不
嚴截取同知吳錫珍性情粗率操守難信石阡府
經歷馮德霖串差殃民婪索餽禮署錦屏鄉縣丞

試用長官司吏目彭錫勳貪鄙無恥罔恤人言著
綏陽縣訓導試用訓導馮之俊行止卑污被控有
案均著即行革職該部知道欽此
軍機大臣署名
臣奕 臣世 臣鹿假 臣那 臣吳

578 鈐章
軍機大臣欽奉
諭旨貝勒載洵等奏現修
崇陵工程情形一摺知道了欽此
軍機大臣署名
臣奕 臣世 臣鹿假 臣那 臣吳
七月十二日

579 七月十三日引
見人員
禮部一百八十人

580 宣統二年七月十三日禮部帶領山西陝西甘肅四川廣東廣西雲南貴州等省覆試一二等拔貢引
見
山西二十四名
劉應昭
楊謨顯
陳觀韶
楊煦
陳金綬
郭象升
陳清芝
武國賓
郭象伋
宮重熙
范杰
王紹璟

楊廷秀
可東篪
彭占元
王相賢
任祖蔭
陳榮義
趙昌燮
李兆豐
郭文愷
劉殿傑
杜若汀
胡惟藩
陝西十六名
馬庸中
劉毓堃
劉爽
白雲鶚
容儒
王家珍

徐文永
曹之鼐
陳豫
黄士俊
趙玉璽
趙步武
胡文炳
温懷瑋
程九鵬
王慶雲
甘肅十六名
王璜
張曦
王運乾
景獻瑞
張文炳
鄧冕
劉乾
董國璜

牟士浚
黄金鼎
閻士相
李仲蓮
張國鈞
安應嵩
郭自修
王正銘
四川四十名
曾順熙
彭洪
唐樹勳
陳兆鸞
王彦藻
邱鴻翔
楊益智
李先敬
曾淮
鄔敘倫

彭光坒
虞書
饒時中
曹經沅
范光烈
毛書賢
李明忠
吴德溶
李樹芳
梁壽岷
鄧縠人
鄒紹陽
蕭福臣
鄧明綱
徐廷翊
萬體乾
謝櫰
徐明熙
李光熙

王蜀瓊
唐价
文映江
許肇欞
巫朝輔
賀繼琛
葉琮
陳埗
李世霖
謝澤
袁朝佐
廣東二十三名
梁之柱
郭燊
吳祖鑑
陸榮鈞
鄧金相
洪翰
張炳瑚

黎慶恩
楊家鼐
黎豫樟
姜福年
劉祿坤
周鈞濂
關祝齡
任超治
黎家驎
沈傅霖
宋以梅
梁秉鈞
胡樹芬
司徒枚
任元熙
劉錫忠
廣西二十名
石孟涵
呂炳星

秦昌濟
龍泰任
李受經
王端鴻
尹寶衡
胡純熙
李炳元
梁士模
趙治天
李金榮
韋大用
黃現兆
劉錦才
何源慶
龍鶴齡
陸覲光
周炳翰
嚴泰信
雲南二十三名

甘德煇
錢良驥
趙元問
劉盛垣
謝毓枏
劉炳蔚
俞之昆
陳祖基
王協中
丁建中
段世忠
楊佩玉
解永年
侯應中
徐曾祜
朱嘉言
陳嘉驥
王煒才
顏英賢

楊粹仁
郭之翰
胡祥樾
繆爾綍
貴州十八名
盧德璚
顧作賓
張華棠
胡祖同
黃克修
鄒佩瓏
楊國芬
黃行修
易貴謙
許嘉珍
周煥鎰
胡吉卿
何天衢
方人鳳

趙家鼎
王寶珩
趙金聲
蕭元傑

581

鈐章

宣統二年七月十三日内閣奉

硃諭大學士世續着開去軍機大臣專辦内閣事務

欽此

軍機大臣署名

臣奕假

臣鹿假

臣那

硃

582

大學士世續着開去軍機大臣專辦内閣事務

照繕候繳進

583

鈐章

宣統二年七月十二日内閣奉

硃諭吴郁生著以侍郎候補毋庸在軍機大臣上學
習行走欽此

軍機大臣署名

臣奕假　臣鹿假　臣那

硃

584 吴郁生著以侍郎候補毋庸在軍機大臣上學習行走

照繕後繳進

585 鈐章

宣統二年七月十三日内閣奉

硃諭貝勒毓朗著補授軍機大臣欽此

軍機大臣署名

臣奕假　臣鹿假　臣那

硃

586 貝勒毓朗著補授軍機大臣

照繕後繳進

587 鈐章

宣統二年七月十三日内閣奉

硃諭協辦大學士徐世昌著補授軍機大臣於明日
預備召見欽此

軍機大臣署名

臣奕假　臣鹿假　臣那

硃

588 協辦大學士徐世昌著補授軍機大臣於明日預備
召見

照繕後繳進

589 鈐章

宣統二年七月十三日内閣奉

硃諭郵傳部尚書著唐紹怡署理未到任以前著沈

雲沛暫行署理欽此

軍機大臣署名

臣奕假 臣鹿假 臣那

硃

590

郵傳部尚書著唐怡署理未到任以前著沈雲沛暫行署理

照繕後繳進

591

鈐章

宣統二年七月十三日内閣奉

上諭八月初七日祭

社稷壇遣載功恭代行禮欽此

軍機大臣署名

臣奕假 臣鹿假 臣那

592

鈐章

宣統二年七月十三日内閣奉

上諭意普等奏恭修

菩陀峪

定東陵

佛樓請派大臣勘估錢糧並開單繪圖呈覽一摺著派

紹英前往敬謹查勘欽此

軍機大臣署名

臣奕假 臣鹿假 臣那

593

鈐章

宣統二年七月十三日内閣奉

上諭盛宣懷著赴郵傳部右侍郎任並幫辦度支部

幣制事宜欽此

軍機大臣署名

臣奕假 臣鹿假 臣那

鈐章

宣統二年七月十三日內閣奉
上諭此次考取八旗及各直省拔貢生紹志世興穆
印春林高汝清王守銘戰殿臣郭廷桂劉潤民張
訪陳堂戴旭張作霖王元白方安墉李廣德王炳
文朱振譜蔣鐵珍張子瑞黃傳箴管聯第魏儁成
壽彤李芳顏士晉孫鼎王漢瀲盧文炳王澤永賈
治邦朱肇昇朱煥奎東鼎孫徐傢蔡壎江友升吳文
璟陳鵬騫丁受春朱枏方灼金星汪宏椿汪兆鸞
張占鼇褚明柄戴秉清張星照李平章易之門黃
鴻圖吳愛棠王之培彭鑫陸祖穀金賢賚王恩賜
聞何杰金大年許甄陸秉鈞許正衡王承吉王炳
成來裕昌章滑朱襄黃占梅李雲峯陳崇魯陳敬
湯周祖頤黃懋謙阮樹棻周運恭朱鑑徽劉壽祺
謝懷霞吳鳳遷范伯才鄭玉麟馮煥奎雷渝李崇
範熊丙寅唐鏡海夏壽鈞胡家猷崔廷彥陳廷齡
曹明詳王煥文杜愉湯原鏡王賡彤楊士彥李鳳
翔劉克昌王光楣李宗仁王澤同辛長緯王沐昌
嚴綬之閆開魯劉應昭楊謨顯陳觀韶楊煦陳金

綬郭象升馬庸中劉毓堃劉炎白雲鵾容儒王家
珍王璸張曦王運乾曾順熙彭洪陳兆鸞王彥藻
邱鴻翔楊益智李先敬曾淮曾經沅梁之柱郭桊
吳祖鑑陸榮鈞鄧金相洪翰石孟涵呂炳星秦昌
濟李受經甘德煇錢良驥劉盛垣謝毓枏俞之昆
盧德瑀顧作賓張華棠胡祖同等一百四十九名
著以七品小京官分部學習立佩白其焯崇志董
棫張時宗張允升劉鳳翔張培原詹中張鶴浦郭
壽祺蘇世楨馬緒熙邊錫三梁體仁趙文富楊同
霖楊培元姚得駿俞明謙朱華年馬憲章張恪廉
周寶善仇琢周志韓朱晉麻殷源溥錢衡璋馮熙
宇劉鴻恩詹其桂郭鍾琦戴維松葉新滋盧文煥
劉子敬熊元襄朱章斐鮑寔趙惟仁王壬庚徐邦
俊歐陽蕃辛贊猷熊賡和程日愷彭祖壽羅燦奎
楊士髣戴廷祜張寅燮朱鴻基項乃登童聚沂劉
毓盤鄭紹鈞王家鼎黃開甲葉熙方贊修史翰章
李雲霄林耿光林朝瑛謝仰祖陳祖蔭陳旃林迴
瀾溫贊堯李鈞楊存珣陳子元龍瑞萱金煥模郭
炳炎賀泰壽嚴恩露胡絅墉王文錦鄧錫奎葛鈞

黃煥珪尹維楨譚錫璨張景濤張聲樹段績瑩鄭
業盛晏孝傳陳見禮劉文祥閻呂棠李貽紳馬其
偉呂書田張紹軒王曾述賀景循袁成方何錫桐
王貴笙周襄李琪文李澄懷陳鼐王承訓劉篠珂
張春芳朱德存周雲霖楊兆庚丁建池李毓藻陳
清芝武國賓郭象伋宮重熙范杰王紹璟楊廷秀
可東蕘彭占元王相賢徐文永曹之鼐陳豫黃士
俊景獻瑞張文炳鄧冕劉乾唐樹勳鄔欽倫彭光
堃虞書饒時中范光烈毛書賢李明忠吳德溶李
樹芳梁壽岷鄧穀人鄒紹陽張柄瑚黎慶恩楊家
鼐黎豫樟姜福年劉祿坤周鈞濂闞祝齡龍泰任
王端鴻尹寶衡胡純熙李炳元梁士模趙治天李
金榮趙元問劉炳蔚陳祖基王協中丁建中段世
忠楊佩玉黃克修鄒佩瓏楊國芬黃行修易貴謙
許嘉珍周煥鎰胡吉卿等一百七十六名著以知
縣分省補用王鍾漢果敏桂清張慶典謨爾根寶
衷宗濂王翼廷周存培王炳堉程鏡堂張琳馮肅
寬劉桂芬李海清張執中王允成李應時董斅江
孫煥綸周鼎張振劍劉英孫晉詒梅鶴章王俊清

姜文傅韋聯棣莊啟傳汪廷沐唐元斌張榮祖孫
肇圻姚允中張琴姜德森徐晉呂寶鼎王楷祖華
維嶽曹尚峻黃衍裳鄧偉蔡吉士易振芬廖彬劉
文明朱欽賴行恕曾樹柯吳鴻鈞李政鈞程蔭穀
萬光復俞鑑澄任乃大陳寶鑾金猷琳丁華甘蔭
棠張宗弼張榮綬胡雲裳陳祖馨陳楫用童冕南
黃毓清歐經鳳吳孝悏陳章叡吳雨商張寶善林
鎬周繼濂魏廷楨周之冕周皦藻朱希雲方朝桓
陳畬廖邦驊鄭觀民文冠山易贊周陳增注陳銀
黃宗堅劉希曾宮樹棠商建中林祖式胡緒祥袁
康公劉永年董奎五楊賡良楊聯奎趙會雲李承
訓賈毓鶚方作霖王鳳藻王興能吳卓立任祖蔭
陳榮義趙昌燮李兆豐郭文愷劉殿傑杜若汀胡
維藩趙玉璽趙步武胡文炳溫懷璋程九鵬王慶
雲董國璜年士浚黃金鼎閻士相李仲蓮張國鈞
安應嵩郭自修王正銘蕭福臣鄧明綱徐廷翊萬
體乾謝樓徐明熙李光熙王蜀瓊唐玠文映江許
肇樓巫朝輔賀繼琛葉琮陳埒李世霖謝澤袁朝
佐任超治黎家驊沈傅霖宋以梅梁秉鈞胡樹芬

司徒枚任元熙劉錫忠韋大用黃現兆劉錦才何
源慶龍鶴齡陸覲光周炳翰嚴泰信解永年侯應
中徐曾祜朱嘉言陳嘉驥王煒才顏英賢楊粹仁
郭之翰胡祥樾繆爾綽何天衢方人鳳趙家鼎王
寶珩趙金聲蕭元傑等一百七十八名交與吏部
詢問願就京職者以八品錄事書記等官分部補
用願就外職者以直隸州州判按察司經歷鹽運
司經歷三項分省補用欽此

軍機大臣署名

臣奕假
臣鹿假
臣那

595

鈐章

宣統二年七月十三日奉
旨各省選舉優生著於七月二十三日在保和殿考
試欽此

軍機大臣署名

臣奕假
臣鹿假
臣那

596

鈐章

軍機大臣欽奉
諭旨沈家本奏教習期滿懇恩改給奬勵一摺著依
議欽此

軍機大臣署名

臣奕假
臣世
臣鹿假
臣那
臣吳

七月十三日

597

拔貢錄用比較單

八旗

上屆一等三名二等四名
以小京官用二名以知縣用二名
此次一等六名二等七名
擬以小京官用四名以知縣用四名

奉天

上屆一等一名二等二名
以小京官用一名以知縣用一名
此次一等二名二等四名
擬以小京官用二名以知縣用二名

吉林
上屆無
此次二等一名
擬以知縣用一名

黑龍江
上屆無
此次一等一名
擬以小京官用一名

直隸
上屆一等六名二等十六名
以小京官用七名以知縣用七名
此次一等十二名二等三十一名
擬以小京官用十四名以知縣用十四名

江蘇
上屆一等八名二等十二名

以小京官用七名以知縣用六名
此次一等十五名二等二十一名
擬以小京官十四名以知縣用十二名

安徽
上屆一等五名二等六名
以小京官用五名以知縣用三名
此次一等十二名二等十三名
擬以小京官用十名以知縣用七名

江西
上屆一等六名二等十名
以小京官用五名以知縣用五名
此次一等十四名二等十九名
擬以小京官用十名以知縣用十名

浙江
上屆一等七名二等十三名
以小京官用七名以知縣用六名
此次一等十四名二等二十名
擬以小京官用十三名以知縣用十二名

福建

山東

上居一等三名二等十一名

以小京官用三名以知縣用七名

此次一等九名二等二十二名

擬以小京官用七名以知縣用十四名

山西

上居一等四名二等八名

以小京官用三名以知縣用五名

此次一等九名二等十五名

擬以小京官用六名以知縣用十名

陜西

上居一等三名二等五名

以小京官用三名以知縣用二名

此次一等六名二等十名

擬以小京官用六名以知縣用四名

甘肅

上居一等一名二等四名

以小京官用一名以知縣用二名

此次一等五名二等十一名

上居一等五名二等六名

以小京官用三名以知縣用五名

此次一等十名二等十三名

擬以小京官用六名以知縣用十名

湖北

上居一等四名二等七名

以小京官用四名以知縣用四名

此次一等十一名二等十四名

擬以小京官用九名以知縣用八名

湖南

上居一等五名二等八名

以小京官用四名以知縣用五名

此次一等十名二等十六名

擬以小京官用八名以知縣用十名

河南

上居一等五名二等八名

以小京官用四名以知縣用五名

此次一等十名二等十六名

擬以小京官用八名以知縣用十名

擬以小京官用三名以知縣用四名

四川

上屆一等五名二等十一名

以小京官用四名以知縣用六名

此次一等十四名二等二十六名

擬以小京官用九名以知縣用十三名

廣東

上屆一等三名二等八名

以小京官用三名以知縣用四名

此次一等七名二等十六名

擬以小京官用六名以知縣用八名

廣西

上屆一等三名二等六名

以小京官用二名以知縣用四名

此次一等七名二等十三名

擬以小京官用四名以知縣用八名

雲南

上屆一等二名二等四名

以小京官用二名以知縣用三名

此次一等七名二等十七名

擬以小京官用五名以知縣用七名

貴州

上屆一等二名二等七名

以小京官用二名以知縣用四名

此次一等四名二等十四名

擬以小京官用四名以知縣用八名

總計

上屆一等共八十一名二等共一百五十六名

以小京官用共七十二名以知縣用共

八十六名

詢問共七十九名

此次一等共一百八十五名二等共三百一十八名

擬以小京官用共一百四十九名以知

縣用共一百七十六名

詢問共一百七十八名

598

鈐章

宣統二年七月十四日內閣本

上諭軍機大臣貝勒毓朗差務較繁著開去專司訓練禁衛軍大臣差使欽此

軍機大臣署名

臣奕
臣毓
臣鹿假
臣那
臣徐

599

鈐章

宣統二年七月十四日内閣奉

上諭軍機大臣貝勒毓朗差務較繁著開去步軍統領差使步軍統領著烏珍兼署欽此

軍機大臣署名

臣奕
臣毓
臣鹿假
臣那
臣徐

600

請

簡步軍統領名單

大學士世續

協辦大學士禮部尚書榮慶

民政部尚書善耆

度支部尚書載澤

陸軍部尚書廕昌 尚未到任

法部尚書廷杰

農工商部尚書溥頲

理藩部尚書壽耆

吏郎右侍郎瑞良

民政部左侍郎烏珍

度支部左侍郎紹英

禮部左侍郎景厚

學部左侍郎寶熙

陸軍部左侍郎壽勳

法部左侍郎紹昌

署農工商部左侍郎熙彥

理藩部左侍郎達壽

右侍郎恩順

硃〇

601

鈐章

宣統二年七月十四日內閣奉

上諭汪大燮現在出差郵傳部左侍郎著沈雲沛署
理仍著暫行兼署郵傳部尚書李焜瀛毋庸署理
郵傳部左侍郎欽此

軍機大臣署名

臣奕　臣毓　臣鹿　臣那　臣徐

602

鈐章

軍機大臣欽奉

諭旨會議政務處奏覈議外務部奏請設各省交涉
使員缺一摺又奏議覆趙炳麟請定官規一片均
著依議欽此

軍機大臣署名

臣奕

臣毓　臣鹿假　臣那　臣徐

七月十四日

603

鈐章

宣統二年七月十五日內閣奉

上諭張人駿朱家寶電奏皖南五月下旬連日大雨
南陵等縣圩隄潰決淹田二十餘萬畝六月下旬
又猛雨三晝夜宿州靈壁等屬田屋糧食均遭漂
沒饑莩載道災情甚重請賞發帑項以濟災黎等
語覽奏殊深憫惻著賞給帑銀四萬兩由度支部
發給著該督撫派委妥員查明災區妥實散放毋
任失所欽此

軍機大臣署名

臣奕　臣毓　臣鹿假

臣那
臣徐

604
鈐章
宣統二年七月十五日内閣奉
上諭吉林東南路道員缺著郭宗熙補授東北路道
員缺著王瑚補授欽此
軍機大臣署名
臣奕
臣毓
臣鹿假
臣那
臣徐

605
鈐章
宣統二年七月十五日内閣奉
上諭湖南勸業道員缺著王曾綬補授欽此
軍機大臣署名
臣奕

臣毓
臣鹿假
臣那
臣徐

606
鈐章
宣統二年七月十六日内閣奉
上諭法部會奏編輯秋審條款告成繕單呈覽一摺
秋審條款一書本與刑律相輔而行現行刑律業
經詳加修訂飭令刊印成書頒行京外所有秋審
條款自應按照現行刑律妥速釐正免致紛歧茲
據法部會同修訂法律大臣奏稱編輯告竣共訂
定為一百六十五條加具按語進呈朕詳細披覽
尚屬周妥著即與現行刑律一律頒行新刑律未
經實行以前凡有應歸入秋審核辦案件均即遵
照此次所定條款悉心擬勘毋得少有出入以昭
畫一而利推行欽此
軍機大臣署名
臣奕

臣毓
臣鹿假
臣那
臣徐

607
鈐章
宣統二年七月十六日内閣奉
上諭聯芳奏因病懇請開缺一摺荊州將軍聯芳著
賞假一箇月毋庸開缺欽此
軍機大臣署名
臣奕
臣毓
臣鹿假
臣那
臣徐

608
鈐章
軍機大臣欽奉
諭旨農工商部奏覆陳各省現辦農林工藝大概情形一摺著該部按照奏定章程通行各省切實籌
辦毋任延玩欽此
軍機大臣署名
臣奕
臣毓
臣鹿假
臣那
臣徐

七月十六日

609
鈐章
軍機大臣欽奉
諭旨都察院代奏廣東京官宗人府主事崔登瀛等
以已故革職閩浙總督何璟勤勞卓著懇恩開復
原官並宣付史館立傳呈一件何璟著加恩准其
開復原銜欽此
軍機大臣署名
臣奕
臣毓

臣鹿（假）
臣那
臣徐

七月十六日

610

鈐章

軍機大臣欽奉
諭旨都察院代奏山東京官學部丞參上行走柯劭
忞等以已故革職署理山西巡撫布政使郭夢齡
勛績卓著懇恩開復原官並宣付史館立傳呈一
件郭夢齡著加恩准其開復原銜欽此

軍機大臣署名

臣奕 臣毓 臣鹿 臣那 臣徐

611

鈐章

宣統二年七月十八日內閣奉
上諭雲南提學使著葉爾愷補授欽此

軍機大臣署名

臣奕 臣毓 臣鹿（假） 臣那 臣徐

612

鈐章

宣統二年七月十八日內閣奉
上諭甘肅提學使著俞明震署理欽此

軍機大臣署名

臣奕 臣毓 臣鹿（假） 臣那 臣徐

613

鈐章

宣統二年七月十八日内閣奉

上諭署甘肅提學使陳曾佑著開去提學使署缺以道員發往陝西差遣委用欽此

軍機大臣署名

臣奕 臣毓 臣鹿(假) 臣那 臣徐

614

鈐章

宣統二年七月十九日内閣奉

上諭軍機大臣呈遞開缺江西提學使浙路總理湯壽潛來電據稱盛宣懷為蘇浙路罪魁禍首不應令其回任請收回成命或調離路事以謝天下等語措詞諸多荒謬狂悖已極朝廷用人自有權衡豈容率意妄陳無非為藉此脫卸路事自博美名故作危詞以聳聽其用心詭譎尤不可問湯壽潛著即行革職不准干預路事以為沽名釣譽巧於趨避者戒欽此

軍機大臣署名

臣奕 臣毓 臣鹿(假) 臣那 臣徐

615

鈐章

宣統二年七月十九日内閣奉

上諭張鳴岐奏考察屬員據實舉劾一摺廣西署思恩府事補用知府余炳忠署南甯府事試用知府廖廷銓署龍州同知請補歸順直隸州知州周易署富川縣事揀發知縣修承浩署永安州事揀發知縣操持署蒼梧縣事正任龍州同知金開祥署融縣事正任貴縣知縣張禮幹署東蘭州事補用知縣陳廷傑署賓州事正任河池州知州馬振濱代理桂平縣事試用縣丞劉錫綸署貴縣事正任隆安縣知縣林枚署隆安縣事補用知縣周光宇署

甯明州事補用知州夏覲天署鎮邊縣事補用知
縣許克襄既據該撫臚陳政績均著傳旨嘉奬
留補用道莊蘊寬前充兵備處兼參謀教練處總
辦經手款項多未報銷現在請假回籍延不來省
著暫行革職勒令回省清理經手事件前署融縣
事揀發知縣曾憲勳疏脱罪犯報多不實前署榜
墟司巡檢試用府經歷姚傳驥擅受濫刑婪贓有
據前署武宣縣典史試用府經歷楊景台串同劣
紳演戲開賭沙子縣丞唐烈結交濫棍包賭擅受
前署秦川司巡檢試用縣丞黄之華違例受詞傳
押被告致令畏罪自盡前署潞城司巡檢試用縣
丞高夔光縱子縱役索擾鄉民請補長安鎮巡檢
王步洲志卑量褊昌言牟利前署容縣典史試用
從九品汪敬收受贓銀均著即行革職曾憲勳姚
傳驥黄之華汪敬並著歸案查辦署陸川縣事補
用知縣郭炳元失察户書浮收税契著交部議處
又片奏署崇善縣事試用知縣謝崇光征收税契
加索小費並在縣署創設待質所規避四種册報
於命債等案人證任意拘押民怨繁興等語謝崇

光著即行革職餘著照所議辦理該部知道欽此
軍機大臣署名
臣奕 臣毓 臣鹿假 臣那 臣徐

616

鈐章

宣統二年七月二十日内閣奉
上諭山東萊陽海陽兩縣匪徒滋鬧一案前經諭令
陳夔龍派員詳查具奏兹據查明覆稱萊陽則由
紳民相仇積怨生變曲士文刼殺官兵圍困城池
實屬罪不容誅海陽則因征收錢糧搭配銅圓制
錢前後兩歧致釀重案均係地方官辦理不善所
致孫寶琦派兵彈壓實出於萬不得已等語所有
此次辦理不善之萊陽縣知縣朱槐之海陽縣知
縣方奎業經孫寶琦奏参革職並將登州府知府
文淇開缺另補萊陽一案半由紳董斂怨而起自

應擇尤懲辦曲士文與其弟曲桂身均非善類曲士文尤為此案罪魁著孫寶琦責成營縣嚴拏務獲按律懲辦一面飭由地方官親赴各鄉明白曉諭務釋羣疑海陽此次首犯一併擇要拏辦其餘兩邑被脅愚民概不得少有株連免致無辜受累餘著孫寶琦按照所奏體察情形分別妥籌辦理以靖地方欽此

軍機大臣署名

臣奕 臣毓 臣鹿（假） 臣那 臣徐

617

鈐章

軍機大臣欽奉

諭旨憲政編查館會奏議覆山東巡撫孫寶琦奏地方自治擬請變通章程一摺著依議欽此

軍機大臣署名

七月二十日

臣奕 臣毓 臣鹿（假） 臣那 臣徐

618

鈐章

宣統二年七月二十一日内閣奉

上諭甘肅新疆巡撫著何彥昇補授欽此

軍機大臣署名

臣奕 臣毓 臣鹿（假） 臣那 臣徐

619

鈐章

宣統二年七月二十一日奉

上諭甘肅新疆巡撫聯魁著開缺來京另候簡用欽此

軍機大臣署名

臣奕 臣劻 臣鹿假 臣那 臣徐

620

鈐章

宣統二年七月二十一日內閣奉

上諭法部奏請改補現任按察使為提法使一摺前奉

先朝明諭預備憲政本年為改簡各省提法使之期除

東三省湖北業經改設外所有直隸提法使著齊耀琳補授江蘇提法使著左孝同補授安徽提法使著吳品珩補授山東提法使著胡建樞補授山西提法使著王慶平補授河南提法使著惠森補授陝西提法使著錫桐補授甘肅提法使著陳燦補授福建提法使著鹿學良補授浙江提法使著李傳元補授江西提法使著陶大均補授湖南提法使著周儒臣補授四川提法使著江毓昌補授廣東提法使著俞鍾穎補授廣西提法使著王芝祥補授雲南提法使著秦樹聲補授貴州提法使著文徵補授其各省道員有兼按察使銜者均著改為兼提法使銜欽此

軍機大臣署名

臣奕 臣劻 臣鹿 臣那 臣徐

621

鈐章

軍機大臣欽奉

諭旨農工商部奏調查各省穀棉煙草收穫情形一摺又奏歷年紳商領照辦鑛請飭各省詳查現辦情形一摺均著依議欽此

軍機大臣署名

臣奕

622

鈐章

軍機大臣欽奉

諭旨郵傳部奏陳明裁汰正太鐵路華洋員司情形

一摺又奏派員前往湘鄂兩省履勘路綫調查商

款一片均知道了欽此

軍機大臣署名

臣奕

臣毓

臣鹿假

臣那

臣徐

七月二十一日

臣毓

臣鹿假

臣那

臣徐

七月二十一日

623

鈐章

軍機大臣欽奉

諭旨郵傳部奏謹將丞參上行走各員分別請留及

裁撤銜名開單呈覽一摺知道了欽此

軍機大臣署名

臣奕

臣毓

臣鹿假

臣那

臣徐

七月二十一日

624

鈐章

軍機大臣欽奉

諭旨理藩部奏遵旨議覆回子郡王獲匪請奬一摺

回子郡王葉明和卓著加恩賞穿黄馬褂欽此

軍機大臣署名

臣奕

臣毓

625
鈐章
上諭甘肅提法使著劉穀孫補授欽此
宣統二年七月二十二日内閣奉
軍機大臣署名
七月二十二日
臣奕
臣毓
臣鹿假
臣那
臣徐

626
鈐章
上諭甘肅布政使著陳燦補授欽此
宣統二年七月二十二日内閣奉
軍機大臣署名
臣鹿假
臣那
臣徐

627
鈐章
上諭著派奎俊承修
崇陵第四段工程欽此
宣統二年七月二十三日内閣奉
軍機大臣署名
臣奕
臣毓
臣鹿假
臣那
臣徐

628
鈐章
上諭黑龍江提學使張建勳著留任欽此
宣統二年七月二十三日内閣奉
臣奕
臣毓
臣那
臣徐

軍機大臣署名
臣奕 臣毓 臣鹿假 臣那 臣徐

629
鈐章
宣統二年七月二十三日内閣奉
上諭江西提法使著文炳補授欽此
軍機大臣署名
臣奕 臣毓 臣那 臣徐

630
鈐章
宣統二年七月二十三日内閣奉
上諭大學士鹿傳霖忠清亮直剛正不阿由翰林改
官知縣受
先朝特　達之知迭膺疆寄洊陟秉圻實心任事不辭
勞怨規畫要政慮遠思深所至吏畏民懷成效卓
著前以率師入衛扈蹕
兩宮定計決疑厥功甚偉擢任正卿進參機務協贊綸
扉朕御極後眷顧老成優加倚任授為大學士遞
加太子太保銜敭歷中外五十餘年一事不苟一
語不欺公而忘私始終如一入直樞廷為時最久
竭誠盡瘁贊助尤多前因患病請開要差迭經賞
假並屢次賞給人葠方冀早日就痊長資輔弼遽
聞溘逝悼惜殊深際茲時事多艱耆舊彫零倍增
悽惻著賞給陀羅經被派貝勒載潤帶領侍衛十
員即日前往奠醊並賜祭一壇加恩予謚晉贈太
保照大學士例賜䘏入祀賢良祠賞銀三千兩治
喪由廣儲司給發任內一切處分悉予開復應得
卹典該衙門查例具奏靈柩回籍時沿途地方官
妥為照料伊子軍機處存記江蘇補用道鹿溥理
著以四品京堂候補伊孫一品廕生鹿學槼著賞
給郎中分部補用用示朕篤念藎臣至意欽此

軍機大臣署名

臣奕　臣毓　臣那　臣徐

631 光緒二十三年七月初三日内閣奉

上諭協辦大學士吏部尚書李鴻藻守正不阿忠清亮直由翰林荷

先朝特達之知入直上書房同治元年欽奉

懿旨在弘德殿授讀

穆宗毅皇帝恩禮優加洊擢卿貳簡授軍機大臣朕御極後晋贊綸扉先後三十餘年辦理一切事宜擘畫精詳殫心竭力前因患病疊次賞假諭令安心調理方冀醫治就痊長資倚畀遽聞溘逝悼惜良深著賞給陀羅經被派貝勒載濂帶領侍衛十員即日前往奠醊加恩予謚文正晋贈太子太傅照大學士例賜卹入祀賢良祠任内一切處分悉予開復應得卹典該衙門查例具奏靈柩回籍時並著沿途地方官妥為照料伊子刑部員外郎李焜瀛一品廕生李煜瀛均著賞給郎中伊孫李宗侗賞給舉人准其一體會試用示篤念藎臣至意欽此

632 宣統元年八月二十三日内閣奉

上諭大學士張之洞公忠體國廉正無私荷

先朝特達之知由翰林洊升内閣學士簡授山西巡撫總督兩廣湖廣權理兩江凡所設施皆提倡新政利國便民庚子之變顧全大局保障東南厥功甚偉旋以總督晋陟綸扉入參機要管理學部事務宗旨純正懋著勤勞朕御極後深資倚畀晋加太子太保銜服官四十餘年擘畫精詳時艱匡濟經猷之遠大久為中外所共見近因患病屢經賞假調理並賞賜人葠方冀克享遐齡長資輔弼玆聞溘逝軫惜殊深著賞給陀羅經被派郡王銜貝勒載濤帶領侍衛十員即日前往奠醊並賜祭一壇加恩予謚文襄晋贈太保照大學士例賜卹入祀賢良祠賞銀三千兩治喪由廣儲司發給任内一切處分悉予開復應得卹典該衙門察例具奏靈

柩回籍時沿途地方官妥為照料伊子禮部郎中
張權著以四品京堂候補郵傳部學習員外郎張
仁侃著以郎中補用伊孫選拔生張厚璟著賞給
主事分部補用用示篤念藎臣至意欽此

633 查考試優生應請
簡派閱卷大臣謹將各衙門送到銜名繕單進
呈伏候
欽點於二十四日清晨
發下傳集各員聽候宣
旨再查上屆考試優生閱卷欽奉
派出十二人謹
奏

硃

634 陸潤庠
徐世昌
李殿林
唐景崇
壽耆

張英麟
于式枚
林紹年
陳邦瑞
景厚
寶熙
李家駒
紹昌
王垿
熙彥
達壽
定成
秦綬章
毓隆
楊佩璋
李聯芳
陳寶琛
劉若曾
錫鈞

635

鈐章

諭旨陸潤庠奏援案請領恩賞醫局銀兩一摺又奏

軍機大臣欽奉

係提調各員繕單呈覽一片均著依議欽此

軍機大臣署名

七月二十四日

臣奕　臣毓　臣那　臣徐

636

鈐章

宣統二年七月二十四日内閣奉

上諭著派大學士陸潤庠充禁煙大臣欽此

軍機大臣署名

臣奕　臣毓　臣那　臣徐

637

鈐章

宣統二年七月二十四日内閣奉

上諭湖廣總督瑞澂加恩著在紫禁城内騎馬欽此

軍機大臣署名

臣奕　臣毓　臣那　臣徐

638

鈐章

宣統二年七月二十四日内閣奉

上諭劉玉麟現在出差外務部右丞著施肇基署理

欽此

軍機大臣署名

臣奕　臣毓　臣那　臣徐

639

鈐章

宣統二年七月二十四日内閣奉

上諭直隸交涉使著王克敏試署江蘇交涉使著汪嘉棠試署湖北交涉使著熊希齡試署廣東交涉使著李清芬補授福建交涉使著吴錡試署欽此

軍機大臣署名

臣奕 臣毓 臣那 臣徐

640

鈐章

宣統二年七月二十四日内閣奉

上諭湖南岳常澧道員缺著吴筠孫補授欽此

軍機大臣署名

臣奕 臣毓 臣那 臣徐

641

鈐章

宣統二年七月二十四日内閣奉

上諭江西廣饒九南道員缺著保恒補授欽此

軍機大臣署名

臣奕 臣毓 臣那 臣徐

642

江西廣饒九南道湖南岳常澧道各員缺請

旨簡放

643

鈐章

宣統二年七月二十四日内閣奉

上諭出使奥國大臣著沈瑞麟補授欽此

軍機大臣署名

臣奕 臣毓 臣那 臣徐

644 辦理軍機處為咨覆事迭准度支部咨催本處
預算報告册前來茲將本處試辦宣統三年報
告册並比較表一本附方略館預算報告册於
後咨送
貴部查照可也須至咨者
右　咨
度　支　部
宣統二年七月　日

645 七月二十五日引
見人員
前鋒護軍統領三十四人
内務府十三人
共四十七人

646 臣陸潤庠徐世昌李殿林唐景崇壽耆張英麟寶熙紹昌毓隆陳寶琛劉若曾錫鈞跪
奏蒙
發下試卷四百五本臣等公同校閱謹擬一等一百

647 四十五名二等一百七十名三等九十名黏貼
黄籤進
呈恭候
欽定俟
發下後再行拆閲彌封另繕名單呈
覽謹
奏

648 一等一百四十五名
劉道鏗
江椿
余肇湘
胡溶
張炳邦
范惲桂
黎溥
來壯濤
王貴昌
湯肇曾

楊祥鳳
洪灃
鄧毓怡
龐士俊
郭壽巽
歐陽蘇
徐秉衡
崔蘊瑛
張著謙
游昌甲
張言昌
汪鳴瑋
郭萬英
朱樹勳
陳心源
何沅
何恩湛
易象離
梁家駿

孔慶誠
嚴寅旭
褚廣瀛
王仁溥
謝世崇
林适
劉世衡
阮其沅
周積墉
李聯杰
張錦書
朱名焯
林紱廷
楊德培
臧鼎祥
馬良翰
許樾
李桂一
馮名煠

費廷璜
江炳猷
唐藩
劉家鬯
周登善
王春奎
宋敬臣
劉榮椿
張德潤
張澍棠
王耀奎
周鴻襄
劉述堯
甘權
冉光咸
涂同軌
姚百琴
鄧廷芑
鄧士元

丁惟音
許翼
張在田
紀澤浦
萬昌楣
唐毅
黃寶麟
王學庸
巢功常
曾魯達
張問節
張效翰
趙因培
樂鳴盛
樊顯緒
鬫毓岷
孫大鵬
賈其元
李光焱

江震蟄
吳文瀾
朱馳範
楊仲芹
謝海鰲
陳寅亮
劉寶廉
高壽恒
邢殿元
黃鳳鉌
何寶琦
趙士鵬
陸祺
劉樹人
林心恪
蕭雲亭
吳晉福
鄭鍾琪
彭承笣

張福臻
郭青
焦汝霖
吳丹
朱毓駿
任曜楯
秦一臣
韓品三
阮性傳
涂慶澍
方松年
陳鍾瑜
張樹德
宋梓
劉維藩
劉延祺
田澤勳
孫乃祥
王炳頤

盛同枚
董贊垣
謝驤塀
戈寶森
馮曦
李芳
蔡郕
孫翰儒
褚士億
李永庚
張勝懿
高登甲
江志鴻
誠勳
吳學海
王景沂
盧維嶽
李國華
車之鑑

江祖芑
榮璸
二等一百七十名
劉僧晉
譚善述
王曦葵
何鳳閣
曹振勳
李鵷林
陶文觀
陳鼎亨
王業昌
黎錦文
孫培升
王藻
彭振聲
劉翼經
張錫康
辛為梁

羅綱
程明棟
旭朝
李端榮
李自辰
陳執戣
王中
李拔超
張蔭棠
童魁楓
鍾煥光
余愭
劉淦
丁元鼎
劉茂寅
全祺
周恩緒
楊瑞莘
劉炳辰

金兆鵬
陳煥文
朱鄂基
得培
孟鳴臯
郭曾亮
周仲庠
魯鼎祺
鄭人瑞
余炳臣
吳含章
裕然
王式訓
潘金城
謝潤鴻
葉玉森
楊懋卿
趙鎮
蕭瑞輯

葉士仁
李清來
王殿璋
陳濚祖
林崧磐
舒曜南
邱以謙
雷演雲
牟圻
金品黄
蔣登第
張之渼
孫方鑄
金璧
劉覲光
陳獻斌
劉景向
李鴻奇
程光偉

徐文瀾
周承烈
張敬業
徐讓
鄭業琨
穆錫侯
袁仲峘
歐陽健
姚文壇
黄書球
龔士煜
袁文修
周家駟
吴宗慈
李景漢
趙汝楠
趙鴻書
康士華
包文心

甘德方
嵩勳
章友文
李玉華
鄭蕿
淦琦
楊鑑塘
周德鎏
田榮光
王汝弼
和渭清
趙雲椿
施國樑
況正陽
馬服麒
陳昌仁
海鵬運
楊得春
劉桓湘

王麟閣
劉成章
游明徵
杜和聲
雷德基
鄭崇膺
李鴒聲
魏謙光
扎拉豐額
劉培極
張樹梅
温敦書
姜起礄
王紹周
劉澤林
李鍾元
董增恆
鍾聲鏗
朱邦彥

羅讓廉
張超宗
徐臣翼
劉鈺
劉元丞
沈誦清
任丕振
鄒言揚
戴裕忱
王自禹
王永清
李廣濂
黃錫祺
李如瑋
初兆聲
楊祖蔭
連承基
馮芙昌
張晉

周家穀
栗如聲
傅良弼
姚秉均
湛復旦
鄧家理
趙之藩
呂欽臣
李鴻毅
盧濬思
馮齡延
丁希知
黃祖勳
楊文燦
席毓棠
黃展雲
趙紹芹
葉春城
邵作榮

漆會梓
楊光錫

三等九十名

陶肇同
徐家魯
董清嶧
陶寶書
胡元軫
李士清
許登瀛
鄭玉輝
李兆蓉
王用中
劉文田
趙琴徽
王倫
吳宗儉
傅巖
張瑞基

劉偉
程松年
惠有孚
吳源
周煦棠
周鼎
吳奠南
韓履祥
樓金鑑
張驥
常榮
區家達
崔維堪
尹國琛
伏璟毅
高杜若
裘章銘
孟覲虞
張家驥

楊子光
查宗鏘
李澤民
葉旭
張家桂
倫邁
朱紹泮
潘仁簡
楊國瑞
翁鶴年
李桂林
春霖
班惟一
翟文聚
李士晉
劉際熙
呂佐周
孫元祖
葉尚典

李廷華
胡維翰
文翰
韓鳳祥
多良
吳鼎芬
盛烈
蕭紹雲
呂樹松
段大經
吳方柏
陳廷銓
史順清
毛如林
李銘書
張棻
顧保圻
姚汝梅
趙振聲

萬榮椿
劉培因
楊師程
司祝三
倪惠淵
朱奉閣
俞育英
盧璞
玉珍
戴平
張文相
周德容
任文龍
李時光
績桐溪
楊壽勳
王宗獻

臣等查對另頁文句取列二等第一百十名楊得春二等第一百三十七名任丕振及取列三等末之盧璞楊壽勳王宗獻五名均無另頁文句除盧璞等三名已列入三等末外其取列二等之楊得春任丕振二名應由禮部查核辦理其餘文句人名均屬相符謹開列名單恭呈
御覽謹
奏
宣統二年七月二十四日奉
旨著交禮部查核辦理欽此
鈔交禮部

649
人道敏政地道敏樹義
先王疆理天下物土之宜而布其利論

650
鈐章
宣統二年七月二十五日內閣奉
上諭安徽皖南道員缺著趙上達補授欽此
軍機大臣署名

臣奕
臣毓
臣那
臣徐

651 安徽皖南道員缺請
旨簡放

652 鈐章
宣統二年七月二十五日內閣奉
上諭世續著充國史館總裁欽此
軍機大臣署名
臣奕
臣毓
臣那
臣徐

653 鈐章
宣統二年七月二十五日內閣奉
上諭著派徐世昌充
實錄館正總裁欽此
軍機大臣署名
臣奕
臣毓
臣那
臣徐

654 應
派
實錄館漢正總裁名單
硃
協辦大學士徐世昌
外務部尚書鄒嘉來
吏部尚書李殿林
學部尚書唐景崇 現充副總裁
都察院都御史張英麟

655 應
派國史館正總裁名單

硃

大學士世續
大學士那桐
大學士陸潤庠 現充副總裁
協辦大學士徐世昌
外務部尚書鄒嘉來
吏部尚書李殿林
民政部尚書善耆
度支部尚書載澤
學部尚書唐景崇
農工商部尚書溥頲
理藩部尚書壽耆
都察院都御史張英麟

656

應
派國史館副總裁名單
吏部左侍郎于式枚
度支部左侍郎紹英
禮部左侍郎景厚
學部左侍郎寶熙

右侍郎李家駒
法部左侍郎紹昌
署農工商部左侍郎熙彥
理藩部左侍郎達壽
右侍郎恩順

657

鈐章
軍機大臣欽奉
諭旨御史葉芾棠奏官多流雜有害治安請量予停
止一摺會議政務處議奏欽此
軍機大臣署名
臣奕
臣毓
臣那
臣徐
七月二十六日

658

鈐章
軍機大臣欽奉

諭旨御史葉芾棠奏漕運漏卮甚巨等語著度支部
知道欽此

軍機大臣署名

臣奕
臣毓
臣那
臣徐

七月二十六日

659
查本處領班三品章京劉穀孫現蒙
簡放甘肅提法使所遺領班三品章京一缺臣等公
同商酌擬以領班上行走前領班章京楊壽樞
充補謹
奏
宣統二年七月二十六日奉
旨知道了欽此

660
辦理軍機處為咨行事本處三品章京劉穀孫
已奉
旨補授甘肅提法使所遺
貴部兼行章京一缺現派領班上行走三品章
京華世奎充補相應咨行
貴部查照可也須至咨者
右　咨
外　務　部
宣統二年七月　日

661
鈐章
軍機大臣欽奉
諭旨民政部奏緝獲偷竊祭器人犯榮勳即黃輔臣
一名請旨辦理一摺著交大理院審訊欽此

軍機大臣署名

臣奕
臣毓
臣那
臣徐

七月二十七日

662

鈐章

宣統二年七月二十七日奉

旨奎煥著調補成都副都統所遺鑲藍旗漢軍副都

統著占鳳補授欽此

軍機大臣署名

臣奕 臣毓 臣那 臣徐

663

鈐章

宣統二年七月二十七日內閣奉

上諭成都副都統鍾靈因病奏請開缺一摺鍾靈著

准其開缺欽此

軍機大臣署名

臣奕 臣毓 臣那 臣徐

664

鈐章

軍機大臣欽奉

諭旨資政院會奏酌擬經費數目繕單會陳一摺著

依議欽此

軍機大臣署名

臣奕 臣毓 臣那 臣徐

七月二十七日

665

鈐章

軍機大臣欽奉

上諭禮部奏此次考試優貢請定引見日期各摺片

著於八月初八初九日帶領引見餘依議欽此

軍機大臣署名

臣奕 臣毓 臣那 臣徐

七月二十八日

666

鈐章

宣統二年七月二十九日内閣奉

上諭四川巡警道員缺着周肇祥補授欽此

軍機大臣署名

臣奕

臣毓

臣那

臣徐

667

鈐章

軍機大臣欽奉

諭旨給事中張世培奏鹽政紊亂民生重困請定畫一辦法改為就場徵收一摺着督辦鹽政大臣知道欽此

軍機大臣署名

臣奕

臣毓

臣那

臣徐

七月二十九日

668

鈐章

軍機大臣欽奉

諭旨給事中張世培奏京曹截取道府兩項請飭部變通選法等語着吏部議奏欽此

軍機大臣署名

臣奕

臣毓

臣那

臣徐

七月二十九日

669
鈐章
軍機大臣欽奉
諭旨御史松廷奏
文廟典禮至重請旨交議一摺著禮部學部會同估修
大臣妥議具奏欽此
軍機大臣署名
臣奕假 臣毓 臣那 臣徐
八月初一日

670
鈐章
軍機大臣欽奉
諭旨農工商部奏議覆兩江總督張人駿奏勸業會
協會僑商徐博興病故請卹一摺著依議欽此
軍機大臣署名
臣奕 臣毓 臣那

臣徐
八月初一日

671
鈐章
軍機大臣欽奉
諭旨農工商部奏粵省官商爭執興築商埠請旨派
員查辦一摺著該部遴派妥員前往廣東會同該
管地方官詳細查勘奏明辦理欽此
軍機大臣署名
臣奕假 臣毓 臣那 臣徐
八月初一日

672
鈐章
軍機大臣欽奉
諭旨郵傳部會奏川漢路綫擬請援案穴垣通過一
摺著依議欽此

軍機大臣署名

臣奕假 臣毓 臣那 臣徐

八月初一日

673

鈐章

宣統二年八月初二日內閣奉

上諭清銳奏因病懇請開缺回旗調理一摺江甯將

軍清銳著准其開缺回旗調理欽此

軍機大臣署名

臣奕 臣毓 臣那 臣徐

674

鈐章

軍機大臣欽奉

諭旨唐景崇延鴻高而謙詹天佑著充考試游學畢

業生主試官欽此

軍機大臣署名

臣奕 臣毓 臣那 臣徐

八月初二日

675

唐景崇

李家駒

曹汝霖

延鴻

高而謙

詹天祐

676

鈐章

軍機大臣欽奉

諭旨學部奏請派游學畢業考試各科裏校官一摺

所有遴選之項驤陳簌陳振先程鴻書林志琇吴
匡時顧琅麟趾許炳堃王鴻年邵恆濬吴家駒路
孝植熊崇植程良楷馮閱模董鴻禕章毓蘭蕭友
梅金殿勳陳槐王若儼高近宸陳亮熙王世澂曾
彝進陳定保秦岱源沈琨均著充襄校官欽此

軍機大臣署名

臣奕 臣毓 臣那 臣徐

八月初二日

677

鈐章

軍機大臣欽奉

諭旨御史陳善同奏學術關係治本請亟予維持以
清流弊一摺著學部知道欽此

軍機大臣署名

臣奕 臣毓

同原摺交學部

臣那 臣徐

八月初二日

678

鈐章

軍機大臣欽奉

諭旨御史陳善同奏內閣中書極為壅滯請變通舊
制一片著吏部議奏欽此

軍機大臣署名

臣奕 臣毓 臣那 臣徐

同原鈔片交吏部

八月初二日

679

鈐章

軍機大臣欽奉

諭旨會議政務處奏議覆錫良奏奉省請添設縣治
派員試辦一摺著依議又奏請派幫提調一片知

道了欽此

軍機大臣署名

八月初三日

臣奕 臣毓 臣那 臣徐

680

鈐章

軍機大臣欽奉

諭旨阿穆爾靈圭奏陳明創辦蒙古實業公司請飭
各衙門遇事維持一摺該衙門知道欽此

軍機大臣署名

八月初三日

臣奕 臣毓 臣那 臣徐

681

鈐章

宣統二年八月初三日內閣奉

上諭廣東南韶連鎮總兵員缺著楊忠義補授欽此

軍機大臣署名

臣奕 臣毓 臣那 臣徐

682

鈐章

宣統二年八月初四日奉

旨江甯將軍著鐵良補授欽此

軍機大臣署名

臣奕 臣毓 臣那 臣徐

滿屋繕旨

683

鈐章

宣統二年八月初四日內閣奉

上諭前任察哈爾副都統魁福由披甲從征江南湖
北山東直隸山西陝西甘肅新疆等省曾著勞績
賞給訥恩登額巴圖魯名號洊升副都統前因患
病准其開缺茲聞溘逝軫惜殊深加恩著照副都
統例賜卹任內一切處分悉予開復應得卹典該
衙門查列具奏欽此

軍機大臣署名

臣奕 臣毓 臣那 臣徐

684

光緒二十一年正月十四日內閣奉

上諭前任青州副都統德克吉訥由參領簡授烏魯
木齊領隊大臣在塔爾巴哈臺布倫托海科布多
等處征勦多年洊升副都統前因病准其開缺賞
食半俸茲聞溘逝軫惜殊深加恩著照副都統例
賜卹任內一切處分悉予開復應得卹典該衙門查
例具奏欽此

685

鈐章

宣統元年十二月二十六日內閣奉

上諭直隸密雲副都統豐陞阿由行伍於咸豐年間
投効軍營從征直隸安徽陝西河南等省曾著勞
績賞給侍衛並識勇巴圖魯名號簡授副都統克
勤厥職茲聞溘逝軫惜殊深加恩著照副都統例
賜卹任內一切處分悉予開復應得卹典該衙門
查例具奏欽此

686

鈐章

軍機大臣欽奉

諭旨貝勒載洵等奏現修
崇陵工程情形一摺知道了又片奏改派監督監修各
員各等語知道了又片奏監修銓林應否迴避等
語著毋庸迴避欽此

軍機大臣署名

臣奕
臣毓
臣那
臣徐

八月初四日

687
鈐章
宣統二年八月初五日内閣奉
上諭吏部奏道員迴避姻親請旨簡調一摺吳筠孫
著調補湖北荆宜道湖南岳常澧道著阜孝復調
補欽此
軍機大臣署名
臣奕
臣毓
臣那
臣徐

688
鈐章
宣統二年八月初五日内閣奉

上諭本日引見之法部候補主事貴胄學堂畢業生
劉祖蘭著以陸軍正軍校用欽此
軍機大臣著名
臣奕
臣毓
臣那
臣徐

689
法部候補主事貴胄學堂畢業生劉祖蘭
旨著以陸軍部員外郎用
旨著以三等侍衛用
硃○旨著以陸軍正軍校用

690
八月初五日引
見人員
外務部六人
吏部二十六人
陸軍部八人
正藍旗滿洲二人
共四十二人

691
鈐章
軍機大臣欽奉
諭旨憲政編查館奏議覆御史石鏡潢奏法令解釋紛歧致適用未能畫一一摺著依議欽此
軍機大臣署名
臣奕
臣毓
臣那
臣徐
八月初五日

692
文部帶引官浙江候補知縣程文龍
硃○旨著開復原官

693
已革河南補用都司王得著
硃○旨著以守備用

694
已革廣東陸路提標後營守備張武
硃○旨著以千總用

695
已革江蘇補用直隸州知州胡維藩
硃○旨著開復原官

696
查辦起用降補通判前分省試用知府廖彭
硃○旨著以直隸州知州用
旨著以知州用

697
鈐章
軍機大臣欽奉
諭旨都察院代奏雲南京官吴炯等以已故湖北提督夏毓秀戰功卓著懇恩予謚呈一件夏毓秀著加恩准其予謚該衙門知道欽此
軍機大臣署名
臣奕
臣毓
臣那假
臣徐
八月初六日

698 鈐章

宣統二年八月初七日內閣奉

上諭度支部奏請簡奉天清理財政正監理官一摺

奉天候補道榮厚著賞加四品卿銜充奉天清理

財政正監理官欽此

軍機大臣署名

臣奕

臣毓

臣那 假

臣徐

699 八月初八日引

見人員

禮部一百七十七人

700 宣統二年八月初八日禮部帶領八旗奉天吉

林黑龍江直隸山東山西河南陝西甘肅等省

四川廣東廣西雲南貴州等省取列一二等優

貢引

見共一百七十七名

胡浴 一等四名 直隸優貢年四十八歲

張炳邦 一等五名 山西優貢年三十六歲

王貴昌 一等九名 山東優貢年二十五歲

鄧毓怡 一等十三名 直隸優貢年三十一歲

龐士俊 一等十四名 山西優貢年三十二歲

崔蘊瑛 一等十八名 河南優貢年三十一歲

張著謙 一等十九名 奉天優貢年二十歲

張言昌 一等二十一名 山東優貢年二十七歲

褚廣瀛 一等三十二名 正藍旗漢軍優貢年三十七歲

劉世衡 一等三十六名 直隸優貢年二十九歲

李聯杰 一等三十九名 山東優貢年三十八歲

張錦書 一等四十名 直隸優貢年二十七歲

朱名焯 一等四十一名 山東優貢年三十歲

馬良翰 一等四十五名 吉林優貢年三十一歲

李桂一 一等四十七名 黑龍江優貢年四十一歲

馮名燦 一等四十八名 河南優貢年三十八歲

周登善 一等五十三名 甘肅優貢年三十四歲

王春奎 一等五十四名 山東優貢年三十五歲

宋敬臣一等五十五名 山東優貢年三十五歲
劉述堯一等六十一名 奉天優貢年二十七歲
鄧廷芑一等六十六名 甘肅優貢年三十五歲
丁惟音一等六十八名 山東優貢年二十六歲
紀澤蒲一等七十一名 山東優貢年四十三歲
王學庸一等七十五名 山東優貢年二十三歲
張效翰一等七十九名 山西優貢年三十歲
孫大鵬一等八十四名 直隸優貢年三十七歲
李光焱一等八十六名 直隸優貢年三十一歲
楊仲芹一等九十名 山東優貢年三十九歲
劉實廉一等九十三名 直隸優貢年三十八歲
邢殿元一等九十五名 山西優貢年二十四歲
劉樹人一等一百名 直隸優貢年二十九歲
張福臻一等一百六名 山東優貢年十九歲
任曜楣一等一百十一名 河南優貢年二十九歲
秦一臣一等一百十二名 山東優貢年四十歲
韓品三一等一百十三名 直隸優貢年四十五歲
陳鍾瑜一等一百十七名 河南優貢年三十一歲
張樹德一等一百十八名 山東優貢年三十歲

宋梓一等一百十九名 甘肅優貢年二十九歲
劉維藩一等一百二十名 直隸優貢年三十八歲
劉延祺一等一百二十一名 奉天優貢年三十歲
孫乃祥一等一百二十三名 奉天優貢年三十五歲
董贊垣一等一百二十六名 直隸優貢年二十四歲
馮曦一等一百二十九名 山西優貢年三十歲
孫翰儒一等一百三十二名 奉天優貢年四十九歲
褚士億一等一百三十三名 直隸優貢年三十五歲
高登甲一等一百三十六名 直隸優貢年三十三歲
誠勤一等一百三十八名 鑲白旗蒙古優貢年三十五歲
榮璸一等一百四十五名 鑲黃旗漢軍優貢年四十三歲
譚善述二等二名 陝西優貢年三十四歲
王曦蔡二等三名 奉天優貢年四十三歲
曹振勳二等五名 直隸優貢年三十四歲
李鴻林二等六名 陝西優貢年三十二歲
王業昌二等九名 直隸優貢年四十二歲
孫培升二等十一名 山東優貢年二十九歲
旭朝二等十九名 鑲藍旗蒙古優貢年三十六歲
李自辰二等二十一名 河南優貢年三十一歲

張蔭棠二等二十五名鑲白旗漢軍優貢年三十九歲
劉淦二等二十九名陝西優貢年三十四歲
全祺二等三十二名正黃旗漢軍優貢年四十二歲
陳煥文二等三十七名山西優貢年二十二歲
得培二等三十九名鑲紅旗滿洲優貢年四十六歲
周仲庠二等四十二名河南優貢年二十四歲
裕然二等四十七名鑲紅旗漢軍優貢年二十七歲
趙鎮二等五十三名黑龍江優貢年二十六歲
蕭瑞輯二等五十四名吉林優貢年四十歲
葉士仁二等五十五名河南優貢年二十九歲
舒耀南二等六十名山東優貢年三十八歲
雷演雲二等六十二名陝西優貢年三十六歲
牟圻二等六十三名直隸優貢年三十七歲
張之漢二等六十六名奉天優貢年四十五歲
劉觀光二等六十九名河南優貢年三十六歲
陳獻誠二等七十名河南優貢年二十五歲
劉景向二等七十一名河南優貢年二十三歲
程功偉二等七十三名陝西優貢年三十歲
張敬業二等七十六名山西優貢年三十七歲

徐讓二等七十七名甘肅優貢年二十五歲
穆錫侯二等七十九名吉林優貢年三十五歲
袁仲峘二等八十名直隸優貢年三十四歲
姚文壇二等八十二名奉天優貢年三十九歲
袁文修二等八十五名河南優貢年三十四歲
李景漢二等八十八名山東優貢年三十六歲
趙汝楠二等八十九名河南優貢年二十七歲
康世華二等九十一名河南優貢年四十一歲
嵩勳二等九十四名正白旗滿洲優貢年三十二歲
李玉華二等九十六名山西優貢年三十七歲
楊鑑塘二等九十九名甘肅優貢年三十三歲
周德鎏二等一百名河南優貢年四十三歲
王汝弼二等一百二名山西優貢年四十二歲
趙雲椿二等一百四名奉天優貢年二十四歲
況正陽二等一百六名陝西優貢年二十五歲
馬服麒二等一百七名甘肅優貢年二十九歲
海鵬運二等一百九名河南優貢年二十七歲
王麟閣二等一百十二名直隸優貢年三十二歲
李鵾聲二等一百十八名直隸優貢年二十九歲

扎拉豐額二等一百二十名鑲紅旗滿洲優貢年三十四歲
劉培極二等一百二十一名直隸優貢年三十九歲
張樹梅二等一百二十二名山東優貢年二十七歲
温敦書二等一百二十三名山西優貢年三十歲
姜起磻二等一百二十四名河南優貢年三十六歲
李鍾元二等一百二十七名黑龍江優貢年四十歲
董增恆二等一百二十八名河南優貢年二十九歲
劉鈺二等一百三十四名山西優貢年三十八歲
任丕振二等一百三十七名河南優貢年三十七歲
戴裕忱二等一百三十九名鑲黄旗漢軍優貢年四十七歲
王永清二等一百四十一名甘肅優貢年二十歲
李廣濂二等一百四十二名直隸優貢年三十歲
黄錫祺二等一百四十三名直隸優貢年三十六歲
李如璋二等一百四十四名甘肅優貢年二十八歲
初兆聲二等一百四十五名吉林優貢年三十六歲
楊祖蔭二等一百四十六名陝西優貢年三十二歲
連承基二等一百四十七名奉天優貢年三十一歲
張晉二等一百四十九名山東優貢年四十八歲
傅良弼二等一百五十二名奉天優貢年二十八歲

姚秉均二等一百五十三名山西優貢年三十歲
李鴻毅二等一百五十八名奉天優貢年四十三歲
席毓棠二等一百六十四名河南優貢年二十七歲
葉春城二等一百六十七名山東優貢年二十九歲
邵作棨二等一百六十八名直隸優貢年二十六歲
江椿一等二名四川優貢年二十三歲
余肇湘一等三名廣東優貢年二十六歲
黎浦一等七名廣東優貢年五十二歲
朱樹勳一等二十四名貴州優貢年四十一歲
何恩湛一等二十七名四川優貢年三十一歲
梁家駿一等二十九名廣東優貢年二十四歲
林适一等三十五名廣東優貢年四十三歲
阮其沅一等三十七名廣西優貢年二十歲
汪炳猷一等五十名四川優貢年三十六歲
張德潤一等五十七名廣西優貢年二十四歲
張澍棠一等五十八名廣東優貢年二十九歲
甘權一等六十二名廣東優貢年三十八歲
冉光咸一等六十三名四川優貢年二十六歲
唐毅一等七十三名廣西優貢年二十八歲

黃寶麟一等七十四名貴州優貢年二十四歲
張問節一等七十八名四川優貢年二十八歲
趙因培一等八十名雲南優貢年二十七歲
樊顯緒一等八十二名四川優貢年三十三歲
吴文瀾一等八十八名四川優貢年三十九歲
黃鳳龢一等九十六名廣東優貢年三十一歲
何寶琦一等九十七名廣東優貢年四十歲
陸祺一等九十九名廣東優貢年二十四歲
吴晉福一等一百三名四川優貢年三十四歲
王炳頤一等一百二十四名貴州優貢年三十九歲
謝驤墀一等一百二十七名廣西優貢年二十三歲
李芳一等一百三十名四川優貢年三十二歲
李永庚一等一百三十四名四川優貢年三十九歲
張勝懿一等一百三十五名廣東優貢年二十七歲
江志鴻一等一百三十七名貴州優貢年三十九歲
吴學海一等一百三十九名貴州優貢年三十三歲
盧維嶽一等一百四十一名廣東優貢年二十五歲
車之鑑一等一百四十三名貴州優貢年三十五歲
劉僧晉二等一名四川優貢年三十三歲

黎錦文二等十名廣東優貢年四十二歲
張賜康二等十五名廣東優貢年三十五歲
李端榮二等二十名貴州優貢年二十七歲
李拔超二等二十四名廣西優貢年三十歲
鄭人瑞二等四十四名廣東優貢年三十三歲
王式訓二等四十八名四川優貢年四十八歲
潘金城二等四十九名廣東優貢年三十四歲
王殿璋二等五十七名四川優貢年二十九歲
蔣登第二等六十五名四川優貢年三十一歲
周承烈二等七十五名四川優貢年二十九歲
黃書球二等八十三名廣西優貢年三十八歲
龔士⿰火豈二等八十四名四川優貢年三十一歲
甘德方二等九十三名雲南優貢年十七歲
和渭清二等一百三名雲南優貢年三十四歲
楊德春二等一百十名四川優貢年七十四歲
游明徵二等一百十四名四川優貢年二十九歲
劉澤林二等一百二十六名四川優貢年三十四歲
沈誦清二等一百三十六名廣東優貢年三十四歲
馮芙昌二等一百四十八名廣東優貢年三十五歲

栗和聲 二等一百五十一名 四川優貢年三十四歲
湛復旦 二等一百五十四名 四川優貢年二十八歲
鄧家理 二等一百五十五名 四川優貢年二十七歲
馮齡延 二等一百六十名 雲南優貢年三十四歲
丁希知 二等一百六十一名 貴州優貢年二十六歲
楊文燦 二等一百六十三名 四川優貢年三十一歲
楊光錫 二等一百七十四名 四川優貢年二十五歲

滿頭班

花翎二品銜領班三品章京英秀
花翎二品銜幫領班四品章京文年
三品銜在任即選知府章京郎中麟祥
花翎三品銜俟升四品後 賞加二品銜章京郎中裕銘
章京候補侍讀中書海桂
章京候補員外郎伊密楊阿
花翎四品銜章京員外郎存瑞
額外章京法部候補主事伊星阿
花翎三品銜在任即選道額外章京上行走鍾佩

漢頭班

花翎二品銜領班三品章京楊壽樞
二品銜幫領班四品章京徐宗溥
三品銜章京郎中劉慶篤
花翎四品銜章京主事趙國良
四品銜章京主事張潤
四品銜章京主事宋子聯
三品銜章京 記名繁缺知府郎中楊芾
花翎員外郎銜章京候補主事曾文玉
章京編修黃彥鴻
額外章京內閣候補中書秦樹忠

滿二班

花翎二品銜領班章京聯綬
花翎三品銜幫領班四品章京成俊
花翎三品頂戴俟升四品後 賞加二品銜章京郎中榮奎
花翎三品銜 記名道府俟升四品後賞加二品銜章京郎中常泰
花翎四品銜 章京主事鴻恩
四品銜章京主事興廉
四品銜章京員外郎星輅
章京錄事官松海

漢二班
二品銜領班三品章京易貞
二品銜領班上行走三品章京華世奎
花翎幫領班四品章京趙廷珍
三品銜章京 記名繁缺知府郎中孫筍經
四品銜章京主事盧文明
四品銜章京主事邢維經
三品頂戴章京員外郎萬雲路
花翎四品銜章京主事雷延壽
四品銜章京編修楊渭
額外章京法部學習主事呂式斌
額外章京內閣候補中書江保傳

702
鈐章
軍機大臣欽奉
諭旨御史趙熙奏四川票鹽辦法窒礙請飭切實調
查一摺著督辦鹽政大臣知道欽此
軍機大臣署名
臣奕

臣毓
臣那 假
臣徐
八月初八日

703
此次各省優生
朝考取列一等一百四十五名二等一百七十名
擬照上屆新章分別等第以京官知縣按察司
經歷鹽運司經歷散州州判府經歷縣丞請
旨分別錄用
一等優生一百四十五名內擬用七品小京官
三十五名知縣一百一十名二等優生一百七
十名擬以按察司經歷鹽運司經歷散州州判
府經歷縣丞掣分各省補用

704
八月初九日引
見人員
禮部一百三十八人

宣統二年八月初九日禮部帶領江蘇安徽江
西浙江福建湖北湖南等省取列一二等優貢引
見共一百三十八名

劉道鏗一等一名福建優貢年二十六歲
范惲桂一等六名江西優貢年十九歲
來壯濤一等八名浙江優貢年二十三歲
湯肇曾一等十名江蘇優貢年二十二歲
楊祥鳳一等十一名安徽優貢年三十二歲
洪澧一等十二名安徽優貢年三十五歲
郭壽翼一等十五名湖北優貢年三十九歲
歐陽蘇一等十六名江西優貢年二十三歲
徐秉衡一等十七名福建優貢年三十一歲
游昌甲一等二十名江蘇優貢年三十八歲
汪鳴璋一等二十二名浙江優貢年二十七歲
郭萬英一等二十三名安徽優貢年四十一歲
陳心源一等二十五名湖北優貢年二十七歲
何沅一等二十六名浙江優貢年三十八歲
易象離一等二十八名安徽優貢年四十歲
孔慶誠一等三十名湖南優貢年二十九歲

嚴寅旭一等三十一名江西優貢年二十五歲
王仁溥一等三十三名浙江優貢年三十一歲
謝世崇一等三十四名江西優貢年二十三歲
周積墉一等三十八名浙江優貢年二十六歲
林紱庭一等四十二名福建優貢年三十六歲
楊德培一等四十三名江蘇優貢年二十八歲
臧鼎祥一等四十四名江蘇優貢年四十三歲
許樾一等四十六名江蘇優貢年四十一歲
費廷璜一等四十九名江蘇優貢年四十二歲
唐藩一等五十一名江西優貢年二十八歲
劉家啓一等五十二名湖南優貢年三十二歲
劉榮椿一等五十六名江蘇優貢年三十六歲
王燿奎一等五十九名湖南優貢年三十一歲
周鴻襄一等六十名福建優貢年二十二歲
涂同軌一等六十四名江西優貢年三十八歲
姚百琴一等六十五名安徽優貢年四十四歲
鄧士元一等六十七名湖南優貢年三十四歲
許翼一等六十九名安徽優貢年四十歲
張在田一等七十名安徽優貢年二十七歲

葛昌楣一等七十二名浙江優貢年二十二歲
巢功常一等七十六名湖南優貢年二十五歲
曾魯達一等七十七名湖北優貢年三十四歲
樂鳴盛一等八十一名湖北優貢年三十九歲
闞毓岷一等八十三名安徽優貢年三十六歲
賈其元一等八十五名安徽優貢年四十一歲
江震蟄一等八十七名福建優貢年二十八歲
朱馳範一等八十九名湖南優貢年二十歲
謝海鼇一等九十一名安徽優貢年二十九歲
陳寅亮一等九十二名浙江優貢年三十歲
高壽恆一等九十四名安徽優貢年三十六歲
趙士鵬一等九十八名湖南優貢年三十五歲
林心恪一等一百一名福建優貢年三十四歲
蕭雲亭一等一百二名安徽優貢年三十八歲
鄭鍾琪一等一百四名江蘇優貢年四十一歲
彭承苞一等一百五名江西優貢年三十六歲
郭青一等一百七名江西優貢年四十歲
焦汝霖一等一百八名江蘇優貢年三十五歲
吳丹一等一百九名江西優貢年二十七歲

朱毓駿一等一百十名江西優貢年三十歲
阮性傳一等一百十四名浙江優貢年三十一歲
涂慶澍一等一百十五名福建優貢年四十歲
方松年一等一百十六名浙江優貢年三十七歲
田澤勳一等一百二十二名湖北優貢年三十二歲
盛同枝一等一百二十五名浙江優貢年三十四歲
戈寶森一等一百二十八名浙江優貢年三十九歲
蔡郕一等一百四十一名浙江優貢年三十三歲
王景沂一等一百四十名江西優貢年三十三歲
李國華一等一百四十二名福建優貢年二十九歲
江祖芑一等一百四十四名福建優貢年二十六歲
何鳳閣二等四名安徽優貢年二十九歲
陶文覲二等七名江西優貢年四十歲
陳鼎亨二等八名福建優貢年二十八歲
王藻二等十二名湖北優貢年二十九歲
彭振聲二等十三名福建優貢年二十九歲
劉翼經二等十四名湖南優貢年二十六歲
辛為梁二等十六名安徽優貢年二十七歲
羅綱二等十七名江西優貢年二十三歲

程明棟 二等十八名 湖北優貢年三十六歲
陳執戩 二等二十二名 江蘇優貢年三十三歲
王中 二等二十三名 江蘇優貢年四十四歲
童魁楓 二等二十六名 福建優貢年二十六歲
鍾煥光 二等二十七名 浙江優貢年三十歲
余愔 二等二十八名 湖南優貢年五十八歲
丁元鼎 二等三十名 江西優貢年四十歲
劉茂寅 二等三十一名 湖北優貢年四十一歲
周恩緒 二等三十三名 浙江優貢年三十二歲
楊瑞苹 二等三十四名 江西優貢年三十歲
劉炳辰 二等三十五名 江西優貢年三十五歲
金兆鵬 二等三十六名 安徽優貢年二十六歲
朱鄂基 二等三十八名 浙江優貢年二十九歲
孟鳴皋 二等四十名 浙江優貢年二十七歲
郭曾量 二等四十一名 福建優貢年二十七歲
魯鼎祺 二等四十三名 安徽優貢年三十三歲
余炳辰 二等四十五名 安徽優貢年二十九歲
吳含章 二等四十六名 安徽優貢年三十六歲
謝潤鴻 二等五十名 湖南優貢年二十六歲

葉玉森 二等五十一名 江蘇優貢年二十九歲
楊懋卿 二等五十二名 江蘇優貢年三十四歲
李清來 二等五十六名 浙江優貢年三十四歲
陳瀘祖 二等五十八名、湖北優貢年三十三歲
林崧磐 二等五十九名 福建優貢年三十一歲
邱以謙 二等六十一名 湖北優貢年三十二歲
金品黄 二等六十四名 浙江優貢年四十一歲
孫方鑄 二等六十七名 安徽優貢年二十七歲
金壁 二等六十八名 安徽優貢年三十五歲
李鴻奇 二等七十二名 湖南優貢年二十四歲
徐文瀾 二等七十四名 浙江優貢年三十一歲
鄭業琨 二等七十八名 湖南優貢年四十六歲
歐陽健 二等八十一名 江西優貢年四十六歲
周家駟 二等八十六名 湖北優貢年二十四歲
吳宗慈 二等八十七名 江西優貢年三十歲
趙鴻書 二等九十名 江蘇優貢年四十二歲
包文心 二等九十二名 福建優貢年二十八歲
章友文 二等九十五名 福建優貢年三十五歲
鄭蒦 二等九十七名 福建優貢年二十八歲

淦琦 二等九十八名 江西優貢年三十四歲
田榮先 二等一百一名 安徽優貢年三十五歲
施國樑 二等一百五名 福建優貢年二十六歲
陳昌壬 二等一百八名 江蘇優貢年四十一歲
劉桓湘 二等一百十一名 湖南優貢年三十六歲
劉成章 二等一百十三名 江西優貢年二十九歲
杜和聲 二等一百十五名 安徽優貢年五十九歲
雷德基 二等一百十六名 湖北優貢年三十歲
鄭崇膺 二等一百十七名 福建優貢年三十歲
魏謙光 二等一百十九名 安徽優貢年三十三歲
王紹周 二等一百二十五名 江西優貢年二十四歲
鍾聲鏗 二等一百二十九名 湖南優貢年四十一歲
朱邦彥 二等一百三十名 浙江優貢年四十歲
羅讓廉 二等一百三十一名 湖南優貢年三十九歲
張超宗 二等一百三十二名 湖南優貢年三十六歲
徐臣翼 二等一百三十三名 浙江優貢年三十九歲
劉元丞 二等一百三十五名 湖北優貢年三十六歲
鄒言揚 二等一百三十八名 安徽優貢年三十一歲
王自禹 二等一百四十名 江西優貢年二十七歲

周家穀 二等一百五十名 江西優貢年三十四歲
趙之藩 二等一百五十六名 江西優貢年三十七歲
呂欽臣 二等一百五十七名 福建優貢年五十一歲
盧濬思 二等一百五十九名 浙江優貢年二十七歲
黃祖勳 二等一百六十二名 湖南優貢年三十六歲
黃展雲 二等一百六十五名 福建優貢年三十二歲
趙紹芹 二等一百六十六名 江蘇優貢年三十六歲
漆會梓 二等一百六十九名 江西優貢年三十四歲

706

鈐章

宣統二年八月初九日內閣奉

上諭此次朝考錄取優生考列一等之劉道鏗江椿余肇湘范惲桂來壯濤王貴昌毆陽蘇張着謙張言昌汪鳴璋陳心源何沅梁家駿嚴寅旭褚廣瀛謝世崇劉世衡阮其沅張錦書楊德培張德潤周鴻襄劉述堯張在田葛昌楣黃賓麟王學庸巢功常趙因培朱馳範邢殿元張福臻任曜楠宋梓董贊垣均著以七品小京官分部學習胡濬張炳邦黎溥湯肇曾楊祥鳳洪澧鄧毓怡龐士俊郭壽巽

徐秉衡崔蘊瑛游昌甲郭萬英朱樹勳何恩湛易
象離孔慶誠王仁溥林适周積墉李聯杰朱名焯
林紱廷臧鼎祥馬良翰許樾李桂一馮名燦費廷
璜汪炳猷唐藩劉家邑周登善王春奎宋敬臣劉
棨椿張澍棠王耀奎甘權冉光咸涂同軌姚百琴
鄧廷芑鄧士元丁惟音許翼紀澤蒲唐穀曾魯達
張問節張效翰樂鳴盛樊顯緒闞毓岷孫大鵬賈
其元李光焱江震蟄吳文瀾楊仲芹謝海鰲陳寅
亮劉寶康高壽恆黃鳳龢何寶琦趙士鵬陸祺劉
樹人林心恪蕭雲亭吳晉福鄭鍾琪彭承苞郭青
焦汝霖吳丹朱毓駿秦一臣韓品三阮性傳涂慶澍
方松年陳鍾瑜張樹德劉維藩劉延祺田澤勳孫
乃祥王炳頤盛同枝謝驤墀戈寶森馮曦李芳蔡
郎孫翰儒褚士億李永庚張勝懿高登甲江志鴻
誠勤吳學海王景沂盧維獄李國華車之鑑江祖
芑榮瓊均著以知縣分省補用取列二等之劉僧
晉譚善述王曦蕤何鳳閣曹振勳李鴻林陶文覲
陳鼎亨王業昌黎錦文孫培升王藻彭振聲劉翼
經張賜康辛為梁羅綱程明棟旭朝李端棻李自

宸陳執戣王中李拔超張蓥棠童魁楓鍾煥光余
憒劉淦丁元鼎劉茂寅全祺周恩緒楊瑞華劉炳
辰金兆鵬陳煥文朱鄂基得培孟鳴皋郭曾量周
仲庠魯鼎祺鄭人瑞余炳臣吳含章裕然王式訓
潘金城謝潤鴻葉玉森楊懋卿趙鎮蕭瑞輯葉士
仁李清來王殿璋陳瀅祖林崧磐舒曜南邱以謙
霨演雲年圻金品黃蔣登第張之漢孫方鑄金璧
劉覲光陳獻斌劉景向李鴻奇程功偉徐文瀾
周承烈張敬業徐讓鄭業焜穆錫侯袁仲崢歐
陽健姚文壇黃書球龔士煜袁文修周家駟吳宗
慈李景漢趙汝摘趙鴻書康世華包文心甘德
方嵩勳章友文李玉華鄭璲淦奇楊鑑塘周德鎏田肇元
王汝弼和渭清趙雲椿施國樑況正陽馬服麒陳
昌壬海鵬運楊得春劉桓湘王麟閣劉成章游明
徵杜和聲雷德基鄭崇膺李鴻聲魏謙光扎拉豐
額劉培極張樹梅溫敦書姜起磻王紹周劉澤林
李鍾元鍾聲鏗朱邦彥羅讓康張超宗徐臣翼劉
鈺劉元丞沈誦清任丕振鄒言揚戴裕忱王自禹
王永清李廣濂黃錫祺李如璋初兆聲楊祖蔭連

承基馮芙昌張晉周家穀粟和聲傅良弼姚秉均
湛復旦鄧家理趙之藩呂欽臣李鴻毅盧濬恩馮
齡延丁希知黃祖勳楊文燦席毓棠黃展雲趙紹
芹葉春城邵作榮滐會梓楊光錫均著以鹽運司
經歷散州州判府經歷縣丞分省補用欽此

軍機大臣署名

臣奕
臣毓
臣那假
臣徐

707

鈐章

軍機大臣欽奉
諭旨乾清門行走舊土爾扈特郡王帕勒塔前得罰
俸處分著加恩寬免欽此

軍機大臣署名

臣奕
臣毓
臣那假
臣徐

八月初九日

708

鈐章

軍機大臣欽奉
諭旨會議政務處會奏議覆廣西巡撫張鳴岐奏廣
西省試辦宣統三年預算告竣並歷陳艱窘情形
一摺著依議欽此

軍機大臣署名

臣奕
臣毓
臣那
臣徐

八月初九日

709

鈐章

軍機大臣欽奉
諭旨法部奏江蘇官犯在監恭逢恩詔分別覈擬一
摺陶葸英著不准援免曹澐著准其援免欽此

軍機大臣署名

臣奕
臣毓
臣那假

710

辦理軍機處為咨覆事准法部咨取考試法官

堂銜前來本處堂銜均不克開送相應咨覆

貴部查照可也須至咨者

右咨

法部

宣統二年八月初十日

八月初十日

臣徐

711

鈐章

宣統二年八月十一日内閣奉

上諭雲南迤西道員缺著耿保煃試署欽此

軍機大臣署名

臣奕　臣毓　臣那　臣徐

712

鈐章

軍機大臣欽奉

諭旨郵傳部奏派員查勘雲南鐵路一摺著依議欽此

軍機大臣署名

臣奕　臣毓　臣那　臣徐

八月十一日

713

鈐章

宣統二年八月十二日内閣奉

上諭雲南楚雄府知府員缺著宋聯奎補授欽此

軍機大臣署名

臣奕　臣毓假　臣那　臣徐

714

鈐章

宣統二年八月十二日内閣奉

上諭沈家本著充資政院副總裁欽此

軍機大臣署名

臣奕 臣毓 假 臣那 臣徐

715

鈐章

軍機大臣欽奉

諭旨翰林院侍講學士世榮奏奉天新訂稅則請飭

迅令更正以堅信用而免擾民一摺著度支部查

核辦理欽此

軍機大臣署名

臣奕 臣毓 假 臣那 臣徐

八月十二日

716

鈐章

宣統二年八月十三日内閣奉

上諭廣西右江道員缺著歐陽中鵠補授欽此

軍機大臣署名

臣奕 臣毓 臣那 臣徐

717

鈐章

宣統二年八月十四日内閣奉

上諭出使英國大臣著劉玉麟補授欽此

軍機大臣署名

臣奕 臣毓 臣那 臣徐

718

鈐章

上諭外務部右丞著施肇基補授欽此

宣統二年八月十四日內閣奉

軍機大臣署名

臣奕

臣毓

臣那

臣徐

719

鈐章

上諭外務部右丞著施肇基補授欽此

宣統二年八月十四日內閣奉

軍機大臣署名

臣奕

臣毓

臣那

臣徐

720

鈐章

上諭山東提學使著陳榮昌補授欽此

宣統二年八月十四日內閣奉

軍機大臣署名

臣奕

臣毓

臣那

臣徐

721

鈐章

上諭廣西桂林府知府員缺緊要著該撫於通省知府內揀員調補所遺員缺著舒志補授欽此

宣統二年八月十四日內閣奉

軍機大臣署名

臣奕

臣毓

臣那

臣徐

722
廣西桂林府遺缺知府員缺請
旨簡放

723
鈐章
諭旨憲政編查館奏擬訂各省會議廳規則繕單呈
覽一摺著依議欽此
軍機大臣欽奉
軍機大臣署名
臣奕 假
臣毓
臣那
臣徐
八月十六日

724
鈐章
諭旨理藩部奏豫備憲政謹先擬照成案酌將舊例
擇要變通一摺著依議欽此
軍機大臣欽奉
軍機大臣署名

725
鈐章
宣統二年八月十七日内閣奉
上諭荆州將軍聯芳因病奏請開缺一摺聯芳著准
其開缺欽此
軍機大臣署名
臣奕 假
臣毓
臣那
臣徐
八月十六日

滿座緒 旨

726
鈐章
宣統二年八月十八日内閣奉
上諭禮部奏雲南壽婦潘程氏年一百二十一歲五
臣奕
臣毓
臣那
臣徐

世同堂應如何優加賞賚聲明請旨一摺潘程氏
五世同堂洵屬熙朝人瑞着照例旌表
賞給銀十兩緞一匹並於例賞建坊銀兩外加恩
多賞兩倍再行加賞御書匾額一方用示優異欽此
軍機大臣署名
臣奕　臣毓　臣那　臣徐

727

鈐章

宣統二年八月十八日内閣奉
上諭大學堂總監督着柯劭忞暫行署理欽此
軍機大臣署名
臣奕　臣毓　臣那　臣徐

728

鈐章

宣統二年八月十八日内閣奉
上諭奉天交涉使着韓國鈞補授奉天勸業道着
趙鴻猷補授欽此
軍機大臣署名
臣奕　臣毓　臣那　臣徐

729

鈐章

宣統二年八月十八日内閣奉
上諭黑龍江民政使着趙淵補授欽此
軍機大臣署名
臣奕　臣毓　臣那　臣徐

730

鈐章

宣統二年八月十八日內閣奉

上諭前據御史趙炳麟奏吏部挖改檔册聽人賄買
難廕冒名承襲等語當經諭令廷杰林紹年確查
茲據查明奏稱訊據黃啟捷供稱勾通金店轉託
書吏關說吏部司員賄買難廕知縣屬實并訊明
吏部司員等各供認舞弊得贓不諱朝廷懲戒貪
墨定例綦嚴豈容有不肖之徒以官爲市似此肆
行賄串實屬毫無顧忌未便姑容自應按律問擬
所有此案賄買過贓受財枉法之已革湖南試用
巡檢黃啟捷即黃祖詒已革候選布政司經歷黃
德琨已革吏部筆帖式瑞至奎徵已革吏部員外
郎王憲章均依所擬著絞監候秋後處決吏部筆
帖式文海隆惠著革去筆帖式一併絞監候秋後
處決已革書吏李廷楷即李春泉三益興夥友王
祿昌情節稍輕均依所擬分別流徒吏部筆帖式
寶慶希圖烏布代寫廕冊除照章處罰外仍交都
察院照例議處吏部郎中劉華主事隋勤禮雖不
知情惟並不調查冊卷隨同畫押非尋常疏忽可
比均著交都察院嚴加議處吏部員外郎毓麒主
事梁德懋筆帖式郭永泰國碩麟祐均有考核稽
查之責於其中情弊漫不加察著一併交都察院
照例議處吏部郎中榮厚李坦員外郎黃允中主
事王闓城施兗章均失於覺察著交都察院照例
察議吏部堂官於所屬各員貪贓枉法事前既疏
於防範臨事又毫無覺察吏部丞參各官不能實
力稽察亦有應得之咎均著交都察院分別議處
以示懲儆餘著照所議辦理該衙門知道欽此

軍機大臣署名

臣奕

臣毓

臣那

臣徐

731

鈐章

軍機大臣欽奉

諭旨著陸軍部尚書廕昌著兼充訓練近畿各鎮大
臣之差欽此

軍機大臣署名

臣奕 臣毓 臣那 臣徐

八月十八日

732

鈐章

軍機大臣欽奉

諭旨資政院奏議事細則及分股辦事細則分別繕

單呈覽一摺著依議欽此

軍機大臣署名

臣奕 臣毓 臣那 臣徐

八月十九日

733

鈐章

軍機大臣欽奉

諭旨督辦津浦鐵路大臣徐世昌等奏臚陳津浦鐵

路工款不敷並現在工程喫緊情形一摺知道了

又奏津浦鐵路續借洋款與英德公司擬議合同

繕單列表呈覽一摺著依議欽此

軍機大臣署名

臣奕 臣毓 臣那 臣徐

八月十九日

734

鈐章

宣統二年八月二十日內閣奉

上諭江南鹽巡道員缺著徐乃昌補授欽此

軍機大臣署名

臣奕 臣毓 假

735
據鹽政處咨報江南鹽巡道榮恒因病出缺請
旨簡放

臣那
臣徐

736
鈐章
軍機大臣欽奉
諭旨御史趙熙奏京師考試法官請嚴飭法部認真
辦理一摺考試法官關係重要著法部妥籌辦理
毋滋弊端欽此

軍機大臣署名

臣奕
臣毓（假）
臣那
臣徐

八月二十日

737
鈐章
軍機大臣欽奉
諭旨郵傳部奏議覆浙江巡撫增韞奏請將翰林院
檢討濮登青內閣中書林大同留籍差遣一摺又
奏聲明鐵路公司與普通公司情形不同請飭各
督撫遵照歷次奏案辦理一片均著依議欽此

軍機大臣署名

臣奕
臣毓
臣那
臣徐

八月二十一日

738
鈐章
軍機大臣欽奉
諭旨熊希齡奏籌擬皇室經費以理官產而符憲政
一摺著該衙門知道欽此

軍機大臣署名

臣奕

內原摺鈔交
內務府
度支部
憲政編查館

八月二十一日

臣鯍 臣那 臣徐

739

鈐章

宣統二年八月二十三日內閣奉

上諭督辦鹽政大臣會奏請將四川鹽茶道改為鹽
運使等語四川鹽茶道著改為鹽運使所有川省
茶務著劃歸勸業道管理該衙門知道欽此

軍機大臣署名

臣奕 臣鯍 臣那 臣徐

740

鈐章

宣統二年八月二十三日內閣奉

上諭奉天鹽運使員缺著熊希齡調補欽此

軍機大臣署名

臣奕 臣鯍 臣那 臣徐

741

鈐章

宣統二年八月二十三日內閣奉

上諭四川鹽運使員缺著尹良試署欽此

軍機大臣署名

臣奕 臣鯍 臣那 臣徐

742

鈐章

宣統二年八月二十三日內閣奉

上諭軍諮處奏整頓畿輔陸軍各鎮一摺據稱整飭
軍政當以畫一教育嚴肅紀律為本等語所奏不

為無見所有近畿陸軍第一第二第三第四第五
第六各鎮均著歸陸軍部直接管轄其近畿督練
公所著即裁撤第三第五兩鎮仍在東三省山東
照舊駐紮第二第四兩鎮毋庸歸直隸訓練仍在
直隸駐紮遇有調遣准由該督撫等電商軍諮處
陸軍部請旨辦理現在朝廷講求武備力圖整頓
著陸軍部尚書廕昌於軍事歷練有年應即破除
積習認真辦理毋負委任餘照所請該衙門知道

欽此

軍機大臣署名

臣奕
臣毓
臣那
臣徐

743

鈐章

軍機大臣欽奉

諭旨憲政編查館奏覆核報律繕單呈覽一摺著依
議又奏請派楊壽樞兼充總核一片知道了欽此

軍機大臣署名

臣奕
臣毓
臣那
臣徐

八月二十三日

744

鈐章

軍機大臣欽奉

諭旨載濤等奏擬請變通禁衛軍挑選步馬隊兵丁
辦法一摺所有第四標擬挑選順直山東等處合
格步兵及挑選蒙古合格馬兵辦法尚屬妥善著
依議行欽此

軍機大臣署名

臣奕
臣毓
臣那
臣徐

八月二十三日

745

鈐章

軍機大臣欽奉

諭旨現在近畿陸軍各鎮已有旨歸陸軍部直接管轄所有一切交代事宜著由前訓練近畿各鎮大臣鳳山直隸總督陳夔龍妥速辦理欽此

軍機大臣署名

臣奕　臣毓　臣那　臣徐

八月二十三日

746

鈐章

宣統二年八月二十四日內閣奉

上諭河南布政使朱壽鏞著開缺王乃徵著調補河南布政使欽此

軍機大臣署名

臣奕　臣毓

747

鈐章

宣統二年八月二十四日內閣奉

上諭湖北交涉使著施炳燮試署欽此

軍機大臣署名

臣奕　臣毓　臣那　臣徐

748

鈐章

宣統二年八月二十四日內閣奉

上諭湖北布政使著高淩蔚補授欽此

軍機大臣署名

臣奕　臣毓　臣那　臣徐

臣那　臣徐

749

鈐章

宣統二年八月二十四日内閣奉

上諭禁煙一事禁吸尤要於禁種各省督撫希圖邀
功急於禁種禁運而疏於禁吸已屬非是前飭度
支部派員密查茲據查明覆奏各省於禁種亦不
免粉飾即如吉林黑龍江河南山西福建廣西雲
南新疆等省均經奏報一律清除其實並未淨盡
各該督撫失察及奏報錯誤殊難辭咎均著交部
議處其山西吉林雲南等省從前保案均著撤銷
以示儆戒嗣後各省務當仰體朕意分别緩急嚴
切查禁總期吸煙日少痼疾湔除庶為正本清源
之計其限期内一切善後事宜著度支部會同民
政部土藥統税大臣通盤籌畫妥定辦法奏明請
旨辦理欽此

軍機大臣署名

臣奕 臣毓 臣那 臣徐

750

鈐章

軍機大臣欽奉

諭旨阿穆爾靈圭奏陳明公司開辦日期一摺又擬
請刊刻關防一片均著該衙門知道欽此

軍機大臣署名

臣奕 臣毓 臣那 臣徐

原件交理藩部
欽交農工商部 均同原摺

八月二十四日

751

鈐章

宣統二年八月二十五日内閣奉

上諭徐世昌著授為大學士李殿林著以吏部尚書
協辦大學士欽此

軍機大臣署名

臣奕 臣毓 臣那 臣徐

752

鈐章

宣統二年八月二十五日内閣奉

上諭湖北提學使着王壽彭補授欽此

軍機大臣署名

臣奕 臣毓 臣那 臣徐

753

鈐章

軍機大臣欽奉

諭旨資政院奏恭報資政院召集情形遵章奏請開

院並擬定

監國攝政王代臨資政院禮節繕單呈覽一摺知

道了欽此

軍機大臣署名

臣奕 臣毓 臣那

754

鈐章

軍機大臣欽奉

諭旨吏部奏遵議處分一摺吉林西南路道顔世清

着照部議即行革職吉林巡撫陳昭常應得降一

級留任處分着准其抵銷欽此

軍機大臣署名

八月二十五日

臣奕 臣毓 臣那 臣徐

755

湖北交涉使熊希齡現已調補奉天鹽運使所

遺湖北交涉使一缺請

旨簡放

八月二十五日

756 據吏部咨會同禮部具奏各省孝廉方正六百
餘名定於本月二十五二十六日在
保和殿考試請分日
簡派大臣閲看試卷除應迴避各員例不開列外謹
將各衙門送到銜名繕單進
呈伏候
欽點於二十六日清晨
發下傳集各員聽候宣
旨先行閲看第一日試卷其第二日閲卷銜名應另
行開單請
簡再此次考試人數較多謹查照本年考試優拔貢
成案擬請
派十二人謹
奏

757 硃
○徐世昌
○李殿林
○唐景崇
○廷杰

○壽耆
○張英麟
○林紹年
○陳邦瑞
景厚
郭曾炘
○寶熙
李家駒
○王埥
熙彥
秦綬章
○顧璜
○朱益藩
錫鈞
劉若曾
鈐章

758 宣統二年八月二十六日內閣奉
上諭楊文鼎奏特參庸劣不職各員一摺湖南署桃

花坪通判大挑知縣王文臣屢被控告聲名甚劣
署會同縣知縣大挑知縣蔣亮熙操切任性物議
沸騰前署龍山縣知縣試用知縣盛弼事多廢弛
禁煙不力署道州知州正任湘潭縣知縣杜鼎元
顢頇粗率不洽輿情靖州直隸州州判郝國忠收
受賭規聲名頗劣巴陵縣主簿張四維辦事疏忽
署巴陵縣典史按司獄陸永昌管獄不慎平江縣
典史劉輝廷性嗜賭博辰谿縣黃溪司巡檢王
之賓收受規費不知檢束均著即行革職調署興
甯縣本任湘陰縣知縣李光卓年力就衰人尚謹
飭調署嘉禾縣正任清泉縣知縣魯藩事理欠明
措施亦未妥協益陽縣知縣恭正性情迂拘難勝
繁劇署益陽縣知縣正任辰谿縣知縣王紹鈞辦事
疲軟不知振奮均著開缺又片奏在任候補道寶
慶府知府潘清精力衰邁難期振作等語潘清著
開缺以原品休致餘著照所議辦理該部知道欽此

軍機大臣署名

臣奕

臣毓

臣那

臣徐

759

鈐章

上諭湖南長沙府知府員缺緊要著該撫於通省
知府内揀員調補所遺員缺著劉華補授欽此

宣統二年八月二十六日内閣奉

軍機大臣署名

臣奕

臣毓

臣那

臣徐

760

鈐章

軍機大臣欽奉

諭旨都察院奏遵議處分一摺吏部堂官應得降一
級留任公罪吏部丞參各官應得罰俸一年公罪
各處分均著准其抵銷李殿林查係入闈並未畫
行著准其免議餘依議欽此

軍機大臣署名

臣奕　臣毓　臣那　臣徐

八月二十六日

761 查考試孝廉方正第一日試卷業經
派員閱看完竣其第二日試卷仍應請
簡派大臣閱看謹將各衙門送到銜名再行繕單進
呈伏候
欽點十二人於二十七日清晨
發下傳集各員聽候宣
旨謹
奏

762 硃○ 徐世昌
○○ 李殿林
○ 唐景崇

○ 廷杰
○ 壽耆
○ 張英麟
林紹年
○ 陳邦瑞
景厚
郭曾炘
○ 寶熙
李家駒
○ 王垿
熙彥
秦綬章
○ 顧璜
○ 朱益藩
錫鈞
劉若曾

763 臣徐世昌李殿林唐景崇廷杰壽耆張英麟林紹年陳邦瑞寶熙王垿顧璜朱益藩跪
奏蒙

發下直隸吉林山西湖北四川等省孝廉方正試卷
三百零五本臣等公同校閱謹擬一等二十四名
二等三十七名黏貼黃籤進
呈恭候
欽定俟
發下後再行拆閱彌封另繕名單呈
覽謹
奏

764 臣等查對另頁文句人名均屬相符謹開列名
單恭呈
御覽謹
奏

765 集衆思廣忠益論
通貨積財富國强兵策

766 一等二十四名
朱炳靈

陳垿
魏炳文
陶峻
晏祖樹
葛湖
孫嘉錫
盧慶家
王進賢
王泰階
項鼎馨
黃澤深
羅萬藻
沈樹枏
譚瀛
周鳳璋
朱鳳青
曹徵藩
張樹鼎
鄭德佳

蘇鍾正
薛懋官
聶辛鍊
陳光棨
二等三十七名
王調元
王世清
王興仁
吴琨
安于恆
梅寶璣
曾韻松
孟焚
高培英
張業燿
陳公宜
邱昆玉
羅錫華
王錫圭

蕭錫蕃
朱炳華
羅紹文
屈開坊
劉震
喻明德
殷銘湛
李錦心
鄧振鏞
劉慶鴻
饒應銘
劉昶育
洪紹虞
翟相臣
石鳳翥
司椿華
賈善政
游昞銳
王培基

焦懷炳
劉澍
杜毓清
劉鑑古

767

鈐章

宣統二年八月二十七日內閣奉
上諭順天府奏援案請賞米石各摺片現在節近寒
令近畿一帶貧民生計維艱所有朝陽安定西直
等門外三處粥廠共恩賞粟米一千二百石藍靛
廠粥廠恩賞粟米三百石資善堂暖廠恩賞粟米
三百石同仁粥廠恩賞粟米三百石廣仁堂恩賞
粟米三百石敬節會善堂恩賞粟米一百五十石
均著加恩賞給由順天府具領發交各該處員紳
妥為散放仍著俟各處教養局開辦後另行變通
辦理王照園等處粥廠業已改設教養局習藝所
所有米石仍著照案賞給以惠窮黎欽此

軍機大臣署名

臣奕

臣毓
臣那
臣徐

768

鈐章

宣統二年八月二十七日內閣奉
上諭陸潤庠著充東閣大學士徐世昌著充體仁閣
大學士欽此

軍機大臣署名

臣奕
臣毓
臣那
臣徐

769

鈐章

宣統二年八月二十七日內閣奉
上諭安徽布政使著連甲補授欽此

軍機大臣署名

臣奕

臣毓
臣那
臣徐

770

欽章

宣統二年八月二十七日內閣奉

上諭江蘇蘇松太道員缺著劉燕翼調補林景賢著

補授江蘇常鎮通海道欽此

軍機大臣署名

臣奕
臣毓
臣那
臣徐

771

欽章

宣統二年八月二十七日內閣奉

上諭度支部奏關道玩誤要款據實糾參一摺蔡乃

煌於辦理款項罔利營私居心狡詐不顧大局著

先行革職並著張人駿程德全飭令該革道將經

手款項勒限兩箇月悉數繳清倘逾限不繳再行

從嚴參辦欽此

軍機大臣署名

臣奕
臣毓
臣那
臣徐

772

欽章

軍機大臣欽奉

諭旨度支部奏遵章試辦宣統三年預算繕表呈覽

并瀝陳財政危迫情形請飭會議政務處會同集

議奏請施行一摺著會議政務處議奏又奏預算

册逾限未到俟覈明另摺奏請一片又奏各省關

預算册內有漏列款項應俟預算粗定後再行奏

明辦理一片均知道了欽此

軍機大臣署名

臣奕
臣毓

臣那

臣徐

八月二十七日

773 臣徐世昌李殿林唐景崇廷杰壽耆張英麟陳邦瑞郭曾炘李家駒熙彥秦綬章朱益藩跪

奏

蒙

發下江蘇安徽山東河南陝西甘肅福建浙江江西廣東雲南等省孝廉方正試卷三百二十四本臣等公同校閱謹擬一等二十六名二等三十九名黏貼

黃籤進

呈恭候

欽定俟

發下後再行拆閱彌封另繕名單呈

覽謹

奏

774 臣等查對另頁文句人名均屬相符謹開列名單恭呈

御覽謹

奏

775 開誠心布公道論

移民實邊策

776 一等二十六名

周紘順

劉汝巖

舒家駿

邱月華

黃鴻澄

韓志璟

張道瀛

曹寯禮

朱家訓

徐淮生

藍晉琦

王永晉

湯松年

徐讓

劉振鏞

單金銘
曹汝驤
李敬珍
燕詒
孟振先
黄經閣
古肇文
夏文彬
李士選
杜履賢
温鳳翔
二等三十九名
林挺芝
王亮臣
許珪封
張青選
凌鴻鼎
閻士相
劉樹聲

祝宗澧
張錫鞶
楊廷俊
張牧韓
高祖蕃
魏夢雲
鄭敬濤
房步瀛
臺世楨
趙麟臺
鄒聞俊
裘章淦
劉子鎮
方道南
王緒昌
李學宗
蘇鵬賡
梁文禮
蔡以時

尚桂文
陳鸞誥
張永源
王任
陳涵章
王海山
陳仰辰
佘師端
黃漢章
趙澤春
潘文江
景藝林
高世傑

777

欽章

軍機大臣欽奉
諭旨出使大臣劉玉麟沈瑞麟均著賞給二等第一
寶星欽此

軍機大臣署名

臣奕 假
臣毓
臣那
臣徐

八月二十八日

778

欽章

軍機大臣欽奉
諭旨壽勳鳳山奏近畿陸軍第一鎮校閱著有成效
出力各員照章擬獎繕單呈覽一摺著該衙門議
奏又奏署統制官提督銜甘肅河州鎮總兵何宗
蓮等請從優鼓勵一片何宗蓮容齎均著交部議
敘又奏現署第三鎮統制官前第一鎮協統領官
儘先補用副將曹錕請免補副將以總兵記名一
片曹錕著免補副將以總兵記名簡放又奏二品
銜陸軍正參領盧靜遠請賞換副都統銜一片盧
靜遠著賞換副都統銜單併發欽此

軍機大臣署名

臣奕 假

臣毓
臣那
臣徐

779

鈐章

軍機大臣欽奉

諭旨順天府奏查明州縣被參各款據實覆陳一摺

知道了欽此

軍機大臣署名

臣奕
臣毓
臣那
臣徐

八月二十九日

780

鈐章

軍機大臣欽奉

諭旨資政院奏酌擬資政院議員公費旅費規則並

別訂旅費數目繕單呈覽一摺著依議又奏咨調

續調各員銜名分繕清單奏明立案一摺又奏續

調人員候選知府俞朝榮前奏俞字誤作余字更

正立案一片均知道了欽此

軍機大臣署名

臣奕
臣毓
臣那
臣徐

八月二十九日

781

鈔章

宣統二年九月初一日內閣奉

上諭前經降旨以本年八月二十日為資政院第一次召集之期爾議員等各能遵守定章將開院以前應有事宜妥行準備茲據奏報成立秩序謹嚴朕心實深嘉悅欽惟我兼祧

皇考德宗景皇帝慨念時艱深思政本仰承

慈訓俯順人情毅然宣布德音豫備立憲開千古未有之創局定百世不易之宏規凡我臣民同深悅服朕承

先朝付託之重御極伊始即以實行憲政為繼

志述

事之大端疊諭內外臣工按照籌備清單次第舉辦而資政院為上下議院之基礎尤為立憲政體之精神經畫數年規模已具中外觀聽咸在於茲今當開院會集之初朕特命軍機大臣暨參預政務大臣將各項案件妥慎籌擬照章交議爾議員等其各泯除成見奮發公心上為朝廷竭協贊之忠下為民庶盡代議之責弼宏功於未竟垂令範於將來朕與億兆臣民實嘉賴焉將此特諭知之欽此

軍機大臣署名

臣奕 臣毓 臣那 臣徐

782

第一次送交資政院議案摺五件單六件

計開

農工商部原摺一件

擬訂保險規則單一件

擬訂運輸規則單一件

憲政編查館原摺一件

覆覈報律單一件

學部原摺一件

酌擬地方學務章程單一件

理藩部原摺一件

振興實業畫一刑律辦法單一件

民政部原摺一件

擬訂著作權律單一件

用小文片送資政院

783

監國攝政王資政院開院訓辭

本監國攝政王自奉

詔攝政以來時局艱難夙夜警惕賴諸王大臣等同心

匡弼仰承

遺訓將憲政籌備各事次第施行茲屆資政院成立舉行第一次開院之禮得以躬蒞盛典聿觀厥成曷勝欣悅方今世際大同文明競進舉凡立國之要端在政治通達法度修明尤在上下一心和衷共濟資政院為代表輿論之地各議員等皆朝廷所信任民庶所推崇必能殫竭忠誠共襄大計擴立憲之功用樹議院之楷模豈惟中國前此未有之盛舉亦實於國家前途有無窮之厚望者也各議員其共勉之

784

鈐章

宣統二年九月初一日內閣奉

上諭黑龍江呼倫道員缺著宋小濂補授璦琿道員缺著姚福升補授欽此

軍機大臣署名

臣奕 臣毓 臣那 臣徐

785

鈐章

宣統二年九月初二日內閣奉

上諭調署伊犁副都統兼塔爾巴哈台參贊大臣科布多辦事大臣錫恒由內務府司員外任道員受

先朝特達之知擢授科布多辦事大臣到任數年於一切創辦事宜慘淡經營規模畢具保障邊疆正資得力乃以積勞成疾遽爾溘逝軫惜殊深加恩著照都統例賜卹任內一切處分悉予開復應得卹典該衙門察例具奏賞銀一千兩由廣儲司給發准其入城治喪靈柩回旗時沿途地方官妥為照料該大臣有無子嗣著該旗查明具奏候旨施恩

以彰勞勩欽此

軍機大臣署名

臣奕

臣毓

臣那

臣徐

786 光緒十八年九月十八日內閣奉

上諭駐藏辦事大臣升泰老成練達懋著勤勞由部曾外任知府游擢藩司簡放伊犁參贊大臣署理烏魯木齊都統補授內閣學士兼禮部侍郎銜派為駐藏幫辦大臣旋授辦事大臣抵藏以來於地方利弊加意講求力圖整頓籌辦邊界事務尤能精心區畫勞瘁不辭遽因染瘴在任進岡行營病故殊深悼惜加恩著照都統例賜卹任內一切處分悉予開復應得卹典該衙門察例具奏賞銀一千兩由藏庫發給准其入城治喪靈柩回旗時著沿途地方官妥為照料伊子壽蓉著賞給主事俟及歲時分部行走用示篤念藎臣至意欽此

787 光緒二十六年四月十九日內閣奉

上諭駐藏辦事大臣文海由京職簡放知府游擢臬司補授駐藏辦事大臣到任以來辦理藏務及交涉事宜均能盡心擘畫卓著勤勞上年因博窩番情不靖力疾前往收撫本年二月間回川就醫歿於王卡塘途次殊深軫惜文海著加恩照尚書例賜卹任內一切處分悉予開復應得卹典該衙門察例具奏賞銀一千兩由四川藩庫給發准其入城治喪靈柩回旗時著沿途地方官妥為照料該大臣有無子嗣著該旗查明具奏候旨施恩用示篤念藎臣至意欽此

788 鈐章

宣統二年九月初二日內閣奉

上諭此次驗看之學部考驗游學畢業生吳乃琛刁作謙羅忠詒朱公釗劉冕執席聘臣沈覲扆張嘉森江古懷周啟濂均著賞給法政科進士林葆恆著賞給文科進士劉慶綬方擎張修敏薛宜琪沈王楨均著賞給醫科進士俞同奎何育杰盧公輔

均著賞給格致科進士葉可樑汪果陳訓昶淩春
鴻崔潮劉先鶩梁賚奎均著賞給農科進士張景
光嚴恩棫朱葆勤孫多鈺諸翔趙世瑄鍾偉林天
民董如奉黄曾銘謝培筠朱天奎高勝儒廖炎黄
瀛元李新益屠密胡驤王蔚文方時簡韓楷孫昌
潤韓振華楊壽桐薛楷劉國珍羅聽餘唐在賢趙
建熙彭炳均著賞給工科進士楊德森吳鼎昌劉
崇傑均著賞給商科進士劉吉祺翁敬棠楊景斌
余紹宋徐維震邵長光廖世功楊彥清金泰徐造
鳳朱斯芾林祖繩何陶嚴式超張瞻梅詒穀周翰
張反棟余名銓張競勇郭秀如魏斯炅馮斯欒周
澤春伍學灃郁華馮有略吳灼昭郁應龢蕭增秀
沈鴻仇預薛天眷祝撰望雷震但燾汪汝梅徐觀
巫德源董森榮陞余和治龍靈于瀚清薛良陳文
中陳希曾段世垣馬光護尹耕莘劉啟晴周東鈞
柴宗濼馮有恆鄭斬金元潤黄翼杜雲程王毓芳
姚震陸家鼐金其堡高巨瑗葉培新孫世偉熊彥
李允楷吳鐸郭章鋆程家穎楊問衡石福籛周大
鈞李燿忠張炳星薛光錩童顯漢鄧更劉孝純陳

鴻慈吳懿陳彥彬王潤彭繼昌郭襄臣方庚源盧
柱生陳國鏞經家齡歐陽啟勳黄中塏蕭鴻烈趙
恆默劉大魁袁鳳曦晏才傑馮霈屈熾胡光晉胡
薰淩肇倫胡傳恩雷寶森駱繼漢嚴端何蔚邱開
駿啟彬鍾銑郭恩澤夏嵩廖恩煦徐元誥胡懌黄
寶森熊嶧鄺維楨高國焕馮柱孔紹堯洪達江忠
章李廷斌張鴻鼎余若瑔徐金熊蔣瑩英徐麟祥
李柯羅仁博潘光祖沈復成祚李維翰黄騫梁同
愷馮英俊劉蕃黄耀鳳任秉璋蔡元康葉瑞棻周
達壽胡國臣光昇陳受中鄒延棻邱冠棻劉焰張
振鏞鄒樹聲王懋昭潘大道劉健張天宋劉傑夫
何超張德憲謝正權楊耀卿張福照陳履潔周鴻
熙莊浩鄭汝璋范潤書田煜璠張淑舉王曉東光
晟陳藻周衡李培業袁本貴何宗瀚汪炳南陳襄
廷宋仲佳鄭憲武俞仁愈申鍾嶽謝家鴻孫鏜韓
殿琦唐士杰龍圖楊拱姚潤仁錢崇固滕驥徐藻
楹陳英孫德震瞿翔李昫夏國賓王光鼎孫景賢
池文藻鍾寶華高贊鼎葉大榮王邦屏黄德馨張
蓋臣沈秉誠劉鏡清黄紹儁王鍾駪張德潢蔣義

明吳東成盧尚同馬光裕邵箴黄宗麟蕭露華張
燿陳翽陳佑清王英濰趙從懿錢鴻鈞羅家衡李
國珍嚴慎修周英雷光曙程鵬年黄永孚徐炳成
趙家璧陳煦光積齡葉諄熊李國鐄楊勉之李鶴
經黄鳳翔楊悌陳福民歐陽景東黄甲丁鑑修熊
兆周俞道暄陽光球曾彥岳秀華李惠人李鍾濂
韋榮熙洪榮圻倪啟瑞袁家普程懋王邕闓和鈞
林瑩李世恩胡善恩吳玉成田汝翼曹廣涵滚運
鈞殷汝熊蔣邦彥鄭隆驤均著賞給法政科舉人
阮鑑光曹位康張廷霖郭登瀚許壽裳張萬田王
海鑄蘇壽松李培鎏陳榮鏡王鑄均著賞給文科
舉人王麟書汪行恕蔣履曾戴棣齡鮑鏴均著賞
給醫科舉人彭清鵬顧實瑚金曾澄周步瑛朱叔
麟黄以仁黄際遇朱文熊胡樹楷張邦華鄧瑞槃
均著賞給格致科舉人張明綸劉安欽鄭桓張正
坊郭實懿岑兆麟朱顯邦楊熙光杜慎媿王澄清
萬晶忠楊兆鵬瞿祖熊嚴少陵吳錫忠胡光普吳
燮許文光黄公邁倪紹雯均著賞給農科舉人祝
長慶楊剛泰銘博何壽彭武濬源李宣諫孫慶澤

何長祺孫嘉祿諸人龍韓榮昌萬嘉璧方興楚施
霖錢均張大椿王道昌鄔肇元姚履亨陳佐漢劉
導王靖先李邦燦張繼業邵文鎔梁元輔均著賞
給工科舉人吳在章范季美唐在章周錫經薛宜
璿曾膺李澂汪廷襄程承遹錢懋勛劉桐葉昌燾
祝毓瑛楊汝驤陳日平董元春章家駿張競立李
涵真袁梅何焯時劉石蓀周蓋臣張金燦趙之驊
張清槐謝霖吳會英顧時濟朱其振黄傳綸黄如
棟張家亨李作賓李士炯后大經孫壽恩劉光笏
楊陰喬曹楨冀鼎鉉張國棟郝文燦周實鎏張冕
光胡源鴻黄行藻蔣道南李協中均著賞給商科
舉人欽此

軍機大臣署名

臣奕
臣毓
臣那
臣徐

789
鈐章
軍機大臣欽奉
諭旨郵傳部奏吉長鐵路將屆行車酌擬接聯營業
辦法一摺知道了欽此
軍機大臣署名
臣奕
臣毓
臣那
臣徐
九月初二日

790
鈐章
軍機大臣欽奉
諭旨郵傳部奏分年籌辦郵政繕單呈覽一摺著依
議又奏裁改驛站擴充郵政一片著陸軍部核議
具奏欽此
軍機大臣署名
臣奕
臣毓
臣那
臣徐
九月初二日

791
鈐章
軍機大臣欽奉
諭旨修訂法律大臣會奏刊印現行刑律裝冊呈覽一
摺知道了欽此
軍機大臣署名
臣奕
臣毓
臣那
臣徐
九月初二日

792
鈐章
宣統二年九月初三日內閣奉
上諭開缺湖南岳常澧道熙楨著仍以道員記名簡
放欽此

軍機大臣署名

臣奕　臣毓　臣那　臣徐

793

鈐章

軍機大臣欽奉

諭旨不入八分輔國公憲章奏軍學軍械關緊重要擬請籌設陸軍專門各學堂并開設兵工各廠以畫一軍械一摺著該衙門知道欽此

軍機大臣署名

臣奕　臣毓　臣那　臣徐

九月初三日

794

鈐章

軍機大臣欽奉

諭旨資政院奏開院奉旨訓勉代表全院議員敬陳感激下忱一摺知道了欽此

軍機大臣署名

臣奕　臣毓　臣那　臣徐

九月初三日

795

鈐章

軍機大臣欽奉

諭旨貝勒載洵等奏現修崇陵工程情形一摺又奏遴員派充監督一片均知道了欽此

軍機大臣署名

臣奕　臣毓

九月初四日

臣那
臣徐

796

鈐章

宣統二年九月初五日内閣奉

上諭督辦墾務署綏遠城將軍信勤奏因病懇請開去差缺回旗調理一摺信勤著准其開去差缺欽此

軍機大臣署名

臣奕
臣毓
臣那
臣徐

797

九月初六日引

見人員

吏部三十五人

學部十人

農工商部二人

正紅旗漢軍九人

茶膳房十二人

共六十八人

798

鈐章

宣統二年九月初六日内閣奉

上諭此次引見游學畢業考列優等之庶吉士錢崇威著授職編修並加侍講銜出洋供差期滿之庶吉士章祖申著授職編修進士館游學畢業考列優等之度支部主事章圭瑑著仍以主事留度支部儘先補用欽此

軍機大臣署名

臣奕
臣毓
臣那
臣徐

799

鈐章

宣統二年九月初六日内閣奉

上諭河南提法使著和爾賡額補授欽此

軍機大臣署名

臣奕 臣毓 臣那 臣徐

800

鈐章

宣統二年九月初六日內閣奉

上諭資政院奏廣西禁煙展限諮議局全體辭職照章覈辦一摺著該撫仍照上年公布辦法妥速辦理并飭令諮議局迅赴召集照章議事欽此

軍機大臣署名

臣奕 臣毓 臣那 臣徐

801

鈐章

宣統二年九月初六日奉

旨綏遠城將軍著堃岫調補並著暫辦墾務事宜欽此

滿屋繕旨

軍機大臣署名

臣奕 臣毓 臣那 臣徐

802

鈐章

宣統二年九月初六日奉

旨烏里雅蘇台將軍著奎芳補授欽此

滿屋繕旨

軍機大臣署名

臣奕 臣毓 臣那 臣徐

803
鈐章
軍機大臣欽奉
諭旨吏部奏此次考試孝廉方正請定引見日期一
摺著於九月十五日帶領引見欽此
軍機大臣署名
臣奕
臣劻
臣那
臣徐
九月初六日

804
鈐章
軍機大臣欽奉
諭旨本日吏部引見漢給事中八員均未到班著吏
部查明覆奏欽此
軍機大臣署名
臣奕
臣劻
臣那
臣徐
九月初六日

805
鈐章
軍機大臣欽奉
諭旨此次引見州縣事實列入最優等侯補直隸州
後以應升之缺升用在任候補直隸州知州前陝
西富平縣知縣易國勳著在任以知府補用欽此
軍機大臣署名
臣奕
臣劻
臣那
臣徐
九月初六日

806
州縣事實列入最優等侯補直隸州後以應升
之缺升用在任候補直隸州知州前陝西富平
縣知縣易國勳
旨著在任以知府補用

807
鈐章
軍機大臣欽奉

諭旨本日引見之已革廣西興業縣知縣唐汝霖已革雲南候補知縣朱壽祺均著以縣丞用欽此

軍機大臣署名

臣奕
臣毓
臣那
臣徐

九月初六日

808 查辦起用已革廣西興業縣知縣唐汝霖

旨著以縣丞用

查辦起用已革雲南候補知縣朱壽祺

旨著以縣丞用

809 鈐章

軍機大臣欽奉

諭旨本日引見之已革浙江縉雲縣知縣范傳衣著開復原官欽此

軍機大臣署名

臣奕
臣毓
臣那
臣徐

九月初六日

810 被參究抑已革浙江縉雲縣知縣范傳衣

旨著開復原官

811 鈐章

宣統二年九月初七日內閣奉

上諭陸潤庠著充稽察欽奉上諭事件處欽此

軍機大臣署名

臣奕
臣毓
臣那
臣徐

812
硃○
派稽察欽奉
上諭事件處漢大學士名單
大學士陸潤庠
大學士徐世昌
應

813
鈐章
軍機大臣欽奉
諭旨民政部奏請修永佑廟工程一摺着民政部迅
速估修欽此
軍機大臣署名
臣奕
臣毓
臣那
臣徐
九月初七日

814
鈐章
上諭前因皖北災情甚重當經電飭張人駿朱家寶
宣統二年九月初八日内閣奉
查明現在情形妥擬辦法詳細電奏兹據電陳皖
北匪平後善後方法及現辦賑撫並籌款情形等
語皖省地方漸就安靖惟連年災歉仍須嚴密設
防所擬分部各營辦法尚屬妥協即着該督等嚴
飭各營認真防範毋稍疏懈至所稱各屬災區過
廣為日方長民生困苦已極殊堪憫惻着再賞給
帑銀二萬兩由度支部撥給交該督撫分飭印委
各員妥實散放以資拯救所請截留京餉十萬兩
之處着度支部議奏餘照所請欽此
軍機大臣署名
臣奕假
臣毓
臣那
臣徐

815

鈐章

軍機大臣欽奉

諭旨御史黄瑞麒片奏各省候補人員擁擠請將新章以前分發之府經以下各員有願改歸本省候補者呈請督撫咨明吏部即由各該督撫給咨遣回本省免繳捐離改指銀兩等語着會議政務處議奏欽此

軍機大臣署名

臣奕假

臣毓

臣那

臣徐

九月初八日

816

鈐章

軍機大臣欽奉

諭旨廷杰等奏查明陸軍部辦理龔稽大概情形並隔省關傳殊多窒礙請交原省就近訊辦一摺着依議欽此

817

滿頭班

花翎二品銜領班三品章京英秀

花翎二品銜幫領班四品章京文年

三品銜在任即選知府章京郎中麟祥

花翎三品銜俟升四品後賞加二品銜章京郎中裕銘

章京候補侍讀中書海桂

章京候補員外郎伊密揚阿

花翎四品銜章京員外郎存瑞

額外章京法部候補主事伊星阿

花翎三品銜在任即選道額外章京上行走鍾佩

漢頭班

花翎二品銜領班三品章京楊壽樞

軍機大臣署名

臣奕假

臣毓

臣那

臣徐

九月初八日

二品銜幫領班四品章京徐宗溎
三品銜章京郎中劉慶篤
花翎四品銜章京主事趙國良
四品銜章京主事張潤
四品銜章京主事宋子聯
三品銜章京　記名繁缺知府郎中楊芾
花翎員外郎銜章京候補主事曾文玉
章京編修黄彥鴻
額外章京内閣候補中書秦樹忠
滿二班
花翎二品銜領班三品章京聯綬
花翎三品銜幫領班四品章京成俊
花翎三品頂戴俟升四品後　賞加二品銜章京郎中榮全
花翎三品銜　記名道府俟升四品後　賞加二品銜章京郎中常泰
花翎四品銜章京主事鴻恩
四品銜章京主事興廉
四品銜章京員外郎星輅
章京録事官松海
漢二班

二品銜領班三品章京易貞
二品銜領班上行走三品章京華世奎
花翎幫領班四品章京趙廷珍
三品銜章京　記名繁缺知府郎中孫筍經
四品銜章京主事盧文明
四品銜章京主事邢維經
三品頂戴章京員外郎萬雲路
花翎四品銜章京主事雷延壽
四品銜章京編修楊渭
額外章京法部學習主事呂式斌
額外章京内閣候補中書江保傳

818

鈐章

宣統二年九月初九日内閣奉
上諭孟冬時享
太廟遣善耆恭代行禮
後殿派訥勒赫行禮兩廡派錫明札克丹各分獻欽此
軍機大臣署名
臣奕

臣毓
臣那
臣徐

819
鈐章
宣統二年九月初九日内閣奉
上諭湖北武昌鹽法道員缺著黄祖徽補授欽此
軍機大臣署名
臣奕
臣毓
臣那
臣徐

820
鈐章
軍機大臣欽奉
諭旨翰林院代奏編修王會釐呈請精練陸軍兼興
海軍并製飛行艇機以圖自强等語著該衙門知
道欽此
軍機大臣署名

原件交軍諮處
另鈔交陸軍部 海軍處
均同王會釐抄呈
九月初九日
臣奕
臣毓
臣那
臣徐

821
九月初十日引
見人員
正白旗蒙古一人
正紅旗滿洲二人
前鋒護軍統領二十六人
内務府六人
茶膳房三十人
共六十五人

822
鈐章
宣統二年九月初十日内閣奉
上諭專司訓練禁衛軍大臣貝勒載濤等奏請頒給
爵章一摺管理陸軍貴胄學堂事務貝勒載潤著

賞給貝勒爵章欽此

軍機大臣署名

臣奕 臣毓 臣那 臣徐

823

鈐章

諭旨翰林院侍讀王榮商片奏京官薪水漫無限制請議定京俸章程力求撙節等語著該衙門知道欽此

軍機大臣欽奉

軍機大臣署名

臣奕 臣毓 臣那 臣徐

九月初十日

824

鈐章

諭旨翰林院侍讀王榮商片奏請申明例禁賭博等語著該衙門知道欽此

軍機大臣欽奉

軍機大臣署名

臣奕 臣毓 臣那 臣徐

九月初十日

825

鈐章

宣統二年九月十一日内閣奉

上諭信勤現開署缺埜岫未到任以前綏遠城將軍著瑞良暫行署理並兼辦墾務事宜欽此

軍機大臣署名

臣奕 臣毓 臣那 臣徐

826
鈐章
軍機大臣欽奉
諭旨翰林院侍讀學士惲毓鼎奏京外各問刑官往往以重案久懸為慎重以致拖累無辜經年不決請飭京外承審衙門申明定限嚴定考成一片著法部知道欽此
軍機大臣署名
臣奕
臣毓
臣那
臣徐
九月十一日

827
九月十二日引
見人員
吏部二十三人

828
鈐章
宣統二年九月十二日内閣奉
上諭瑞良現署綏遠城將軍吏部右侍郎着吳郁生署理欽此
軍機大臣署名
臣奕
臣毓
臣那
臣徐

829
鈐章
軍機大臣欽奉
諭旨郵傳部奏派員查明湖南湖北路工暨股捐各款情形一摺知道了欽此
軍機大臣署名
臣奕
臣毓
臣那
臣徐
九月十二日

830

鈐章

軍機大臣欽奉

諭旨御史崇芳奏京城銀錢鋪號關閉多家請飭部

維護並籌善後之法一摺着該衙門知道欽此

軍機大臣署名

臣奕

臣毓

臣那

臣徐

九月十二日

831

鈐章

軍機大臣欽奉

諭旨盛宣懷奏捐貲籌建上海圖書館成立請賞匾

額書籍一摺着賞給御書匾額一方欽此

軍機大臣著名

臣奕

臣毓

832

硃〇

候補侍郎名單

丁振鐸

吴郁生

張亨嘉

九月十二日

臣那

臣徐

833

應調署侍郎名單

外務部左侍郎胡惟德

右侍郎曹汝霖

吏部左侍郎于式枚

民政部左侍郎烏珍

右侍郎林紹年

度支部左侍郎紹英

右侍郎陳邦瑞

禮部左侍郎景厚

右侍郎郭曾炘
學部左侍郎寶熙
右侍郎李家駒
陸軍部左侍郎壽勳
右侍郎姚錫光
法部左侍郎紹昌
右侍郎沈家本 現充修訂法律大臣
農工商部左侍郎熙彥
右侍郎楊士琦 現在出差
郵傳部左侍郎汪大燮 現在出差
右侍郎盛宣懷
理藩部左侍郎達壽
右侍郎恩順
倉場侍郎桂春
俞廉三
大理院卿定成
應署侍郎名單
內閣學士麒德
瑞豐 現兼署造幣總廠正監督

毓隆
那晉
榮勳
溥善 現署農工商部右侍郎
楊佩璋
李聯芳
王垿 現署法部右侍郎
陳寶琛
宗人府府丞朱益藩
副都御史伊克坦
陳名侃
翰林院學士錫鈞
許澤新
大理院少卿劉若曾
834
九月十三日引
見人員
起居注四人
禮部三人

步軍統領衙門六人
領侍衛內大臣十二人
鑲紅旗滿洲四人
內務府二人
圓明園六人
共三十七人

835 鈐章

宣統二年九月十三日內閣奉
上諭前陝西巡撫曹鴻勛由翰林入直上書房嘗掌
文衡外任道府洊涉疆圻嗣因開缺奏
旨來京派充資政院協理宣力有年克勤厥職茲聞溘
逝軫惜殊深加恩著照巡撫例賜卹任內一切處
分悉予開復應得卹典該衙門查例具奏欽此
軍機大臣署名
臣奕
臣毓
臣那
臣徐

836
光緒十九年二月二十三日內閣奉
上諭吳大澂奏大員在籍病故代遞遺疏一摺原任
山東巡撫陳士杰於咸豐年間在湖南本籍帶勇
防堵屢著戰功嗣由監司洊擢封圻克勤厥職旋
奉旨來京候簡賞假回籍茲聞溘逝軫惜殊深陳
士杰著加恩照巡撫例賜卹任內一切處分悉予
開復應得卹典該衙門察例具奏欽此

837
宣統二年正月十一日內閣奉
上諭前福州將軍景星由部屬簡放道員歷任按察
使布政使洊擢湖北巡撫福州將軍均能克勤厥
職嗣因患病准予開缺回旗調理嗣經派充資政
院協理大臣禁煙大臣辦理一切悉臻妥協茲聞
溘逝軫惜殊深加恩著照將軍例賜卹任內一切
處分悉予開復應得卹典該衙門察例具奏伊子
蔭琦著以郎中補用欽此

838 鈐章
軍機大臣欽奉

諭旨度支部奏請簡派王大臣盤查金銀庫一摺著
派載濤王魁斌尚書唐景崇盤查欽此
軍機大臣署名
臣奕
臣毓
臣那
臣徐
九月十三日

839
鈐章
軍機大臣欽奉
諭旨本日補行引見取列二等之優生董增恆著以
鹽運司經歷散州州判府經歷縣丞掣籤分省補
用欽此
軍機大臣署名
臣奕
臣毓
臣那

840
鈐章
軍機大臣欽奉
諭旨陳夔龍奏永定河安瀾請獎出力各員一摺永
定河道呂珮芬等各員均照所請給獎餘依議該
部知道欽此
軍機大臣署名
臣奕
臣毓
臣那
臣徐
九月十三日
臣徐

841
鈐章
宣統二年九月十四日內閣奉
上諭盛京副都統德裕著兼署金州副都統欽此
軍機大臣署名
九月十三日

臣奕
臣毓
臣那
臣徐

842

鈐章

宣統二年九月十四日奉

旨盛京副都統著德裕補授並充

福陵

昭陵守護大臣欽此

滿屋繕 旨

軍機大臣署名

臣奕
臣毓
臣那
臣徐

843

鈐章

宣統二年九月十四日內閣奉

上諭盛京副都統兼守護大臣多文由防禦薦升翼長協領遊升盛京副都統兼守護大臣老成穩練克勤厥職茲聞溘逝軫惜殊深加恩著照副都統例賜卹任內一切處分悉予開復應得卹典該衙門察例具奏欽此

軍機大臣署名

臣奕
臣毓
臣那
臣徐

844

宣統元年八月二十二日內閣奉

上諭正黃旗蒙古副都統善旌由應封宗室二等侍衛挑在乾清門行走授鎮國將軍擢頭等侍衛游升副都統均能勤職茲聞溘逝軫惜殊深加恩著照副都統例賜卹任內一切處分悉予開復應得卹典該衙門察例具奏欽此

845

鈐章

軍機大臣欽奉

諭旨憲政編查館奏官制未定官俸章程礙難釐訂
請將頒布官制及試辦年限提前頒布官俸章程
及實行年限展後一摺著依議欽此

軍機大臣署名

臣奕 臣毓 臣那 臣徐

九月十四日

846

鈐章

軍機大臣欽奉

諭旨憲政編查館奏請將各省循例具奏事件酌擬
改咨由各衙門分別彙奏專奏開單呈覽一摺所
有單開各條硃圈者仍行具奏餘依議欽此

軍機大臣署名

臣奕 臣毓 臣那

臣徐

九月十四日

847

九月十五日引
見人員

吏部一百二十五人

848

鈐章

宣統二年九月十五日內閣奉

上諭本日引見孝廉方正考取一等之舉貢朱炳靈
陳埻陶峻盧慶家黃澤深周鳳璋邱日華徐淮生
徐謙孟振先教授葛潮縣丞張道瀛藍晉琦八品
錄事王進賢教諭夏文彬均著以知縣用廩增附
監生魏炳文晏祖樹孫嘉錫王泰階項鼎馨羅萬
藻沈樹楠譚瀛朱鳳霄曹徽濤張樹鼎鄭德佳蘇
鍾正薛懋官聶辛鍊陳光榮周紘順劉汝嚴舒家
駿黃鴻澄韓志璟曹守禮朱家訓王永昔湯松年
劉振鏞單金銘曹汝驤李敬珍燕詒黃經閣古肇
文李士選杜履賢溫鳳翔均著以直隸州州判州

判鹽運司經歷用考取二等之舉人劉慶鴻劉鑑
古均著以直隸州州同布政司經歷理問用五貢
安于恆高培英張棠燿賈善政林挺芝闞士相高
祖蓉鄒開俊王海山景藝林均著以直隸州州判
州判鹽運司經歷用廩增附監生王調元王世清
王興仁吳琨梅寶瑗曾韻松孟熒陳公宜邱崑玉
羅錫華王錫圭蕭錫蕃朱炳華羅紹文屈開坊劉
震瑜明德殷銘湛李錦心鄧振鼇饒應銘劉昶育
洪紹慶翟相臣石鳳翥司椿華游炳錕王培基焦
懷炳劉澍杜毓清王亮臣許珪封張肯選淩鴻鼎
劉樹聲祝宗澧張錫聲楊廷俊張牧韓魏夢雲鄭
敬濤房步瀛臺世楨趙麟臺裘章淦劉子鎮方道
南王緒昌李學宗蘇鵬賡梁文禮尚桂文陳鶯謌
張永源王任陳涵章陳仰宸佘師端黃漢章趙澤
春高世傑均著以府經歷縣丞州吏目縣主簿道
庫大使用其餘未經錄取各員均著賞給六品頂
戴該部知道欽此

軍機大臣署名　臣奕假

臣毓　臣那　臣徐

849

鈐章

軍機大臣欽奉
諭旨所有關係此次上海一切款項事宜著度支部
隨時查核具奏欽此

軍機大臣署名　臣奕假　臣毓　臣那　臣徐

九月十五日

850

鈐章

宣統二年九月十六日內閣奉
上諭詔舉孝廉方正本係臯恩特典亟應嚴行甄覈
切實選舉查此次各省所保多至百數十人少亦

數十八雖因考試縮短年限亦豈可過於冒濫嗣
後各省保舉此項員生著各督撫通飭所屬按照
定例悉心選擇從嚴甄取必其人品行卓著鄉望
素孚確有事實者方准列保以重名器而勵風俗
欽此

軍機大臣署名

臣奕 臣毓 臣那 臣徐

851

鈐章

軍機大臣欽奉
諭旨陸軍部奏請派大員考試陸軍游學畢業生一
摺著派載濤段祺瑞那晉考試欽此

軍機大臣署名

臣奕 臣毓 臣那

852

硃○

載濤 ○
載潤
載澤
載搜 ○
段祺瑞
馮國璋 ○
那晉
良弼

九月十六日

臣徐

853

鈐章

軍機大臣欽奉
諭旨禁煙大臣恭親王溥偉等奏禁煙期限緊迫宜
促進步一摺著各直省將軍督撫認真查禁切實
整頓不得稍形懈弛欽此

軍機大臣署名

臣奕

854

臣毓
臣那
臣徐

九月十九日

軍機處為咨行事據政府特派員等報告稱自資政院開會以來特派員等照章到院竊見本月十五十七兩日資政院所議有與院章及細則不合者二端一九月十五日議事日表內載河南試行印花税核議案其下注明會議字樣開議之時因與度支部試行印花税事宜有關並有議員聲請主管衙門答辨當由度支部特派員登臺陳述所見乃發議未畢忽有某議員起立聲稱度支部特派員對於合議題無發言之權其他議員亦有附和之者經度支部特派員聲明按照院章第十九條應有陳述所見之權復有某議員登臺駁辨大致謂院章第十九條所稱會議時得陳述所見其節次已於細則分別規定所謂無論何時特派員得發議云者係限於第三節討論之時現在既非討論特派員即不應發議等語特派員等查院章第十九條文內會議二字與議事細則第四章會議二字並無區別本章內自第一節提議及倡議起至第八節秘密會議止節統於章均屬會議範圍之事項不應强生分別以限制特派員之陳述也且資政院規則疑義按照議事細則第六十五條應由議長決定嗣經沈副議長於十七日會議時當衆聲明兩議員又不以為然然則凡關於資政院規則必出自議員之解釋方為定義而特派員應否發議不必聽議長之允許反聽議員之允許而後可矣此與定章不合者一也二九月十七日議事日表原定第一議設審查河南試行印花税核議案特任股員第三議設審查湖南湘漢航業核議案特任股員第六議設審查各省諮議局關係事件特任股員是日議員中有提議將第一第三兩案併歸第六不必另設特任股員得議長之允許又有議員提議此種特任股員既係審查各省諮議局關

係事件應為常設機關並應由衆選舉經議長
以此議付之表決多數贊成遂投票舉出十八
人並由議長定其名曰審查各省諮議局關係
事件常設股員查資政院章及分股辦事細則
僅有專任股員特任股員額外股員三種惟專
任股員必由議員選舉特任股員照分股辦事
細則第十五條應由議長就議員中指定且並
無常設之明文今改指定為選舉實與辦事細
則不符而所定常設名目亦為院章與細則所
無此與定章不合者二也各等語查資政院會
議自應按照奏定各項章程辦理茲據該特派
員等所稱各項情節是否屬實相應咨行
貴院查明迅速見覆可也

右 咨

資政院

九月十九日

855

鈐章

軍機大臣欽奉

諭旨貝勒載潤等奏陳明學堂甄別考試情形一摺

又奏擬將額外學生均作為正額一片均知道了

欽此

軍機大臣署名

臣奕 臣毓 臣那 臣徐

九月二十日

856

鈐章

軍機大臣欽奉

諭旨會議政務處王大臣奏遵議度支部試辦宣統
三年預算請旨飭交資政院照章辦理一摺著依
議欽此

軍機大臣署名

臣奕 臣毓 臣那 臣徐

九月二十日

857

鈐章

宣統二年九月二十二日内閣奉

上諭此次補行驗放陸軍游學畢業生考列優等之

黄承恩著賞給陸軍工兵科舉人並授副軍校世

銘著賞給陸軍步兵科舉人並授副軍校考列上

等之彭琦著賞給陸軍礮兵科舉人並授協軍校

該部知道欽此

軍機大臣署名

臣奕假

臣毓

臣那

臣徐

858

鈐章

軍機大臣欽奉

諭旨農工商部奏臚陳第三年第一届農工商籌備

事宜一摺著該衙門知道又會奏續訂直省勸業

道職掌事宜一摺著依議欽此

軍機大臣署名

原件交農工商部

摘抄交憲政館全原摺

九月二十二日

臣奕假

臣毓

臣那

臣徐

859

鈐章

軍機大臣欽奉

諭旨張鳴岐奏請設責任内閣以尊皇極而革政權

一摺著憲政編查館知道又奏桂省礦利可興擬

請借用外款一片著度支部議奏又奏請調人員

赴桂差委一片著照所請該部知道欽此

軍機大臣署名

原件交憲政館全抄原摺

摘抄交度支部吏部全抄片

九月二十二日

臣奕假

臣毓

臣那

臣徐

860

鈐章

軍機大臣欽奉

諭旨本日引見之俸滿開缺候選道熱河承德府知府管廷獻著以道員發往直隸補用欽此

軍機大臣署名

臣奕（假） 臣毓 臣那 臣徐

九月二十二日

861

俸滿開缺候選道熱河承德府知府管廷獻

硃○旨著以道員發往直隸補用

862

鈐章

軍機大臣欽奉

諭旨本日引見州縣事實列入最優等之在任候選道山東武定府知府李維誠著在任以道員儘先補用升列最優等之直隸東强縣知縣李盛鑾著在任以直隸州知州儘先補用欽此

軍機大臣署名

臣奕（假） 臣毓 臣那 臣徐

九月二十二日

863

州縣事實列入最優等在任候選道山東武定府知府李維誠

硃○旨著在任以道員儘先補用

864

鈐章

軍機大臣欽奉

諭旨本日引見之明保江蘇試用道吳璆著交軍機處存記欽此

軍機大臣署名

臣奕（假） 臣毓 臣那

臣徐

九月二十二日

865 明保江蘇試用道吳璆

硃○旨著交軍機處存記

866

鈐章

軍機大臣欽奉

諭旨本日引見之查辦起用已革道員用湖南候補

知府徐棨著以知府用欽此

軍機大臣署名

臣奕假

臣劻

臣那

臣徐

九月二十二日

867 查辦起用已革道員用湖南候補知府徐棨

硃○旨著以知府用

旨著以同知用

868

鈐章

軍機大臣欽奉

諭旨本日補行引見孝廉方正考取二等之舉人蔡

以時著以直隸州州同布政司經歷理問籤掣照

例用欽此

軍機大臣署名

臣奕假

臣劻

臣那

臣徐

九月二十二日

869 州縣事實升列最優等直隸棗強縣知縣李盛鑾

硃○旨著在任以直隸州知州儘先補用

870

鈐章

軍機大臣欽奉

諭旨本日引見之漢正二品廕生張德成著以通判

用並加五品銜欽此

軍機大臣署名

臣奕假　臣毓　臣那　臣徐

九月二十二日

871

漢正二品廕生張德成

旨著以主事用並加五品銜

硃〇

旨著以通判用並加五品銜

872

鈐章

軍機大臣欽奉

諭旨會議政務處奏議覆御史葉芾棠奏官多流雜有害治安請量予停止一摺著依議欽此

軍機大臣署名

臣奕　臣毓　臣那

臣徐

九月二十四日

873

鈐章

軍機大臣欽奉

諭旨袁大化奏皖北災情奇重民困已深籌款賑濟並瀝陳被災各處情形各摺片著該部議奏欽此

軍機大臣署名

臣奕　臣毓　臣那　臣徐

九月二十四日

874

鈐章

宣統二年九月二十六日內閣奉

上諭署兩廣總督袁樹勛因病奏請開缺一摺袁樹勛著准其開缺欽此

軍機大臣署名

臣奕 臣毓 臣那 臣徐

875

鈐章

宣統二年九月二十六日内閣奉

上諭李國杰著充出使比國大臣並賞給二等第一

寶星欽此

軍機大臣署名

臣奕 臣毓 臣那 臣徐

876

鈐章

軍機大臣欽奉

諭旨本日資政院具奏據順直各省諮議局及各省

人民代表等陳請速開國會一摺又據錫良等及

陳夔龍恩壽電奏組織内閣欽頒憲法開設議院

等語著將原摺電交會議政務處王大臣公同閲

看後預備召見欽此

軍機大臣署名

臣奕 臣毓 臣那 臣徐

九月二十六日

877

鈐章

軍機大臣欽奉

諭旨御史盛昆奏宗室侍衛升階壅滯請酌量變通

一摺著該衙門議奏欽此

軍機大臣署名

臣奕 臣毓 臣那 臣徐

九月二十六日

878

鈐章

宣統二年九月二十七日內閣奉

上諭兩廣總督著張鳴岐署理未到任以前著增祺

暫行兼署欽此

軍機大臣署名

臣奕 臣毓 臣那 臣徐

879

鈐章

宣統二年九月二十七日內閣奉

上諭熙彥現在服闋著補授農工商部左侍郎欽此

軍機大臣署名

臣奕 臣毓 臣那 臣徐

880

大學士世續

那桐

陸潤庠

徐世昌

協辦大學士榮慶

李殿林

外務部尚書鄒嘉來

民政部尚書善耆

度支部尚書載澤

學部尚書唐景崇

署陸軍部尚書廕昌

法部尚書廷杰

農工商部尚書溥頲

署郵傳部尚書唐紹怡

理藩部尚書壽耆

外務部左侍郎胡惟德

右侍郎曹汝霖

吏部左侍郎于式枚

右侍郎吳郁生

民政部左侍郎烏珍
右侍郎林紹年
度支部左侍郎紹英
右侍郎陳邦瑞
禮部左侍郎景厚
右侍郎郭曾炘
學部左侍郎寶熙
右侍郎李家駒
陸軍部左侍郎壽勳
右侍郎姚錫光
法部左侍郎紹昌
右侍郎沈家本
農工商部左侍郎熙彥
右侍郎楊士琦現在出差
郵傳部左侍郎汪大燮現在出差
右侍郎盛宣懷
理藩部左侍郎達壽
右侍郎恩明
倉場侍郎桂春
俞廉三

881
鈐章
宣統二年九月二十七日内閣奉
上諭廣西巡撫著沈秉堃補授迅赴新任毋庸來京
陛見欽此
軍機大臣署名
臣奕
臣毓
臣那
臣徐

882
鈐章
宣統二年九月二十七日内閣奉
上諭農工商部左丞著祝瀛元補授袁克定著補授
右丞左參議著誠璋補授邵福瀛著補授右參議
欽此
軍機大臣署名
臣奕
臣毓
臣那
臣徐

883

鈐章

上諭沈雲沛著開去農工商部右丞以侍郎候補仍署理郵傳部左侍郎欽此

宣統二年九月二十七日内閣奉

軍機大臣署名

臣奕 臣毓 臣那 臣徐

884

鈐章

軍機大臣欽奉

諭旨都察院奏代遞廣東候補道陳明遠敬陳管見條陳一件該衙門知道欽此

軍機大臣署名

臣奕 臣毓 臣那 臣徐

九月二十七日

885

鈐章

軍機大臣欽奉

諭旨都察院奏代遞浙江餘姚縣同鄉京官翰林院編修馮恩崑等以已故内閣中書銜舉人黄炳垕學行敦實臚陳事蹟援案懇請宣付國史館立傳呈一件著照所請該衙門知道欽此

軍機大臣署名

臣奕 臣毓 臣那 臣徐

九月二十七日

886

鈐章

軍機大臣欽奉

諭旨沈家本奏法律學堂添招新班酌改辦法一摺著依議欽此

軍機大臣署名

臣奕

887

鈐章

軍機大臣欽奉

諭旨瑞良奏邊地需人擬酌帶隨員以資差遣一摺著照所請該部知道欽此

九月二十七日

臣毓
臣那
臣徐

軍機大臣署名

臣奕
臣毓
臣那
臣徐

九月二十七日

888

鈐章

宣統二年九月二十八日内閣奉

上諭雲南布政使著世增補授欽此

軍機大臣署名

臣奕
臣毓
臣那
臣徐

889

鈐章

宣統二年九月二十八日内閣奉

上諭貴州鎮遠鎮總兵員缺著蘇元瑞補授欽此

軍機大臣署名

臣奕
臣毓
臣那
臣徐

890

鈐章

軍機大臣欽奉

諭旨寶棻電奏欽定憲法提前頒布等語原電著交

會議政務處王大臣公同閱看欽此

軍機大臣署名

臣奕

臣毓

臣那

臣徐

九月二十八日

891

鈐章

宣統二年九月二十九日内閣奉

上諭雲南交涉使著夏偕復試署欽此

軍機大臣署名

臣奕

臣毓

臣那

臣徐

892

鈐章

軍機大臣欽奉

諭旨河南巡撫寶棻奏豫河霜降安瀾請奬尤為出

力各員一摺所有開缺河南布政使朱壽鏞前署

開歸陳許鄭道南汝光淅道于滄瀾候補道許祿

連現署提法使河北道石庚均著交部從優議敘

現署布政使提學使孔祥霖現任開歸陳許鄭道

江瀚均著賞加二品銜餘著照所議辦理該部知

道欽此

軍機大臣署名

臣奕

臣毓

臣那

臣徐

九月二十九日

893

鈐章

軍機大臣欽奉

諭旨着會議政務處王大臣於初二日預備召見欽此

軍機大臣署名

臣奕

臣毓

臣那

臣徐

十月初一日

894

鈐章

軍機大臣欽奉

諭旨郵傳部奏臚陳第四居籌備成績一摺着憲政編查館知道欽此

軍機大臣署名

臣奕

臣毓

臣那

臣徐

十月初二日

895

鈐章

宣統二年十月初三日內閣奉

上諭前據各省督撫等先後電奏以欽頒憲法組織內閣開設議院為請又據資政院奏稱據順直各省諮議局及各省人民代表等陳請速開國會等語當將原摺電交內閣會議政務處王大臣公同閱看旋據該王大臣等各抒所見具說呈進又於本月初二日召見該王大臣等詳細垂詢切實討論意見大致相同溯自分年籌備立憲期限定自

先朝朕仰承

付託之重夙夜兢惕無時不以繼

志述

事為心既不敢少事遲迴亦不敢過形急切前經都察院兩次代奏呈請速開國會均即明白剴切宣諭彼時為鄭重要政起見誠有不得不一再審慎者乃揆度時勢瞬息不同危迫情形日甚一日朝廷宵旰焦思亟圖挽救惟有促行憲政俾日起而有功不待臣庶請求亦已計及於此第恐民智尚未盡開通財力又不敷分布操之過蹙或有欲速不達

之虞故不能不驗向背於輿情決是非於廷議今
者人民代表籲懇既出於至誠内外臣工强半皆
主張急進民氣奮發衆論僉同自必於人民應擔
之義務確有把握應即俯順臣民之請用協好惡
之公惟是召集議院以前應行籌備各大端事體
重要頭緒紛繁計非一二年所能蕆事著縮改於
宣五年實行開設議院先將官制釐訂提前頒布
試辦預即組織内閣迅速遵照
欽定憲法大綱編訂憲法條款并將議院法上下議院
議員選舉法及有關於憲法範圍以内必須提前
趕辦事項均著同時并舉於召集議院之前一律
完備奏請欽定頒行不得少有延誤總之決疑定
計惟斷乃成此次縮定期限係採取各督撫等奏
章又由王大臣等悉心謀議請旨定奪洵屬斟酌
妥協折衷至當緩之固無可緩急亦無可再急應即
作為確定年限一經宣布萬不能再議更張爾内
外各大臣務當協力進行時艱共濟各省督撫領
治疆圻責任尤重凡地方應行籌備各事宜更當
淬厲精神督飭所屬妥速籌辦勿再有名無實空

言搪塞必使一事有一事之成績一時有一時之
進步無論如何為難總當力副委任如或因循誤
事粉飾邀功定即嚴懲不少寬假願官吏有應顧
之考成國民亦有應循之秩序此後倘有無知愚
氓藉詞煽惑或希圖破壞或踰越範圍均足擾害
治安必即按法懲辦斷不使於憲政前途稍有窒
礙以期計時收效剋日觀成上慰
先帝在天之靈下慰海内喁喁之望將此通諭知之欽此
會議政務處王大臣署名
臣奕
臣毓
臣那
臣徐
臣世
臣陸潤庠
臣鄒嘉來
臣李殿林
臣善耆
臣載澤

臣榮
臣唐景崇
臣廕昌
臣載洵 差
臣廷杰
臣溥頲
臣唐紹怡
臣壽耆

896

鈐章

宣統二年十月初三日內閣奉
上諭現經降旨以宣統五年為開設議院之期所有
各省代表人等著民政部及各省督撫剴切曉諭
令其即日散歸各安職業靜候朝廷詳定一切次第
施行欽此

軍機大臣署名
臣奕
臣劻
臣那
臣徐

897

鈐章

軍機大臣欽奉
諭旨貝勒載洵等奏現修
崇陵工程情形一摺又奏派張光宇等充監修一片均
知道了欽此

軍機大臣署名
臣奕
臣劻
臣那
臣徐

十月初三日

898

鈐章

宣統二年十月初四日內閣奉
上諭欽定憲法為萬世不易之典則現在提前籌辦
憲政亟應首先纂擬憲法以備頒布遵行著派溥
倫載澤充纂擬憲法大臣悉心討論詳慎擬議隨
時逐條呈候欽定如應添派協同纂擬之員並著
隨時奏聞候朕簡派以期迅速辦理剋期告成欽此

軍機大臣署名

臣奕 臣毓 臣那 臣徐

899

鈐章

軍機大臣欽奉

諭旨憲政編查館會奏覆核各衙門籤注行政綱目

一摺著依議欽此

軍機大臣署名

臣奕 臣毓 臣那 臣徐

十月初四日

900

鈐章

軍機大臣欽奉

諭旨憲政編查館奏核訂新刑律告竣繕單呈覽一

摺著依議欽此

軍機大臣署名

臣奕 臣毓 臣那 臣徐

十月初四日

901

鈐章

軍機大臣 字寄

署江北提督雷 宣統二年十月初五日奉

上諭雷震春奏霜降安瀾一摺本年七月以來大雨

兼旬湖河盛漲隄工甚險現在節逾霜降普慶安

瀾著發去大藏香十五枝交雷震春祗領恭詣

大王將軍各廟虔誠祀謝用答神庥餘著照所議

辦理欽此

軍機大臣署名

臣奕 假

臣毓
臣那
臣徐

902

鈐章

軍機大臣欽奉
諭旨御史陳善同奏敵謀愈狡請飭設法抵制以弭
邊患一摺又片奏新疆省城市面蕭條武備空虛
請飭撫臣認真整頓等語著該衙門知道欽此
軍機大臣署名
臣奕 假
臣毓
臣那
臣徐
十月初五日

903

十月初六日引
見人員
吏部二十六人

904

鈐章
宣統二年十月初六日內閣奉
上諭山東登州鎮總兵員缺著葉長盛補授欽此
軍機大臣署名
臣奕
臣毓
臣那
臣徐

905

鈐章
宣統二年十月初六日內閣奉
上諭前據都察院代奏學部丞參上行走柯劭忞等
舉人張春海等各呈稱官紳激變濫殺無辜等語
當經諭令孫寶琦確查茲據查明覆奏山東萊陽
海陽肇亂之初實由官紳辦理不善繼則派出文
武各員措置亦未盡合宜自應分別懲處已革山
東萊陽縣知縣朱槐之已革海陽縣知縣方奎昏
庸貪劣激成變端均著永不敘用候補道楊耀林
署萊陽縣知縣奎保張皇操切厥罪惟均楊耀林

奎保均著即行革職都司銜留直補用守備陳忠訓馭兵不嚴誤斃平民著革職永不敘用紳士王圻王墀放利兩行不恤人言王景嶽假公濟私貪鄙無恥葛桂星于贊揚張相謨宋維坤等聲名甚劣候選縣丞王圻著即行革職增生王景嶽歲貢生葛桂星均著褫革餘著查取職名一併咨革均不准干預地方公事並交地方官嚴加管束開缺登州府知府文淇巡視兩縣接受呈詞未能秉公審理亦為激變之由著即行革職登州鎮總兵李安堂統領軍隊約束不嚴著即開缺山東巡撫孫寶琦仍著免其置議餘著照所議辦理該部知道欽此

軍機大臣署名

臣奕 臣毓 臣那 臣徐

906

鈐章

軍機大臣欽奉

諭旨御史溫肅奏報律宜嚴示限制一摺著民政部認真辦理欽此

軍機大臣署名

臣奕 臣毓 臣那 臣徐

十月初六日

907

鈐章

軍機大臣欽奉

諭旨御史溫肅奏議院選舉宜籌善法一摺著該衙門知道欽此

原件交纂擬憲法大臣另鈔交憲政館

軍機大臣署名

臣奕 臣毓 臣那 臣徐

十月初六日

908

鈐章

軍機大臣欽奉

諭旨本日引見之查辦起用已革福建道監察御史

安維峻著以内閣侍讀用欽此

軍機大臣署名

臣奕

臣毓

臣那

臣徐

十月初六日

909

查辦起用已革福建道監察御史安維峻

旨著以内閣侍讀用

旨著以主事用

910

查辦起用已革福建道監察御史安維峻

旨著以内閣侍讀用

旨著以主事用

911

鈐章

軍機大臣欽奉

諭旨本日引見之降二級調用前陝西沔縣知縣羅

天榜著仍照部議降二級調用已革廣西陽朔縣

知縣丁槃慶著仍照原參革職欽此

軍機大臣署名

臣奕

臣毓

臣那

臣徐

十月初六日

912

已革廣西陽朔縣知縣丁槃慶

旨著仍照原參革職

913

降二級調用前陝西沔縣知縣羅天榜

旨著仍照部議降二級調用

度支部四人
法部六人
理藩部十七人
火器營二十二人
內務府三人
共七十八人

914

鈐章
宣統二年十月初七日內閣奉
上諭本日召見之開缺吉林度支使陳玉麟著交軍
機處存記欽此
軍機大臣署名
臣奕 臣毓 臣那 臣徐

915

鈐章
宣統二年十月初七日內閣奉
上諭本日召見京察一等之內務府郎中彬格著交
軍機處記名以關差道府用欽此
軍機大臣署名
臣奕 臣毓 臣那 臣徐

916

鈐章
軍機大臣欽奉
諭旨資政院奏湘省發行公債未交諮議局議決有
違定章請旨裁奪一摺此次湖南發行公債係奏
經度支部議准之件該撫未先交諮議局議決係
屬疏漏既經部議奏旨允准著仍遵前旨辦理嗣
後各省有應交諮議局議決之案仍著照章交議
欽此
軍機大臣署名
臣奕 臣毓

臣那 臣徐

十月初七日

917

鈐章

軍機大臣欽奉

諭旨都察院代遞湖北副貢汪翶敬陳管見興水利兩舉礦政呈一件著農工商部知道欽此

軍機大臣署名

臣奕 臣毓 臣那 臣徐

十月初七日

918

鈐章

軍機大臣欽奉

諭旨郵傳部候補參議龍建章片奏組織內閣宜特設樞密院等語著憲政編查館知道欽此

軍機大臣署名

臣奕 臣毓 臣那 臣徐

十月初七日

919

鈐章

軍機大臣欽奉

諭旨內閣侍讀學士甘大璋等奏川漢路款虧倒過鉅請亟按律查追並籌改良辦法一摺著郵傳部知道欽此

軍機大臣署名

臣奕 臣毓 臣那 臣徐

十月初七日

920

鈐章

奉

旨均著照所擬欽此

軍機大臣署名

九月二十六日同

黄冊見面帶上

十月初八日

發下由堂交內閣

臣奕　假

臣毓

臣那

臣徐

921

滿頭班

花翎二品銜領班三品章京英秀

花翎二品銜幫領班四品章京文年

三品銜在任即選知府章京郎中麟祥

花翎三品銜俟升四品後　賞加二品銜章京郎中裕銘

章京候補侍讀中書海桂

章京候補員外郎伊密楊阿

花翎四品銜章京員外郎存瑞

額外章京法部候補主事伊星阿

花翎三品銜在任即選道額外章京上行走鍾佩

漢頭班

花翎二品銜領班三品章京楊壽樞

二品銜幫領班四品章京徐宗溥

三品銜章京郎中劉慶篤

花翎四品銜章京主事趙國良

四品銜章京主事張潤

四品銜章京主事宋子聯

三品銜章京　記名繁缺知府郎中楊芾

花翎員外郎銜章京候補主事曾文玉

章京編修黄彥鴻

額外章京內閣候補中書秦樹忠

滿二班

花翎二品銜領班三品章京聯綬

花翎三品銜幫領班四品章京成俊

花翎三品頂戴俟升四品後　賞加二品銜章京郎中榮奎

花翎三品銜　記名道府俟升四品後　賞加二品銜章京郎中常泰

花翎四品銜章京主事鴻恩

四品銜章京主事興廉

四品銜章京員外郎星輅

章京錄事官松海

漢二班

二品銜領班三品章京易貞

二品銜領班上行走三品章京華世奎

花翎幫領班四品章京趙廷珍

三品銜章京 記名繁缺知府郎中孫筍經

四品銜章京主事盧文明

四品銜章京主事邢維經

三品頂戴章京員外郎萬雲路

花翎四品銜章京主事雷延壽

四品銜章京編修楊渭

額外章京法部學習主事呂式斌

額外章京內閣候補中書江保傳

922 宣統二年新疆省秋審常犯情實車伯克米特

等二起人犯二名謹將

勾到時所奉

諭旨恭錄於後

一起絞犯蒙古車伯克米特

竊匪造意謀命法無可寬是以勾決

一起絞犯岳淙武

火器殺人復另轟傷一人法無可寬是以勾決

923 宣統二年雲南省秋審服制情實張小甲等二

起人犯二名謹將

勾到時所奉

諭旨恭錄於後

一起絞犯張小甲與胞兄張二盅素睦張二盅

素性強橫不聽其父張鴻綱嗣張鴻綱令張二盅

向人索討欠錢張二盅違抗不允張鴻綱訓斥張

二盅頂撞張鴻綱攏向毆責張二盅用腳踢傷張

鴻綱左肋等處跌地並拔刀向戳該犯趕攏救護

扭住刀柄拉奪張二盅猛力爭奪不期刀尖向內

致誤戳傷左乳倒地旋即殞命死者罪犯應死傷

由奪刀自戳尚非有心干犯情稍可原是以未勾

一起斬犯黃四開並黃榆擯均與胞兄黃敢年

先無嫌該犯分居時議定輪流養母黃敢年屢次

推卸黃敢年雇欠黃榆擯工銀騙不給予因此積

嫌嗣該犯外出黃敢年乘便向伊妻繆氏擁抱意
圖强姦被繆氏喊罵逃走該犯查知起意將其殺
死洩忿往向黃榆槓商議黃榆槓觸起前恨當即
允從探知黃敢年在山砍柴該犯等前往見其卧
地歇憩該犯用斧砍傷其偏左額顱右額角左頷
頦左血盆黃榆槓用木棒毆傷其左眼胞左胯當
即殞命除謀殺胞兄由凌遲改斬之黃榆槓正法
外死者淫惡蔑倫殺由激於義忿尚非無故逞兇干
犯情稍可原是以未勾

924

宣統二年雲南省秋審常犯情實小韓等十七
起人犯十八名謹將
勾到時所奉
諭旨恭錄於後
一起絞犯小韓
竊匪拒捕致斃捕人法無可寬是以勾決
一起絞犯李連科
貪賄聽從謀命下手加功法無可寬是以勾決
一起絞犯老汪

貪賄聽從謀命下手加功法無可寬是以勾決
一起絞犯楊水泉
姦匪因姦聽從姦婦殺本夫淫兇難寬是以勾決
一起絞犯楊發存
逞忿故殺法無可寬是以勾決
一起絞犯鍾小甲
聽從謀殺人胞兄幫同下手業由立決改為監候
法難再寬是以勾決
一起絞犯廖開萌
造意謀命法無可寬是以勾決
一起絞犯梁榺菖即梁二甲
造意謀命法無可寬是以勾決
一起絞犯李一淋
挾恨謀命法無可寬是以勾決
一起絞犯駱荒鍾
挾恨謀命法無可寬是以勾決
一起絞犯佘彬
聽從謀殺一家二命下手加功法無可寬是以勾決
一起絞犯陳蓀新

賭匪逞忿故殺法無可寬是以勾決
一起絞犯普淮淋
逞忿故殺法無可寬是以勾決
一起絞犯郭汶彬
賭匪挾恨謀命法無可寬是以勾決
一起絞犯王城漳即白老黑
火器殺人法無可寬是以勾決
一起絞犯徐阿沅
姦匪拒捕刃斃本夫淫兇難寬是以勾決
一起絞犯合泳淋丁少㴋
挾恨謀命合泳淋造意丁少㴋聽從下手加功均
法無可寬是以俱勾決

925 宣統二年貴州省秋審服制情實犯人瞿佬四等
起人犯二名口謹將
勾到時所奉
諭旨恭錄於後
一起絞犯瞿佬四與胞兄瞿開堂素睦該犯借
欠族人瞿維棟銀兩將田業作抵瞿開堂代為承
擔嗣瞿維棟索還甚急該犯出外避債將所耕種
洋煙託瞿開堂照應瞿開堂收穫洋煙因瞿維棟
欲種抵業即擬呈告後該犯回歸向索洋煙瞿開堂
聲稱留作訟費該犯不允致相爭吵該犯牽去牛
隻作抵瞿開堂氣忿用梭標戳傷伊左骹等處並
揪住髮辮揿按在地該犯掙不脫身情急拔刀搪
抵適戳傷其胸膛倒地移時殞命戳由被按搪抵
尚非有心干犯情稍可原是以未勾
一起絞婦楊氏係張氏之子劉致明之妻該氏
與邵孃猜通姦張氏並劉致明均不知情嗣邵孃
猜探知劉致明外出復往與該氏姦宿劉致明回
家撞見喊拏邵孃猜跑出劉致明拏鏢刀追及邵
孃猜奪鏢戳傷劉致明右脇倒地當即身死張氏
拉住邵孃猜撞頭拚命邵孃猜用鏢柄毆傷其額
顱張氏哭罵邵孃猜起意致死滅口用鏢戳傷其咽
喉移時殞命以該氏因姦致夫被殺並不喊救罪
止絞候從重依因姦致並未縱容之姑被殺定擬
除殺一家非死罪二人之斬犯邵孃猜正法外因姦
致未縱容之姑被殺復致姦夫拒殺伊夫一命情
節綦重業由立決改為監候法難再寬是以勾決

926
宣統二年貴州省秋審常犯情實曾青河等九
起人犯九名口內除舊事常犯情實楊逢椿一
起一名業於光緒三十四年
免勾時開列榜示外謹將曾青河等八起八名口
勾到時所奉
諭旨恭錄於後
一起絞犯曾青河
竊盜護贓拒捕刃斃事主法無可寬是以勾決
一起絞犯徐湲
逞兇故殺法無可寬是以勾決
一起絞犯斯仔合
挾恨謀命法無可寬是以勾決
一起絞犯楊芋城
姦匪因姦謀斃縱姦本夫淫兇難寬是以勾決
一起絞犯楊老炳
逞忿故殺法無可寬是以勾決
一起絞犯唐常妹
竊盜拒捕刃斃事主法無可寬是以勾決
一起絞婦王氏
因姦聽從謀命下手加功淫兇難寬是以勾決
一起絞犯張懋倡即張澐山
造意謀命法無可寬是以勾決
宣統二年廣東省秋審常犯情實何耀等三起
人犯三名謹將
勾到時所奉
諭旨恭錄於後
一起絞犯何耀
姦夫聽從姦婦謀斃本夫淫兇難寬是以勾決
一起絞犯潘從情
巡兵火器殺人復致斃伊妻一命法無可寬是以
勾決
一起絞犯李亞進
貪賄聽從謀命下手加功法無可寬是以勾決

927
宣統二年廣西省秋審常犯情實莫三條等二
起人犯二名謹將
勾到時所奉
諭旨恭錄於後

一起絞犯莫三蓧
姦夫拒捕鎗斃本夫淫兇難寬是以勾決
一起絞犯佬藍即藍特告
聽從子謀斃父助逆加功業由立決改為監候法
難再寬是以勾決

宣統二年四川省秋審服制情實周菖潰等直

起人犯五名口謹將
勾到時所奉
諭旨恭錄於後
一起絞犯周菖潰
與胞兄周菖蕾素睦嗣該犯夜聞犬吠知係有賊
攜刀出捕黑暗中見一人奪門跑逃該犯攏拏賊人
用棒拒傷伊右手指該犯用刀格戳賊人聲喊倒
地該犯聞係周菖蕾聲音當即住手經人點燈趨
視見菖蕾右脇已被戳傷查問周菖蕾自認行竊
拒捕致被格傷屬實次日殞命傷由捕賊格戳尚
非有心干犯情稍可原是以未勾
一起絞犯湯鷺桐
與胞兄湯鷺棕素睦嗣該犯陡患瘋病手執木棒
在院跳舞湯鷺棕瞥見慮恐傷人攏向拉奪致被
木棒摇傷左耳輪連耳根倒他逾時殞命該犯到
案驗係瘋迷覆審供吐明晰傷由瘋發無知尚非
有心干犯情稍可原是以未勾
一起絞犯譚步周
與小功兄譚幅懙素睦彼此業界毘連嗣該犯之
母王氏赴業割豆誤割譚幅懙業內豆苗譚幅懙
瞥見向斥王氏分辯致相罵詈譚幅懙將王氏按
倒騎壓身上拔刀欲砍王氏喊救該犯聞鬧攏勸
不開情切救護奪刀嚇戳適傷其肚腹倒地移時
殞命傷由救親情切尚非無故逞兇干犯情稍可
原是以未勾
一起絞犯吳棕梆
與小功兄吳崇科無嫌嗣吳崇科至該犯業內砍
伐枯枝該犯瞥見攏阻被斥分辯致相罵詈吳崇
科用刀向砍該犯將刀格落吳崇科摇頭拚命該
犯情急用手嚇抓不期吳崇科撲攏勢猛該犯收
手不及致手指抓傷吳崇科兩眼睛倒地經人扶

回醫治旋被獲案吳崇科傷經平復惟兩眼俱瞎
已成篤疾傷由伊兄撲攏勢猛該犯收手不及所
致尚非有心干犯情稍可原是以未勾
一起絞婦郭氏
與夫周怔禮素睦該氏前夫病故再醮與周怔禮
為妻隨帶前夫幼女過門撫養嗣夜歇宿周怔禮
欲將幼女放在床裡該氏阻擋周怔禮嫚罵該氏
分辯周怔禮用拳毆傷伊左手背抓傷左腮肢該
氏跑入廚房躲避周怔禮追及揪按倒地騎壓身
上用拳亂毆該氏喊救周怔禮用手揢住咽喉該
氏氣閉情急用手嚇捏適傷其下部移時殞命捏
由被揢情急尚非有心干犯情稍可原是以未勾

929 宣統二年四川省秋審常犯情實朱復巷等二
十二起人犯二十二名謹將
勾到時所奉
諭旨恭錄於後
一起絞犯朱復巷
姦夫聽從姦婦謀斃本夫淫兇難寬是以勾決

一起絞犯劉椿遠
調姦未成拒斃本婦淫兇難寬是以勾決
一起絞犯黃佬五
因姦謀斃幼孩淫兇難寬是以勾決
一起絞犯周三毛即周基淋
逞忿故殺幼孩法無可寬是以勾決
一起絞犯張昆衫
圖娶人妻聽從謀命下手加功法無可寬是以勾決
一起絞犯王仔佶
逞忿故殺法無可寬是以勾決
一起絞犯沈炳南
逞忿故殺法無可寬是以勾決
一起絞犯禹麻仔
竊盜拒捕刃斃事主法無可寬是以勾決
一起絞犯張登相
逞忿故殺復另刃傷一人法無可寬是以勾決
一起絞犯張佬幺
逞忿故殺法無可寬是以勾決
一起絞犯徐樺幗

竊盜拒捕致斃捕人法無可寬是以勾決
一起絞犯江荃彩
竊盜拒捕刃斃事主法無可寬是以勾決
一起絞犯向聾仔
竊盜拒捕刃斃事主法無可寬是以勾決
一起絞犯方河醢
連斃應抵二命法無可寬是以勾決
一起絞犯楊怔錫
連斃應抵二命法無可寬是以勾決
一起絞犯彭保鈺
營勇火器致斃婦女復另轟傷一人法無可寬是以勾決
一起絞犯馬盅令即馬鈺山
逞忿故殺復另斃一命法無可寬是以勾決
一起絞犯唐蕻蕣
逞忿故殺法無可寬是以勾決
一起絞犯黃老九
竊盜拒捕致斃事主法無可寬是以勾決
一起絞犯劉長沅
竊盜拒捕刃斃事主法無可寬是以勾決

一起絞犯辛臌八即辛蕻蕣
逞忿故殺法無可寬是以勾決
一起絞犯文佬九
竊盜拒捕刃斃事主法無可寬是以勾決
930
鈐章
宣統二年十月初九日內閣奉
上諭長江水師提督著程允和補授欽此
軍機大臣署名
臣奕 臣毓 臣那 臣徐
931
鈐章
宣統二年十月初九日內閣奉
上諭程允和現已簡放長江水師提督所有駐紮江南浦口各營著派甘肅提督張勳接統欽此
軍機大臣署名

臣奕
臣劻
臣那
臣徐

932 長江水師提督一缺請
旨簡放

933 鈐章
宣統二年十月十一日內閣奉
上諭前經明降諭旨縮改於宣統五年開設議院並
諭令迅速纂擬憲法及議院法上下議院議員選
舉法暨關於憲法範圍以內必須提前趕辦事項
均於召集議員之前一律完備奏請欽定頒行所
有關於憲法之各項法令及一切機關應責成該
主管衙門切實籌備其民政部調查戶口籌設巡
警等項度支部清理財政釐訂稅法等項以及法
部應籌設各級審判廳等項學部應籌辦教育普
及等項均屬關係重要不容置為緩圖各該管衙門

俱有應擔之責任著即迅將提前辦法通盤籌畫
凡召集議員以前必須完備各事宜分別最要次
要詳細奏明請旨辦理總期通力合作壹意進行
俾克早日觀成免致臨時貽誤欽此
軍機大臣署名
臣奕
臣劻
臣那
臣徐

934 鈐章
宣統二年十月十一日內閣奉
上諭前據各省督撫先後電奏請開國會業經降旨
俯如所請縮改於宣統五年開設議院其地方應
行籌備事宜並飭令各督撫淬厲精神督飭所屬
妥速籌辦年來財力竭蹶辦事艱難朝廷素所深
悉既經該督撫等聯銜奏請必於地方情形確有
體驗當不至徒託空言第恐論事有奮勉勇往之
誠而任事有審顧遲迴之慮且奉行官吏或囿事

體繁重費鉅期迫又存一畏難之心藉詞延宕用
特再申誥誡舉凡開設議院以前地方應行提前
趕辦事項著即懔遵前旨切實進行毋再因循推
諉致誤限期其有邊遠省分未經設治及甫經設
治人民稀少地方與腹地情形顯有不同應辦各事
有不得不分別先後緩急者准由該督撫等據實
奏明請旨裁奪總不使於憲政前途少有窒礙該
督撫等受恩深重務當殫竭血誠勉為其難毋負
委任倘或乞請於前而敷衍塞責於後以致名不
副實貽誤事機定惟該督撫等是問欽此

軍機大臣署名

臣奕 臣毓 臣那 臣徐

935

鈐章

宣統二年十月十一日內閣奉
上諭甘肅新疆巴里坤鎮總兵馬福祥現在丁憂著

改為署任欽此

另鈔交外務部

軍機大臣署名

臣奕 臣毓 臣那 臣徐

936

鈐章

軍機大臣欽奉
諭旨御史石長信奏振撫奇災須籌巨款請飭部併
案辦理一摺著該部議奏欽此

軍機大臣署名

同鈔摺原件交吏部
鈔交度支部 陸軍部

臣奕 臣毓 臣那 臣徐

十月十一日

937
鈐章
上諭甘肅新疆巡撫著袁大化補授欽此
宣統二年十月十二日内閣奉
軍機大臣署名
臣奕
臣毓
臣那
臣徐

938
鈐章
軍機大臣欽奉
諭旨現在文職六班值班大臣出差人數較多著派
延昌瑞沅暫行補進欽此
軍機大臣署名
臣奕
臣毓
臣那
臣徐
十月十三日

硃○939
○
内閣侍讀學士延昌
瑞沅
奎善
崇愷
靈照
恩綸

940
鈐章
軍機大臣欽奉
諭旨資政院奏陳明資政院成立應將開辦公所裁
撤等因一摺著依議欽此
軍機大臣署名
臣奕
臣毓
臣那
臣徐
十月十三日

941

鈐章

軍機大臣欽奉

諭旨資政院奏議員缺額遵章分繕清單請旨補選一摺着陸宗輿崇芳吴廷燮為議員欽此

軍機大臣署名

臣奕

臣毓

臣那

臣徐

十月十三日

942

鈐章

軍機大臣欽奉

諭旨陸軍部奏陸軍第三鎮暨混成等協訓練均逾三年應遵章請簡大員校閱一摺着派那晉前往認真校閱欽此

軍機大臣署名

臣奕

臣毓

943

鈐章

軍機大臣欽奉

諭旨孫寶琦奏黄河通工一律搶護平穩請奬尤為出力各員一摺所有濟東泰武臨道張學華着賞加二品銜留東補用道王麟着仍以道員歸候補班補用候補同知吴師程候補直隸州知州張錫華均着免補本班以知府儘先補用試用通判王梓着免補本班以直隸州知州仍留原省補用並加四品銜署東阿縣知縣候補通判戍楨着免補本班以直隸州知州仍留原省補用餘着照所議辦理該部知道欽此

軍機大臣署名

臣奕

臣毓

臣那

臣徐

十月十三日

944

鈐章

諭旨御史慶福奏弼德院關係重要請提前趕辦以

軍機大臣欽奉

備顧問一摺着憲政編查館知道欽此

十月十四日

軍機大臣署名

臣徐

臣奕　臣毓　臣那　臣徐

十月十四日

945

鈐章

上諭四川松潘鎮總兵員缺着田徵葵署理欽此

宣統二年十月十五日內閣奉

軍機大臣署名

臣奕

946

鈐章

上諭四川順慶府知府員缺着喬保衡補授欽此

宣統二年十月十五日內閣奉

軍機大臣署名

臣毓　臣那　臣徐

臣奕　臣毓　臣那　臣徐

947

查此次考試滿蒙御史請

簡派閱卷大臣除另有差使及應迴避各員不開列

外謹將各衙門送到銜名繕具清單恭候

欽派三四員於十七日清晨

發下傳集各員聽候宣

旨謹

奏

十月十六日見面帶上

948

鈐章

宣統二年十月十七日內閣奉

上諭禁煙大臣溥偉等奏知府煙癮未除調驗屬實據實糾參一摺吉林五常府知府萬繩武著革職永不敘用該督撫並未遵章切實調驗亦有應得之咎錫良陳昭常著交部照例議處餘著照所議辦理欽此

軍機大臣署名

臣奕假 臣毓 臣那 臣徐

949

鈐章

軍機大臣欽奉

諭旨都察院代奏四川京官鄧鎔等爲川路股款虧倒過鉅請撤銷總理仍飭督同經手追收欠款呈

一件著郵傳部查核具奏欽此

軍機大臣署名

臣奕假 臣毓 臣那 臣徐

十月十七日

950

鈐章

軍機大臣欽奉

諭旨廷杰等奏勘覈吏部檔冊摘舉疏漏之處酌擬辦法一摺此次吏部檔冊貼改疏漏之處甚多實屬不成事體著該部堂官按照廷杰等所擬辦法認真整頓毋得再滋弊端又奏黃祖詒一犯前引舊律例文附片更正等語著依議欽此

軍機大臣署名

臣奕 臣毓 臣那

十月十七日

[illegible]徐

硃。

951 廷杰

張英麟

寶熙

紹昌

熙彥

林紹年

郭曾炘

王塤

顧璜

毓隆

陳寶琛

朱益藩

錫鈞

劉若曾

952 拔賢進善論

興農勸工為通商之本策

953 達三

恩華

端謹

文光

岳溥

書林

文海

銓昶

英澐

增桂

貴卿

祺章

壽祺

魁續

文銘

世康

希朗阿
載武
長紹
興亮
官喜
崇森

954
奉
旨王育松强姦幼女已成著予勾餘均照所擬欽此
軍機大臣署名
十月初三日同
黃冊見面帶上
未發下
臣奕
臣毓
臣那
臣徐

955
奉
旨王育松强姦幼女已成例實惟並無另釀人命等
情不無可原著免勾餘均照所擬欽此
軍機大臣署名

十月初三日同
黃冊見面帶上
未發下
臣奕
臣毓
臣那
臣徐

956
鈐章
奉
旨王育松强姦幼女已成例實惟並無另釀人命等
情不無可原著免勾本日據法部奏吉林絞犯闞五
五因監犯反獄守法未動請量從末減一摺闞五
著免勾餘均照所擬欽此
軍機大臣署名
十月十七日
臣奕假
臣毓
臣那
臣徐

957

宣統二年奉天省秋審常犯情實甯克俭等二十八起人犯二十九名口謹將勾到時所奉

諭旨恭錄於後

一起絞犯甯克俭

團勇火器殺人法無可寬是以勾決

一起絞犯李開有

逞忿故殺法無可寬是以勾決

一起絞犯吳兆德

團勇火器殺人法無可寬是以勾決

一起絞犯周俊岑

巡兵火器殺人法無可寬是以勾決

一起絞犯董萇畛

姦匪拒捕致斃本夫淫兇難寬是以勾決

一起絞犯劉禧

貪賄聽從謀命下手加功法無可寬是以勾決

一起絞犯林渢九（高萌程即高海亭）

挾恨謀命林凨九造意高萌程下手加功法無可寬是以俱勾決

一起絞犯馬蔥蕾

火器殺人法無可寬是以勾決

一起絞犯劉條情

火器殺人法無可寬是以勾決

一起絞犯丁滿一

火器殺人法無可寬是以勾決

一起絞犯王靈仔

姦通大功服兄照章由立決改為監候法難再寬是以勾決

一起絞犯李仔宜

因姦謀斃縱姦本夫淫兇難寬是以勾決

一起絞犯杜萇合

火器殺人脫逃三年後就獲業經免其立決之罪法難再寬是以勾決

一起絞犯時汶菖

火器殺人法無可寬是以勾決

一起絞犯于憬常

竊盜拒捕致斃捕人法無可寬是以勾決

一起絞犯楊立新

火器殺人法無可寬是以勾決
一起絞犯王泳汰
火器殺人脫逃六年後就獲業經免其立決之罪
法難再寬是以勾決
一起絞犯張俊
共毆連斃應抵二命法無可寬是以勾決
一起絞犯于幅暮
火器殺人法無可寬是以勾決
一起絞犯李幅春
火器致斃緦麻尊屬法無可寬是以勾決
一起絞犯于荏南
火器殺人法無可寬是以勾決
一起絞犯唐仲虞
致斃兄弟一家二命照章由立決改為監候法難
再寬是以勾決
一起絞犯張仙橋
巡兵造意謀命法無可寬是以勾決
一起絞犯張蒽得
火器殺人法無可寬是以勾決

一起絞犯王荃卯
逞兇故殺法無可寬是以勾決
一起絞犯蕭城芳
逞兇故殺婦女法無可寬是以勾決
一起絞犯王蟻
火器殺人法無可寬是以勾決
一起絞犯張樹椿
因姦聽從姦婦謀斃本夫淫兇難寬是以勾決

958 宣統二年吉林省秋審常犯情實王吉滐等五
起人犯五名謹將
勾到時所奉
諭旨恭錄於後
一起絞犯王吉滐
因姦商同姦婦謀斃縱姦本夫淫兇難寬是以
勾決
一起絞犯吳詳鋭
火器殺人法無可寬是以勾決
一起絞犯邵果沉

逞忿故殺大功兄妻法無可寬是以勾決
一起絞犯劉潑蟻
逞忿故殺法無可寬是以勾決
一起絞犯譚着汶
毆死夫婦一家二命照章由立決改為監候法難
再寬是以勾決
宣統二年黑龍江省秋審常犯情實汪得瀊一
一起人犯一名謹將
勾到時所奉
諭旨恭錄於後
一起絞犯汪得瀊
逞忿故殺法無可寬是以勾決
959
宣統二年陝西省秋審服制情實劉鎖娃等六
起人犯六名謹將
勾到時所奉
諭旨恭錄於後
一起絞犯劉鎖娃
與胞兄劉麥娃素睦劉麥娃素不務正曾經行竊
人家牛隻衣物均由其父劉尚賠贓息事屢訓不
悛嗣仝治邦家牛隻被竊認獲追問來歷係在劉
麥娃手內買得找向劉尚告知並稱送官究治劉
尚央懇並許贖還牛隻仝治邦應允劉尚隨向劉
麥娃追問劉麥娃直認不諱劉尚氣忿撲毆劉麥
娃跑走劉尚追及揪住其髮辮劉麥娃閃脫適該
犯往勸劉尚喝令幫同揪按該犯跪地求饒劉尚
嚇稱如不幫按將伊先行毆死該犯被逼無奈幫
同將劉麥娃兩腿按住劉尚揪住劉麥娃髮辮扯
傷其腮肤劉麥娃混罵劉尚忿極起意致死用刀
連抹傷其頸項劉麥娃掙扎致傷右耳腮肤唇吻
頷頦髮際劉麥娃奪刀劉尚用刀割傷其右手心
抹傷咽喉登時殞命死者罪犯應死按由迫於父
命尚非有心干犯情稍可原是以未勾
一起絞犯
與胞兄王掌掌素睦王掌掌平日忤逆其母蘇氏
屢欲送官懲治均被人勸阻嗣蘇氏將錢文鎖存
櫃內王掌掌向索蘇氏不給王掌掌滋鬧該犯等
勸散後王掌掌開櫃取錢蘇氏向阻王掌掌揪跌

倒地蘇氏挣起奪錢王掌掌咬傷蘇氏左臂膊蘇
氏揪毆王掌掌取刀嚇砍蘇氏喊救該犯趨至奪
刀過手蘇氏將王掌掌揿按櫃上喝令砍死該犯
不敢動手王掌掌罵稱與蘇氏誓不兩立蘇氏氣
忿立逼該犯殺死除害該犯仍不動手蘇氏撞頭
聲稱母子必有一死該犯被逼無奈用刀砍傷其
腦後蘇氏忿極並稱如不再砍即自尋死該犯用刀砍
傷其左腮腴左頷頦連下唇吻並砍落上下牙齒
旋即殞命死者罪犯應死砍由迫於母命尚非無
故逞兇干犯情稍可原是以未勾
一起絞犯王潤得即王根憘
與小功兄王潤益素睦彼此有公共樹木分家後
每年將樹枝砍伐均分嗣王潤益同雇工砍伐樹
枝該犯之兄王潤清弟王雨澇瞥見趨阻王潤益
不服口角爭毆王潤益用杈戳傷王雨澇左眼睛
等處王雨澇用木棒毆傷王潤益顋門王潤清用
杈戳傷王潤益胸膛左後肋王潤益用杈將王潤
清戳傷王雨澇等先後倒地該犯聞鬧走出瞥見
情急救護趕攏奪杈戳傷其肚腹倒地移時殞命

王雨澇越九日身死死係應抵正兇戳由護兄情
切尚非無故逞兇干犯情稍可原是以未勾
一起斬犯晁澐灝
與胞兄晁振平素睦晁振平素好吸煙賭博蕩費
財產其父晁信屢戒不悛將晁振平分居另度晁
振平將分產浪費罄盡並竊賣晁信膳地耕牛均
經晁信備價贖回正欲責打泄忿晁振平逃逸嗣
晁信撞遇振平令該犯及堂姪晁振彥將其拉進
院內教訓晁振不服頂撞晁信喝令該犯等用繩
細綁該犯等勸令認錯晁振平罵稱老而不死致
令不能自由晁信益忿逼令該犯等將其細綁檐
柱晁振平益肆辱罵並因晁信揪住胸衣用脚向
踢晁信忿極用繩繞住晁振平項頸喝令該犯等
勒斃除害該犯跪地求饒晁信聲稱如不動手即
自碰死隨以頭觸柱該犯被逼無奈與晁振彥各
執繩頭拉勒登時氣閉殞命死者罪犯應死勒由
迫於父命尚非無逞兇干犯情稍可原是以未勾
一起絞犯高紀姓
與大功兄高似海素睦彼此地畝毘連該犯犂地

誤傷高似海地畔高似海不依經人處令立界分守時值農忙該犯未及照辦嗣高似海撞見該犯提及前事口角高似海用木棍撲毆該犯逃避高似海追趕該犯因車擋路無處躲避一時情急用木撇柄抵格適傷其頂心倒地移時殞命傷由被毆抵格尚非有心干犯情稍可原是以未勾

一起絞犯趙三孫

與胞兄趙鈺城無嫌彼此地畝毘連嗣該犯撿拾地內棉花誤將趙鈺城棉花拾取趙鈺城之子趙壁瞥見向阻該犯當向認錯趙壁向趙鈺城告知趙鈺城欲尋該犯赴地栽界趙壁勸阻後該犯持鐵鍬赴地撒糞趙鈺城踵至斥罵該犯不應拾其地內棉花逼令栽界該犯央緩趙鈺城不依用鐵耙撲毆該犯情急順手架格不期手內鐵鍬適傷其偏左劃傷左耳輪逾時殞命傷由被毆架格尚非有心干犯情稍可原是以未勾

宣統二年陝西省秋審常犯情實成恇材等十九起人犯二十一名謹將

勾到時所奉

諭旨恭錄於後

一起絞犯成恇材

姦匪逞忿故殺姦婦淫兇難寬是以勾決

一起絞犯崔小小

逞忿故殺法無可寬是以勾決

一起絞犯傅應瀧即傅蟻瀧

先犯威力制縛人致死擬絞援免後復犯故殺人命怙惡不悛法無可寬是以勾決

一起絞犯王添情

逞忿故殺法無可寬是以勾決

一起絞犯周興富

逞忿故殺法無可寬是以勾決

一起絞犯葛免娃

致斃兄弟一家二命照章由立決改為監候法難再寬是以勾決

一起絞犯何潮海

姦匪因姦聽從姦婦謀殺本夫淫兇難寬是以勾決

一起絞犯黃萌見

姦匪造意謀命淫兇難寬是以勾決

一起絞犯唐淋餘
姦匪妒姦謀斃姦匪淫兇難寬是以勾決
一起絞犯楊五娃即楊桂枝
刁徒平空訛詐致斃被詐之人法無可寬是以勾決
一起絞犯蔡家淥 劉荃財
蔡家淥因姦同謀殺死本夫劉荃財因姦聽從謀
殺本夫下手加功均淫兇難寬是以勾決
一起絞犯蘇浩嗰
竊匪拒捕刃斃事主復另刃傷其子法無可寬是
以勾決
一起絞犯王全有即盧沅有 明應得
挾恨謀命王全有造意明應得貪賄聽下三手加
功均法無可寬是以俱勾決
一起絞犯張右幅
姦匪因姦聽從謀殺本夫下手加功淫兇難寬是
以勾決
一起絞犯何憘供
姦匪因姦謀殺縱姦之翁淫兇難寬是以勾決
一起絞犯陳汱梆

姦匪因姦聽從姦婦謀殺本夫淫兇難寬是以勾決
一起絞犯徐有洲
逞忿故殺法無可寬是以勾決
一起絞犯王占甚即王老二
姦匪妒姦謀斃姦匪淫兇難寬是以勾決
一起絞犯熊蠻仔
會匪聽從謀殺人期親尊長下手加功照章由立
決改為監候法難再寬是以勾決

960 宣統二年甘肅省秋審服制情實包鄧娃一起
人犯一名謹將
勾到時所奉
諭旨恭錄於後
一起絞犯包鄧娃
與胞兄包茁英素睦包茁英係革生素性忤逆屢
將其母唐氏騾馬衣物偷賣唐氏欲行送究經親
族勸息嗣包茁英將唐氏牛隻竊出唐氏瞥見追
奪包茁英不放唐氏拾石毆傷其左手腕包茁英
用口咬傷唐氏右手背並將唐氏推跌按地欲毆

適該犯回歸上前拉解不開唐氏被按氣塞聲喊
救命該犯情急用矛戳傷其右腿肚右臂膊腦後
倒地越二日殞命死者罪犯應死戳由救母情切
尚非無故逞兇干犯情稍可原是以未勾

961 宣統二年甘肅省秋審常犯情實段汱志等五
起人犯五名謹將
勾到時所奉
諭旨恭錄於後
一起絞犯段汱志
逞忿故殺法無可寬是以勾決
一起絞犯高怔愢
姦匪逞忿故殺姦婦淫兇難寬是以勾決
一起絞犯李生秀
姦匪因姦聽從姦婦謀斃本夫淫兇難寬是以
勾決
一起絞犯回民治七果
姦匪拒捕刃斃捕人淫兇難寬是以勾決
一起絞犯郭隨通
竊匪拒捕刃斃捕人法無可寬是以勾決

962 宣統二年湖北省秋審常犯情實魏厚幅等五
起人犯五名謹將
勾到時所奉
諭旨恭錄於後
一起絞犯魏厚幅
姦匪因姦聽從姦夫謀殺本夫下手加功淫兇難
寬是以勾決
一起絞犯姚絖儔
姦匪拒捕刃斃本夫復另傷一人淫兇難寬是以
勾決
一起絞犯龔惆荃
逞忿故殺逾七緦尊法無可寬是以勾決
一起絞犯鄢怔禾
姦匪逞忿故殺姦匪淫兇難寬是以勾決
一起絞犯宋得澍
逞忿故殺大功弟妻法無可寬是以勾決

963 宣統二年湖南省秋審服制情實謝仲三蓀等
三起人犯三名謹將

勾到時所奏

諭旨恭錄於後

一起絞謝仲三蓀

與大功兄謝衽宜素睦謝衽宜將衣服賣給該犯議定價錢未付隨商允該挑炭以工錢作抵嗣謝衽宜因該犯挑炭工錢不敷抵欠往向索討餘欠該犯央緩不依致相爭鬧謝衽宜拾木枋向毆該無處退讓情急用手抵格不期手勢過重致木枋回轉適傷其顖門帶傷右太陽倒地越日殞命傷由被毆抵格尚非有心干犯情稍可原是以未勾

一起絞犯陳今幹

與小功叔母段氏素睦該犯與弟陳今德按年各出錢文充作祭賞輪流管理嗣輪應段氏之子陳今進經管陳今德出外貿易撥歸該犯付給後陳今進之妻李氏往向催索該犯央緩不依致相爭鬧李氏拾木棍毆傷該犯項心等處該犯奪棍回毆不期段氏聞鬧攏勸致傷其偏左倒地逾時殞命傷由誤中死出不虞尚非有心干犯情稍可原是以未勾

一起絞犯錢恭菊

與胞兄錢恭篤素睦錢恭篤之妻夏氏因田穀被竊在該犯門首辱罵該聽聞向斥致相爭鬧夏氏撲毆該犯用刀砍傷夏氏髮際夏氏拚命該犯舉刀嚇砍不期錢恭篤趕攏奪刀該犯收手不及致誤傷額顱連左額角倒地逾時殞命傷由誤中死出不虞尚非有心干犯情稍可原是以未勾

964 宣統二年湖南省秋審常犯情實唐世行等十七起人犯十七名謹將

勾到時所奏

諭旨恭錄於後

一起絞犯唐世行

姦匪因姦聽從姦婦謀殺本夫淫兇難寬是以勾決

一起絞犯王育松

強姦十二歲以下幼女已成不得與尋常強姦之案援赦酌緩已屬從嚴且並無另釀人命等事情稍可原是以未勾

一起絞犯朱城發
貪賄聽從謀命下手加功法無可寬是以勾決
一起絞犯田重憘
逞忿故殺婦女法無可寬是以勾決
一起絞犯喻漢瀅即幗鈞
逞忿故殺復另傷一人法無可寬是以勾決
一起絞犯吳甲禧
姦匪連斃應抵二命淫兇難寬是以勾決
一起絞犯唐承北
姦匪逞忿故殺姦婦淫兇難寬是以勾決
一起絞犯楊糧仔
逞忿故殺法無可寬是以勾決
一起絞犯李澤兒
逞忿故殺法無可寬是以勾決
一起絞犯田漢志
致斃父子一家二命照章由立決改為絞候法難
再寬是以勾決
一起絞犯歐陽胡灣
火器殺人法無可寬是以勾決

一起絞犯徐三木匠即少淋
姦匪拒捕致斃捕人淫兇難寬是以勾決
一起絞犯錢淮牲
姦匪妒姦謀殺姦匪淫兇難寬是以勾決
一起絞犯龍柏
姦匪逞兇故殺淫兇難寬是以勾決
一起絞犯劉怔洝
姦匪續姦不遂逞忿故殺姦婦淫兇難寬是以
勾決
一起絞犯劉怔沅
姦匪逞忿故殺姦婦淫兇難寬是以勾決
一起絞犯李浚崽
圖詐聽從謀命下手加功法無可寬是以勾決

965

宣統二年浙江省秋審服制情實陳能教即能
鶴一起人犯一名謹將
勾到時所奉
諭旨恭錄於後
一起絞犯陳能教即能鶴

與小功兄陳能鑫素睦該犯之兄陳能球出繼堂伯為嗣得有繼屋該犯代為收管陳能鑫因繼屋先經議與其子嗣屋對換面斥該犯橫霸該犯分辯陳能鑫將伊什物毀壞後該犯邀同公親至家談反前事陳能鑫蹱至該犯將被毀情形告訴議令陳能鑫賠修陳能鑫取刀該犯先拾過手陳能鑫將該犯揿按用脚猛踢不期正碰該犯手內刀口致傷其左㬹肕越十四日殞命傷由自行踢撞尚非有心干犯情稍可原是以未勾

966 宣統二年浙江省秋審常犯情實陳涛財等三起人犯三名謹將

勾到時所奉

諭旨恭錄於後

一起絞犯陳涛財

挾恨謀命法無可寬是以勾決

一起絞犯周立羊

挾恨謀命復故殺一命並另刀傷一人法無可寬是以勾決

一起絞犯戴火豆三即大奴三

因姦威逼室女自盡復致其母被逼服毒經救得生法無可寬是以勾決

967 宣統二年江西省秋審服制情實張火担咀即張火仔一起人犯一名謹將

勾到時所奉

諭旨恭錄於後

一起絞犯張火担咀即張火仔

與胞兄張金担咀素睦張金担咀素不服正屢竊家中衣物變賣經其父張興隆訓責不悛嗣張金担咀又將被絮竊去張興隆追問斥罵張金担咀頂撞張興隆用木棍向責張金担咀取刀格落木棍將張興隆推跌倒地騎壓身上張興隆喊救該犯瞥見恐張興隆受傷情急救護趕攏奪刀不期刀尖向內致誤傷其左血盆倒地移時殞命死者罪犯應死傷由救父誤戳尚非有心干犯情稍可原是以未勾

968 宣統二年江西省秋審常犯情實梁四瓏即梁
四老等四起人犯四名謹將
勾到時所奉
諭旨恭錄於後
一起絞犯梁四瓏即梁四老
竊匪挾恨謀斃竊匪脱逃五年後就獲免其立決
之罪法難再寬是以勾決
一起絞犯陳曉萌
逞忿故殺法無可寬是以勾決
一起絞犯鄭叔蟻
圖財害命傷而未死業已得財法無可寬是以勾決
一起故犯王蟢笙
因姦聽從姦婦謀斃本夫淫兇難寬是以勾決

969 鈐章
宣統二年十月十八日內閣奉
上諭現在天氣漸寒所有食餉之閑散宗室覺羅人
等生計維艱殊堪軫念著加恩賞給一月錢糧其
宗室覺羅孤寡除有恩賞錢糧外著再加賞半月
錢糧以示體恤欽此
軍機大臣署名
臣奕假 臣毓 臣那 臣徐

970 鈐章
宣統二年十月十八日內閣奉
上諭現在天氣漸寒京師兵丁當差勤苦殊深軫念
所有八旗及綠步各營官兵均著加恩賞給半月
錢糧以示體恤欽此
軍機大臣署名
臣奕假 臣毓 臣那 臣徐

971

上諭資政院奏請補祕書廳祕書長一摺資政院祕書廳祕書長著金邦平補授餘依議欽此

鈐章

宣統二年十月十八日內閣奉

軍機大臣署名

臣奕假

臣毓

臣那

臣徐

972

上諭督辦鹽政大臣載澤奏鹽道欺罔藐玩有負職任據實糾參一摺福建鹽法道陳瀏著即行革職欽此

鈐章

宣統二年十月十八日內閣奉

軍機大臣署名

臣奕假

臣毓

臣那

臣徐

973

鈐章

軍機大臣欽奉

諭旨度支部奏請派王大臣盤查緞疋顏料兩庫物料一摺著派禮親王世鐸協辦大學士尚書李殿林盤查欽此

軍機大臣署名

臣奕假

臣毓

臣那

臣徐

十月十八日

974

上諭福建鹽法道員缺著楊正頤補授欽此

鈐章

宣統二年十月十九日內閣奉

軍機大臣署名

臣奕

臣毓

臣那

臣徐

975

鈐章

軍機大臣欽奉

諭旨資政院奏覈議廣西高等警察學堂招生辦法

請旨裁奪一摺著民政部察核具奏欽此

軍機大臣署名

十月十九日

臣奕　臣劻　臣那　臣徐

976

鈐章

軍機大臣欽奉

諭旨資政院奏覈議江西統税改徵銀圓一案請旨

裁奪一摺著依議欽此

軍機大臣署名

臣奕　臣劻　臣那

977

鈐章

軍機大臣欽奉

諭旨資政院奏覈議雲南鹽斤加價一案請旨裁奪

一摺著督辦鹽政大臣察核具奏欽此

軍機大臣署名

十月十九日

臣徐

臣奕　臣劻　臣那　臣徐

978

辦理軍機處為咨覆事准

貴院咨稱議員具呈請問軍機大臣對於各部

各省行政是否負完全責任等因前來查現在新

官制之內閣未經設立軍機大臣權限實非各

國內閣國務大臣詳譯咨送説帖語意以採用

十月十九日

副署制度必當如各國之内閣惟查光緒三十
四年軍機署名之制實本乾隆年間舊制與日
本内閣副署用意不符根本既殊説帖所謂是
完全負責任抑不完全負責任之處自無從答
覆將來新官制之内閣設立此種問題届時自可
解決為此咨覆
貴院查照可也
右　咨
資政院
宣統二年十月　　十九　　日

979

辦理軍處為咨行事准
貴院咨稱現因審查試辦宣統三年歲入歲出
總預算案開股員會擬請貴處於特派員外將
承辦豫算各員銜名住址開單彙送到院等因
前來本處豫算即由特派員隨時接洽相應咨行
貴院查照可也須至咨者
右　咨
資政院
宣統二年十月　　日

980

鈐章
宣統二年十月二十日内閣奉
上諭陳夔龍奏查明災歉州縣請蠲緩糧租一摺本
年順直入夏以來雨澤愆期至六七月間陰雨連
綿河水漲發以致濱臨各河窪地禾稼均多被水
天時不齊各屬有被雹被蟲被旱之處若將應徵
錢糧照常徵收民力實有未逮加恩著照所請所
有武清等三十一州縣廳成災五六分村莊應徵
本年錢糧著蠲免十分之一成灾七分村莊應徵
本年錢糧著蠲免十分之二各項旗租著蠲免十
分之一成災八分村莊應徵本年錢糧著蠲免十
分之四各項旗租著蠲免十分之二成災九分村
莊應征本年錢糧著蠲免十分之六各項旗租著
蠲免十分之四成災十分村莊應征本年錢糧著
蠲免十分之七各項旗租著蠲免十分之五應征

屯米穀豆草東竈課學租旗產錢糧河淤海防經
費儲備軍餉廣恩庫租通津二幫屯租一併分別
蠲緩其陸軍部馬館租鑾輿衛租永濟庫租代征
租及出借倉穀籽種口糧牛具等項著一體緩征
並分別減免差徭又香河等十八州縣應征本節
年糧租並歉收三分村莊應征節年糧租屯米穀
豆草東竈課學租旗產錢糧河淤海防經費儲備
軍餉廣恩庫租陸軍部馬館租鑾輿衛地租通津
二幫屯租永濟庫租代征租並出借倉穀籽種口
糧牛具等項均著緩至宣統三年麥後啟征並
減免差徭以紓民力餘著照所議辦理該督即刊
刻謄黃徧行曉諭務使實惠均霑毋任吏胥舞弊
用副朝廷軫念民艱至意該部知道欽此

軍機大臣署名

臣奕 臣毓 臣那 臣徐

981

鈐章

宣統二年十月二十日內閣奉
上諭陳夔龍奏查明開州等三州縣災歉情形分別
蠲緩糧賦一摺直隸開州東明長垣三州縣濱臨
黃河村莊本年被水秋禾歉收若將應徵糧賦照
常徵收民力實有未逮加恩著照所請所有開州
等三州縣成災五六分村莊應徵本年錢糧著蠲
免十分之一成災七分村莊應徵本年錢糧著蠲
免十分之二成災八分村莊應徵本年錢糧著蠲
免十分之四其成災五六分村莊蠲賸錢糧著緩
至宣統三年秋後起分作二年帶徵成災八分村
莊蠲賸錢糧著緩至宣統三年秋後起分作三年
帶徵至被災各村莊未完節年錢糧及歉收四分
村莊未完本年節年錢糧同歉收三分村莊未完
節年糧銀暨出借倉穀等項均著緩至宣統三年
秋後啟徵仍減免差徭以紓民力餘著照所議辦
理該督即刊刻謄黃徧行曉諭務使實惠均霑毋
任吏胥舞弊用副朝廷軫念民艱至意該部知道
欽此

軍機大臣署名

臣奕 臣劻 臣那 臣徐

982

鈔章

軍機大臣欽奉

諭旨御史溫肅奏新軍糜餉太鉅請飭重訂營制餉章一摺著該衙門知道欽此

原件交軍諮處鈔交陸軍部

軍機大臣署名

臣奕 臣劻 臣那 臣徐

十月二十日

983

鈔章

軍機大臣欽奉

諭旨御史溫肅奏各項法官請仍遵頒定章程將各級實缺候補調用人員補行考驗等語著法部一體補行考驗欽此

軍機大臣署名

臣奕 臣劻 臣那 臣徐

十月二十日

984

鈔章

軍機大臣欽奉

諭旨御史溫肅奏請將張哲培等飭部從速訊辦等語著陸軍部迅速核辦具奏欽此

軍機大臣署名

臣奕 臣劻 臣那 臣徐

十月二十日

985

鈐章

軍機大臣欽奉

諭旨郵傳部候補參議龍建章奏敬陳管見一摺著
該衙門知道欽此

同摘鈔摺交 農工商部 海軍處 陸軍部 軍諮處 度支部 學部

軍機大臣署名

臣奕 臣毓（假） 臣那 臣徐

十月二十一日

986

鈐章

軍機大臣欽奉

諭旨法部奏進呈第三次統計表並籌司法統計劃
一辦法請飭遵行一摺著憲政編查館知道餘依
議欽此

軍機大臣署名

臣奕 臣毓（假） 臣那

臣徐

十月二十一日

987

鈐章

軍機大臣欽奉

諭旨農工商部奏遵議密雲工藝廠請獎出力人員
毋庸置議一摺著依議欽此

軍機大臣署名

臣奕 臣毓 臣那 臣徐

十月二十二日

988

鈐章

軍機大臣欽奉

諭旨郵傳部奏遵旨派勘廣西鐵路路綫並分別緩
急情形一摺著依議又片奏派直隸候補道許引
之接充京奉鐵路總辦等語知道了欽此

軍機大臣署名
臣奕
臣毓
臣那
臣徐

十月二十二日

989 宣統二年十月二十三日臣載 面奉
隆裕皇太后懿旨明年二十七月除服後養心殿東
佛堂應供奉
孝欽顯皇后神牌
穆宗毅皇帝神牌
孝哲毅皇后神牌
德宗景皇帝神牌著造辦處查照成案敬謹恭製其
一切應行恭辦事宜並著該衙門屆時查照成案
敬謹辦理欽此

990 鈐章
宣統二年十月二十三日內閣奉
上諭內閣學士那晋著賞給二等第一寶星欽此
軍機大臣署名
臣奕
臣毓
臣那
臣徐

991 鈐章
宣統二年十月二十四日內閣奉
上諭前任正白旗蒙古副都統王英楷由新建陸軍
右翼領官洊升統制官迭經勤辦土匪出力卓著
賢能署陸軍部侍郎簡授副都統克勤厥職前因
患病准其開缺茲聞溘逝軫惜殊深加恩著照副
都統例賜卹任內一切處分悉予開復應得卹典
該衙門察例具奏欽此
軍機大臣署名
臣奕假
臣毓
臣那
臣徐

992 光緒二十一年正月十四日內閣奉
上諭前任青州副都統德克吉訥由參領簡授烏魯
木齊領隊大臣在塔爾巴哈台布倫托海科布多等
處征勦多年洊升副都統前因病准其開缺賞食
半俸茲聞溘逝軫惜殊深加恩著照副都統例賜
卹任內一切處分悉予開復應得卹典該衙門查
例具奏欽此

993 鈐章
宣統二年八月初四日內閣奉
上諭前任察哈爾副都統魁福由披甲從征江南湖
北山東直隸山西陝西甘肅新疆等省曾著勞績
賞給訥恩登額巴圖魯名號洊升副都統前因患
病准其開缺茲聞溘逝軫惜殊深加恩著照副都
統例賜卹任內一切處分悉予開復應得卹典該
衙門查例具奏欽此

994 鈐章
軍機大臣欽奉
諭旨資政院前奏覈議雲南鹽觔加價一摺著依
議欽此
軍機大臣署名
臣奕假 臣毓 臣那 臣徐
十月二十四日

995 鈐章
軍機大臣欽奉
諭旨資政院前奏覈議廣西限制外籍學生一摺著
依議欽此
軍機大臣署名
臣奕假 臣毓 臣那 臣徐
十月二十四日

996

鈐章

軍機大臣欽奉

諭旨會議政務處奏議覆署兩廣總督袁樹勛奏縣
治改隸窒礙情形一摺著依議欽此

軍機大臣署名

臣奕（假）　臣毓　臣那　臣徐

十月二十四日

997

鈐章

軍機大臣欽奉

諭旨督辦鹽政大臣載澤奏查明雲南鹽觔礙難再
行加價並辦理此案原委一摺知道了欽此

軍機大臣署名

臣奕　臣毓　臣那

臣徐

十月二十四日

998

鈐章

軍機大臣欽奉

諭旨度支部奏遵旨速議粵省諮議局議請示期禁
賭一摺著依議欽此

軍機大臣署名

臣奕（假）　臣毓　臣那　臣徐

十月二十四日

999

鈐章

軍機大臣欽奉

諭旨民政部奏查明廣西高等警察學堂招生辦法
與奏定章程相符一摺知道了欽此

軍機大臣署名

臣奕假
臣劻
臣那
臣徐

十月二十四日

1000

鈐章

宣統二年十月二十五日內閣奉
上諭陳夔龍奏北運河旅遂鎮漫口大工合龍一摺
北運河上游漫口沖刷三百餘丈工程極鉅經該
督督飭各員相機進占併日程功現在大工告蕆
在事出力人員不無微勞足錄署通永道竇延馨
著仍以道員交軍機處存記山東候補道潘煜補
用道鄭敦慈候補知府陸榮棨均著交軍機處存
記鄭敦慈並著賞加二品銜候補知府沈寶賢著
仍以知府補用俟歸道班後加二品銜候補知府
吳繼盛著俟補缺後以道員用並加二品銜補用
知縣裴景宋著俟補缺後以知府在任候補北河
候補知縣錢金聲著以同知仍留北河補用北
河試用縣丞程光樞著以知縣補用並加同知銜
又片奏已革候補知縣劉本清請開復原官等語
劉本清著准其開復原官該部知道欽此
軍機大臣署名

臣奕
臣劻
臣那
臣徐

1001

鈐章

軍機大臣欽奉
諭旨御史廣德奏興復海軍亟宜籌設學堂一摺著
籌辦海軍大臣知道欽此
軍機大臣署名

臣奕
臣劻
臣那
臣徐

十月二十五日

1002 十月二十六日引
見人員
吏部二十二人

1003 鈐章
宣統二年十月二十六日内閣奉
上諭貴州勸業道員缺著王玉麟補授欽此
軍機大臣署名
臣奕
臣毓
臣那
臣徐

1004 鈐章
軍機大臣欽奉
諭旨理藩部奏照章撤銷議案另行酌擬辦法一摺
著依議欽此
軍機大臣署名
臣奕
臣毓
臣那
臣徐

十月二十六日

1005 具説帖議員易宗夔查本院議事細則第一百
七條議員依院章第二十條欲行質問者應具
説帖得三十人以上之贊成由議長諮詢本院
決定之等語本院恭承
明詔爲上下議院之基礎議院則必有對待之機關
員執行之責任議院則必有獨立之權限爲法
律之構成本員爲此遵章質問現在之軍機大
臣採用副署制度斷非署名勅尾而已必當如
各國之内閣國務大臣負完全之責任請問軍
機大臣對於各部行政各有行政是完全負責
任抑不完全負責任又憲政編查館從前爲國
内最高之立法機關現在資政院既已成立照
章應議決新定法典憲政編查館是否倣各國
内閣所設之法制局抑仍握最高之立法權以
上兩條敬請

議長諮詢本院如經決定懇即照章咨請
軍機大臣及
憲政編查館酌定日期以文書或口說答覆至
為公便

質問者議員易宗夔　江辛
贊成者議員黎尚雯

劉曜垣　陳樹楷
牟琳　陳國瓚
李長祿　劉能紀
齊樹楷　席綬
鄭潢　于邦華
唐右楨　陶峻
高凌霄　湯魯璠
周廷勷　孟昭常
劉述堯　汪龍光
慶山　邸義
陳瀛洲　籍忠寅
王佐良　李搢榮
黃毓棠　渦汝梅
鄭際平　達杭阿
康詠　楊廷綸
宋振聲　羅傑
劉榮勳

宣統二年九月　日提出

十月二十六日見面帶上

1006

辦理軍機處為咨覆事准
貴院咨稱議員具呈請問軍機大臣對於各部各省
行政是否負完全責任等因前來查現在新官制之
內閣未經設立軍機大臣權限實非各國內閣國務
大臣詳譯咨送說帖語意以採用副署制度必當如
各國之內閣惟查光緒三十四年軍機署名之制實
本乾隆年間舊制與日本內閣副署用意不符根本
既殊說帖所謂是完全負責任抑不完全負責任之
處自無從答覆將來新官制之內閣設立此種問題
屆時自可解決為此咨覆
貴院查照可也

十月二十六日見面帶上

陸軍部八人

共三十人

1007

鈐章

軍機大臣欽奉

諭旨都察院代遞郵傳部主事陳宗蕃為司法獨立

造端伊始亟宜豫防流弊呈一件著該衙門知道

欽此

軍機大臣署名

臣奕

臣毓

臣那

臣徐

十月二十七日

原件交憲政編查館

鈔交法部 民政部 法律大臣

1008

鈐章

軍機大臣欽奉

諭旨接統江南浦口各營甘肅提督張勳奏調用文

武各員赴營差委一摺著照所請該部知道欽此

原件交吏部

鈔交陸軍部

軍機大臣署名

臣奕

臣毓

臣那

臣徐

十月二十七日

1009

十月二十八日引

見人員

度支部三十二人

值年旗五人

正黃旗滿洲六人

鑲白旗滿洲二人

前鋒護軍統領三十五人

共八十人

1010

鈐章

宣統二年十月二十八日內閣奉

上諭阿穆爾靈圭等奏查辦前鋒護軍等營情形並

請派員管理一摺著派阿穆爾靈圭載潤管理兩
翼前鋒八旗護軍暨內務府三旗護軍驍騎等營
專司整頓各該營用人行政一切事務其內廷守
衛事宜仍由前鋒護軍營值班統領暨內務府大
臣分別管理應如何整頓營務釐訂章程著阿穆
爾靈圭等體察各營情形妥籌擬定奏明辦理欽此

軍機大臣署名

臣奕 臣毓 臣那 臣徐

1011

鈐章

軍機大臣欽奉

諭旨承修

崇陵工程大臣貝勒載洵等奏工程關係重要請飭撥
派營隊巡緝一摺著姜桂題酌擬兩營前往工
次駐紮幫同巡緝欽此

軍機大臣署名

十月二十八日

臣奕 臣毓 臣那 臣徐

1012

鈐章

軍機大臣欽奉

諭旨宗人府奏守護

西陵大臣年滿更換一摺奉恩輔國公奎瑛毋庸更換

欽此

軍機大臣署名

臣奕 臣毓 臣那 臣徐

十月二十八日

1013

鈐章

軍機大臣欽奉

諭旨度支部奏查明前署山西交城縣知縣已革候補直隸州知州徐星朗被參實無冤抑毋庸置議一摺著依議欽此

軍機大臣署名

臣奕 臣毓 臣那 臣徐

十月二十八日

1014

鈐章

奉

旨李灦舉即李登舉謀殺例實惟死者將妻賣休復勾人搶回即屬罪人究與致死平人有間連籌山即連得山故殺婦女例實惟死係犯姦罪人該犯聽從母命捉姦並無起衅別情楊憬陽故殺緦兄例實惟因死者屢斥伊母出身低微該犯忿激將其致斃李四謀殺例實惟死者時向誚辱揪毆並强借誣竊該犯忿激將其致斃衡情均不無可原俱著免勾餘照所擬欽此

軍機大臣署名

十月十九日同安徽等省
黄冊見面帶上

臣奕 臣毓 臣那 臣徐

1015

鈐章

奉

旨李灦舉即李登舉謀殺連籌山即連得山故殺婦女楊憬陽故殺緦兄李四謀殺均例實俱著予勾餘照所擬欽此

軍機大臣署名

十月十九日同安徽等省
黄冊見面帶上

臣奕 臣毓 臣那 臣徐

1016 宣統二年安徽省秋審服制情實楊如標一起
人犯一名謹將
勾到時所奉
諭旨恭錄於後
一起絞犯楊如標
與小功兄楊如科素睦楊如科家馬匹踐食該犯
稻塲該犯之父楊守俊用棍趕逐楊如科之父楊
守善瞥見不依互相爭吵楊如科攜木担趕護毆
傷楊守俊顖門倒地該犯趕至楊如科舉担又向
楊守俊毆打該犯情急攔護用手將担格開不期
毆傷楊如額角倒地越日殞命傷由救父情切尚
非有心干犯情稍可原是以未勾

宣統二年安徽省秋審常犯情實蔡庚城等十
二起人犯十三名謹將
勾到時所奉
諭旨恭錄於後
一起絞犯蔡庚城
姦匪因姦聽從姦婦謀斃本夫淫兇難寬是以勾決
一起絞犯秦三兒嚴應當
竊匪挾恨謀命嚴應當造意秦三兒下手加功均
法無可寬是以俱勾決
一起絞犯李潮舉即李登舉
造意謀命例實惟死者託伊媒說將妻賣休復勾
人搶回即屬罪人該犯將其謀斃究與致死平人
有間情稍可原是以未勾
一起絞犯僧得惠
逞忿故殺法無可寬是以勾決
一起絞犯連籌山即連得山
故殺婦女例實惟死係犯姦罪人該犯聽從母命
捉姦並無起衅別情稍有可原是以未勾
一起絞犯唐小好孜即唐得勝
逞忿故殺婦女法無可寬是以勾決
一起絞犯畢宏傳
姦匪因姦聽從謀殺本夫下手加功法無可寬是
以勾決
一起絞犯張二
聽從結夥反獄拒傷獄官隨同助勢法無可寬是
以勾決

一起絞犯吳阿興

姦匪因姦聽從姦婦謀殺本夫淫凶難寬是以勾決

一起絞犯胡滏情

逞忿故殺法無可寬是以勾決

一起絞犯尹得濰

逞忿故殺法無可寬是以勾決

一起絞犯姚振青

貪賄聽從謀命下手加功法無可寬是以勾決

1017

宣統二年江蘇省秋審常犯情實閆淙昆等二十

九起人犯二十九名謹將

勾到時所奉

諭旨恭錄於後

一起絞犯閆淙昆

調姦未成拒殺本婦淫凶難寬是以勾決

一起絞犯朱淮滐

營勇火器斃命復另傷一人法無可寬是以勾決

一起絞犯曾澐青

竊匪挾嫌聽從謀斃竊匪下手加功法無可寬是

以勾決

一起絞犯樊閏仔

姦匪因姦聽從姦婦謀殺本夫淫凶難寬是以勾決

一起絞犯周毛兒即薛毛兒

姦匪因姦聽從謀殺本夫下手加功淫凶難寬是

以勾決

一起絞犯顧淦郎

貪賄聽從姦夫謀殺本夫下手加功法無可寬是

以勾決

一起絞犯陶水幅即周鵬

蠹役嚇詐斃命業由立決改為監候法難再寬是

以勾決

一起絞犯陳濵照

逞忿故殺法無可寬是以勾決

一起絞犯馮志典

逞忿故殺婦女法無可寬是以勾決

一起絞犯陳愭卯即陳容決

因姦聽從謀命下手加功淫凶難寬是以勾決

一起絞犯高斯嬉

火器殺人法無可寬是以勾決
　一起絞犯朱梧泉
姦匪逞忿故殺姦匪淫兇難寬是以勾決
　一起絞犯楊澱詳
貪賄聽從謀命下手加功法無可寬是以勾決
　一起絞犯田荃有
造意謀命法無可寬是以勾決
　一起絞犯佬吳
聽從圖財害命下手加功雖未得財業已殺人法
無可寬是以勾決
　一起絞犯李繼湷
致斃父子一家二命復另傷三人業由立決改為
監候法難再寬是以勾決
　一起絞犯朱蕢濚
竊盜拒捕刃斃事主法無可寬是以勾決
　一起絞犯王澱森即王澱身
火器殺人法無可寬是以勾決
　一起絞犯趙滲汶
逞忿故殺兄妻法無可寬是以勾決

　一起絞犯臧憬咬
挾嫌聽從謀命下手加功法無可寬是以勾決
　一起絞犯郭得富
姦匪圖財害命雖未得財業已傷人法無可寬是
以勾決
　一起絞犯劉蠻仔
搶奪拒捕鎗斃捕人法無可寬是以勾決
　一起絞犯楊椿泉即楊得盼又名楊佬么
拐匪挾恨謀斃拐匪法無可寬是以勾決
　一起絞犯谷步詳
營勇火器殺人解審脫逃被獲業經免其立決法
難再寬是以勾決
　一起絞犯高恒沅
造意謀命法無可寬是以勾決
　一起絞犯武漢佩
　一起絞犯楊漬
姦匪因姦謀斃縱姦本夫淫兇難寬是以勾決
姦匪拒捕刃斃本夫淫兇難寬是以勾決
　一起絞犯謝春澄即謝佬二

强姦室女已成致斃其命淫兇難寬是以勾決
一起絞犯周得標即周沃虎
挾恨謀命法無可寬是以勾決
1018 宣統二年河南省秋審服制情實張明奇等八
起人犯八名謹將
勾到時所奉
諭旨恭錄於後
一起絞犯張萌奇
與大功兄張萌蔥分居無嫌該犯將地畝當給張
萌蔥管業嗣該犯備價往贖張萌蔥之子張謙嫌
錢毛不收該犯斥說薄情張謙分辯該犯辱罵並
拾甎向擲張謙閃避不期張萌蔥聞聲趨勸致誤
砸傷左額角連左眉該犯亦被張萌蔥砍傷顖門
張萌蔥傷口進風越十二日抽風殞命傷由誤中死
係因風尚非有心干犯情稍可原是以未勾
一起絞犯郭樹澐即郭幗祿
與大功兄郭憬省分居無嫌嗣郭憬省由該犯之
父郭健麥地經過踐毀麥苗郭健看見向斥郭憬
省分辯致相罵詈郭健取三齒鐵抓鈎用柄毆傷
其右脚踝郭憬省奪鈎用柄毆傷郭健左手腕適
該犯回歸瞥見趕攏救護奪鈎過手郭憬省撲奪
郭健喝令毆打該犯用鈎抓傷其左手指郭憬省脚
踢該犯抓傷其左右脚腕郭憬省坐地亂罵該犯
用鈎抓傷其偏左顖門額顱倒地移時殞命毆由
聽從父命尚非無故逞兇干犯情稍可原是以未勾
一起絞犯孟茂聚
與胞兄孟聚茂素睦孟聚茂素不務正經其父孟
喜來屢教不悛分給孟聚茂地畝另度嗣孟聚茂
將地畝賣盡屢向該犯訛借錢文粮食該犯時常
借給後孟聚茂復向借粮該犯因家中僅有豌豆
四升允給二升孟聚茂必欲悉數取去該犯不允
孟聚茂辱罵該犯分辯孟聚茂拔刀砍傷該犯顖
門該犯奪刀過手刀尖向外孟聚茂趕攏奪刀該
犯求饒孟聚茂狠力回奪該犯鬆手孟聚茂將刀
奪回因手勢過猛致自行戳傷小腹倒地移時殞
命傷由奪刀自戳尚非有心干犯情稍可原是以

未勾
一起絞犯劉汏漋
與小功伯母張氏無嫌該犯之弟劉念孔因養晃被張氏家犬隻咬斃在門外喊駡張氏之子劉念本出向不依致相罵詈彼此互毆致傷該犯走至恐劉念孔受虧用木狼頭向劉念本嚇毆劉念本閃側適張氏從劉念本背後攏勸該犯收手不及致誤傷其顋門倒地移時殞命傷由誤中死出不虞尚非有心干犯情稍可原是以未勾
一起絞犯聶叄聲
與胞兄聶奪素睦聶奪平素忤逆不服其母梁氏管教嗣梁氏令聶奪赴地工作聶奪懶惰不去梁氏斥駡聶奪取刀撲扎該犯攔護奪刀過手聶奪將梁氏扭毆該犯恐梁氏受傷舉刀嚇扎不期聶奪轉向撲打該犯收手不及適傷其胸膛倒地移時殞命死者罪犯應死傷由救母情切尚非無故逞兇干犯情稍可原是以未勾
一起絞犯許禎親
與大功叔許組錫素睦該犯本係許組錫胞姪因出繼降服大功嗣該犯本生父許組述運卸柿菓被許組錫霸阻口角爭毆許組錫將許組述按倒用斧砍傷許組述喊救該犯聞聲趨至許組錫舉手復砍該犯情急救護拾刀搪格適傷其右腿倒地移時殞命死者罪犯應死傷由救父情切尚非無故逞兇干犯情稍可原是以未勾
一起絞犯張賓
與胞兄張親素睦張親平日强横屢向其父張貫宇項撞張貫宇將張親弟兄分居各度自留養老地畝與該犯同住嗣張貫宇因患瘡需錢醫治欲將養老地畝變賣張親聞知往向攔阻張貫宇斥說不應張親項撞張貫宇喝駡張親扭住張貫宇衣襟混詈拚鬧張貫宇喊救該犯聞聲趨至瞥見喝阻張親仍不放手舉拳欲毆該犯情急救護拾木履嚇毆適傷其右太陽倒地越三日殞命死者罪犯應死傷由救父情切尚非無故逞兇干犯情稍可原是以未勾
一起絞犯黄西銘
與大功兄黄乙庚素睦彼此地畝毘連黄乙庚犂

地侵佔該犯地界該犯瞥見尋向理論黃乙庚不
服混罵該犯分辯黃乙庚撲毆該犯用拳抵傷其
右太陽黃乙庚上前揪扭該犯閃避黃乙庚撲空
失跌倒地致碑塊勢傷心坎因跌内損越日殞命
傷由自行失跌尚非有心干犯情稍可原是以未勾
宣統二年河南省秋審常犯情實王二收等三
十九起人犯三十九名謹將
勾到時所奉
諭旨恭錄於後
一起絞犯王二收
挾恨謀命法無可寬是以勾決
一起絞犯王青辰
逞忿故殺法無可寬是以勾決
一起絞犯楊得溉
逞忿故殺法無可寬是以勾決
一起絞犯閆隆即閆小杜
挾恨謀斃婦女法無可寬是以勾決
一起絞犯張茂堂即張方畢
調姦未成謀斃本婦法無可寬是以勾決

一起絞犯傅圪塔
逞忿故殺法無可寬是以勾決
一起絞犯何海溉
貪賄聽從謀命下手加功法無可寬是以勾決
一起絞犯朱西小即朱明
聚眾共毆致斃一家二命業由立決改為監候法
難再寬是以勾決
一起絞犯王當
圖財害命雖未得財業已殺人法無可寬是以勾決
一起絞犯程學福
致斃兄弟一家二命業由立決改為監候法難再
寬是以勾決
一起絞犯陳泆狗
逞忿故殺法無可寬是以勾決
一起絞犯李希蘭
逞忿故殺法無可寬是以勾決
一起絞犯王愷
火器殺人法無可寬是以勾決
一起絞犯雷甲辰

火器殺人法無可寬是以勾決
一起絞犯辛志典
聽從輪姦未成殺死本婦幫同下手業由立決改
為監候法難再寬是以勾決
一起絞犯楊平即楊沃懸
聽從伙搶婦女已成幫毆成傷致令自盡法無可
寬是以勾決
一起絞犯王有明即王降觔
先犯鬬殺擬絞減免後復刃斃人命並另傷其妻
怙惡不悛法難再寬是以勾決
一起絞犯谷佬四
竊盜拒捕火器致斃事主法無可寬是以勾決
一起絞犯武冬至
竊匪拒捕聽從謀殺差役三命下手加功復另傷
一人業由立決改為監候法難再寬是以勾決
一起絞犯姬大升
姦匪因姦謀斃縱姦本夫淫兇難寬是以勾決
一起絞犯陳滤蟻
竊匪挾恨謀命法無可寬是以勾決

一起絞犯董煥城
火器殺人脫逃三年後就獲業經免其立決法難
再寬是以勾決
一起絞犯楊寨
火器殺人脫逃三年後就獲業經免其立決法難
再寬是以勾決
一起絞犯穆薪發
致斃兄弟一家二命業由立決改為監候法難再
寬是以勾決
一起絞犯郭升
致斃兄弟一家二命業由立決改為監候法難再
寬是以勾決
一起絞犯蘇拉妮
挾恨謀斃五齡小功弟脫逃二年後就獲業經免
其立決法難再寬是以勾決
一起絞犯劉磨
謀斃妻命圖賴情殊殘忍法無可寬是以勾決
逞忿故殺法無可寬是以勾決
一起絞犯楊憬陽

故殺細戶例實惟死者屢斥伊母出身低微致令
不顧為人該犯忿激將其致斃情稍可原是以
未勾
一起絞犯張六
姦匪因姦聽從姦婦謀殺本夫淫兇難寬是以勾決
一起絞犯王茂
姦匪因姦謀斃姦婦之子淫兇難寬是以勾決
一起絞犯高堆
逞忿故殺法無可寬是以勾決
一起絞犯于犀
逞忿故殺幼孩法無可寬是以勾決
一起絞犯馬潤蒼
逞忿故殺法無可寬是以勾決
一起絞犯李四
造意謀命例實惟死者時向誚辱按毆並強借誆
竊迹近棍徒該犯忿激將其致斃情稍可原是以
未勾
一起絞犯張仔盈
火器殺人法無可寬是以勾決

一起絞犯李羅
一起絞犯景夏
挾恨謀命法無可寬是以勾決
一起絞犯胡羊
圖姦未成火器致斃捕人法無可寬是以勾決
一起絞犯王九海
姦匪逞忿故殺姦匪淫兇難寬是以勾決

1019

鈐章
宣統二年十月二十九日內閣奉
上諭十一月二十二日冬至大祀
天於
圜丘遣豫親王懋林恭代行禮
四從壇派錫露扎克丹錫明秀綸各分獻欽此
軍機大臣署名
臣奕
臣毓
臣那
臣徐

1020

鈔章

宣統二年十月二十九日內閣奉

上諭已故長江水師提督程文炳遺摺內條奏陸海
軍應行籌辦事宜老成謀國瀕危猶不忘軍事所
言亦條理詳明著該衙門隨時酌核辦理欽此

軍機大臣署名

臣奕 臣毓 臣那 臣徐

1021

鈔章

宣統二年十月二十九日內閣奉

上諭張人駿奏長江水師提督因病出缺懇恩優卹
並代遞遺疏一摺已故長江水師提督程文炳忠
勇性成治軍廉正於咸豐年間隨袁甲三轉戰安
直東豫等省疊平賊壘卓著戰功賞穿黃馬褂洊
升總兵擢授提督調任長江水師提督盤頓營務
勞瘁不辭茲聞溘逝軫惜殊深程文炳著照提督
例賜卹加恩予謚任內一切處分悉予開復應得
卹典該衙門察例具奏靈柩回籍時沿途地方官
妥為照料生平戰功事績宣付國史館立傳原籍
及立功省分准其建立專祠伊孫一品廕生程傳
鏕著以郎中用伊子浙江候補道程恩培著仍以
道員即補用示篤念藎臣至意欽此

軍機大臣署名

臣奕 臣毓 臣那 臣徐

1022

光緒十八年八月二十七日內閣奉

上諭前任長江水師提督李成謀忠勇性成勳勞卓
著由水師將校歷隨曾國藩胡林翼楊岳斌轉戰
湖南湖北江西安徽江蘇等省克復城隘所向有
功迭蒙
先朝恩遇賞給勇號黃馬褂擢授提督調補長江水師
提督威惠兼施馭軍有法江南賴以乂安前年慶
典恩施賞加太子少保銜歷任十有餘年盤頓營

伍實力操防克勤厥職本年夏間因傷病舉發准
予開缺方冀調理就痊重資倚任遽聞溘逝軫惜
殊深著照提督例賜卹加恩予謚並將戰功事蹟
宣付史館立傳其原籍及立功省分准其建立專
祠伊子知府銜江蘇候補同知李傳新並俟服闋
後以知府用以示篤念藎臣至意欽此

1023 光緒二十年八月二十六日内閣奉
上諭長江水師提督黃翼升忠勇性成勳勞卓著由
水師將校隨同曾國藩剿辦粵匪轉戰江南湖北
等省克復城隘所向有功迭蒙
先朝恩遇賞給勇號黃馬褂補授淮揚鎮總兵擢江
南水師提督
賞給三等男爵嗣因患病開缺調理前年補授長江水
師提督賞給紫禁城内騎馬本年正月欽奉
懿旨賞加尚書銜治軍三十餘年整頓營務實力操防
克勤厥職方冀得享遐齡長資倚任遽聞溘逝軫
惜殊深黃翼升著照提督例賜卹加恩予謚並將
戰功事蹟宣付國史館立傳其原籍及立功省分

准其建立專祠伊子候選道黃宗炎著俟服闋後
以道員即選伊孫黃恩綬著俟及歲時帶領引見
用示篤念勳勤至意欽此

1024 鈐章
軍機大臣欽奉
諭旨御史胡思敬奏報館藐視王章請旨筝辦一摺
稽查報館民政部有應盡之責著隨時嚴行查核
辦理欽此
軍機大臣署名
臣奕
臣毓
臣那
臣徐
十月二十九日

1025 鈐章
軍機大臣欽奉
諭旨憲政編查館奏遵限考核京外各衙門第三年

第一次籌備憲政成績一摺又奏續派館員分赴
各省考察憲政一片又奏派充本館科員等一片
均知道了欽此
軍機大臣署名
臣奕 臣毓 臣那 臣徐
十月二十九日

1026
鈐章
軍機大臣欽奉
諭旨憲政編查館會奏議覆浙江巡撫增韞奏浙省
諮議局議長在籍度支部主事陳黻宸請免扣資
俸一摺著依議欽此
軍機大臣署名
臣奕 臣毓 臣那

臣徐

1027
鈐章
軍機大臣欽奉
諭旨壽勳奏校閱陸軍第一第二兩鎮在事尤為出
力各隨員請照章獎敘繕單呈覽一摺著該衙門
議奏單併發欽此
十月二十九日
軍機大臣署名
臣奕（假） 假毓 臣那 臣徐

1028
鈐章
軍機大臣欽奉
諭旨壽勳陳夔龍奏北洋陸軍第二鎮兩屆校閱著
有成效出力各員照章擬獎繕單呈覽一摺著該
十月三十日

部議奏單二件併發又奏北洋督練公所總參議
記名協都統陸軍部步隊正參領舒清阿請賞加
副都統銜一片舒清阿著賞加副都統銜又奏第
二鎮統制官提督銜記名總兵馬龍標請量加獎
勵一片馬龍標著交部議敘欽此
軍機大臣署名
臣奕劻假
臣毓朗
臣那桐
臣徐世昌
十月三十日

1029
鈐章
宣統二年十一月初一日內閣奉
上諭外務部尚書鄒嘉來署陸軍部尚書廕昌署郵
傳部尚書唐紹怡正紅旗漢軍都統色楞額度支
部右侍郎陳邦瑞正黃旗滿洲副都統祥普均著加
恩在紫禁城內騎馬欽此
軍機大臣署名
臣奕
臣毓
臣那
臣徐

1030
賞馬名單
一品大員未經
外務部尚書鄒嘉來
署陸軍部尚書廕昌
署郵傳部尚書唐紹怡
正白旗漢軍都統成章
正紅旗漢軍都統色楞額
鑲藍旗蒙古都統張德彝
鑲藍旗漢軍都統明啟

1031
賞馬名單
二品大員未經
度支部右侍郎陳邦瑞年六十歲
署農工商部右侍郎溥善年六十歲
正白旗滿洲副都統兜欽年六十二歲
正白旗漢軍副都統慶綿年七十歲
鑲白旗滿洲副都統敬昌年七十一歲
正黃旗滿洲副都統祥普年七十四歲
鑲黃旗滿洲副都統英信年六十九歲
鑲黃旗蒙古副都統廣綺年六十四歲
署鑲黃旗漢軍副都統麒德年六十二歲
正紅旗滿洲副都統全福年六十七歲
正紅旗蒙古副都統吉陞年六十六歲
鑲紅旗滿洲副都統文泰年六十三歲
正藍旗滿洲副都統誠全年六十歲
正藍旗漢軍副都統額勒春年六十二歲

鑲藍旗滿洲副都統瑞啟年六十三歲
鑲藍旗蒙古副都統岳梂年七十一歲
鑲藍旗漢軍副都統良泰年六十六歲

1032

鈐章

軍機大臣欽奉
諭旨資政院議決地方學務章程會同學部具奏請
旨裁奪一摺著依議欽此

軍機大臣署名
臣奕
臣毓
臣那
臣徐

十一月初一日

1033

鈐章

軍機大臣欽奉
諭旨資政院奏陳請照約速定裁釐加稅一案議決
情形一摺著該衙門妥籌辦理欽此

軍機大臣署名
臣奕
臣毓
臣那
臣徐

原摺交外務部
另鈔交度支部 稅務處 均令原摺

十一月初一日

1034

鈐章

宣統二年十一月初二日奉
上諭此次驗放陸軍游學畢業生考列優等之李宣
倜著賞給陸軍步兵科舉人並授副軍校考列上
等之沈觀恩著賞給陸軍步兵科舉人并授協軍
校該部知道欽此

軍機大臣署名
臣奕
臣毓
臣那
臣徐

1035

上諭陸軍大臣著廕昌補授副大臣著壽勳補授欽此

欽章

宣統二年十一月初三日内閣奉

軍機大臣署名

臣奕
臣毓
臣那
臣徐

1036

上諭海軍大臣著載洵補授副大臣著譚學衡補授

欽此

欽章

宣統二年十一月初三日内閣奉

軍機大臣署名

臣奕
臣毓
臣那
臣徐

1037

上諭所有此次裁缺之陸軍部侍郎丞參各員均著

賞食原俸欽此

欽章

宣統二年十一月初三日内閣奉

軍機大臣署名

臣奕
臣毓
臣那
臣徐

1038

上諭裁缺陸軍部右侍郎姚錫光著以侍郎候補左

丞朱彭壽右丞許秉琦著以三品京堂及交涉使

提學使提法使候補左參議慶蕃右參議錫嘏著

以四品京堂及道員候補丞參上行走左景祐著

仍當委散秩大臣差使候補參議達春著以道員

用欽此

欽章

宣統二年十一月初三日内閣奉

軍機大臣署名

臣奕

1039

鈐章

宣統二年十一月初三日内閣奉

上諭憲政編查館軍諮處陸軍部會奏釐訂陸軍部暫行官制大綱列表呈進一摺陸軍部總持軍政責任宜專所擬各節尚屬周妥所有尚書侍郎左右丞參各缺著即裁撤改設陸軍大臣一員副大臣一員當此整軍經武之際該大臣等務當認真整頓切實進行毋負委任餘著照所議辦理欽此

軍機大臣署名

臣奕
臣毓
臣那
臣徐

臣毓
臣那
臣徐

1040

鈐章

宣統二年十一月初三日内閣奉

上諭立國之要海陸兩軍並重前因釐訂官制欽奉先朝諭旨海軍部未設以前暫歸陸軍部辦理嗣有旨派載洵薩鎮冰充籌辦海軍事務大臣復派載洵等前赴各國考察一切籌辦漸有端緒茲據載洵等會同憲政編查館王大臣奏擬訂海軍部暫行官制大綱列表呈覽一摺詳加披閲尚屬周妥自應設立專部以重責成所有籌辦海軍處著改爲海軍部設立海軍大臣一員副大臣一員該大臣等務當悉心規畫實力經營以副朝廷整軍經武之至意至應設之海軍司令部事宜著暫歸海軍部兼辦餘著照所議辦理欽此

軍機大臣署名

臣奕
臣毓
臣那
臣徐

1041

鈐章

軍機大臣欽奉

諭旨御史溫肅奏粤民籲懇禁賭甚切敬陳辦法一

摺著該部議奏欽此

軍機大臣署名

臣奕

臣毓

臣那

臣徐

十一月初三日

1042

資政院為咨請事據特任股員長那親王報告

稱上月十六日為審查陳請速定官制議案及

提前設立審計院議案並修改清單趕辦最要

次要事宜議案設立特任股員經議長指定十

八人審查在案本特任股員等迭於上月二十

日二十五日開會審查當經議決將官制及審

計院兩案歸入修改清單案內一併審查復經

逐條討論酌量增刪謹將討論之結果另行擬

具修改草案並附加案語業經公同議決查光緒

三十四年奏陳籌備清單係由憲政編查館會

同資政院辦理現在欽奉

諭旨提前設立議院此項清單自應遵照修改仍由本

院會同憲政編查館王大臣具奏查照院章應

改為會同軍機大臣具奏擬請議長咨行軍機

大臣迅飭憲政編查館特派員到本股員會公

同協商以便提出本院會議再行議決會奏本

股員會現擬於十一月初四日下午三點鐘開

股員會謹請從速咨行以憑辦理等情具書前

來相應咨請

貴處王大臣查照迅飭憲政編查館特派員到

會協議可也須至咨者

右　咨

軍機處

宣統二年十一月初三日

1043

鈐章

軍機大臣欽奉

諭旨會議政務處奏議覆御史黄瑞麒奏請將新章
以前分發之府經以下各員願改歸本省候補者
免繳捐離改指銀兩一摺著依議欽此
軍機大臣署名
臣奕
臣毓
臣那
臣徐
十一月初四日

1044
鈐章
宣統二年十一月初五日内閣奉
上諭前因縮改於宣統五年開設議院業經降旨將
應行提前趕辦事項責成該主管衙門迅將提前
辦法通盤籌畫分别奏明辦理查預備立憲逐年
籌備清單所開事宜憲政編查館有專辦同辦及
遵章考核之責現在開設議院既已提前所有籌
備清單各項事宜自應將原定年限分别縮短切
實進行著憲政編查館妥速修正奏明請旨辦理
欽此
軍機大臣署名
臣奕
臣毓
臣那
臣徐

1045
鈐章
宣統二年十一月初五日内閣奉
上諭海軍部奏請簡大員統制艦隊一摺著派海軍
提督薩鎮冰統制巡洋長江艦隊欽此
軍機大臣署名
臣奕
臣毓
臣那
臣徐

1046
十一月初六日引
見人員

吏部二十九人
正黄旗漢軍二人
鑲白旗滿洲十一人
鑲藍旗滿洲二人
共四十四人

1047
鈐章
宣統二年十一月初六日内閣奉
上諭唐紹怡奏因病懇請開缺一摺唐紹怡著賞假
一箇月毋庸開缺欽此
軍機大臣署名
臣奕
臣毓
臣那
臣徐

1048
鈐章
軍機大臣欽奉
諭旨阿穆爾靈圭等奏為管理兩翼前鋒八旗護軍
暨内務府三旗護軍驍騎等營事務酌擬暫行辦
法繕單呈覽一摺又片奏請刊刻關防並擬用稽
察守衛處公所及該處人員隨同經理等語均著
依議欽此
軍機大臣署名
臣奕
臣毓
臣那
臣徐
十一月初六日

1049
鈐章
軍機大臣欽奉
諭旨本日引見之州縣事實列入最優等候選道江
西上饒縣知縣沈善謙著在任以道員補用欽此
軍機大臣署名
臣奕
臣毓
臣那

1050
鈐章
軍機大臣欽奉
諭旨本日引見之候選道開缺貴州鎮遠府知府雙
壽著仍以知府用欽此
軍機大臣署名
十一月初六日
臣奕
臣毓
臣那
臣徐
臣徐

1051
候選道開缺貴州鎮遠府知府雙壽
旨著仍以知府用
旨著以簡缺知府用
旨著回原衙門行走
十一月初六日

1052
鈐章
軍機大臣欽奉
諭旨本日引見之降三級調用前山東城武縣知縣
汪望庚著以縣丞用欽此
軍機大臣署名
臣奕
臣毓
臣那
臣徐

1053
查辦起用前山東城武縣知縣汪望庚
旨著以縣丞用
十一月初六日

1054
鈐章
宣統二年十一月初七日内閣奉
上諭本日召見之明保指分直隸補用道許貞幹著
以道員發往直隸補用並交軍機處存記欽此
軍機大臣署名

1055

鈐章

宣統二年十一月初七日內閣奉

上諭本日召見之明保貴州補用道前思州府知府

潘盛年著以道員發往山東補用並交軍機處存

記欽此

軍機大臣署名

臣奕假

臣毓

臣那

臣徐

1056

鈐章

軍機大臣欽奉

諭旨民政部奏查明禁煙情形一摺知道了欽此

軍機大臣署名

臣奕假

臣毓

臣那

臣徐

1057

軍機大臣署名

臣奕假

臣毓

臣那

臣徐

十一月初七日

滿頭班

花翎二品銜領班三品章京英秀

花翎二品銜幫領班四品章京文年

三品銜在任即選知府章京郎中麟祥

花翎三品銜俟升四品後賞加二品銜章京郎中裕銘現在穿孝

章京候補侍讀中書海桂

章京候補員外郎伊密揚阿

花翎四品銜章京員外郎存瑞

額外章京法部候補主事伊星阿

花翎三品銜在任即選道額外章京上行走鍾佩

漢頭班

花翎二品銜領班三品章京楊壽樞

二品銜幫領班四品章京徐宗溥
三品銜章京郎中劉慶篤
花翎四品銜章京主事趙國良
四品銜章京主事張潤
四品銜章京主事宋于聯
三品銜章京　記名繁缺知府郎中楊芾
花翎員外郎銜章京候補主事曾文玉
章京編修黃彥鴻
額外章京内閣候補中書秦樹忠
滿二班
花翎二品銜領班三品章京聯綬
花翎三品銜幫領班四品章京成俊
花翎三品頂戴候升四品後　賞加二品銜章京郎中榮奎
花翎三品銜　記名道府候升四品後　賞加二品銜章京郎中常泰
花翎四品銜章京主事鴻恩
四品銜章京主事興廉
四品銜章京員外郎星輅
章京録事官松海

漢二班
二品銜領班三品章京易貞
花翎幫領班四品章京上行走三品章京華世奎
花翎幫領班四品章京趙廷珍
三品銜章京　記名繁缺知府郎中孫筍經
花翎四品銜章京主事盧文明
四品銜章京主事邢維經
三品頂戴章京員外郎萬雲路
花翎四品銜章京主事雷延壽
花翎四品銜章京編修楊渭
額外章京法部學習主事呂式斌
額外章京内閣候補中書江保傳

1058
欽章
奉
旨梁乃詳故殺例實惟伊拾物還主死者揚言誣竊
該犯氣忿將其致死潮白銀白幅㨚即柏濡㨚火
器連斃二命例實惟疑賊確屬有因死者均被社
夫亂轟致斃以該犯等係屬原謀照為首定擬鄧

菁得聽從行劫由立決量減監候例實惟該犯聞
喊先逃尚有畏法之心均不無可原俱著免勾餘
照所擬欽此

軍機大臣署名

十月二十八日同山東等省黃冊
見面帶上十月初七日
發下由堂交内閣

臣奕
臣毓

1059
奉
旨梁乃詳故殺潮白銀白幅悟即柏溜悟火器連斃
二命鄧菁得聽從行劫由立決量減監候均例實
俱著予勾餘照所擬欽此

十月二十八日同山東等省黃冊
見面帶上十月初七日
撕破發下歸檔

1060
宣統二年山東省秋審服制情實王振三一起
人犯一名謹將
勾到時所奉

諭旨恭錄於後
一起絞犯王振三
待母劉氏素無觸忤與出嫁胞妹王氏無嫌劉氏
同該犯之父王東花攜帶次子王觀三三子王
道三赴口外謀食留該犯同妻張氏子王小登
在家該犯歷年積蓄置買地畝嗣王東花在外
病故王觀三等將劉氏送回令該犯養贍劉氏
欲乘王道三回口之便令該犯辦銀搬取父柩
該犯不允並稱獨力難辦劉氏氣忿訓斥又令
該犯賣地籌款該犯仍不允許王道三即赴外
謀生劉氏因旅櫬難歸生氣哭鬧聲稱不如一
死乾淨經張氏等勸慰詎劉氏氣忿莫釋乘間
自縊身死該犯等通知劉氏之弟劉盛蕃查看
因係自縊令該犯從豐殮埋未經報案亦未通
知王氏嗣王氏查知屢向該犯滋鬧聲稱劉氏
係被該犯逼死定行控告經人勸歇王氏隨在
該犯家住宿該犯慮恐王氏控官問罪起意致
死除患乘王氏熟睡用帶縛住其兩手王氏驚
醒掙扎喊罵該犯用洋煙膏灌令吃食王氏不

肯開口該犯用鐵鑿撬開牙關致撬落上下牙
齒並用棉絮堵塞其口用手捫住口鼻移時氣
閉殞命違犯教令致母自盡復謀斃出嫁胞妹
一命與尋常服制之案不同法無可寛是以勾決

1061 宣統二年山東省秋審常犯情實劉芒柏等十
二起人犯十二名謹將
勾到時所奉
諭旨恭錄於後
一起絞犯劉芒柏
火器殺人法無可寛是以勾決
一起絞犯王萌山
因姦謀命淫兇難寛是以勾決
一起絞犯董作幅
致斃母子一家二命業由立決改為監候法難再
寛是以勾決
一起絞犯景棣芳
挾恨謀斃婦女法無可寛是以勾決
一起絞犯王三即王懙幫

逞忿故殺幼孩法無可寛是以勾決
一起絞犯楊友豹
逞忿故殺法無可寛是以勾決
一起絞犯陳舉仔
竊盜拒捕刃斃事主法無可寛是以勾決
一起絞犯毛三即毛鈺昆
火器殺人法無可寛是以勾決
一起絞犯梁乃詳
故殺例實惟因拾物還主死者乃揚言誣竊該犯
氣忿將其致斃情稍可原是以未勾
一起絞犯于小沅
逞忿故殺法無可寛是以勾決
一起絞犯許丕淋
姦匪逞忿故殺姦婦淫兇難寛是以勾決
一起絞犯段泳剛
連斃應抵二命法無可寛是以勾決

1062 宣統二年山西省秋審常犯情實李狗食即李士貴
等十六起人犯十六名謹將

勾到時所奉
諭旨恭錄於後
一起絞犯李狗食即李士書
因姦聽從姦婦謀殺本夫淫兇難寬是以勾決
一起絞犯王伏笙
賭匪連斃應抵二命法無可寬是以勾決
一起絞犯秦一九
姦匪逞忿故殺縱姦本夫淫兇難寬是以勾決
一起絞犯郭小五
逞忿故殺法無可寬是以勾決
一起絞犯郭白銀扣
連斃應抵二命法無可寬是以勾決
一起絞犯李根即李狗
因姦聽從姦婦謀殺縱姦本夫淫兇難寬是以勾決
一起絞犯李忙小
姦匪挾恨謀斃幼孩淫兇難寬是以勾決
一起絞犯杜升佶
貪賄聽從謀命下手加功法無可寬是以勾決
一起絞犯孫三佬虎

致斃兄弟一家二命業由立決改為監候法難再寬是以勾決
一起絞犯賈洛五
逞忿故殺老人復另刃傷其子法無可寬是以勾決
一起絞犯李添枝
逞忿故殺法無可寬是以勾決
一起絞犯王九子即王得汰
逞忿故殺法無可寬是以勾決
一起絞犯劉沅
賭匪謀斃賭匪法無可寬是以勾決
一起絞犯回民袁汰莽
回民行竊刃斃事主法無可寬是以勾決
一起絞犯劉三紅
造意謀命法無可寬是以勾決
一起絞犯王猛兒
逞忿故殺法無可寬是以勾決
1063
宣統二年直隸省秋審服制情實陳二即陳二
印等五起人犯五名謹將
勾到時所奉

諭旨恭錄於後

一起絞犯陳二即陳二印

與胞兄陳悟素睦該犯素患瘋病時發時愈嗣該犯瘋病復發攜鐵鐝鉤闖至陳悟房內陳悟尚未睡起該犯用鐵鐝鉤毆傷其偏左連左耳腦後當即殞命該犯到案驗係瘋迷覆審供吐明晰毆由瘋發無知尚非有心干犯情稍可原是以未勾

一起絞犯郭雙羅仔

與胞叔郭羌葆素睦嗣該犯之父郭先貴至郭羌葆家閑坐適郭羌葆外出見院内榆樹生有榆錢折取回家煮食郭羌葆回歸查知找至郭先貴家聲稱不應擅折榆錢郭先貴分辯郭羌葆不服混罵郭先貴氣忿拾石毆傷郭羌葆脊膂郭羌葆揪住郭先貴髮辮揿按到地騎壓身上用手掐住咽喉不放郭先貴面色紫漲喊不出聲該犯瞥見情急救護拾石向郭羌葆擲適傷其左太陽連額角倒地當即殞命擲由救父情切尚非無故逞兇干犯情稍可原是以未勾

一起絞犯白㤤旋

侍嗣父白盅羌平日孝順該犯出外買馬白盅羌因將届秋穫令趕緊回歸該犯因馬貴難買回家逾期白盅羌生氣斥罵嗣該犯睡不起白盅羌嚷說該犯在外嬉遊回家又復貪懶躭誤工作該犯起身將遲歸緣由婉言分辯即赴地工作白盅羌聲稱有子不聽教訓致其生氣不如一死乾淨該犯之妻郝氏勸解詎白盅羌氣忿莫釋乘間自縊殞命違犯教命尚無觸忤重情情稍可原是以未勾

一起絞犯路小氣

與胞兄路雲亭無嫌路雲亭平日事母趙氏觸忤不孝隣里咸知嗣路雲亭令趙氏推磨軋麪趙氏因天熱不允用言訓斥路雲亭將趙氏推跌倒地並用槍逞兇該犯瞥見將槍奪棄路雲亭向趙氏扭毆趙氏喊救該犯恐趙氏受傷救母情切用木担向路雲亭嚇毆適傷其腦越日殞命死者罪犯應死毆由救母情切尚非無故逞兇干犯情稍可原是以未勾

一起絞犯王付有

侍母張氏平日孝順該犯素患瘋病時發時愈嗣

張氏與該犯同坐吃飯該犯瘋病復發拏板凳跳舞張氏攏奪該犯不省人事致毆傷張氏顋門額顱左眼胞連太陽右鼻竅右骰上唇吻嗣經醫治平復該犯到案驗係瘋迷覆審供吐明晰毆由瘋發無知尚非有心干犯情稍可原是以未勾

1064 宣統二年直隸省秋審常犯情實張龍等四十九起人犯五十名謹將

勾到時所奉

諭旨恭錄於後

一起絞犯張龍

火器殺人法無可寬是以勾決

一起絞犯張佬

逞忿故殺法無可寬是以勾決

一起絞犯李澐 揣占沅

李澐先犯搶奪逾貫擬絞不准援免揣占沅先犯鬬殺擬絞援免監禁均復犯聽從越獄謀斃禁卒下手加功法無可寬是以勾決

一起絞犯李新法

挾嫌聽從謀命下手加功法無可寬是以勾決

一起絞犯趙鈺山

逞忿故殺法無可寬是以勾決

一起絞犯潘薪椿

竊盜拒斃事主復刃傷事主一人法無可寬是以勾決

一起絞犯李山兒

姦匪逞忿故殺淫兇難寬是以勾決

一起絞犯韓三妮即韓濰有

故殺妻命圖賴法無可寬是以勾決

一起絞犯胡連仲

姦匪逞忿故殺姦婦淫兇難寬是以勾決

一起絞犯李淋

因姦聽從姦婦謀殺本夫淫兇難寬是以勾決

一起絞犯張茂淋

逞忿故殺幼孩法無可寬是以勾決

一起絞犯張沅禾即張沅合

姦匪挾恨謀命淫兇難寬是以勾決

一起絞犯傅晉滐即傅滕頭

逞忿故殺法無可寬是以勾決

一起絞犯張七

姦匪拒捕刃斃捕人淫兇難寬是以勾決
一起絞犯翟小進
姦匪妬姦謀斃姦匪淫兇難寬是以勾決
一起絞犯郝應即郝小眼
姦匪挾恨謀命淫兇難寬是以勾決
一起絞犯馬月幗
竊盜拒捕刃斃事主法無可寬是以勾決
一起絞犯溫佬
聚衆共毆致斃兄弟一家二命業由立決改為監候法難再寬是以勾決
一起絞犯王禿
毆死父子一家二命業由立決改為監候法難再寬是以勾決
一起絞犯任禾田
逞忿故殺法無可寬是以勾決
一起絞犯車俊
姦匪逞忿故殺姦匪復刃傷姦婦淫兇難寬是以勾決
一起絞犯趙洛幗

因姦聽從姦婦謀殺縱姦本夫淫兇難寬是以勾決
一起絞犯柳泳發
逞忿故殺法無可寬是以勾決
一起絞犯司城仔
竊盜拒捕刃斃事主法無可寬是以勾決
一起絞犯韓茥
逞忿故殺復誤斃一命法無可寬是以勾決
一起絞犯劉眕
逞忿故殺幼孩法無可寬是以勾決
一起絞犯尹旦仔
姦匪妬姦逞忿故殺姦匪淫兇難寬是以勾決
一起絞犯胡四
火器殺人法無可寬是以勾決
一起絞犯劉磨頭
貪賄聽從姦夫謀殺本夫下手加功法無可寬是以勾決
一起絞犯王侗科
因姦聽從姦婦謀殺本夫淫兇難寬是以勾決
一起絞犯張幗兒
姦夫因姦聽從謀殺本夫下手加功淫兇難寬是以勾決

一起絞犯金三
挾嫌聽從謀命下手加功法無可寬是以勾決
一起絞犯封桃洛
因姦謀斃縱姦本夫淫兇難寬是以勾決
一起絞犯郭慽憘
逞忿故殺法無可寬是以勾決
一起絞犯張尭仔
賭匪逞忿故殺賭匪復另傷一人法無可寬是以勾決
一起絞犯郭雨
姦夫因姦聽從謀殺本夫下手加功淫兇難寬是以勾決
一起絞犯董幅田
强姦已成刃傷本婦淫兇難寬是以勾決
一起絞犯陰伏住
竊盜拒捕鎗斃捕人法無可寬是以勾決
一起絞犯傅淮聚
姦匪妒姦謀斃姦匪淫兇難寬是以勾決
一起絞犯梁湖
火器殺人復另傷三人法無可寬是以勾決
一起絞犯田牛

歐死一家二命復另斃一命業由立決改為監候法
難再寬是以勾決
一起絞犯劉小城即劉哮減
姦匪妒姦謀斃姦匪脱逃三年後就獲業已免其
立決法難再寬是以勾決
一起絞犯梁成山
姦匪妒姦聽從謀斃姦匪下手加功淫兇難寬是以勾決
一起絞犯劉漬即劉炮手
火器殺人法無可寬是以勾決
一起絞犯路麻仔
先犯連斃二命復越獄脱逃被獲業已免其立決法
難再寬是以勾決
一起絞犯王三萬即王蘭幅
因姦聽從姦婦謀殺本夫淫兇難寬是以勾決
一起絞犯馬有連
挾恨謀命法無可寬是以勾決
一起絞犯蘇田
連斃應抵二命復另傷一人法無可寬是以勾決
一起絞犯孫鈺茂
刃斃妻母復另斃伊妻一命法無可寬是以勾決

1065
宣統二年熱河秋審服制情實陳致財等二起
人犯二名謹將
勾到時所奉
諭旨恭錄於後
一起絞犯陳致財
與胞兄陳致剛分居各度該犯借欠陳致剛錢文
未還嗣陳致剛向索前欠該犯央緩陳致剛不允
該犯揑稱早年分家不公定欲重分經人勸令陳
致剛讓免前欠了事陳致剛逢人便稱該犯兇横
不安本分該犯聞知起意將致剛毆打洩忿適陳
致剛經過該犯門外該犯瞥見趕攏用木棍毆傷
陳致剛左右臁肕陳致剛詈罵並用刀撲扎該犯
用棍將刀格落毆傷陳致剛左胳膊左腆脥陳致
剛拾刀該犯毆傷陳致剛右手腕並拾刀扎傷左
右臁肕右脚根陳致剛辱罵該犯用棍毆傷陳致
剛顖門連額顱倒地報驗飭醫陳致剛傷經平復
惟右手腕骨折已成廢疾挾嫌致傷胞兄成廢照
章由立決改為監候與尋常服制之案不同法難
再寛是以勾決

一起絞犯李泳山
與胞兄李泳忠素睦李泳忠性情兇暴不服其父
李文煥教訓李文煥析令分居各度並將養老地
畝給與耕種嗣李文煥因李泳忠種地用草太多
當向訓斥李泳忠不服頂撞李文煥嚷罵李泳忠
回詈該犯聞聲趨勸李泳忠不聽李文煥忿極喝
令該犯將李泳忠毆打洩忿該犯代為求饒李文
煥逼令毆打該犯執撲刀槍嚇唬欲令李泳忠住
口李泳忠取撲刀槍扎傷該犯左膝右股該犯用
槍抵格致扎傷其左股倒地旋即殞命死者罪犯
應死傷由被扎抵格尚非有心干犯情稍可原是
以未勾

1066
宣統二年熱河秋審常犯情實史渢等十八起人犯
二十名謹將
勾到時所奉
諭旨恭錄於後
一起絞犯史渢
火器殺人法無可寛是以勾決

一起絞犯李濚

窩匪拒捕刃斃事主法無可寬是以勾決

一起絞犯季起淋

謀殺誤殺旁人法無可寬是以勾決

一起絞犯劉牲

毆死兄弟一家二命業因立決改為監候法難再寬是以勾決

一起絞犯朝白銀 白幅憘即柏溜憘

均火器連斃二命例實惟疑賊確屬有因且死者俱被

社夫亂轟致斃將該犯等照原謀為首定擬衡情稍有

可原是以均未勾

一起絞犯高咬仔即高明

致斃應抵二命法無可寬是以勾決

一起絞犯回民楊蓀顧

挾恨謀命法無可寬是以勾決

一起絞犯周停莫

火器殺人法無可寬是以勾決

一起絞犯徐石頭 戴致沅

聽糾反獄拒傷練丁均隨同助勢法無可寬是以勾決

一起絞犯梁泳幅

火器殺人法無可寬是以勾決

一起絞犯梁畛

輪姦良婦已成為從同姦復另犯搶奪二次法無可寬是以勾決

一起絞犯白鈺畛

毆死夫婦一家二命業由立決改為監候法難再寬是以勾決

一起絞犯王瀰山

毆死兄弟一家二命業由立決改為監候法難再寬是以勾決

一起絞犯常材

逞忿故殺決無可寬是以勾決

一起絞犯張小辛

火器殺人法無可寬是以勾決

一起絞犯貫汰

逞忿故殺幼孩法無可寬是以勾決

一起絞犯汪滿潫

挾恨謀斃二命法無可寬是以勾決

一起斬犯鄧菁得

聽從行劫究已聞喊先逃尚有畏法之心情稍可原是以未勾

1067

鈐章

軍機大臣欽奉

諭旨資政院奏調用人員分別留院候補一摺又片

奏秘書官京察截取保送一切事項比照參事各

官辦理等語又奏調院山東濟南府同知趙世駿請

開去底缺以原保分省補用知府留院當差一片

均著依議又奏添設圖書室編譯員一片知道了

欽此

軍機大臣署名

臣奕

臣毓

臣那

臣徐

十一月初八日

1068

鈐章

軍機大臣欽奉

諭旨資政院奏請鑄資政院關防並秘書廳印一摺

著禮部知道欽此（原件交資政院另鈔交禮部）

軍機大臣署名

臣奕

臣毓

臣那

臣徐

十一月初八日

1069

鈐章

軍機大臣欽奉

諭旨侍郎沈家本等奏浙江故紳郎中沈燿勳獨捐

鉅資擬建工藝學堂圖書館懇飭立案一摺著照

所請學部知道欽此

軍機大臣署名

臣奕

臣毓

臣那

臣徐

十一月初八日

1070 十一月初九日引
見人員
起居注二人
學部十六人
翰林院二十五人
鑲黃旗漢軍四人
正藍旗漢軍二人
共四十九人

1071 辦理軍機處為咨覆事准
貴部片稱准湖廣總督奏銷案内册開支給委
解宣統元年漢軍機處津貼銀三百兩數目是
否相符等因前來查此款數目相符相應咨覆
貴部查照可也
右　咨
度支部
宣統二年十一月初八　　　日

1072 鈐章
宣統二年十一月初九日内閣奉
上諭郡王銜貝勒載洵載濤差務較繁著在内廷行
走毋庸兼當御前行走差使欽此
軍機大臣署名
臣奕
臣毓
臣那
臣徐

1073 鈐章
宣統二年十一月初九日内閣奉
上諭本日引見進士館游學五年畢業之庶吉士宋
育德著授職編修記名遇缺題奏並賞加侍講銜
陸光熙著授職檢討記名遇缺題奏並賞加侍講
銜法政學堂補習期滿考列優等之庶吉士賀維
翰著授職編修並賞加侍講銜進士館外班畢業
學員考列優等之主事施堯章著仍以主事歸吏
部儘先補用欽此

1074

鈐章

宣統二年十一月初九日内閣奉

上諭本日引見北洋大學堂畢業學生考列最優等之馮熙敏王正黼均著賞給進士出身授為翰林院編修王鈞豪著賞給進士出身授為翰林院檢討考列優等之朱行中王瓚徐垕盧芳年蕭家麟黄保傳均著賞給進士出身改為翰林院庶吉士考列中等之程良模馮譽臻葉德言均著賞給進士出身以主事分部儘先補用欽此

軍機大臣署名

臣奕 臣毓 臣那 臣徐

軍機大臣署名

臣奕 臣毓 臣那 臣徐

1075

鈐章

軍機大臣欽奉

諭旨禮部奏

孝欽顯皇后

德宗景皇帝二十七月服闋之辰應先期由欽天監選擇吉日行釋服禮是否援照百日禮成案同日行禮請旨遵行等語應恭照百日禮成案敬謹遵行欽此

軍機大臣署名

臣奕 臣毓 臣那 臣徐

十一月初九日

1076

鈐章

軍機大臣欽奉

諭旨陸潤庠等奏江皖大災情形急迫請特派大臣籌辦賑務一摺著照所請該部知道欽此

軍機大臣署名

十一月初九日

臣奕 臣毓 臣那 臣徐

1077

鈐章

軍機大臣欽奉

諭旨本日御史海觀陳奏事件一摺連書兩奏並未

另紙繕寫附片不合體裁著傳旨申飭欽此

軍機大臣署名

臣奕 臣毓 臣那 臣徐

十一月初九日

1078

十一月初十日引

見人員

陸軍部八十五人

1079

鈐章

宣統二年十一月初十日內閣奉

上諭貝勒載濤等奏大員違例餽遺據實糾參一摺

署江北提督直隸通永鎮總兵雷震春違例餽遺

殊屬非是著交部議處欽此

軍機大臣署名

臣奕 臣毓 臣那 臣徐

1080

鈐章

宣統二年十月初十日內閣奉

上諭現值天氣嚴寒

實錄館人員朝夕恭纂書籍著加恩於十一月十二月

正月每月賞給柴炭銀五十兩在廣儲司支領欽此

軍機大臣署名

臣奕
臣毓
臣那
臣徐

1081

鈐章

宣統二年十一月初十日內閣奉

上諭此次引見陸軍部游學畢業考列優等之礮兵科畢業生全恕彭廷衡張漢堂鄧翊華方日中石陶鈞宋子揚張益謙顏景宗鵬興均著賞給陸軍礮兵科舉人並授礮隊副軍校考列優等之馬兵科畢業生范熙績宋邦翰陳復初余範傳袁華選楊盡誠曾承業尹同愈張文林熊一鍸均著賞給陸軍馬兵科舉人並授馬隊副軍校考列優等之步兵科畢業生孫棨孔庚周樂儒鴻賓陳經唐義彬姚受唐壽明雷壽榮魏國鈞王深孫象震葉佩薰吴思豫張鼎勳周應時闞松秀何浩然均著賞給陸軍步兵科舉人並授步隊副軍校考列優等之工兵科畢業生張宣楊源濬文祺江煌均著賞給陸軍工兵科舉人並授工程隊副軍校考列優等之輜重兵科畢業生高兆奎著賞給陸軍輜重兵科舉人並授輜重隊副軍校考列上等之礮兵科畢業生吴景震程晋煌孫方瑜陳宗達恩康均著賞給陸軍礮兵科舉人並授礮隊協軍校考列上等之步兵科畢業生李浚孫葆瑢巨純如培模張壽熙陸紹武包述侁春榮吴覲樂蔣隆樵李德昭陳康時均著賞給陸軍步兵科舉人並授步隊協軍校考列上等之工兵科畢業生揆宗雷炳焜歐陽沂周凝修均著賞給陸軍工兵科舉人並授工程隊協軍校考列上等之輜重兵科畢業生齊琳著賞給陸軍輜重兵科舉人並授輜重隊協軍校考列上等之馬兵科畢業生金壽李長潤李乾璜楊冀均著賞給陸軍馬兵科舉人並授馬隊協軍校其同日引見考列優等之警察畢業生殷學潢陳興亞王子甄均著賞給陸軍警察兵科舉人並授警察隊副軍校考列上等之警察畢業生余

晉錸楊發源奎福王天培王天吉文潤恆成桂城
均著賞給陸軍警察兵科舉人並授警察隊協軍
校考列優等之軍需科畢業生葉興清王世義馮
福長士傑均著賞給陸軍軍需科舉人並授軍需
副軍校該部知道欽此

軍機大臣署名

臣奕
臣毓
臣那
臣徐

1082
鈐章
軍機大臣欽奉
諭旨法部奏遵章預保堪任直省高等審判廳廳丞
高等檢察廳檢察長人員以備簡用一摺著依議
單二件留欽此

軍機大臣署名

臣奕假
臣毓
臣那
臣徐

十一月十一日

1083
鈐章
軍機大臣欽奉
諭旨增韞條奏十摺著將原摺交憲政編查館會議
政務處閱看擇其可行者交各該衙門分別酌核
由憲政編查館會議政務處具奏請旨辦理欽此

軍機大臣署名

臣奕假
臣毓
臣那
臣徐

全增韞原摺十件引摺一件交憲政館
另鈔交旨一件交政務處

十一月十一日

1084
鈐章
宣統二年十一月十二日內閣奉
上諭陳際唐著調補甘肅新疆鎮迪道並加提法使

銜山西河東道員缺著榮霈調補欽此
軍機大臣署名
臣奕　臣毓假　臣那　臣徐

1085
鈐章
軍機大臣欽奉
諭旨農工商部會奏議覆寶昌銻鑛公司援案請定
專利年限並酌減稅項一摺著依議欽此
軍機大臣署名
臣奕　臣毓假　臣那　臣徐
十一月十二日

1086
鈐章
軍機大臣欽奉
諭旨農工商部奏棉花圖說編輯成書進呈並由部
刊印分行各省一摺著依議圖說留覽欽此
軍機大臣署名
臣奕　臣毓假　臣那　臣徐
十一月十二日

1087
鈐章
宣統二年十一月十三日内閣奉
上諭憲政編查館奏派員考察各省籌備憲政情形
據實臚陳一摺前因憲政關係重要曾由憲政編
館王大臣選派館員分赴各省考察一切茲據奏
稱派赴東三省直隸山東山西河南湖北江西安徽江
蘇浙江福建廣東各員先後察竣回京將考察實
在情形逐一呈報各省遵章籌辦憲政均已略具

規模惟程度未能齊一瑕瑜難免互見其主管各員實心任事者固不乏人而奉行具文者亦在所不免自應分別優劣加以勸懲奉天民政使張元奇提法使吳鈁遼陽州知州史紀常鐵嶺縣知縣徐麟瑞直隸提學使傅增湘河南提學使孔祥霖廣東布政使陳夔麟山東巡警道潘延祖山西太原府知府周渤吉林試署西南路道前署吉林府知府李澍恩農安縣知縣壽鵬飛黑龍江署龍江府知府黃維翰江蘇候補道夏敬觀江西候補知府黃立權浙江候補知縣梁建章谷鍾秀俱能實事求是尚有成績可觀均著傳旨嘉奬福建興泉永道郭道直辦事竭蹶精神不及於巡警禁煙各要政率多有名無實著即行開缺河南巡警道蔣楙熙辦理警務未能擴張整頓著開缺另補直隸天津縣知縣胡商彝諸事廢弛斂錢肥己每年所收陋規為數頗鉅調查戶口復欲向民間苛斂以致民怨沸騰著即行革職現值提前籌備憲政內外臣工愈當淬厲精神力圖前進著各省督撫嚴飭所屬妥速籌辦毋再任令敷衍因循致誤期限並著憲政編查館王大臣隨時加意考覈分別殿最臚列奏陳總期通力合作克日觀成用副朝廷孜孜求治之至意餘著照所議辦理該部知道欽此

軍機大臣署名

臣奕

臣毓

臣那

臣徐

1088

鈐章

宣統二年十一月十三日內閣奉

上諭福建興泉永道員缺著慶蕃補授欽此

軍機大臣署名

臣奕

臣毓

臣那

臣徐

1089

鈐章

宣統二年十一月十三日内閣奉

上諭河南巡警道員缺著王守恂補授欽此

軍機大臣署名

臣奕 臣毓 臣那 臣徐

1090

鈐章

宣統二年十一月十三日内閣奉

上諭試署河南勸業道王維翰著開缺另補所遺員缺著胡鼎彝試署欽此

軍機大臣署名

臣奕 臣毓 臣那 臣徐

1091

鈐章

宣統二年十一月十三日内閣奉

上諭寶棻奏考覈文武各員分別舉劾以昭激勸一摺河南開封府知府袁鎮南衛輝府知府華煇汝甯府知府李兆珍鄭州直隸州知州葉濟前署洛陽縣知縣甯陵縣知縣鄭鴻瑞孟津縣知縣孫全章夏邑縣知縣黎德芬署理永城縣知縣候補知州楊葆昂祥符縣典史丁燕詒尉氏縣典史朱道培既據該撫臚陳政績均著傳旨嘉奬鄢陵縣知縣滎禧性耽安逸闒冗無能新鄭縣知縣袁啟芬衰庸懦弱物議沸騰太康縣知縣龔文明丁役用事玩視民命内鄉縣知縣邱縉積案濫押馭下不嚴汜水縣知縣賴豐杰性情才庸優柔寡斷偃師縣知縣李龍書疏庸惰玩信任家丁封邱縣知縣謝葆滎庸鄙近利尤習惰逸前署泌陽縣知縣試用同知王壽勳治匪寬縱營私忘公前署息縣知縣候補知縣劉豫立緝捕不勤操守難信前署汝州直隸州知州候補直隸州知州唐彝藩擅釋押犯罔顧民瘼署修武縣知縣大挑知縣姚啟瑞卑

鄙貪猾聲名狼藉前署柘城縣知縣試用知縣高
錫麒性情卑鄙行爲浮妄前署原武縣知縣試用
知縣周維清不通文墨辦事昏庸前署唐縣知縣
候補直隸州知州周書麟人品卑污聲名甚劣代
理淮沈項縣丞試用典史劉覲宸柔懦貪劣光州
吏目余嘉蘭性情乖戾前代理盧氏縣典史試用
未入流華霖行同無賴已撤五十七標二營管帶
候選鹽大使周葆楨性情貪鄙前在洛陽防次嘖
有煩言候選縣丞湯本新前充協部副軍需官採
辦不實已撤中路巡防隊統領補用游擊徐厚光
藉案擾累用人不當汝州營守備馬青雲借官勒
派被控有案南名汛把總高鳳翼聲名惡劣西華
汛把總胡沛霖不安本分已撤陸軍工程營管帶
補用千總李保常不齒軍界均著即行革職分缺
先知縣吳廷模劣迹多端衣冠敗類著革職永不
敘用中路巡防隊二營管帶補用守備周明成聞
有受賄養匪情弊前路巡防隊三營管帶儘先都
司仝錫福所屬弁兵不盡可靠均著即行革職如
有重大情節著另行查明叅辦陳州府知府陶福

同年力稍衰不勝繁劇淅川直隸廳同知王錫田
才欠明幹難勝邊要汲縣知縣李崧祐精神不振
輿情未盡允洽均著開缺留省另補桐柏縣知縣
王慶垣書迂未化難膺民社惟文理尚優著以教
職降選餘著照所議辦理該部知道欽此

軍機大臣署名

臣奕 臣毓 臣那 臣徐

1092

鈐章

軍機大臣欽奉

諭旨憲政編查館奏考核巡警道屬官任用章程繕
單呈覽一摺著依議欽此

軍機大臣署名

臣奕 臣毓 臣那

1093

臣徐

十一月十三日

謹查君主立憲政體立法雖屬之議會然亦有
一定權限不能舉全國法制悉聽主裁今資政
院為議會始基開院以來所議殊多踰越若不
及時預為限制將來國會成立必至與政府衝
突無已因以釀亂召亡遠則法之路易十六近
則土耳基葡萄牙皆我之殷鑒也廕昌等每念
及此輒為寒心用特不揣冒昧與講求憲法之
員朝夕研求擇最關緊要者臚舉數端呈備
採擇明知
蓋畫閎遠必早籌策無遺特既有所知合效一得
之愚以為萬全之助惟乞
鑒詧施行

廕昌 壽勳 謹呈

1094

謹將憲法內最宜注意各節參考各國條文附
加按語呈請
鑒核
一議院彈劾行政大臣宜畧加限制
查日本憲法不取彈劾制度故其憲法第四章
第五十五條於國務諸大臣止云輔弼天皇任
其責我國憲法大綱附議院法要領既云行政
大臣如有違法情事可指實彈劾等語是明明
條彈劾制度將來我國議院干涉政府必過於
日本即各大臣措置政務亦必更難查歐美各
國情形不同故雖皆取彈劾制度而其所定彈
劾範圍暨審判機關亦各有別我國情勢本非
歐美可比而亦襲取其議院彈劾行政大臣之
制度則尤不能不附加限制以為一定之範圍
若照原條文違法情事云云則概括公罪私罪
在內範圍過廣恐將來啟議院攻擊政府之漸
因而大臣事事掣肘於行政反多阻礙現在欲
籌防範之策惟有編訂憲法時就原文彈劾一
條按照普國條文畧予改正作為附記似尚適

宜今歷舉各國條例於下以為比較

普魯士憲法第六十一條各議員得彈劾各大臣之違犯憲法及贓賄謀反之罪

按此條包括公罪私罪而言惟違犯憲法一語失之過寬易掣肘大臣行政之權

墺地利議院得彈劾大臣濫用國費事

按此條開議院阻撓國家行政經費之端且輕易減削預算案等事

英國議院得彈劾大臣收賄及違憲法害國安又職務上之犯罪

按彈劾收賄至當不易其餘違憲法云云範圍失之過寬若施之於人民智識低淺之國則議院任意攻擊政府動輒得咎政務轉難望進步

北美國議院得彈劾大臣收賄違憲法害國安又犯輕罪重罪事

按彈劾收賄固為至當其餘違憲法云云範圍已失之過寬至於犯輕罪重罪盡歸議院彈劾是以司法裁判之權全畀諸議員此共和國政體而君主立憲國固不能取此也

其餘各國有規定議院彈劾大臣違反法律及不執行命令又害國利民福及臣民之權利自由等條文範圍既失之太寬政府幾無所措手足我國不宜强以為法也

一陸海軍經費暨官俸議院非得政府協議不得廢除減削

憲法大綱第四條設官制祿第五條編定軍制制定常備兵額均屬君上大權非議院所能干預又議院法要領第三條君上大權所定及法律上必需之一切歲出非與政府協議議院不能廢除減削按以上條文皆取諸日本憲法而與歐美各國大異現今我國政府正宜執此條文以保持君上大權若本屆預算案京外各官署俸給暨陸海軍經費任資政院廢除減削政府勉强承認則異日開國會時議員即可以此次任意減削引為慣例而强使政府之同意以減少各項之經費是政府

不能尊重君上之大權人民必將輕易違背憲法或致失君主立憲之國體故宜慎之於始以為異日維持國會和平地步免致有鹵莽決裂之虞

(甲)陸軍經費議院不易減削

查英國常備軍之設置暨兵額法國陸軍之編制每年須議院之通過又德法常備兵額受預算之制限據此以觀軍隊之編制及兵器之準備等事君主不得獨斷而行即軍費亦常受議院掣肘矣蓋歐洲中古之世各國君主窮兵黷武民不聊生故議院不得不為此條文之限制然各國人民程度甚高軍費一項非但不輕易議減且常有增加之事若日本定編制常備兵額之權屬諸天皇全然不與議院相干即經費不受議院掣肘但新增兵額該經費則要議院之議決一次確定即屬既定歲出無政府之同意不得變更該國憲法第六十七條所定是上年既定之軍費至次年議院不得廢除減削也現今我國既採用日本制度自當於國會未開以前將常備兵額一律編足制定庶至五年開國會時該經費即為既定之歲出議院不得輕易廢除減削也

(乙)行政各部之官制及文武官之俸給議院不得變更減削

日本憲法第十條暨六十七條所定我國憲法大綱第四條暨議院法要領第三條所定蓋俸給等非與政府協議議院不得廢除減削也　聞資政院擬減削各部院衙門額缺等項諒政府必不能認可蓋完全國會於行政各部之官制及俸給尚無任意變更減削之權況資政院乎

1096

一內閣不止以各部行政大臣組織

查各國內閣制度祇普魯士以中央各部行政大臣組織其餘日本暨歐美各大國均不止以各部行政大臣組織也

日本內閣官制第一條云內閣以國務各大臣組織第十條云各部大臣之外得由天皇特旨簡為國務大臣使列內閣

英國内閣組織無定額少則十一人多則十五人
其中有常任者有非常任者又有時不限何人得
使列於内閣會議
法國内閣不限以各部行政大臣組織其會議則
議決緊要國務
美國内閣為大臣之共議會而備大統領之顧問
對於議員不負責任更不限以各部行政大臣組
織

1097
奉
旨鄭爾盅强姦十二歲以下幼童已成例實惟該犯
犯事時年止十五究屬童騃無知馮受芝即馮鈺
淋陳蓨沅詐為制書已施行惟祇圖利起見尚無
關係軍機錢糧重情劉鈺滏聚衆搶奪毆傷事主
為首業因並未在場由立決量減監候例實惟究
係因與同主雇工挾嫌起意搶奪其夥犯毆傷事
主非意料所及王葆兒謀殺加功例實惟此起一
命五抵未免過多該犯僅止揪扭均不無可原俱
著免勾餘照所擬欽此
十月十四日向京師黄册
發下由堂交内閣

1098
奉
旨鄭爾盅强姦十二歲以下幼童已成馮受芝即馮
鈺淋陳蓨沅詐為制書已施行劉鈺滏聚衆搶奪
毆傷事主為首業因並未在場由立決量減監候
王葆兒謀殺加功均例實俱著予勾餘照所擬欽此
未發下

1099
宣統二年京師秋審服制情實李汶受一起人
犯一名謹將
勾到時所奉
諭旨恭錄於後
一起絞犯李汶受
與胞兄李汶幅素睦李汶幅素不務正伊父李三
恐將家產花盡分給田房另度自與該犯同居李
汶幅屢向李三要錢花用嗣李汶幅復向要錢李
三不給爭吵李汶幅用磚將李三擲傷後該犯外
出李汶幅持刀至李三家踹門李三開門李汶幅
向李三聲稱如不給錢定行不依並用刀欲扎李
三喊嚷該犯聞聲趨至將刀奪獲李汶幅拾棍向

毆該犯奪棍撩棄李三拾棍毆傷其右膝倒地並
迭毆傷右膝連臁肕腳腕李汶幅滚罵李三迭毆
傷其左腳腕李汶幅罵不絕口李三氣忿喝令該
犯重打該犯跪地求饒李三聲稱如不重打即行
撞死該犯無奈接棍毆傷其右肐肘李三用拳毆傷
其胳膊越日殞命死者罪犯應死毆由迫於父命
尚非無故逞兇干犯情稍可原是以未勾

1100 宣統二年京師秋審常犯情實李小罄等十
起人犯二十二名謹將
勾到時所奉
諭旨恭錄於後
一起絞犯李小罄
貪賄聽從謀命下手加功法無可寬是以勾決
一起絞犯孫汏鼻仔即孫振三
革兵火器殺人法無可寬是以勾決
一起絞犯董十
強姦同宗族叔母已成復迭次詐搶財物淫兇難
寬是以勾決

一起絞犯徐七狗即徐泳禾
火器殺人法無可寬是以勾決
一起絞犯蕭漢成即汏蕭
因姦造意謀命淫兇難寬是以勾決
一起絞犯張長琳
因姦聽從謀命下手加功法無可寬是以勾決
一起絞犯王八兒即王得山
發塚鑿棺抽竊為首業由立決改為監候法難再
寬是以勾決
一起絞犯馮小佬虎即馮凱
強姦良婦已成復迭次持刀嚇詐得財為害鄉里
淫兇難寬是以勾決
一起絞犯鄭爾盅
強姦十二歲以下幼童已成惟該犯犯事時年止
十五究屬童騃無知情稍可原是以未勾
一起絞犯鄧結實
發塚鑿棺抽竊為首業由立決改為監候法難再
寬是以勾決

一起絞犯田鈺
挾恨謀命法無可寬是以勾決
一起絞犯張蕊斌
挾恨謀命法無可寬是以勾決
一起絞犯連致
因訛詐不遂將死者窗戶砸毀並毆傷勒解二人
迨死者找向理論已被毆扎多傷復將其捆縛送
官捏報強劫情節較重未便僅以鬬殺傷輕為解
法無可寬是以勾決
一起絞犯陳犄沅 馮受芝即馮鈺淋
詐為制書已施行惟訊祇圖利起見尚無關係軍
機錢糧重情稍有可原是以均未勾
一起絞犯蕭紅兒
逞忿故殺法無可寬是以勾決
一起絞犯劉鈺滏
聚眾強奪毆傷事主為首惟究係與同主雇工挾
嫌始行起意搶奪其夥犯將事主毆傷非該犯意
料所及情稍可原是以未勾
一起絞犯李庭杜即李三 郭二即錫城又名葆搓 馮二即馮憘兒 王葆兒
挾恨謀命除一死病故外李庭杜造意郭二馮二
貪賄聽從下手加功均法無可寬是以俱勾決惟
一命五抵未免過多王葆兒一犯僅止揪扭情稍
可原是以未勾
一起絞犯金三即金得升
發掘公爵墳塚鑿棺抽竊為首法無可寬是以勾決

軍機大臣署名
臣奕 臣毓 臣那 臣徐

1101
鈐章
宣統二年十一月十五日內閣奉
上諭湖北布政使著余誠格調補錢能訓著補授陝
西布政使欽此

1102
鈐章
宣統二年十一月十五日內閣奉

上諭軍機大臣貝勒毓朗著加恩賞穿帶膆貂褂欽此

軍機大臣署名

臣奕 臣毓 臣那 臣徐

1103

鈐章

宣統二年十一月十六日内閣奉

上諭吏部右參議著裕隆補授欽此

軍機大臣署名

臣奕 臣毓 臣那 臣徐

1104

鈐章

軍機大臣欽奉

諭旨本日引見之已革直隸平山縣知縣呂慶坡已革直隸南樂縣知縣李琢已革廣東補用知縣向森已革直隸隆平縣知縣劉朝陞均著開復原官

欽此

軍機大臣署名

臣奕 臣毓 臣那 臣徐

1105

十一月十六日

被參寃抑已革花翎同知銜在任候補直隸州知州直隸平山縣知縣呂慶坡

○旨著開復原官

被參寃抑已革花翎同知銜直隸南樂縣知縣李琢

○旨著開復原官

被參寃抑已革同知銜廣東補用知縣向森

○旨著開復原官

被參寃抑已革同知銜直隸隆平縣知縣劉朝陞

○旨著開復原官

1106
鈐章
軍機大臣欽奉
諭旨御史世珣奏憲政實行宜倣各國模範寬其選
舉之權嚴其被選之士一片著憲政編查館知道
欽此
軍機大臣署名
臣奕
臣毓
臣那
臣徐
十一月十六日

1107
鈐章
軍機大臣欽奉
諭旨貝勒載洵等奏現修
崇陵工程情形一摺又片奏現屆嚴寒泥水各工暫行
停止等語均知道了欽此
軍機大臣署名

1108
宣統二年十一月十七日内閣奉
硃諭軍機大臣慶親王奕劻等奏才力竭蹶無補時
艱懇恩開去軍機大臣要差一摺披覽均悉該大
臣等盡心輔弼朝廷自能洞鑒既屬受恩深重不
應瀆請所請開去軍機大臣之處著不准行欽此
十一月十六日
臣奕
臣毓
臣那
臣徐

1109
硃
軍機大臣慶親王奕劻等奏才力竭蹶無補時艱
懇恩開去軍機大臣要差一摺披覽均悉該大臣
等盡心輔弼朝廷自能洞鑒既屬受恩深重不應
瀆請所請開去軍機大臣之處著不准行
照繕後繳進

1110 宣統二年十一月十七日内閣奉
硃諭資政院奏大臣責任不明難資輔弼一摺朕已
覽悉朕維設官制祿及黜陟百司之權為朝廷大
權載在
先朝欽定憲法大綱是軍機大臣負責任與不負責任
暨設立責任内閣事宜朝廷自有權衡非該院總
裁等所得擅預所請著毋庸議欽此

硃

1111 資政院奏大臣責任不明難資輔弼一摺朕已覽
悉朕維設官制祿及黜陟百司之權為朝廷大權
載在
先朝欽定憲法大綱是軍機大臣負責任與不負責任
暨設立責任内閣事宜朝廷自有權衡非該院總
裁等所得擅預所請著無庸議

照繕後繳進

1112 鈔章
宣統二年十一月十七日内閣奉
上諭江北提督著段祺瑞署理並賞加侍郎銜欽此

軍機大臣署名
臣奕 臣毓 臣那 臣徐

1113 鈔章
宣統二年十一月十七日内閣奉
上諭陸軍部奏遵旨議處一摺署江北提督直隸通
永鎮總兵雷震春著照部議革職欽此

軍機大臣署名
臣奕 臣毓 臣那 臣徐

1114 光緒二十八年八月初八日内閣奉
上諭劉坤一奏大員在籍病故代遞遺摺一摺前任浙江巡撫
惲祖翼由監司洊膺疆寄歷官所至卓著政聲茲

閩溘逝軫惜殊深加恩著照巡撫例賜卹任內一
切處分悉予開復應得卹典該衙門察例具奏欽此

1115

鈐章

宣統二年十一月十七日內閣奉

上諭長庚奏大員在途病故代遞遺摺一摺已故甘
肅新疆巡撫何彥昇由監司洊陟疆圻克勤厥職
茲聞溘逝軫惜殊深加恩著照巡撫例賜卹任內
一切處分悉予開復應得卹典該衙門察例具奏
欽此

軍機大臣署名

臣奕 臣毓 臣那 臣徐

1116

鈐章

宣統二年十一月十七日內閣奉

上諭直隸津海關道員缺著錢明訓補授欽此

軍機大臣署名

臣奕 臣毓 臣那 臣徐

1117

鈐章

軍機大臣欽奉

諭旨資政院奏議員缺額遵章繕單請旨補選一摺
著剛達多爾濟為議員欽此

軍機大臣署名

臣奕 臣毓 臣那 臣徐

十一月十七日

1118

鈐章

軍機大臣欽奉

諭旨資政院議决著作權律會同民政部具奏繕單
呈覽請旨裁奪一摺著依議欽此

軍機大臣署名

臣奕 臣毓 臣那 臣徐

十一月十七日

1119

鈐章

軍機大臣欽奉
諭旨都察院奏據湖南巡撫查明已革慈利縣知縣
袁世傳被劾不無冤抑録咨呈覽一摺袁世傳著
吏部帶領引見欽此

軍機大臣署名

臣奕 臣毓 臣那 臣徐

十一月十七日

1120

十一月十八日引
見人員
度支部二人
正紅旗漢軍二十人
前鋒護軍統領三十一人
共五十三人

1121

臣奕臣毓臣那臣徐跪
奏為臣等才力竭蹶無補時艱謹合詞籲懇
天恩開去軍機大臣要差以免貽誤事竊臣等奉
命先後入贊樞廷適值
國家多故内憂外患迭起交乘臣等仰秉
宸謨殫精擘畫從不敢少遺餘力藉冀補救萬一稍
解阽危乃日兢兢致力於富强而庶政迄無起
色非惟鮮成效之可言危迫情形轉日甚一日
此皆由臣等才庸識闇施措乖方上無以分
宵旰之憂下無以盡輔弼之責返躬自問罪戾叢滋
又當新政繁興内閣將次成立責任愈重籌辦
愈難大厦非樗櫟所能支千里豈駑駘所立致

明知
國步艱難正人臣効用之時況我
皇上正在沖齡
監國攝政王勵精圖治旰夕不遑臣等均身受
厚恩無論如何為難但使力所能勝雖肝腦塗地亦
所不辭苟非萬不得已何敢以引退為卸責之
地無如智盡能索力不從心倘竟長此素餐不
但於政治前途毫無裨益竊恐貽誤殆有甚焉臣
等再四焦思以辭職而幸
恩其罪小以溺職而幸
恩其罪大惟有籲懇
聖慈即行開去臣等軍機大臣要差俾下懷得以少
安非敢藉詞而希固寵抑臣等更有請者內閣
未經成立之前一切用人行政均須預為布置
擬請立即
遴選洞明政體精通學理大員
簡充軍機大臣以資歷練較之臨時接替更當措置
裕如一進退間即可隱收無形之效此尤臣等
所殷殷企望者也用敢不揣冒昧披瀝直陳叩乞
俯鑒愚誠允如所請臣等幸甚天下幸甚不勝屏營待
命之至所有臣等才力竭蹶合詞懇請開去要缺緣
由謹繕摺具陳伏乞
皇上聖鑒謹
奏
軍機大臣署名
臣奕
臣毓
臣那
臣徐

1122
鈐章
宣統二年十一月十八日內閣奉
上諭直隸通永鎮總兵員缺著田文烈補授欽此

1123
鈐章
宣統二年十一月十八日內閣奉
上諭長庚奏舉劾屬吏一摺甘肅在任候補道甯夏
府知府趙惟熙署蘭州府平涼府知府張炳華既

據該督臚陳政績均著傳旨嘉獎卸署甯州知州
平涼縣知縣阮士惠性情偏執諱匿命案卸署永
昌縣渭源縣知縣楊鼎新折征被控任性濫刑伏
羌縣知縣紀毓蘭才識平庸禁煙不力署甯夏府
經歷候補縣丞袁蘭先行為不端有玷官箴署玉
門縣訓導馬淩雲藉事詐索屢被控告卸署陝西
宜君營守備兼護參將留陝甘即補都司任正得
散餉缺額罔利營私均著即行革職西安城守協
標雲騎尉世職烏騰漢沾染嗜好巧飾規避著革
職永不敘用餘著照所擬辦理該部知道欽此

軍機大臣署名

臣奕 臣毓 臣那 臣徐

1124

鈐章

軍機大臣欽奉

諭旨御史陳善同片奏直隸山東東三省陸軍各鎮

有事調遣應如何權宜變通等語著軍諮處議奏

欽此

軍機大臣署名

臣奕 臣毓 臣那 臣徐

十一月十八日

1125
鈐章
軍機大臣欽奉
諭旨度支部奏督撫提用外銷款項繕單呈覽一摺
所有光緒三十四年奉天督撫提用外銷等項著
准予銷結餘依議欽此
軍機大臣署名
臣奕 臣毓 臣那 臣徐
十一月十八日

1126
鈐章
軍機大臣欽奉
諭旨學部奏擬將學務法律命令分別釐訂繕具表
冊呈覽一摺著依議表留覽欽此
軍機大臣署名
臣奕 臣毓 臣那
臣徐
十一月十九日

1127
鈐章
宣統二年十一月二十日內閣奉
上諭農工商部奏京師商務總會稟稱京師各行商
會暨各省商衆以喧傳翦髮易服力陳商業危迫
懇予維護等語國家制服等秩分明習用已久從
未輕易更張除軍服警服因時制宜係前經各該
衙門奏定遵行外所有政界學界以及各色人等
均應恪遵定制不得輕聽浮言致滋誤會特此明
白宣示俾京外周知以靖人心而安生業欽此
軍機大臣署名
臣奕 臣毓 臣那 臣徐

1128

鈐章

宣統二年十一月二十日内閣奉

上諭順天府奏普濟堂教養局人數倍增請加撥米石一摺加恩著照所請每月加撥倉米六十石由順天府具領發交該局妥爲經理以資接濟而廣恩施該衙門知道欽此

軍機大臣署名

臣奕
臣毓
臣那
臣徐

1129

鈐章

軍機大臣欽奉

諭旨順天府奏查明州官被參各款據實覆陳一摺著依議欽此

軍機大臣署名

臣奕
臣毓
臣那
臣徐

1130

鈐章

軍機大臣欽奉

諭旨御史黄瑞麒奏湘省鑛産豐富亟宜提倡新法厚集資本以興大利一摺著農工商部查覈具奏又片奏各省所保廳丞檢察長各員請飭法部認真考覈加具切實考語彙案請簡等語著法部知道欽此

軍機大臣署名

臣奕
臣毓
臣那
臣徐

十一月二十日

原件交農工商部
摘片鈔交法部

1131

鈐章

宣統二年十一月二十一日内閣奉

上諭法部奏請簡各直省高等審判廳廳丞高等檢察廳檢察長員缺各摺片除奉天高等審判廳廳丞檢察廳檢察長吉林高等檢察廳檢察長業經

簡補湖南暫緩開庭外吉林高等審判廳廳丞著錢宗昌試署黑龍江高等審判廳廳丞著趙儼葳試署高等檢察廳檢察長著周貞亮試署直隸高等審判廳廳丞著俞紀琦試署高等檢察廳檢察長著劉思鑑試署江蘇高等審判廳廳丞著鄭言試署高等檢察廳檢察長著陸懋勳試署安徽高等審判廳廳丞著沈金鑑試署高等檢察廳檢察長著郭振鏞試署山東高等審判廳廳丞著龔積炳試署高等檢察廳檢察長著陳業試署山西高等審判廳廳丞著謝桓武試署高等檢察廳檢察長著王祖仁試署河南高等審判廳廳丞著怡齡試署高等檢察廳檢察長著李瀚昌試署陝西高等審判廳廳丞著徐德修試署高等檢察廳檢察長著趙乃普試署甘肅高等審判廳廳丞著何奏篪試署高等檢察廳檢察長著王國鏞試署新疆高等審判廳廳丞著郭鵬試署高等檢察廳檢察長著張培愷試署福建高等審判廳廳丞著梁冠澄試署高等檢察廳檢察長著李鍾駿試署浙江高等審判廳廳丞著章梫試署高等檢察廳檢察長著辛漢試署江西高等審判廳廳丞著江峯青試署高等檢察廳檢察長著袁勵忠試署湖北高等審判廳廳丞著梅光羲試署高等檢察廳檢察長著黃慶瀾試署四川高等審判廳廳丞著武瀛試署高等檢察廳檢察長著陶思曾試署廣東高等審判廳廳丞著史緒任試署高等檢察廳檢察長著文霈試署廣西高等審判廳廳丞著俞樹棠試署高等檢察廳檢察長著朱文劭試署雲南高等審判廳廳丞著王耒試署高等檢察廳檢察長著張一鵬試署貴州高等審判廳廳丞著朱興汾試署高等檢察廳檢察長著賀廷桂試署餘依議欽此

軍機大臣署名

臣奕 臣毓 臣那 臣徐

1132

鈐章

宣統二年十一月二十一日內閣奉

上諭本日召見之四品卿銜翰林院編修繆荃孫著
以學部參議候補欽此
軍機大臣署名
臣奕劻 臣毓朗 臣那桐 臣徐世昌

1133
欽章
軍機大臣欽奉
諭旨資政院奏繪就資政院暨上下議院分圖覈估
興修工款請旨飭撥一摺著度支部知道欽此
軍機大臣署名
原件交資政院
鈔交度支部
十一月二十一日
臣奕劻 臣毓朗 臣那桐 臣徐世昌

1134
欽章
上諭副都統吳禄貞著充陸軍第六鎮統制官欽此
宣統二年十一月二十二日内閣奉
軍機大臣署名
臣奕劻 臣毓朗 臣那桐 臣徐世昌

1135
欽章
上諭四川雅州府知府員缺著特蘇慎補授欽此
宣統二年十一月二十二日内閣奉
軍機大臣署名
臣奕劻 臣毓朗 臣那桐 臣徐世昌

1136

四川雅州府知府武瀛已試署四川高等審判廳廳丞所遺雅州府知府員缺請

旨簡放

1137

鈐章

軍機大臣欽奉

諭旨農工商部奏查明粤省官紳爭執興築商埠情形請由粤省地方官自行籌辦一摺著依議欽此

軍機大臣署名

臣奕　臣毓　臣那　臣徐

十一月二十二日

1138

鈐章

軍機大臣欽奉

諭旨農工商部奏道員興辦實業卓著成效一摺二品頂戴候選道周廷弼著以四品京堂候補欽此

鈔交吏部

軍機大臣署名

臣奕　臣毓　臣那　臣徐

十一月二十二日

1139

鈐章

軍機大臣欽奉

諭旨農工商部片奏擬派周廷弼在京將玻璃公司轇轕一案秉公理處等語知道了欽此

軍機大臣署名

臣奕　臣毓　臣那　臣徐

十一月二十二日

1140

收直隸總督電十一月初十日

會議政務處鈞鑒辰密各省試辦宣統三年預

算已由度支部奏交資政院審查惟聞統計各省歲出不敷甚鉅資政院如於行政經費有核減之處問鈞處協商可否先行電示接洽得就外間辦事情形循名責實陳請採擇俾易實行而免爭執庶期內外相維大局幸甚夔龍青

1141

收山東巡撫電十一月十一日

憲政編查館政務處度支部鈞鑒洪三年預算資政院正在審查深恐不察外情任意刪減必多窒礙難行東省盜風素熾伏莽堪虞現有巡防隊尚恐難以周密若再減撤必釀大事是以防營斷難議減此外行政各經費若果銳減亦恐漸就廢弛流弊更多殊非實事求是之道竊維各部宜就各主管之件於資政院未決議之前派員協商隨時電查本省或准令各省代表員陳述理由以期折衷至當事關大局各部應共擔責任若但聽院決議不顧行政官能否執行則實難以承認伏望力與維持不勝企禱寶琦蒸

1142

收兩廣總督電十一月十四日

憲政編查館政務處度支部鈞鑒洪密聞資政院審查明年預算冊頗擬刪減各省行政經費及議減撤巡防營隊按之粵省情形正多窒礙蓋粵省盜風素熾兼有三點三合劍仔等項會匪遍布各地甚或勾結外洋革黨時有蠢動之虞水陸防營僅資鎮懾若加減撤實難保護治安此外行政各費當編定預算冊時斟酌再三固已減無可減如若再加修改勢將不能實事求是殊失朝廷整頓政務之意竊願各部就主管之件於資政院決議以前盡力協商務使原案成立並懇隨時電查本省情形事關執行政務伏望詳察力與維持不勝企禱增祺叩

1143

收陝西巡撫電十一月十六日

憲政編查館政務處度支部鈞鑒辰三年預算冊審查亟宜內外相維推行乃克有濟應請大部力為主持就各主管之件於資政未決議之前派員協商統籌補救之計隨時電查本省以定責成庶免隔閡管見所及伏希鑒覈施行壽咸

1144
收東三省總督電十一月十六日
資政院現在審查預算未與各省接洽無由窺
測內容查奉省自去年以來政費業已三次核
減果有可以節省之款值此時艱日棘敢不勉
任其難第恐資政院不察外情任意刪減致議
決之案窒礙難行將來行政官從違兩難實非
內外相維之道伏乞鈞處鈞館力與維持不勝
盼禱良銑

1145
收吉林巡撫電十一月十八日
資政院現正審查預算未與各省接洽一經議
決從違兩難伏乞鈞處竭力維持俾免隔閡不
勝盼禱昭常謹肅巧

1146
收雲貴總督電十一月十九日
明年預算聞資政院任意刪減深恐不諳邊事
滯礙難行查院章第十七條議決事件若軍機
大臣或各部大臣不以為然得送覆議第十八
條資政院於覆議事件仍執前議由總裁副總
裁及軍機大臣或各部大臣分別奏請
聖裁將來刪減各款如與滇案有關請先電示以便
酌核可否電請交院覆議滇本受協省分邊事
需款尤多輕易刪削款減而事仍不能減萬望
極力維持免致從違兩難內外交累謹此預聞
經羲皓

1147
收浙江巡撫電十一月十九日
資政院議決國家歲出入預算事件其關於外
省政費裁減各項可否由主管部大臣將該院
議決外省裁減之項電知各省情形隔閡將來
施行時轉多窒礙增韞嘯

1148
收河南巡撫電十月十九日
憲政編查館政務處度支部鈞鑒辰密近者時
局艱危迫於眉睫
朝廷念臣民請願之誠渙然布提前立憲之令凡
有血氣莫不興起顧凡事匪言之難行之實難
伏讀

諭旨肫肫以委卸為誡
廟堂睿慮固已早見及此今籌備事宜已蒙
諭飭主管衙門另行籌畫提前辦法如果事屬可行
曷敢稍恤心力惟以人民知識能力與國家政
治能力審量再三有不能不預為陳詞以備裁
擇者今籌備已三年矣如編查戶籍籌設巡警
立丙級審判廳教育普及地方自治等事雖務
力進行未必無成績之可言而究其實效所存
是否即能與形勢同一完成固已可諱飾若
各衙門於外間情勢不加審察一意急進誠恐
操之過急者必致別啟亂端勉顧考成者仍復
虛應故事欲速不達轉負我
聖主與民圖治至意此中緩急先後尚望鈞館處力
為主持俾免鑿枘難行至各項要政尤莫不以
財用為根本豫省宣統三年預算冊自奉度支
部咨裁後舉凡稍涉浮靡之行政各費均已設
法裁併現雖辦到收支適合而來年實行正恐
窒礙甚多況籌備各項憲政提前趕辦勢不能
不于預算以外支出鉅款無米為炊殊深焦灼

現資政院預算案正在審察深恐持議者未諳
外情徒執理論或將各項行政經費任意銳減
以為削足適履之謀則疆臣點金乏術倘有貽
誤咎將誰屬至軍政費以汴省論除綠營已分
期遵裁外所有巡防各營緝捕游擊素資得力
況汴地負山帶河刀匪充斥養癰已久現在稍
加整理已有營數委已不敷分布倘再議減地
方必立見危險治安所關尤宜審慎惟有仰懇
鈞館處部待資政院審查結果遇有與敝省行
政費關係之處加賜維持或電飭派員陳述理
由以期藉供參考財政竭蹶內外同病自應撙
節支用勉為其難但在行政上必需經費斷難
因噎廢食致礙進行區區苦衷當蒙垂察再改
定官制本屬君上大權無庸置喙惟近日議者
紛紛大率不外事事規摹日本竊意中外情形
迥異各省地面遼闊尤與日本不同施治機關
豈能強合總之政治上未經證驗之議論如隔
靴搔癢均不可聽鈞館處統籌全局必能折衷
至當上翊
聖謨管見所及謹附陳裁奪棻巧

1149

收陝甘總督電十一月二十日

憲政編查館會議政務處度支部鈞鑒洪准山東巡撫孫軫電言資政院審查豫算一事擬請各部派員協商隨時電查本省等因庚查甘肅幅員遼濶番回雜居陸軍僅有三標巡警亦未完備所恃以鎮撫地方惟巡防隊及裁剩之綠營耳本已不敷分布應難再事減撤其餘行政各經費屢經覈減竭蹶異常亦皆省無可省務求鼎力維持邊陲幸甚長庚效

1150

鈐章

宣統二年十一月二十三日内閣奉

上諭前據錫良代奏奉天紳民呈請明年即開國會當經批示縮改開設議院年限前經廷議詳酌已

降旨明白宣示不應再奏嗣據陳夔龍電奏順直諮議局議長等又以速開國會為請復經電飭剴切宣示不准再行聯名要求瀆奏並嚴飭開導彈壓如不服勸諭糾眾違抗即行查拏嚴辦茲又據軍機大臣據情面奏亦屬不合開設議院縮改於宣統五年乃係廷臣協議請旨定奪並申明一經

宣示萬不能再議更張誠以事繁期迫一切均須提前籌備已不免種種為難各省督撫陳奏亦多見及於此乃無識之徒不察此意仍肆要求往往聚集多人挾制官長今又有以東三省代表名詞來京遞呈一再瀆擾實屬不成事體著民政部步軍統領衙門立即派員將此項人等迅速送回原籍各安生業不准在京逗留朝廷於無知愚民固迫於時艱妄行陳説已屢從寬宥然豈有國民而不循理法者深恐奸人暗中鼓動藉詞煽惑希圖擾害治安若不及早防維認真彈壓懲辦久必至於釀亂此後倘有續行來京藉端滋擾者定惟民政部步軍統領衙門是問各省如再有聚眾滋鬧情事即非安分良民該督撫等均有地方之責著即懍遵十月初三日諭旨查拏嚴辦毋稍縱容以安民生而防隱患欽此

軍機大臣署名

臣奕假

臣毓

臣那
臣徐

1151
鈐章
宣統二年十一月二十四日內閣奉
上諭前經降旨飭令憲政編查館修正籌備清單著
即迅速擬訂並將內閣官制一併詳慎纂擬具奏
候朕披覽詳酌欽此
軍機大臣署名
臣奕
臣毓
臣那
臣徐

1152
鈐章
宣統二年十一月二十四日內閣奉
上諭副都統吳祿貞等奏已故大學士官鄂最久功
德在民懇恩准建專祠一摺已故大學士張之洞
前任湖廣總督先後二十餘年政績最著遺愛尤深
著准其於湖北省城捐建專祠由地方官春秋致
祭以順輿情欽此
軍機大臣署名
臣奕假
臣毓
臣那
臣徐

1153
十一月二十五日引
見人員
宗人府十六人
學部二人
海軍部一人
鑲紅旗滿洲六人
鑲藍旗漢軍四人
前鋒護軍統領十四人
內務府八人
共五十一人

1154

鈐章

宣統二年十一月二十五日内閣奉
上諭慶親王奕劻奏懇恩開去軍機大臣及總理外
務部事務要差一摺現在時會艱危全賴親賢輔
弼慶親王奕劻老成謀國爲
先朝倚任歷數十年勳勤懋著中外周知庚子之役維
持大局轉危爲安厥功尤偉戊申十月迭遭
德宗景皇帝
孝欽顯皇后大事四海震動決疑定計卒致寰宇乂安
是該親王兩朝開濟備歷艱辛蓋盡宏謨洵屬有功
宗
社現雖年逾七旬仍復精神矍鑠擘畫要政夙夜兢兢
職任一無曠誤當此提前辦理憲政籌設内閣庶
務繁賾力求進行之時該親王分屬懿親允宜任
勞任怨始終將事豈忍遽行引退稍卸仔肩所請
開去要差之處著毋庸議該親王務當仰體
顧命勉濟時艱毋再固辭用慰朕殷殷眷念之至意欽此

軍機大臣署名

臣奕假

臣毓
臣那
臣徐

1155

鈐章

軍機大臣欽奉
諭旨軍諮處奏請派大臣會同考試留學日本第四期
測繪畢業生一摺著派載潤譚學衡會同考試又
奏擬派襄校官一片著依議欽此

軍機大臣署名

臣奕
臣毓
臣那
臣徐

十一月二十五日

1156

鈐章

宣統二年十一月二十六日内閣奉
上諭前據沈家本奏進候補五品京堂劉錦藻恭纂

書籍經南書房閱看將譌舛之處逐卷加籤當即
諭令劉錦藻更正妥協再行呈進嗣經更正恭進
復交南書房重加校閱茲據奏稱劉錦藻所纂皇
朝續文獻通考一書搜採甚富持論明通現均改
正無譌等語劉錦藻著加恩賞給內閣侍讀學士
銜以示嘉獎欽此

軍機大臣署名

臣奕假 臣毓 臣那 臣徐

1157

鈐章

軍機大臣欽奉
諭旨翰林院奏官制新訂翰林院職掌亟宜擴充人
材未可閒置一摺又片奏釐定職掌為政治之莞
籥等語均著憲政編查館會議政務處知道欽此

軍機大臣署名

臣奕假 臣毓 臣那 臣徐

十一月二十六日

1158

鈐章

軍機大臣欽奉
諭旨劉廷琛奏憲政初基首宜整飭紀綱以固君權
而防淩替一摺著憲政編查館會議政務處知道
欽此

軍機大臣署名

臣奕假 臣毓 臣那 臣徐

十一月二十六日

1159

鈐章

軍機大臣欽奉

諭旨都察院奏代遞山東京官學部丞參上行走柯劭
忞等呈稱已故記名提督陝西河州鎮總兵王得
勝戰功卓著懇恩將該故員事蹟宣付國史館立
傳等語著照所請該衙門知道單併發欽此

軍機大臣署名

臣奕假　臣毓　臣那　臣徐

十一月二十七日

1160

鈐章

軍機大臣欽奉

諭旨校閱陸軍大臣那晉奏校閱陸軍第三鎮暨混
成等協覆陳大概情形一摺知道了欽此

軍機大臣署名

臣奕假　臣毓　臣那

臣徐

十一月二十八日

1161

鈐章

軍機大臣欽奉

諭旨會議政務處會奏先行併案議覆長庚等條陳
改設新疆官缺各節一摺著依議欽此

軍機大臣署名

臣奕假　臣毓　臣那　臣徐

十一月二十八日

1162

鈐章

軍機大臣欽奉

諭旨桂春奏查勘要工謹按實在情形分別緩急

繕單呈覽一摺著派溥善敬謹承修又奏查驗行
樹補栽成活分數相符一片知道了欽此
軍機大臣署名
臣奕假
臣毓
臣那
臣徐
十一月二十八日

1163
鈐章
軍機大臣欽奉
諭旨御史温肅奏改訂官制宜宣示中外臣工博詢
詳覈以臻完善一摺著憲政編查館會議政務處
知道又片奏請飭吏部將同知直隸州知州銓補
例章量為變通等語著吏部議奏欽此
軍機大臣署名
臣奕假
臣毓
臣那
原件交憲政館摘鈔交政務處吏部

臣徐
十一月二十八日

1164
十一月二十九日引
見人員
御前大臣三人
領侍衛內大臣十四人
正黃旗蒙古八人
鑲白旗滿洲十五人
正藍旗滿洲六人
共四十六人

1165
鈐章
宣統二年十一月二十九日內閣奉
上諭本年十二月二十八日歲暮祫祭
太廟遣懋林恭代行禮東西廡派鐵麟榮粲各分獻二
十七日告祭
太廟後殿派魁斌行禮
中殿派溥偉行禮二十八日祭

太歲壇派載功行禮兩廡派麒德瑞豊各分獻欽此

軍機大臣署名

臣奕

臣毓

臣那

臣徐

1166

鈐章

宣統二年十一月二十九日內閣奉

上諭希廉著回京當差泰甯鎮總兵兼總管內務府大臣著岳樑補授欽此

軍機大臣署名

臣奕假

臣毓

臣那

臣徐

1167

鈐章

宣統二年十一月二十九日內閣奉

上諭馬隊第一標統帶官王廷楨著派充禁衛軍步隊第二協統領官並賞給陸軍協都統銜欽此

軍機大臣署名

臣奕假

臣毓

臣那

臣徐

1168

外務部左侍郎胡惟德

右侍郎曹汝霖

吏部左侍郎于式枚

署右侍郎吳郁生

民政部左侍郎烏珍

右侍郎林紹年

度支部左侍郎紹英

右侍郎陳邦瑞

禮部左侍郎景厚

右侍郎郭曾炘

學部左侍郎寶熙

右侍郎李家駒
陸軍副大臣壽勳
海軍副大臣譚學衡
法部左侍郎紹昌
右侍郎沈家本 現充修訂法律大臣
農工商部左侍郎熙彥
右侍郎楊士琦 現在出差
郵傳部署左侍郎沈雲沛
右侍郎盛宣懷
理藩部左侍郎達壽
右侍郎恩順
倉場侍郎桂春
俞廉三
內閣學士麒德
瑞豐 現充造幣廠總監督
毓隆
那晉
榮勳
溥善 現署農工商部右侍郎

楊佩璋
李聯芳
王垿 現署法部右侍郎
陳寶琛

1169
鈐章
軍機大臣欽奉
諭旨禮部會奏遵議興修
文廟各項工程一摺著依議欽此
軍機大臣署名
臣奕假
臣毓
臣那
臣徐
十一月二十九日

1170
鈐章
軍機大臣欽奉
諭旨資政院奏議事未竣懇請延會十日一摺著延

長會期十日欽此

軍機大臣署名

臣奕假　臣毓　臣那　臣徐

十一月二十九日

1171

鈐章

軍機大臣欽奉

諭旨資政院奏擬請明諭剪髮易服一摺前經農工

商部具奏已降旨明白宣示京外矣著仍遵前旨

辦理此奏應即毋庸議欽此

軍機大臣署名

臣奕假　臣毓　臣那　臣徐

十一月二十九日

1172

鈐章

軍機大臣欽奉

諭旨貝勒載濤等奏機關砲營排長四等侍衛繼顏

請援案暫行免派侍衛處差使一片著依議欽此

軍機大臣署名

臣奕假　臣毓　臣那　臣徐

十一月二十九日

1173

八旗副都統名單

秦綬章

英信　正紅旗滿洲人

祥普　正藍旗滿洲人

秀吉　正白旗滿洲人

兜欽　鑲黃旗滿洲人

景恩　內務府正黃旗漢軍人

全福　正白旗滿洲人

毓秀 正白旗滿洲人
敬昌 正白旗蒙古人
棍布札布
文泰 正藍旗滿洲人
善豫 鑲白旗宗室
誠全 內務府正白旗漢軍人
豐深 鑲黃旗漢軍人
瑞啟 正黃旗滿洲人
文璞 正黃旗滿洲人
景麟 正藍旗滿洲人
廣綺 正白旗漢軍人
松椿 鑲黃旗滿洲人
溥倬 鑲白旗宗室
靈熙 正紅旗宗室
吉陞 鑲黃旗滿洲人
達賚
祺誠武
恒順 正黃旗蒙古人
瑞豐 鑲紅旗滿洲人

吳祿貞
常山 正黃旗漢軍人
成安 鑲白旗滿洲人
岳樑 內務府正白旗蒙古人
壽慶 正白旗滿洲人
德麟 鑲紅旗漢軍人
段祺瑞
卓淩阿
都淩阿
慶綿 鑲藍旗滿洲人
麟光 鑲黃旗滿洲人
霍倫泰 鑲藍旗滿洲人
希璋 正白旗蒙古人
顧璜
馮國璋
志鈞 鑲黃旗滿洲人
載搜 鑲藍旗宗室
訥欽泰 正白旗滿洲人
額勒春 正黃旗滿洲人

良春鑲黄旗滿洲人
占鳳正藍旗宗室

1174 左翼總兵鶴春

1175 前馬蘭鎮總兵耆齡

1176 宣統二年十一月三十日奉
旨鑲藍旗蒙古副都統著常英補授仍兼署正黃旗
蒙古副都統欽此

1177 宣統二年十一月三十日奉
旨鑲白旗護軍統領著額勒春補授欽此

1178 宣統二年十二月初一日内閣奉

上諭

監國攝政王面奉

隆裕皇太后懿旨明年元旦皇帝毋庸行禮停止筵宴

在外公主福晋命婦亦毋庸進内行禮欽此

鈐章

軍機大臣署名

臣奕假 臣毓 臣那 臣徐

1179 宣統二年十二月初一日内閣奉

上諭禮部奏明年元旦禮節請旨遵行一摺著停止

升殿受賀欽此

鈐章

軍機大臣署名

臣奕假 臣毓 臣那 臣徐

1180 鈐章

軍機大臣欽奉

諭旨恭親王溥偉等奏陳明辦理京師各衙門禁煙

情形一摺著依議欽此

軍機大臣署名

臣奕假 臣毓 臣那 臣徐

十二月初一日

1181 鈐章

軍機大臣欽奉

諭旨侍郎李家駒等奏粤省賭餉抵款有著請旨迅

禁以革秕政一摺著度支部速議具奏欽此

軍機大臣署名

臣奕假 臣毓 臣那

臣徐

十二月初二日

1182

鈐章

軍機大臣欽奉

諭旨給事中陳慶桂奏廣東陽春改隸陽江窒礙孔多

一摺著會議政務處議奏欽此

軍機大臣署名

臣奕假 臣毓 臣那 臣徐

十二月初二日

1183

鈐章

軍機大臣欽奉

諭旨郵傳部奏請將各省官辦電報歸部辦理酌擬

辦法一摺著依議又奏汴洛鐵路收支大數情形

一片知道了欽此

軍機大臣署名

臣奕假 臣毓 臣那 臣徐

十二月初二日

1184

鈐章

軍機大臣欽奉

諭旨翰林院侍講學士周爰諏奏陝西高陵縣貢婦

欒任氏節操堪嘉懇恩旌表一摺著照所請禮部

知道又奏陝西新軍腐敗已極請旨派員澈查一

片著該衙門知道欽此

軍機大臣署名

臣奕假 臣毓 臣那 臣徐

十二月初二日

1185

鈐章

宣統二年十二月初三日内閣奉

上諭禮部奏

孝欽顯皇后服闋行釋服禮日期各摺片宣統三年正

月十六日由

監國攝政王代詣

奉先殿行釋服禮餘依議欽此

軍機大臣署名

臣奕 假

臣毓

臣那

臣徐

1186

鈐章

宣統二年十二月初三日内閣奉

上諭禮部奏

德宗景皇帝服闋行釋服禮日期各摺片宣統三年正

月十六日由

監國攝政王代詣

奉先殿行釋服禮餘依議欽此

軍機大臣署名

臣奕 假

臣毓

臣那

臣徐

1187

鈐章

軍機大臣欽奉

諭旨資政院奏開用新鑄關防日期一摺知道了

欽此

軍機大臣署名

臣奕 假

臣毓

臣那

臣徐

十二月初三日

1188

鈐章

宣統二年十二月初四日内閣奉

上諭安徽巡警道員缺著王履康補授欽此

軍機大臣署名

臣奕 假

臣毓

臣那

臣徐

1189

鈐章

宣統二年十二月初四日内閣奉

上諭奉天度支使著齊福田補授欽此

軍機大臣署名

臣奕 假

臣毓

臣那

臣徐

1190

鈐章

宣統二年十二月初四日内閣奉

上諭前據錫恆電奏哈薩克台吉瑪木爾伯克控告
塔爾巴哈台參贊大臣札拉豐阿派令章京奇蘭
等管理蒙哈加添無數差使并多方婪索一案當
經諭令錫恆按照所訴各節確查嗣因錫恆病故
復諭令忠瑞赴塔城接查茲據查明電奏所訴各
節均屬實情自應量予懲處前塔爾巴哈台參贊大
臣安成札拉豐阿先後蒙奏冒徵札拉豐阿復索
取哈台吉銀兩馬匹魚肉邊蒙實屬辜恩溺職雖
經病故安成著撤銷卹典札拉豐阿著革職遞年
經收各章京記名副都統協領奇蘭伊犁錫伯營
領隊大臣花沙布後先派充邊防營務處既不能
規止於前又復附和於後奇蘭總辦皮毛公司又不
免阿人所好不知遠嫌
泰東陵員外郎隺保知府巴達蘭佈補用協領佐領托
克端巴圖雖係奉諭征收究屬不合均著交部分
別議處縣丞單遇亨身充商夥出入衙署物議沸
騰著即行革職餘著照所議辦理該部知道蒙哈

情形困苦嗣後務當加意撫綏約束章京等毋任
苛擾以安衆心用示朝廷體恤邊氓之至意欽此
軍機大臣署名
臣奕 假
臣毓
臣那
臣徐

1191
鈐章
軍機大臣欽奉
諭旨度支部會奏議覆貴州巡撫龐鴻書籌辦礦務
一摺著依議欽此
軍機大臣署名
臣奕 假
臣毓
臣那
臣徐
十二月初四日

1192
鈐章
軍機大臣欽奉
諭旨阿穆爾靈圭等會奏前鋒護軍營事宜分别劃
撥管理並請將辦理新班值年大臣裁撤一摺著
依議欽此
軍機大臣署名
臣奕 假
臣毓
臣那
臣徐
十二月初四日

1193
鈐章
軍機大臣欽奉
諭旨盛宣懷奏江皖災重擬請設立籌賑公所各摺
片均著照所請該部知道欽此
軍機大臣署名
臣奕 假
臣毓
臣那

臣徐

十二月初四日

1194 鈐章

軍機大臣欽奉

諭旨雷補同奏懇恩給假回籍省親一摺雷補同著賞
假三箇月又奏懇恩賞給與國外部大臣等寶星
一摺著照所請欽此

軍機大臣署名

臣奕假 臣毓 臣那 臣徐

1195 鈐章

軍機大臣欽奉

諭旨候補參議龍建章奏釐訂官制敬陳管見一摺
又片一件表三件均著憲政編查館知道欽此

軍機大臣署名

臣奕假 臣毓 臣那 臣徐

十二月初五日

1196 十二月初六日引
見人員

稽查欽奉
上諭事件處二人
吏部二十八人
前鋒護軍統領三十七人
内務府十三人
共八十人

1197 為咨送事查資政院院章第十七條載資政院
議決事件若軍機大臣或各部行政大臣不以
為然得聲敘原委事由咨送資政院覆議等語

昨准
貴院將議決修正報律條文案咨請會同具奏
等因前來本王大臣覆查議決修正報律案第
十一條第十二條確有與現行法律牴觸并施
行窒碍之處除將原稿封還外相應再行提出
修正案并聲敘原委事由開單照章咨送
貴院覆議可也須至咨者 計單一件并原稿單各一件
右　咨
資　政　院
宣統二年十二月　　日

1198
辦理軍機處為咨送事查資政院院章第十七條
載資政院議決事件若軍機大臣或各部行政
大臣不以為然得聲敘原委事由咨送資政院
覆議等語昨准貴院將議決修正報律條文案咨
請會同具奏等因前來本王大臣覆查議決修
正報律案第十一條第十二條確有與現行法
律牴觸並施行窒礙之處除將原稿封還外相
應再行提出修正案並聲敘原委事由開單照
章咨送
貴院覆議可也須至咨者 計單一件並原稿單各一件
右　咨
資　政　院
宣統二年十二月初五日

計開
修正報律兩條
第十一條　損害他人名譽之語報紙不得登
載但專為公益不涉陰私者不在此限
按原案第十一條為報紙不得損害他人
名譽而設本條為尊重凡有人格之個人
之名譽權起見此根於立憲國憲法上保
障臣民權利之大原則而來祇以原案中
有（不論有無事實）一語遂為衆議所集矢
殊不知原案本條須與第二十六條參照
并無限制過嚴之處其理由已於提出原
案時聲明嗣本王大臣復命特派員於再
讀時提出修正案將該條酌改為（損害他
人名譽之語報紙不得登載）此原則也然

語意渾侖漫無制限仍與未刪（不論有無事實）一語精神同一故對於此原則不能不設例外於是復設該條第二項（前項規定除摘發陰私外其專為公益起見并無惡意者不在不得登載之限）此項例外即以制限原則質言之則本項之精神在聲明前項之意義蓋謂雖屬損害他人名譽之語其善意或為公益者仍可登載即不啻以（為公益）與（無惡意）之兩種條件而構成可以登載損害他人名譽之語之理由也依此理由則如登載官吏之失政臚列其廢弛苛虐之事實又如登載教員之不職臚列其譾陋誤謬之事實雖其人之名譽因而被損害不得執報律以繩報館報館於此範圍內即屬法律上與以言論之自由此乃對於前項之限制也至於本項上半段（前項規定除摘發陰私外）云云蓋謂如某甲之中冓雖有穢行某乙之影衾雖負隱慝而止涉個人之私德無害大衆之公安

即不得以為公益無惡意為理由而登載其語以損害其人之名譽此又對於本項下半段之限制也乃議員提出之修正案將該兩項併而為一規定為（損害他人名譽之語報紙不得登載但專為公益起見者不在此限）較諸特派員修正之文以次項併為但書而刪去（摘發陰私）及（并無惡意）二語則使議員修正案之本條上半段所謂損害他人名譽之語報紙不得登載之規定全同虛設矣何也蓋無論何事皆可直接或間接牽綴之以至於公益例如登載某婦之不貞則曰吾以整飭風化故登載某人之失檢則曰吾以維持道德故充其所至則凡檢察官所不得提起公訴之罪報紙皆可得而舉發之矣既授私人以發奸摘伏之權必貽社會以人心風俗之害報館專制人人自危妨碍安甯莫此為甚故日本新聞紙法兢兢以私行與公益為對待之範圍其新聞紙法該條係為

適用刑法之規定並非取消刑法之規定彼豈不鶩尊崇言論自由之美名哉蓋謂不如是則所指為公益者無標準之可言設有此類訴訟發生審判將永無持平之一日此對於議決案之不以為然者一也查現行刑律載凡投隱匿姓名文書告言人罪者絞及詭寫他人姓名詞帖訐人陰私陷人者皆依此律絞各等語又新刑律第三十一章於妨害安全信用名譽及秘密罪各設專條如該律第三百五十四條凡指摘事實公然侮辱人者不問其事實有無處五等有期徒刑拘役或一百元以下罰金此為妨害名譽之罪凡人有犯均不問其關於公益與否律意極為嚴重惟報館揭載新聞最易觸犯此條果非摘發陰私果為公益果無惡意固不能不於報律特為開放以保障報館如特派員修正案原文則除摘發陰私及備具為公益與無惡意之兩條件外實若予報紙以損害他人

名譽之特權俾不令其與普通人同一適用刑律今議員修正案於損害他人名譽之罪悉以廣漠無垠之為公益三字開脫之即案之現行刑律新刑律均大相抵觸適生出報館與一般臣民對於刑法上有不平等之結果此對於議決案之不以為然者二也再以事而論若報館損害他人名譽概以為公益為解免則登載者不復負法律之制裁被害者無從求國家之救護赴訴之門既絕怨毒之蓄日深橫決而流易生危險現在長江地方往往有因載個人陰私之事而報館主筆致釀不測之禍者特派員所提修正案對於報館雖顯示以登載限制之防究隱寓有保障報館之實苟不觸犯則人人有樂於閱報之心不至轉與報館為敵不脛而走未始非報館之利此對於議決案之不以為然者三也有此三種理由本王大臣一再審酌雖不必堅執前文原案及特派員續提之修正

案然報紙登載損害他人名譽之語若純然以專為公益為詞而於摘發陰私之事不加限制實與現行刑律暨新刑律過於抵觸殊非立憲國尊重個人名譽之道且於施行尤多不便故於本條專為公益下應加不涉陰私四字庶報紙登載確有一定之範圍而解釋公益亦有一定之標準矣

第十二條、外交陸海軍事件及其他政務經該管官署禁止登載者報紙不得登載

按現行刑律載凡聞知

朝廷及統兵將軍調兵討襲外番及收捕反逆賊徒機密大事而輒漏洩於敵人者絞若邊將報到軍情重事而漏洩者徒三年以先傳說者為首傳至者為從若漏洩機密重事於人者絞各等語又光緒三十四年陸軍部奏定懲治漏洩軍事機密章程內載漏洩軍事祕密各罪重者死刑輕亦監禁亦經通行欽遵在案又新刑律分則第五章於漏洩機務罪各有專條如第一百二十九條凡漏洩中國內治外交應祕密之政務者處三等至五等有期徒刑又第一百三十一條凡知悉收領軍事上祕密之圖書物件而漏洩或公表者處二等或三等有期徒刑各等語定律極為森嚴依本律法例第二條之規定則雖外國人在中國犯漏洩機務之罪不可不受本律之支配更依日本法例第二條之規定則雖外國人於本國外犯漏洩機務之罪亦不可不受本律之支配誠以機務之漏洩繫於國家之存亡故也可知報館有犯應絕對適用刑律不能適用報律其報律所規定者皆在刑律範圍以外而程度較淺於刑法之犯行者也故此次政府交議報律原案第十二條係規定普通文書未公布而關係祕密者不得登載之制限第十三條係規定通常外交海陸軍事件經官署禁止登載者不得登載之制限直言之則前條之解釋凡文書未公布者即為祕密

不必問其文書內容之事件果應祕密否也後條之解釋凡通常外交海陸軍事件既經官署禁止登載報館即有不得登載之義務苟未禁止則登載與否胥聽報館之自由其科罰乃罰其違反官署之命令非罰其漏洩機密也皆與新舊刑律及現行懲治漏洩軍事機密章程之規定截然兩事而資政院議決案乃以原案兩條併合一條而明定為「外交海陸軍及其他政治上祕密事件經該管官署禁止登載者報紙不得登載」對於違犯本條者則規定為僅處罰金是一不禁止則無論何種機密報紙皆可登載矣而不知果係刑律所謂祕密不論本國人外國人亦不論既禁止未禁止皆有保守祕密不得漏洩之義務今如資政院修正案已侵蝕刑律之領域亦若未經禁止之政務機密事件各報館比於一般人民獨有隨意漏洩之特權即登載已經禁止之機密事件亦不過處

以罰金而止較之現行刑律一般臣民應科之絞徒各罪及新刑律之有期徒刑輕重大相懸絕此本王大臣對於本條議決案不以為然之理由也茲特再為修正將議決案所稱祕密字樣刪去而規定凡由官署禁止登載者悉指通常關係外交陸海軍事及其他通常政務而言其機密事件本毋庸再由官署禁止當然不得登載此本律規定與刑律規定區別之所在也

1199

鈐章

宣統二年十二月初六日內閣奉

上諭唐紹怡奏病勢日深假期又滿懇開去署缺一摺署郵傳部尚書唐紹怡著准其開去署缺欽此

軍機大臣署名

臣奕（假）

臣毓

臣那

臣徐

1200

鈐章

宣統二年十二月初六日內閣奉
上諭郵傳部尚書著盛宣懷補授吳郁生著補授郵
傳部右侍郎欽此

軍機大臣署名

臣奕 假 臣毓 臣那 臣徐

1201

鈐章

宣統二年十二月初六日內閣奉
上諭吏部右侍郎著沈雲沛署理李經方著署理郵
傳部左侍郎未到任以前著吳郁生兼署欽此

軍機大臣署名

臣奕 假 臣毓 臣那 臣徐

1202

鈐章

軍機大臣欽奉
諭旨吏部奏尚書銜川滇邊務大臣趙爾豐應否按
照銜俸給予廕生一摺著給予從一品廕生又奏
安徽布政使連甲前以禮去官現已起復應否給
廕一片著准其給廕又奏開缺浙江提學使支恒
榮之子廕生支懋祥病故李經羲之子廕生李國
筠捐有官職應否補廕各摺片均著准其補廕欽此

軍機大臣署名

臣奕 假 臣毓 臣那 臣徐

十二月初六日

1203

鈐章

軍機大臣欽奉
諭旨寶熙奏各省巡防隊保衛治安礙難裁減一摺
著會議政務處陸軍部知道欽此

軍機大臣署名
臣奕 假
臣毓
臣那
臣徐
十二月初六日

1204
鈐章
宣統二年十二月初七日內閣奉
上諭溥良盛桂奏察哈爾右翼四旗被災情形懇恩
撫恤一摺右翼四旗上年秋間已屬苦旱今歲春
夏雨澤又復稀少亢旱成災牲畜多致餓斃困苦
情形殊堪憫念加恩著賞給帑銀一萬兩由度支
部給發交溥良等派委妥員前往災區查明戶口
被災輕重分別妥為散放毋任失所用副朝廷撫
恤蒙艱之至意欽此
軍機大臣署名
臣奕 假
臣毓
臣那
臣徐

1205
鈐章
宣統二年十二月初七日內閣奉
上諭山東鹽運使員缺著方碩輔補授欽此
軍機大臣署名
臣奕 假
臣毓
臣那
臣徐

1206
鈐章
軍機大臣欽奉
諭旨本日引見之開缺前雲南楚雄府知府尹肇熙
著以同知用已革湖南慈利縣知縣袁世傳著開
復原官欽此
軍機大臣署名
臣奕 假

1207
旨著仍以知府用
開缺前雲南楚雄府知府尹肇熙
旨著以簡缺知府用
硃○旨著以同知用
十二月初七日
臣毓
臣那
臣徐

1208
鈐章
軍機大臣欽奉
諭旨本日引見之明保候選道前甘肅肅州直隸州知州潘齡皋著以道員發往甘肅補用欽此
軍機大臣署名
十二月初七日
臣奕假
臣毓
臣那
臣徐

1209
明保候選道前甘肅肅州直隸州知州潘齡皋
旨著以道員發往甘肅補用

1210
鈐章
軍機大臣欽奉
諭旨法部奏本日帶領引見之京師法律學堂畢業學員張仁普等擬請改用法官一摺著依議欽此
軍機大臣署名
十二月初七日
臣奕假
臣毓
臣那
臣徐

1211
鈐章
軍機大臣欽奉
諭旨都察院代遞前侍講學士朱福詵等以滬杭甬鐵路借款一案請飭部廢去合同併章程以保路權呈一件著該部知道欽此

軍機大臣署名
臣奕假 臣毓 臣那 臣徐
十二月初七日

1212 鈐章
軍機大臣欽奉
諭旨御史玉春奏旗兵困苦請規復八旗前鋒護軍
扣餉一摺着稽查守衛事宜大臣知道欽此
軍機大臣署名
臣奕假 臣毓 臣那 臣徐
十二月初七日

1213 據鹽政處咨報山東鹽運使丁達意因病出
缺請
旨簡放
鈐章
宣統二年十二月初八日内閣奉
上諭本日召見之審案平反存記道直隸保定府知
府錫齡阿著在任以道員遇缺儘先補用並仍交
軍機處存記欽此
軍機大臣署名
臣奕假 臣毓 臣那 臣徐

1214 鈐章
宣統二年十二月初八日内閣奉
上諭前據李經義電奏大姚縣匪徒聚衆謀亂縣城
被陷收復當經諭令嚴拏首要並查起事原由茲
據查明覆奏匪首陳可培與會匪鄧良臣聚衆放

飄潛謀起事入城刦殺當經派令防勇鄉團等援
擊陣斃生擒悍匪甚夥縣城當即收復旋復拏獲
陳可培鄧良臣訊明正法署大姚縣知縣鄭兆年典
史鄧龍光巡長謝蘭潤倉皇逭匿臨事畏葸均著
即行革職鄭兆年尚有發餉另案著仍留滇聽候
查究所有在事出力人員准其擇尤酌保數員毋
許冒濫該部知道欽此

軍機大臣署名

臣奕假　臣毓　臣那　臣徐

1215

鈐章

宣統二年十二月初八日內閣奉
上諭孫寶琦奏查明本年山東各屬秋禾被災情形
懇恩蠲緩錢漕一摺本年山東青城等九十一州
縣及將併衛所並各鹽場夏初雨暘失時夏秋之
際又復陰雨連綿山泉暴注沿河沿運一帶大汛
泛濫積水不消若將被淹村莊應徵錢漕照常徵
收民力實有未逮加恩著照所請所有成災最重
之青城縣屬各村莊應徵本年錢糧漕米漕倉等
項全行蠲免其餘成災輕重不等之利津等州縣
應徵錢漕等項按照單開各村莊地畝分別蠲緩
該部即刊刻謄黃徧行曉諭務使實惠均霑毋任
吏胥舞弊用副朝廷軫念民艱之至意餘著照所
議辦理該部知道單併發欽此

軍機大臣署名

臣奕假　臣毓　臣那　臣徐

1216

鈐章

宣統二年十二月初八日奉
上諭本日召見之明保翰林院編修施愚著以應升
之缺開列在前欽此

軍機大臣署名

1217
旨著開復原官
被糸寃抑已革湖南慈利縣知縣袁世傳
臣奕假
臣鯍
臣那
臣徐

1218
鈐章
軍機大臣欽奉
諭旨農工商部右參議郘福瀛奏資政院院章規定
議決具奏事件亟應明確解釋以重法令各摺片
均著憲政編查館知道欽此
軍機大臣署名
臣奕假
臣鯍
臣那
臣徐
十二月初八日

1219
鈐章
宣統二年十二月初九日内閣奉
上諭本日軍諮處陸軍部帶領引見留學日本陸軍
測繪畢業學生考列優等之李兆綸黄郛德楞圖
李向榮唐凱俞應麓陳陛章均著賞給舉人授為
測繪副軍校考列上等之郭廷康王炳潛史嶽臣
興宗文蔚齊張裕文鄧延井介福李偉蓢章煥琪
均著賞給舉人授為測繪協軍校考列中等之馮
家驄著賞給舉人以測繪協軍校記名補用欽此
軍機大臣署名
臣奕假
臣鯍
臣那
臣徐

1220
鈐章
宣統二年十二月初九日内閣奉
上諭陳夔龍電奏查拏著名無賴出身微賤之温世
世霖即温子英原名温昱曾充長隨多年聲名恶

劣久為衣冠不齒此次在津竟敢假請願國會為名結衆斂錢已屬有害地方又復擅捏通國學界同志會名義妄稱會長遍電各省廣肆要結同時罷課意圖煽惑居心實不可問請嚴行懲儆等語温世霖著即發往新疆交地方官嚴加管束以遏亂萌而弭隱患該部知道欽此

軍機大臣署名

臣奕（假） 臣毓 臣那 臣徐

1221

滿頭班

花翎二品銜領班三品章京英秀

花翎二品銜幫領班四品章京文年

三品銜在任即選知府章京郎中麟祥

花翎三品銜候升四品後 賞加二品銜章京郎中裕銘 現在穿孝

五品銜章京候補侍讀中書海桂

章京候補員外郎伊密揚阿

花翎四品銜章京員外郎存瑞

額外章京法部候補主事伊星阿

花翎三品銜在任即選道額外章京上行走鍾佩

漢頭班

花翎二品銜領班三品章京楊壽樞

二品銜幫領班四品章京徐宗溥

三品銜章京郎中劉慶篤

花翎四品銜章京主事趙國良

四品銜章京主事張潤

四品銜章京主事宋子聯

三品銜章京 記名繁缺知府郎中楊芾

花翎員外郎銜章京候補 主事曾文玉

章京編修黄彦鴻

額外章京內閣候補中書秦樹忠

滿二班

花翎二品銜領班三品章京聯綬

花翎三品銜幫領班四品章京成俊

花翎三品頂戴候升四品後 賞加二品銜章京郎中榮全

花翎三品銜 記名道府候升四品後 賞加二品銜章京郎中常泰

花翎四品銜章京主事鴻恩

四品銜章京主事興廉
四品銜章京員外郎星輅
章京錄事官松海
漢二班
二品銜領班三品章京易貞
二品銜領班上行走三品章京華世奎
花翎幫領班四品章京趙廷珍
三品銜章京　記名繁缺知府郎中孫筍經
花翎四品銜章京主事盧文明
四品銜章京主事邢維經
三品頂戴章京員外郎萬雲路
花翎四品銜章京主事雷延壽
花翎四品銜章京編修楊渭
額外章京法部學習主事呂式斌
額外章京內閣候補中書江保傳

1222 十二月初九日引
見人員
軍諮處十八人
鑲黃旗漢軍四人
正黃旗滿洲八人
正黃旗漢軍六人
正白旗蒙古二人
內務府三人
共四十一人

1223 鈐章
軍機大臣欽奉
諭旨前據資政院奏議決浙江鐵路公司仍照商律
辦理一案請旨裁奪一摺著郵傳部仍照該部奏
案辦理欽此
軍機大臣署名
臣奕（假）
臣毓
臣那
臣徐

1224 鈐章
軍機大臣欽奉

諭旨前據資政院奏議決四川鐵路公司虧倒鉅款
一案請旨裁奪一摺著郵傳部查照前案妥籌辦
理欽此

軍機大臣署名
臣奕假
臣毓
臣那
臣徐

1225
宣統二年十二月初十日内閣奉
上諭
監國攝政王面奉
隆裕皇太后懿旨明年正月初十日萬壽皇帝在宫内
行禮王公百官毋庸行禮停止筵宴在外之公主福
晋命婦毋庸進内行禮萬壽正日王公百官均著補
褂掛朝珠初六初八初九十二十三十五等日均常
服掛朝珠欽此
鈐章
黄面黄裏
軍機大臣署名

1226
鈐章
宣統二年十二月初十日内閣奉
上諭禮部奏萬壽聖節應否照案行禮一摺明年正
月十三日萬壽朕在宫内恭詣
隆裕皇太后前行禮王公百官均毋庸行禮十三日王
公百官均著常服掛朝珠十六日十七日均蟒袍
補褂欽此
黄面黄裏
軍機大臣署名
臣奕假
臣毓
臣那
臣徐

1227
鈐章
軍機大臣欽奉

諭旨御史文鑑奏司法行政勿得混淆請嚴定限制
一摺著法部知道欽此
軍機大臣署名
臣奕假
臣毓
臣那
臣徐
十二月初十日

1228 十二月十一日引
見人員
領侍衛内大臣九十六人

1229 十二月初十日引
見人員
領侍衛内大臣九十三人

1230 鈐章
宣統二年十二月十一日内閣奉

上諭前因資政院會期三月屆滿議事未竣諭令延
長十日現在又經屆滿著即於本日閉會此次資
政院開院本係初次試辦粗具規模徐圖進步爾
議員等自當激勵忠誠擴充聞見洞觀時局默驗
輿情必學與識早裕於平時斯事與理可期其一
貫爾議員等其加勉焉欽此
軍機大臣署名
臣奕
臣毓
臣那
臣徐

1231 鈐章
宣統二年十二月十一日内閣奉
上諭瑞澂奏湖北各屬被淹受旱輕重情形請分別
蠲緩新舊錢糧漕南銀米等項一摺湖北本年春夏
之交陰雨連綿蛟水陡發江漢湖河疊次泛漲入
秋後襄南二水同時復漲濱水各廳州縣隄垸潰
決田禾概被淹沒高阜之區雨澤又復愆期收成

均形歉薄若將應徵錢糧漕米等項照常徵收民
力實有未逮加恩著照所請將被災之枝江等各
廳州縣村莊應徵新賦錢糧漕米等項並原緩節
年銀米酌量輕重情形分別蠲緩以紓民力該督
即按照單開詳細數目刊刻謄黃徧行曉諭務使
實惠均霑毋任吏胥舞弊用副朝廷軫念民艱至
意餘著照所議辦理該部知道單二件併發欽此

軍機大臣署名

臣奕 臣毓 臣那 臣徐

1232

鈐章

宣統二年十二月十一日内閣奉
上諭此次驗看之學部考驗游學畢業生陳祖良著
賞給工科進士鄭際平著賞給法政科舉人欽此

軍機大臣署名

臣奕 臣毓

臣那 臣徐

1233

鈐章

軍機大臣欽奉
諭旨資政院奏提議修築蒙古鐵路一案議決情形
一摺著郵傳部知道欽此

軍機大臣署名

臣奕 臣毓 臣那 臣徐

十二月十一日

1234

十二月十二日引
見人員

陸軍部七人
理藩部三人
鑲黃旗滿洲四人

鑲黄旗漢軍二人
正紅旗滿洲三人
鑲紅旗滿洲四人
共二十三人

1235
鈐章
宣統二年十二月十二日内閣奉
上諭陸軍部奏保堪勝高級軍佐人員一摺郎中蘇
錫第著授為軍需正參領候選道丁士源著授為
軍法正參領欽此
軍機大臣署名
臣奕
臣毓
臣那
臣徐

1236
鈐章
宣統二年十二月十二日内閣奉
上諭此次引見陸軍游學畢業考列優等之軍需科
畢業生林鳳游著賞給陸軍軍需兵科舉人並授
軍需副軍校欽此
軍機大臣署名
臣奕
臣毓
臣那
臣徐

1237
鈐章
軍機大臣欽奉
諭旨農工商部奏華商集股創辦公司振興實業照
章彙案懇恩給奬一摺又奏請將候補四五品京
堂王鴻圖廣西候補道羅乃馨作為三等顧問官
一片均著依議欽此
軍機大臣署名
臣奕
臣毓
臣那
臣徐
十二月十二日

1238

鈐章

軍機大臣欽奉

諭旨籌辦江皖賑務大臣盛宣懷奏撥解江皖兩省

災區賑款趕辦急賑一摺知道了又片奏請將劉

鍾琳調辦江皖賑務免扣資俸等語著依議欽此

軍機大臣署名

臣奕

臣毓

臣那

臣徐

十二月十二日

1239

鈐章

軍機大臣欽奉

諭旨督辦津浦鐵路大臣徐世昌等奏衍聖公報効

津浦鐵路佔用地畝一摺該公爵孔令貽雖據聲

稱不敢仰邀獎敘究未便沒其報効之忱孔令貽

著賞穿帶膆貂褂欽此

軍機大臣署名

十二月十二日

臣奕

臣毓

臣那

臣徐

1240

查本處額外章京法部學習主事呂式斌內閣

候補中書江保傳到班均滿一年照奏定新章

均擬銷去本衙門字樣呂式斌以候補主事江

保傳以候補中書充補章京額缺為此謹

奏

宣統二年十二月十二日奉

旨知道了欽此

1241

鈐章

宣統二年十二月十三日內閣奉

上諭朱恩紱著以三品京堂候補欽此

軍機大臣署名

臣奕

臣毓 假
臣那
臣徐

1242
鈐章
宣統二年十二月十三日內閣奉
上諭現在釐訂外省官制必須詳慎著派錫良陳夔
龍張人駿瑞澂會同憲政編查館王大臣悉心參
酌遇有緊要節目隨時電商欽此
軍機大臣署名
臣奕
臣毓 假
臣那
臣徐

1243
鈐章
宣統二年十二月十三日內閣奉
上諭禁煙功令森嚴前經各衙門奏定禁煙章程編
訂條例並由各省督撫奏請變通年限復恐日久
玩生又經飭令度支部派員赴各省考查凡有奏
報不實者均已量加懲戒並將原案一律撤銷朝
廷於此事不啻三令五申冀以早絕根株永除痼
患乃實力奉行者固不乏人虛應故事者仍恐在
所不免長此因循欺飾焉有廓清之一日茲特再
申諭誡其已經禁種之處斷不准毒卉復萌其已
經戒斷之人斷不准舊汙復染凡未經禁絕者著
各督撫懍遵迭次諭旨嚴飭所屬迅速查禁毋得
任意宕延倘各地方官仍前粉飾即著從嚴參處
並著民政部度支部認真考核總期實事求是急
起直追用副朝廷為民除害之至意欽此
軍機大臣署名
臣奕
臣毓 假
臣那
臣徐

1244
鈐章
軍機大臣欽奉

諭旨御史石長信奏安徽協統余大鴻植黨營私軍務廢弛請飭部查究一摺著陸軍大臣查核辦理欽此

軍機大臣署名

臣奕 假
臣毓
臣那
臣徐

十二月十三日

1245

鈐章

軍機大臣欽奉

諭旨考察各省製造軍械局廠三品卿銜朱恩紱奏考察各省製造軍械局廠完竣籌擬辦法並將各項圖表繕單呈覽一摺著交軍諮處陸軍部詳核具奏又片奏隨同考察各員不無微勞足錄懇恩擇尤酌保等語著准其酌保數員毋許冒濫又片奏請賞假省親等語朱恩紱著賞假三箇月欽此

軍機大臣署名

臣奕 假
臣毓
臣那
臣徐

十二月十三日

1246

鈐章

軍機大臣欽奉

諭旨憲政編查館奏核明陸軍部咨擬將應歸各衙門掌管事件酌量劃分一摺著依議欽此

軍機大臣署名

臣奕
臣毓
臣那
臣徐

十二月十四日

1247
鈐章
軍機大臣欽奉
諭旨會議政務處奏議覆兩江總督張人駿等奏裁
併同城州縣籌設審判廳一摺著依議欽此
軍機大臣署名
臣奕
臣毓
臣那
臣徐
十二月十四日

1248
譯公論西報
溯中國歷數千年專制之政體今一旦改為立
憲冀可自强雖列於各强國之中凡我西人之
愛中國者莫不拱手稱賀當
孝欽顯皇后時以實行憲政為要務曾擬籌備九年之
久我西人深以此事難期實效何也因中國幅
員之大黎庶之多其習染於專制相沿日久深
入腦髓中有不能遽革之勢並以財政非常困
難官場氣習腐敗人民程度低卑而各處匪黨
疊見紛擾非有特別妥籌認真辦法則立憲斷
難預備也乃有無識之國民不思以上疑難之
問題徒知激發熱心藉衆要求即開國會而中
政府不能擬籌對待之法竟有縮短國會之期
限將
先朝所定之成法隨之更張我西人莫不驚駭豈中國
人民忽然能改為憲政之程度乎中國向以制
定之法則重如千鈞不可輕易詎於此欠曲使
國民而更易乎夫既知國民程度未及即不宜
縮短期如此誠招無窮之禍也縮短期限關係
全局而人民皆以政府畏懼民氣之强故敢復
行抗
旨要求以遂其所欲民氣因之更加囂張有侵奪君
權之勢是以資政院疊生風潮與政府極力反
對竟欲將資討論決議之性質為行政機關所
有議案概須邀
允居然視資政院無異行政總機關故以負責任迫
請軍機允可且又要求裁撤軍機即行設立內

閣弁種種與政府為難直視
上諭如弁髦此豈無故哉皆由縮短期限曲體民意致有若斯之任情耳夫我英國內閣當創設之初雖歷九年之久因官制及行政之權限均未完全而內閣大臣尚不能負其責任況中國擬設內閣伊始竟予以擔負責任此固不易之事也現一切之法則制度悉未周密以及行政用人之道亦未完全斷不能以全國樞機授之一人苟總理大臣不得其人將來政策謬亂溺職誤國貽患匪淺若不孚衆望一與立法機關對待必屢受衝擊大臣辭職議會解散風潮日多國步大受影響除非內閣大臣由議院議員中選庶能和衷共濟似此時勢君權日衰民氣日强此我歐西憲政之現象也今中國儻再准其裁軍機即立內閣之請其禍必尤劇烈儼為逆迫而成之憲政凡有憲政之歷史如果由下倒施者非一番流血則難望有成效也竊思中國歷行之政策莫不自上而順流殊為和平何以今日竟有倒迫逆施之現象我知須如

孝欽顯皇后之立決方協操縱之機宜現中國認眞實行新政所有才士忠臣無不悉備所恃者綜馭練達之一人耳不啻若涉大川非仗篙師之主舳不免茫無涯涘何能履險如夷哉試觀近日資政院之舉動可知從前所擬之章程未盡完善惟各國試辦議院基礎之時所最宜注意者實恐新政行之過急不疾則顛又恐有侵奪君權以擴張民氣之流弊然所擬辦法章程如何為妥必須與風俗習慣成例一切相符如有不妥之處隨時改良即如美國之於憲法實為格外審愼不敢成文尚慮被其拘牽若民氣稍有囂張即行壓制惟其可行之處政府自應極力贊成且於選派議長須擇最有才幹之王公大臣嫻熟憲政能顧大局者其威望足使各議員悅服尤須不徇衆意方為合格至於選舉各議員亦須謹愼則其討論有益於憲政而無礙行政之權今中國資政院所定之辦法皆係採各國完全之憲法擬之試辦起點大相懸殊其議長與各議員程度皆為未及況欽選議員雖居過

半毫無把握未能發起討論不過附和衆意為事至民選中多係留學東洋蓄有革命之思想是其選派之時各封疆大吏未能詳察竟徇於民意為之咨送以致彼等一達目的不勝滿意凡於討論悉為倡議大見囂張惟既無壓制之策反多附和之人安得不肆意要求也然欽選之員不顧大局如冷血動物而已致使一切討論均為民選所通過每議案皆迫政府准行否則要挾以解散之舉動設使中政府悉從其請姑息苟安不務設法改良誠恐資政院即成為全國行政之機關則將來不免為民選攬其大權以擴張民政之地步釀成巨禍適以啟外人乘隙之機以達侵吞之目的由此觀之是欲藉新政以救中國之艱危詎知反以新政而速亡中國溯此時局不誠可傷可痛哉

1249

收兩江總督電 十一月二十三日

江南行政經費前經人駿設法裁減嗣復遵照部電核減實已竭力搜剔現聞資政院審查預算有裁減各省行政經費之說當此時事孔艱果有應裁之款自應勉為其難惟各省情形不同辦事情狀亦因之而異資政院於各省辦事內容未必遽能瞭澈倘不先接洽意為刪減誠恐一經議決奏准外省應付支絀現行要政固不免窒礙廢擱萬一因庶政停滯致生他故則用費之鉅恐有不止倍蓰於今日者人駿為大局起見不得不先行陳請務乞鈞力維持不勝感幸人駿漾

1250

收湖廣總督電 十一月二十九日

鄂省試辦預算案內前據藩司王乃徵核議裁減及部擬增減各款飭據各主管署局按照事實查明議覆際此縮短國會年限提前籌備憲政之時一切政治方促進行萬難過事節縮致有削足適屨之誚再三商酌共祗能裁節銀三十八萬餘兩不得已另就原有歲入款項切實整頓計可增銀二百餘萬以收抵支所差無幾業經遵章奏明並詳敘理由造具表冊送部查

核在案總之鄂省財政今春瑞澂到任業已大加裁併此次因預算不敷又復搜剔核減實已不遺餘力惟聞資政院現正審查誠恐不察外情任意刪減將來事多窒礙轉使行政官從違兩難伏乞鈞處貴部力與維持無任企禱瑞澂儉

1251 收四川總督電 十一月二十九日

聞資政院審查預算所定行政官公費司六千道五千似覺太少川省司道僅有公費無經費而提學巡警勸業又并無養廉似均宜酌增至州縣為地方官當茲籌備憲政百事叢脞一身若不優給公費必於辦事有礙川省自改經徵以來州縣除額定公費外無絲毫餘款尤不能不加以體恤況
朝廷用人必忠信重祿乃能勸士近年才智之士皆薄州縣而不為識者憂之尚望鈞處主持預為定立標準辦法大局幸甚爾巽叩豔

1252 收四川總督電 十一月二十九日

聞資政院審查預算不問事實一意武斷入款則虛加收數支款則銳行削減若不預為辯正將來款不敷用庶政憑何舉辦憲政從何籌備督撫責任所繫其勢亦斷難承認即使嚴譴以繩易人而理財款之不敷者必依然不敷其歸根仍不能不向部中取給與其事後補救大局已不堪設想曷若將擬增擬裁擬減各款先行內外協商以期折衷至當鈞處總攬全局大部主管財政務望力為主持俾免預算不能實行無任盼禱巽卅

1253 收直隸總督電 十二月十二日

政務處鑒洪前據直隸特派員唐檢討寶鍔報告資政院議減直隸預算總冊詳加審核其中有必不能裁者有可以酌減而未能全裁者有追加案內已刪節不能再減者有總分冊兩方同減係屬重複者當經開具理由函送度支部並依類分送主管各部請與院協商在案茲續

據該員報告各省追加預算及敝處協商冊並
未詳細審查等語查直隸政務素繁生活程度
較高除總督司道公費各省自應從同其餘院
議裁減各項行政經費窒礙良多實難照辦預
算應受協商自是憲法所公認況審查並未詳
確何能驟議特行現在財政艱難諸事宜求撙
節誠屬不易之理且辦事籌款二者均係督撫
之責用既不足豈願坐視浮濫自受其困方籌
備憲政正議進行持消極主義未免北轍南轅
因嗌廢食現聞預算案已送交
鈞處復核自能通籌全局俾可切實推行可否
就近咨取敝處送部理由力爭主持總之預算
案內何者可裁何者應減即院議未經計及必隨
時衡諸事實認真辦理明年預算係屬試辦本
非一成不變責任所在不容諉卸亦無所依違敬
以電陳惟祈垂詧龍叩真

鈐章

宣統二年十二月十六日內閣奉
上諭明年正月十二日祭
祈穀壇遣載瀛恭代行禮欽此
軍機大臣署名
臣奕
臣毓
臣那
臣徐

1254

鈐章

宣統二年十二月十六日內閣奉
上諭明年正月初八日孟春時享
太廟遣懋林恭代行禮
後殿派魁斌行禮兩廡派錫露希璋各分獻欽此
軍機大臣署名
臣奕
臣毓
臣那
臣徐

1255 十二月十六日引見人員
值年旗二十七人

1256 鈐章
軍機大臣欽奉
諭旨內閣侍讀學士延昌片奏京師法政學堂別科畢業援案免法官第一次考試請飭部覈議等語著該部知道欽此
軍機大臣署名
臣奕
臣毓
臣那
臣徐
同延昌鈔片交
學部
法部
十二月十六日

1257 鈐章
軍機大臣欽奉
諭旨都察院奏代遞中書科中書王榮官改訂官制條陳呈一件著該衙門知道欽此
軍機大臣署名
臣奕
臣毓
臣那
臣徐
十二月十七日

1258 鈐章
軍機大臣欽奉
諭旨都察院奏代遞奉天旗務處總辦金梁等以儒臣達海刱定國書繙繹經史有功聖教懇請附祀文廟並建專祠呈一件著禮部議奏欽此
軍機大臣署名
臣奕
臣毓
臣那
臣徐
十二月十七日

1259
鈐章
軍機大臣欽奉
諭旨都察院奏代遞貴州京官翰林院學士許澤新
等為已故貴州巡撫林肇元功德在民請另建專
祠呈一件林肇元著准其於貴州省城捐建專祠
又代遞江蘇候補知府羅道源等請開復已故浙江衢
州鎮總兵喻俊明暫行革職處分並將生平戰功
宣付史館立傳呈一件喻俊明著准其開復暫行
革職處分欽此

軍機大臣署名

十二月十七日

臣奕
臣毓
臣那
臣徐

1260
鈐章
軍機大臣欽奉
諭旨憲政編查館奏遵擬修正逐年籌備事宜開單
呈覽一摺著依議欽此

軍機大臣署名

十二月十七日

臣奕
臣毓
臣那
臣徐

1261
鈐章
軍機大臣欽奉
諭旨民政部奏廳丞任滿遵章考核臚列成績請予
獎敘一摺王善荃著交部從優議敘欽此

軍機大臣署名

十二月十七日

臣奕
臣毓
臣那
臣徐

1262
鈐章
軍機大臣欽奉
諭旨都察院奏都察院職司清要宜變通職掌明定
權限一摺著憲政編查館會議政務處知道欽此
軍機大臣署名
臣奕
臣毓
臣那
臣徐
十二月十七日

1263
十二月十七日引
見人員
值年旗三十七人

1264
鈐章
宣統二年十二月十八日内閣奉
上諭寳棻奏勘明河南被災各州縣請分别蠲緩新
舊錢漕一摺豫省本年春間雨雪過多入夏後大
雨兼旬山水暴發河流漫溢以致祥符等州縣秋
禾收成均形歉薄若將新舊錢漕同時並徵民力
實有未逮加恩著照所請所有祥符等四十二州
縣應徵新舊錢漕分别蠲緩以紓民力該撫即按
照單開各州縣村莊頃畝錢糧米石各數刊刻謄
黄徧行曉諭務使實惠均沾毋任吏胥舞弊用副
朝廷軫念民艱至意該部知道單併發欽此
軍機大臣署名
臣奕
臣毓
臣那
臣徐

1265
鈐章
宣統二年十二月十八日内閣奉
上諭度支部奏請簡四川清理財政正監理官一摺
江蘇候補道文龢著賞加四品卿銜充四川清理
財政正監理官欽此

軍機大臣署名
臣奕 臣毓 臣那 臣徐

1266

鈐章

軍機大臣欽奉
諭旨朱恩紱奏酌保隨同考察製造軍械局廠出力
人員開單呈覽一摺著該部議奏欽此

軍機大臣署名
臣奕 臣毓 臣那 臣徐

十二月十八日

1267

鈐章

宣統二年十二月十九日内閣奉
上諭廷杰奏因病續假並請派員署缺一摺廷杰著
再賞假一箇月法部尚書毋庸派署欽此

軍機大臣署名
臣奕 臣毓 臣那 臣徐

1268

鈐章

宣統二年十二月十九日内閣奉
上諭陝西提學使著余堃補授甘肅新疆提學使著
杜彤補授欽此

軍機大臣署名
臣奕 臣毓 臣那 臣徐

1269

鈐章

軍機大臣欽奉

諭旨李家駒奏考察日本財政編譯成書繕冊呈覽
各摺片著該衙門知道書留覽欽此

二十二日同鈔摺片交度支部

軍機大臣署名

臣奕　臣劻　臣那　臣徐

十二月十九日

1270

鈐章

軍機大臣欽奉

諭旨李家駒奏考察憲政隨員援案懇恩給獎一摺
又片奏請給日員寶星等語均著該部議奏又片
奏繳銷關防等語知道了欽此

軍機大臣署名

臣奕　臣劻

臣那　臣徐

十二月十九日

1271

欽章

軍機大臣欽奉

諭旨會議政務處會奏議覆浙江巡撫增韞奏改設
糧道庫大使專缺一摺著依議欽此

軍機大臣署名

臣奕　臣劻　臣那　臣徐

十二月二十日

1272

鈐章

軍機大臣欽奉

諭旨督辦津浦鐵路大臣徐世昌等奏津浦鐵路工
程過半並預籌進步一摺又奏津浦總公所現移

往電報車務學堂辦公一片均知道了欽此

軍機大臣署名

臣奕

臣毓

臣那

臣徐

十二月二十日

1273

辦理軍機處為咨商事接准

貴院片開現將遵章會奏議決大清新刑律總則請

旨裁奪奏稿一件單一件片送貴處開寫堂銜粘連會

畫於三日內片送過院以憑繕摺具

奏惟本院現已閉會如遇有院章第十七條第十八條所載情形應如何變通之處再行咨商辦理等因前來查修訂法律大臣會同法部具奏刑律草案第十一條原定凡未滿十五歲者之行為不為罪但因其情節得命以感化教育嗣經憲政編查館覆核以為未妥特改十五歲為十二歲並續纂第五十條凡未滿十六歲之犯罪者得減本刑一等或二等皆有按語述其理由

此次

貴院議決仍將第十一條之十二歲改為十五歲并將第五十條刪除本大臣於此處未能同意查籌備事宜清單新刑律應於今年頒布現在

貴院業經閉會既不能照院章第十七條咨送覆議即不能照院章第十八條分別具奏擬於會奏新刑律總則摺內聲明彼此異同之處恭請

聖裁庶於清單年限無違亦於

貴院應行議決事件權限無損為此咨商

貴院希即查照從速見覆以便出具會語再行會

奏可也須至咨者

右　咨

資政院

宣統二年十二月　二十　日

1274
鈐章
軍機大臣欽奉
諭旨都察院奏代遞已革空花翎文燿等爲變通旗
制籌畫生計又代遞貢生章福榮等條陳八旗生
計呈二件著變通旗制處知道欽此
軍機大臣署名
臣奕 臣毓 臣那 臣徐
十二月二十一日

1275
鈐章
軍機大臣欽奉
諭旨資政院奏提議整理邊事一案繕單具陳一摺
著會議政務處軍諮處知道欽此
軍機大臣署名
臣奕 臣毓

原件交政務處
鈔交軍諮處 均全鈔摺單

臣那 臣徐
十二月二十一日

1276
鈐章
軍機大臣欽奉
諭旨資政院奏陳請山西省北鹽務辦法一案一摺
著督辦鹽政大臣知道欽此
軍機大臣署名
臣奕 臣毓 臣那 臣徐
十二月二十一日

1277
鈐章
軍機大臣欽奉
諭旨東三省鼠疫盛行現在各處嚴防毋令傳染關

內著外務部民政部郵傳部隨時會商認真籌辦
切實稽查天津一帶如有傳染情形即將京津火
車一律停止免致蔓延欽此

原件交外務部
鈔交民政 郵傳部

軍機大臣署名

臣奕 臣毓 臣那 臣徐

十二月二十一日

1278

鈐章

宣統二年十二月二十二日內閣奉
上諭前禮部左侍郎張亨嘉由翰林入直南書房迭
掌文衡洊升卿貳學問優裕克勤厥職兹聞溘逝
軫惜殊深加恩著照侍郎例賜卹任內一切處分
悉予開復應得卹典該衙門察例具奏伊子張如
宣著以主事用欽此

軍機大臣署名

臣奕 臣毓
臣那 臣徐

1279

鈐章

軍機大臣欽奉
諭旨倉場衙門奏本屆漕務完竣在事出力文武員
弁援案請獎一摺著該部議奏單二件併發欽此

軍機大臣署名

臣奕 臣毓 臣那 臣徐

十二月二十二日

1280

辦理軍機處為咨覆事准
貴院咨開查本院議決新刑律總則第十一條
及刪除原案第五十條貴大臣既未能同意而
本院業已閉會年內無從覆議祇得變通成例

會同具奏希即於會語内將彼此異同之處詳
細聲明片送過院以便從速會奏恭請
聖裁等因前來本大臣已將彼此異同之處於會語
内詳細聲明並將總則第三條第五條内所引
分則條目有與分則不符者查照分則更正並
其餘字句均分別簽入奏稿清單之内所有稿
銜業經會畫俟有具奏日期並希先行知照相
應將原稿清單咨送
貴院查照辦理可也須至咨者
右 咨
資政院
宣統二年 十 二月二十 二 日

1281 鈐章

宣統二年十二月二十三日内閣奉
上諭恩壽奏考覈屬員分别舉劾一摺陝西西安府
知府瑞清興安府知府胡薇元本任延安府知府
調署漢中府知府愛星阿商州知州胡啟虞調補
臨潼縣知縣劉賡年署華州知州本任咸甯縣知
縣王世鍈興平縣知縣張瑞璣升補華州知州楊
調元署延長縣知縣試用知縣洪寅署蒲城縣知
縣本任長武縣知縣曾士剛既據該撫臚陳政績
均著傳旨嘉獎岐山縣知縣吴命新居心巧滑語
多飾詞署乾州知州大荔縣知縣陳潤燦馭下不
嚴差役用事均著開缺留省查看署山陽縣知縣
試用知縣傅麗文操守難信怨讟繁滋開缺查看
前洵陽縣知縣盧秉鈞知識庸闇難與更新大荔
縣丞李松壽擅受民詞試用府經歷舒承勳行為
殘忍貫策三縱丁需索署江口主簿施錫壽縱役
釀命試用直隸州判吴永錫違例苛罰分缺先用
典史毛節墳收釐弊混候補縣丞郭釗任意苛罰
均著即行革職武功縣訓導郭暉煙癮未除著革
職永不敘用餘著照所議辦理該部知道欽此
軍機大臣署名
臣奕假

臣毓假
臣那
臣徐

1282

鈐章

軍機大臣欽奉

諭旨農工商部奏高等實業學堂五年畢業在事出力各員分別酌擬獎敘繕單呈覽一摺著該部議奏又片奏高等實業學堂監督侍郎紹英編修袁勵準勤勞最著應如何獎勵等語紹英著交部議敘袁勵準著以侍講升用欽此

軍機大臣署名

臣奕假
臣毓假
臣那
臣徐

十二月二十三日

1283

鈐章

軍機大臣欽奉

諭旨農工商部奏遵章預籌次年農工商政實行辦法一摺著憲政編查館知道欽此

軍機大臣署名

臣奕假
臣毓假
臣那
臣徐

十二月二十三日

1284

鈐章

軍機大臣欽奉

諭旨農工商部奏遵擬獎勵棉業化分礦質局暨工會各章程分別繕單呈覽一摺著依議欽此

軍機大臣署名

臣奕假
臣毓假
臣那

臣徐

十二月二十三日

1285 鈐章

軍機大臣欽奉

諭旨御史路士桓奏密陳東省阽危請速定大計實
行借款移民政策一摺着度支部議奏欽此

軍機大臣署名

臣奕 假
臣毓 假
臣那
臣徐

十二月二十三日

1286 鈐章

宣統二年十二月二十四日内閣奉

上諭丁寶銓奏查明陽曲等廳州縣被災地畝請分
別豁免蠲緩遞緩停徵展停錢糧一摺本年山西
省自春徂夏雨澤愆期入秋得雨過晚播種已遲
收成歉薄其北路暨口外各屬並有不及播種之
處兼以冰雹為患成災歉收暨水沖沙壓未能墾
復地畝若將應徵新舊糧賦照常徵收民力實有
未逮加恩著照所請所有陽曲等三十八廳州縣
應徵新舊錢糧著按照成災分數分別豁免蠲緩
遞緩停徵展停以恤民艱該撫即將單開詳細數
目刊刻謄黄徧行曉諭務使實惠均霑毋任吏胥
舞弊用副朝廷軫念災區之至意餘著照所議辦
理該部知道單併發欽此

軍機大臣署名

臣奕
臣毓 假
臣那
臣徐

1287 鈐章

宣統二年十二月二十四日内閣奉

上諭程德全奏考察屬員分別舉劾一摺江蘇松江
府知府戚揚太倉州直隸州知州姚炳熊華亭縣

調署長洲縣知縣張鵬翔既據該撫臚陳政蹟均
著傳旨嘉獎補用道陳光淞縱容丁役內行有虧
候補知府胡玉瀛貌似有才舞弊最工陽湖縣知
縣伊立勳玩視民命私用門丁浙江試用知縣劉
承業緝獲濫賣徇情枉縱署馬蹟司巡檢葉日蔭
擅受刑責釀成人命新陽縣典史殷敏看管案犯
收受銀錢已撤巡艦代統江南水師學堂畢業生
封燮臣玩忽戎機匿贓不報福山鎮左營中哨四
隊外委歐忠彪查米出洋任聽賄放均著即行革
職封燮臣歐忠彪著分別歸案從嚴訊辦並將封
燮臣文憑勒追註銷餘著照所議辦理該部知道
欽此

軍機大臣署名

臣奕
臣毓 假
臣那
臣徐

1288

鈐章

宣統二年十二月二十四日內閣奉
上諭丁寶銓奏遵章裁撤冀甯道改設勸業道並請
簡補一摺山西勸業道員缺著翁斌孫補授欽此

軍機大臣署名

臣奕
臣毓 假
臣那
臣徐

1289

鈐章

軍機大臣欽奉
諭旨資政院議決運送章程遵章會同農工商部具
奏請旨裁奪一摺著依議欽此

軍機大臣署名

臣奕
臣毓 假
臣那
臣徐

十二月二十四日

1290

鈐章

諭旨修訂法律大臣沈家本等奏法律館籌辦事宜

遵旨臚列一摺著憲政編查館知道欽此

軍機大臣欽奉

軍機大臣署名

臣奕

臣毓 假

臣那

臣徐

十二月二十四日

1291

鈐章

諭旨修訂法律大臣沈家本等奏刑事訴訟律草案

告成裝册呈覽一摺著憲政編查館覆核具奏册

併發欽此

軍機大臣欽奉

軍機大臣署名

臣奕

臣毓 假

1292

鈐章

諭旨管理法律學堂事務大臣沈家本奏法律學堂

乙班學員畢業酌擬改官辦法一摺著該部議奏

欽此

軍機大臣欽奉

臣那

臣徐

十二月二十四日

軍機大臣署名

臣奕

臣毓 假

臣那

臣徐

十二月二十四日

1293

收兩廣總督電 十二月十九日

會議政務處釣鑒各省預算案聞資政院業經

議決頗多任意删減此事關係甚大有不得不據

實上陳者粵省預算原案一切行政經費本已極力節縮應支之款尚多闕如實屬萬無可減現在行政之統系未分租稅之等級未定又值提前籌備立憲一切理財行政無不責之疆臣若於其應辦之事項必需之經費又復嚴加束縛任意剋減雖有智巧何以為計資政院核減之款雖尚未得其詳然既未與外省協商其中必多窒碍倘遽照此定案將來一經宣布外省若照案奉行則一切政事皆將廢弛必致貽誤大局非僅疆吏一身之咎若不奉行則又有違反法律之罪實屬進退維谷惟有仰懇鈞處統籌全局力予主持不僅廣東一省之幸臨電不勝迫切待命之至岐叩巧

1294 收湖廣總督電 十二月十九日

政務處鈞鑒湖北財政艱窘入不敷出已非一年今夏准度支部電試辦豫算案內不敷過鉅須令收支適合即飭據前湖北藩司王乃徵核議裁減并准度支部酌擬應增應減各款經瑞澂督同各主管署局按切事實再三商酌共裁節銀三十八萬餘兩另就原有歲入款項切實整頓計可增銀二百餘萬以收抵支所差無幾業經遵章奏明并詳敘理由造具表冊咨送度支部查核在案近聞資政院審查各省豫算徑自任意刪減并不協商雖如何減法外間不知底細惟其全憑理想於政治上無甚經驗必與事實有礙查鄂省各項行政經費今春瑞澂到任即經大加裁併嗣因豫算不敷又復搜剔核減實已不遺餘力值此縮短國會年限提前籌備憲政之際一切政治方促進行萬難遇事節縮致有削足適履之誚司道公費奏定之後人經度支部議減一成辦公已慮不敷現若再減使其用度竭蹶無以養廉將使賢者慮貽累而奉身思退不肖者冒不韙而設法取盈即使事後叅追已與國計民生大有妨礙各署局科長科員薪俸原定本極核實現當時事艱難需材孔亟若使無以贍其事畜殊不足以資維繫而專責成再四思維不得已詳述理由密電奉

總務祈鈞處鼎力維持俾與政治進行無礙鄂省幸甚如有必須酌減之處并請先行電示由瑞澂督同司道按照事實議覆庶幾內外協商期臻妥協瑞澂舊病未痊行將奏乞去鄂此次為鄂省大局起見非為一己之私區區愚忱敬祈鑒察為叩瑞澂嘯

1295

收河南巡撫電十二月十九日

政務處鈞鑒各省預算聞資政院任意删減窒礙之處頗多此事應如何定奪鈞處自有權衡但財用為行政命脈督撫負行政責任酌中核定當局具有苦心不能不將本省為難實情預為陳明經常歲出不外國家地方兩種純係地方性質者紳民願留若干當為儘數辦事自可無庸爭執其為國家所用除京協餉外厥維本省開支此項中各目繁多即以軍政論無不以防軍為虛糜然生計日艱匪類徧野地方之安甯實賴防軍與州縣募勇分段駐守互為聲援現在豫省防軍名為四十營幾無二十各在一處者一交冬令連敝處衛隊駐防練軍均需出省情形亦可概見如果去舊留新姑無論緝匪等事新軍能否勝任即此零星分布已難照辦明年公費實行州縣無力養勇地方無一軍隊恐行政官身命亦所難保豈能保護他人他若局所委員以及鈔寫吏等等無不因舊政毫末删減新政紛至沓來多於往昔此各項開支苦於新舊並顧無可裁減之實情也豫省積習上自差缺各員下及在官胥吏向恃陋規為生活薪水俸廉不過入款之一宗而已預算所定公費甚為菲薄其薪水公食大率照舊開列而陋規則非提即裁上司之所恃以奔走人才者功名之外厥惟利祿巡撫司道受恩深重自不當計及所入厚薄然閭省之大豈僅此少數即能濟事王道不外人情公家任用一人既欲使之終年奔走即當贍其身家過為竭澤之漁使人人自顧惶惶上下解體則大局何以支持此又公費薪水等項苦於原定已少無可再減之實情也總之豫省各項經費自經度

支部駁删已不復留餘資政院議員於政界均未親歷僅憑理想以為駁删似天下無不可裁之款項如果並不協商憑空定案行政官實難擔此重任與其將來貽誤不如先事陳明還乞鈞處鼎力主持秉公裁核俾得就款辦事顧大局則感荷成全永無既極不勝迫切待命之至寶棻謹肅效

1296

收湖南巡撫電十二月二十一日

政務處鈞鑒湘省試辦宣統三年預算本已核實祇以近年增加用款多未籌有的款故不敷達一百六十萬而明年應辦之事尚不在内奉度支部核增入款八十餘萬核減出款八十餘萬當飭清理財政局切實籌議茲據覆稱入款勉從增加三十餘萬出款設法裁減六十餘萬惟追加賠款公債等項又增大宗出款雖經籌增入款百餘萬以入抵出尚不敷二十八萬三千數百兩實已入無可增出無可減容在隨時撙節相機加籌以期收支適合擬即分别奏咨懇照此次增减預算作為定案聞資政院以全國預算不敷達五千餘萬大加裁减湘本瘠區浮糜素少若專以消極為主義則辦事必至無所措手而舊政尚難整頓新政曷克進行財用為行政命脉情形非親歷者不知資政院但求削足就履必多窒礙難行且現在梁蜀有警湘省邊防吃緊預算已裁之款尚恐未能盡遵預算已列之款斷難再為删減務求鈞處竭力維持湘省幸甚謹先電陳伏乞垂察楊文鼎叩號

1297

收黑龍江巡撫電十二月二十二日

會議政務處鈞鑒江省預算先由清理財政局按各處分册核減六十餘萬嗣遵部電復減四十萬江省勢處孤危百物昂貴辦事至為棘手明年預算實行有無基礎尚無把握奏咨之時已將實在情形聲明在案頃聞資政院對於江省預算復核減六七十萬軍政費民政費所減尤多查江省疆鄰逼處鐵路線内外兵增加不常我則鬍匪充斥劫掠時聞不但擾害地方動

輒釀成國際交涉實與內地情形迥殊江省兵單已極方苦無欵擴張今乃裁減三四十萬勢必大減兵額其危險何堪設想至民政費一項原統度支司及省城巡警各費在內今乃減去四分之三殊無辦法此外行政各項經費均經一再刪削勢難再減邊事萬緊資政院未察現情遽行刪減將來若有貽誤誰職其咎務望鈞處將預算冊復行核定以維邊局至為企禱樹模箇

1298

收吉林巡撫電 十二月二十三日

會議政務處鈞鑒吉省三年豫算業經度支部一再核減資政院未與各省協商漫加刪節窒礙既多關係尤大吉林設省未久尤難與內省比例院案實難承認前已將吉省豫算未便再減情形電達度支部資政院現在鈞處酌劑盈虛必歸允當敬祈主持毋任盼禱昭常謹肅馬

1299

鈐章

宣統二年十二月二十五日內閣奉
上諭明年五月為英君加冕之期著派貝子銜鎮國
將軍載振充頭等專使大臣前往致賀以重邦交
欽此

軍機大臣署名

臣奕 臣毓 臣那 臣徐

1300

鈐章

宣統二年十二月二十五日奉
旨左翼監督著達賚去右翼監督著瑞啟去欽此

軍機大臣署名

臣奕 臣毓 臣那 臣徐

1301

鈐章

宣統二年十二月二十五日奉

旨崇文門正監督著那彥圖去副監督著壽勳去欽

此

軍機大臣署名

臣奕

臣毓

臣那

臣徐

1302

鈐章

宣統二年十二月二十五日内閣奉

上諭馮汝騤奏查明江西被災各屬分別緩徵遞緩

新舊錢漕等項開單呈覽一摺江西南昌等府各

屬本年入夏以來雨水過多山溪暴發河湖並漲

沿河禾苗多被淹浸又因晴霽日久天氣亢陽高

阜秋稼漸形黄萎收成均甚歉薄若將應徵新舊

錢漕等項照常徵收民力實有未逮加恩著照所

請所有勘實被災之新建等廳縣並九江府同知

所轄之南九二衛均著將應徵新舊遞緩以紓民

力該撫即按照單開各廳縣村莊頃畝分數暨應

緩銀糧米石各數刊刻謄黄徧行曉諭務使實惠

均霑毋任吏胥舞弊用副朝廷軫念民艱至意該

部知道單併發欽此

軍機大臣署名

臣奕

臣毓

臣那

臣徐

1303

鈐章

宣統二年十二月二十五日内閣奉

上諭資政院議決新刑律總則會同軍機大臣具奏

繕單呈覽請旨裁奪一摺新刑律總則第十一條

之十五歲著改為十二歲第五十條或滿八十歲

人之上著加入或未滿十六歲八字樣餘依議又

據憲政編查館奏新刑律分則並暫行章程資政

院未及議決應否遵限頒布繕單呈覽請旨辦理

一摺新刑律頒布年限定自
先朝籌備憲政清單現在開設議院之期已經縮短新
刑律尤為憲政重要之端是以續行修正清單亦
定為本年頒布事關籌備年限實屬不可緩行著
將新刑律總則分則暨暫行章程先為頒布以備
實行俟明年資政院開會仍可提議修正具奏請
旨用符協贊之義並著修訂法律大臣按照新刑
律迅即編輯判決律及施行細則以為將來實行
之預備餘著照所議辦理欽此

軍機大臣署名

臣奕 臣毓 臣那 臣徐

1304

鈐章

宣統二年十二月二十五日内閣奉
上諭錫良奏查明奉省新民義州等屬旗民各項地
畝被災分數懇恩蠲緩糧租一摺奉天新民等處
本年夏秋霪雨連綿各屬地方多受水患間有被
雹成災收成歉薄實堪軫念加恩著照所請所有
新民等八府州縣並各旗界地畝著按照單開各
村屯被災分數分別蠲緩如有已徵在官者准其
流抵次年正賦其曾經被災緩徵者著遞緩一年
帶徵以紓民力該督即刊刻謄黃徧行曉諭務使
實惠均霑毋令吏胥舞弊用副朝廷軫念民艱至
意餘著照所議辦理該部知道單併發欽此

軍機大臣署名

臣奕 臣毓 臣那 臣徐

1305

鈐章

宣統二年十二月二十五日内閣奉
上諭總管内務府大臣奏遵旨查明大臣子嗣一摺
已故科布多辦事大臣錫恒之承繼孫繼良加恩
著賞給員外郎欽此

軍機大臣署名
臣奕 臣毓 臣那 臣徐

1306

鈐章
軍機大臣欽奉
諭旨御史温肅片奏請將中學以上學堂兵式體操
倣照陸軍教練等語著學部知道欽此
軍機大臣署名
臣奕 臣毓 臣那 臣徐
十二月二十五日

1307

鈐章
軍機大臣欽奉
諭旨郵傳部奏彙陳宣統元年分鐵路項下收撥各
款大數繕單呈覽一摺著度支部知道欽此
軍機大臣署名
臣奕 臣毓 臣那 臣徐
十二月二十五日

1308

鈐章
軍機大臣欽奉
諭旨郵傳部奏遵章預陳次年籌備實情一摺著憲
政編查館知道欽此
軍機大臣署名
臣奕 臣毓 臣那 臣徐
十二月二十五日

1309

鈐章

軍機大臣欽奉

諭旨理藩部奏伊克昭盟長等呈報台吉爲匪不法各情請暫行開去台吉查明訊辦一摺著依議欽此

軍機大臣署名

臣奕

臣毓

臣那

臣徐

十二月二十五日

1310

軍機大臣慶親王奕劻

軍機大臣貝勒毓朗

軍機大臣大學士那桐

大學士世續

民政部尚書肅親王善耆

度支部尚書載澤

禮部尚書榮慶

陸軍大臣廕昌

海軍大臣載洵

法部尚書廷杰

農工商部尚書溥頲

理藩部尚書壽耆

1311

民政部左侍郎烏珍

度支部左侍郎紹英

禮部左侍郎景厚

學部左侍郎寶熙

陸軍副大臣壽勳

法部左侍郎紹昌

農工商部左侍郎熙彥

署右侍郎溥善

理藩部左侍郎達壽

右侍郎恩順

內閣學士祺德

瑞豐

毓隆

那晉

榮勳

1312

辦理軍機處為咨覆事宣統二年十二月十二
日接准
貴院咨稱准咨開查資政院章第十七條載資
政院議決事件若軍機大臣或各部行政大臣
不以為然得聲敘原委事由咨送資政院覆議
等語昨准貴院議決修正報律條文案咨請會
同具奏等因前來本王大臣覆查議決修正報
律案第十一條第十二條確有與現行法律牴
觸並施行窒礙之處除將原稿封還外相應再
行提出修正案並聲敘原委事由開單照章咨
送覆議等因到院當經本院將單開之第十一條
第十二條開會覆議所有報律第十一條修正
之處業經多數議決即照貴處單開條文規定
其第十二條議決之文微有異點相應將覆議議
決條文開單咨行貴處王大臣酌核即行見覆
以憑會奏等因前來查單開覆議報律修正案
第十二條議決之文與本王大臣原提出覆議
之修正案揆之事理仍多未便原提出之修正
案係因外交陸海軍及其他政治上秘密事件

新舊刑律及現行專律同一保護處罰綦嚴故
提交覆議以符現行法律而便通行其原委事
由前咨聲敘甚詳無庸贅述今
貴院議決雖將外交陸海軍之秘密事件定為
當然不得登載而於其他政治上之秘密事件
仍執前議非經該官署禁止登載者報紙仍有
登載之自由是政治上之秘密報紙當然可以
登載即違禁之命令亦不過處以罰金於國家
政務之前途殊屬危險且與現行刑律保護秘
密之意互相牴觸實屬窒礙難行本王大臣不
以為然惟有查照資政院章第十八條辦理與
貴院分別具奏恭候
聖裁除逕行具奏外相應咨覆
貴院查照可也須至咨者
右　咨
資政院
宣統二年十二月　二十五　日

1313

鈐章

宣統二年十二月二十六日内閣奉

上諭馮汝騤奏考察屬員賢否據實舉劾一摺江西吉南贛甯道俞明頤南昌府知府武玉潤署南安府知府陳光裕試用知府全士彥署定南廳同知吳春鑅署廬陵縣知縣臨川縣知縣易順豫署瀘溪縣知縣歐陽保福署德興縣知縣余永濬補用知縣黃綬萍鄉縣蘆溪司巡檢劉蔭福既據該撫臚陳政績均著傳旨嘉獎試用知府程逵辦理官銀分號假公濟私不知自愛前署德化縣補用知州華桐辦事操切致釀命案前署瑞金縣補用知縣詹光斗藉案需索不知大體候補直隸州州判梁鏡寰視學南贛婪索規費安福縣教諭趙汝明品行不端署上高縣丞朱繼昌辦理禁煙不知覈實興國縣典史陳肇麟嗜利無恥臨川縣典史楊金選捕務廢弛崇仁縣鳳岡司巡檢袁惟晒不知檢束貴溪縣上清司巡檢王頌彬庸懦無能署南城縣新豐司巡檢蔡純操守不謹補用巡檢向楷玩視警務湖口礮台台官候選縣丞陳剛不守營規均著即行革職補用縣丞梅寶琦禁煙調驗搜獲夾帶試用從九蔣聿修調驗規避均著革職永不敘用永甯縣知縣胡嘉銓精神不振前署會昌縣知縣吉水縣知縣張肇基辦事迂緩均著開缺另補餘著照所議辦理該部知道欽此

軍機大臣署名

臣奕 臣毓 臣那 臣徐

1314

鈐章

軍機大臣欽奉

諭旨憲政編查館會奏考核各省州縣事實分別勸懲繕單呈覽一摺又奏嗣後考核府廳州縣事實另由各衙門辦理一片均著依議欽此

軍機大臣署名

臣奕 臣毓

臣那

臣徐

十二月二十六日

1315

鈐章

軍機大臣欽奉

諭旨陸軍正參領盧靜遠奏湖北方言學堂關繫譯

才未便輕易停辦一摺著學部知道欽此

軍機大臣署名

臣奕

臣毓

臣那

臣徐

十二月二十六日

1316

鈐章

軍機大臣欽奉

諭旨資政院議决提議統一國庫章程會同度支部

具奏繕單呈覽一摺著依議欽此

軍機大臣署名

臣奕

臣毓

臣那

臣徐

十二月二十七日

1317

鈐章

軍機大臣欽奉

諭旨修訂法律大臣沈家本等奏民事訴訟律草案

編纂告竣繕冊呈覽一摺著憲政編查館覆核具

奏冊併發欽此

軍機大臣署名

臣奕

臣毓

臣那

臣徐

十二月二十七日

1318
辦理軍機處為咨行事前因資政院議決報律
第十一條第十二條本大臣不以為然當經遵
照資政院院章聲敘原委事由咨送覆議并由憲
政編查館片行
貴部查照在案兹准資政院覆行議決咨請會
奏前來查單開報律第十二條資政院仍執前
議自應遵章分別具奏除咨覆資政院外相應
將奏稿一件單一件咨送
貴部查照會畫即日片送過處以便繕摺具奏
可也須至咨者
右　　咨
民　政　部

1319
鈐章
上諭法部尚書著紹昌補授沈家本著轉補法部左
侍郎法部右侍郎著王垿補授欽此
宣統二年十二月二十八日内閣奉
軍機大臣署名
臣奕

1320
應升尚書名單
外務部左侍郎胡惟德
右侍郎曹汝霖
吏部左侍郎于式枚
右侍郎瑞良現在出差　沈雲沛署
民政部左侍郎烏珍
右侍郎林紹年
度支部左侍郎紹英
右侍郎陳邦瑞
禮部左侍郎景厚
右侍郎郭曾炘
學部左侍郎寶熙
右侍郎李家駒
陸軍副大臣壽勳
海軍副大臣譚學衡
臣毓
臣那
臣徐

法部左侍郎紹昌
右侍郎沈家本 現充修訂法律大臣 王垿署
農工商部左侍郎熙彥
右侍郎楊士琦 現在出差 溥善署
郵傳部左侍郎汪大燮 現在出差 李經方署
右侍郎吳郁生
理藩部左侍郎達壽
右侍郎恩順
倉場侍郎桂春
俞廉三
大理院卿定成

1321
鈐章
宣統二年十二月二十八日內閣奉
上諭沈家本現在有差法部左侍郎著曾鑑署理欽此
軍機大臣署名
臣奕
臣毓
臣那
臣徐

1322
鈐章
宣統二年十二月二十八日內閣奉
上諭試辦宣統三年歲入歲出總預算案前由度支
部擬定奏交會議政務處會同集議旋經該處王
大臣奏交資政院照章辦理茲據該院奏稱此項
總預算案業經斟酌損益公同議決遵章會同會
議政務處具奏並繕具清單請旨裁奪等語現在
國用浩繁財力支絀該院核定宣統三年預算總
案朕詳加披覽尚屬核實如確係浮濫之款即應
極力削減若實有窒礙難行之處准由京外各衙
門將實用不敷各款繕呈詳細表冊敘明確當理
由遵行具奏候旨辦理至裁減綠防各營於各
省現在地方情形有無妨礙著陸軍部會同各省
督撫悉心體察熟權利害從長計議詳晰具奏又
會奏議決京外各官公費標準一片著俟編訂官
俸章程時候旨遵行欽此
軍機大臣署名
臣奕
臣毓

臣那
臣徐

1323
鈐章
宣統二年十二月二十八日内閣奉
上諭直隸提督姜桂題電奏武衛左軍應否裁撤請
旨裁奪等語武衛左軍本係毅軍改名歷經戰陣
嗣經派駐近畿用資拱衛關係尤為重要武衛左
軍營隊餉項著毋庸裁減仍責成姜桂題認真訓
練照常駐紮該部知道欽此
軍機大臣署名
臣奕
臣毓
臣那
臣徐

1324
鈐章
宣統二年十二月二十八日内閣奉
上諭法部尚書廷杰老成練達端謹廉明由部曹簡
放外任游陟監司升任熱河都統擢授尚書宣力
有年克稱厥職茲因患病疊次賞假方期調理就
痊長資倚畀茲聞溘逝軫惜殊深加恩賞給陀羅
經被派貝子溥倫帶領侍衛十員即日前往奠醊
照尚書例賜卹任内一切處分悉予開復應得卹
典該衙門察例具奏伊孫一品廕生延齡著俟及
歲時以郎中用用示篤念藎臣至意欽此
軍機大臣署名
臣奕
臣毓
臣那
臣徐

1325
宣統二年二月二十一日内閣奉
上諭禮部尚書葛寶華廉明勤慎學問優長由部曹
游陟卿貳疊掌文衡擢授尚書宣力有年克稱厥
職前因患病迭次賞假方期調理就痊長資倚畀
茲聞溘逝軫惜殊深加恩賞給陀羅經被派貝勒
毓朗帶領侍衛十員即日前往奠醊照尚書例賜

卹任内一切處分悉予開復應得卹典該衙門查
例具奏伊子葛紹焯俟及歲時以主事用用示篤
念藎臣至意欽此

1326
光緒十三年二月三十日内閣奉
上諭禮部尚書延煦練達勤慎學問優長由翰林洊
陟卿貳外任都統旋補左都御史擢授尚書宣力
有年克稱厥職前因患病疊次賞假方期調理就
痊長資倚畀兹聞溘逝軫惜殊深加恩賞給陀羅
經被派貝勒載瀅帶領侍衛十員即日前往奠醊
照尚書例賜卹並著賞銀五百兩由廣儲司給發
經理喪事任内一切處分悉予開復應得卹典該
衙門察例具奏伊孫容濬著賞給主事分部學習
行走用示篤念藎臣至意欽此

1327
鈔章
軍機大臣欽奉
諭旨憲政編查館奏館員勞乃宣經手事竣請飭赴
江甯提學使任一摺著依議又奏科員王履康應
赴安徽巡警道任派蕭鶴祥接往廣西考察憲政
一片知道了欽此
軍機大臣署名
臣奕
臣毓
臣那
臣徐
十二月二十八日

1328
應調尚書名單
外務部尚書鄒嘉來
吏部尚書李殿林
民政部尚書善耆
度支部尚書載澤
禮部尚書榮慶
學部尚書唐景崇
陸軍大臣廕昌
海軍大臣載洵
農工商部尚書溥頲

郵傳部尚書盛宣懷
理藩部尚書壽耆
都察院都御史張英麟

1329 應升侍郎名單
內閣學士麒德
瑞豐
毓隆
那晉
榮勳
溥善 現署農工商部右侍郎
楊佩璋
李聯芳
王垿 現署法部右侍郎
陳寶琛
都察院副都御史伊克坦
陳名侃
宗人府府丞朱益藩
大理院少卿劉若曾

翰林院學士錫鈞
許澤新

1330 候補侍郎名單
丁振鐸
沈雲沛 現署吏部右侍郎
姚錫光

1331 辦理軍機處為咨行事准
貴部咨送會畫修正報律稿件前來本處現定
於二十九日具奏相應咨行
貴部於明晨呈遞膳牌可也須至咨者
右咨
民政部
宣統二年十二月 二十八 日

1332

鈐章

宣統二年十二月二十九日內閣奉

上諭法部左丞著王世琪署理許受衡著署理總檢察廳廳丞欽此

軍機大臣署名

臣奕 臣毓 臣那 臣徐

1333

法部右丞黄均隆

左參議魏聯奎

右參議善佺

1334

京師總檢察廳廳丞王世琪

京師高等審判廳廳丞奎繇

京師高等檢察廳檢察長徐謙 現在告假 續祖署

京師內外城地方審判廳廳丞續貫祖 羅紹垣署

1335

鈐章

宣統二年十二月二十九日內閣奉

上諭甘肅巡警道員缺著趙惟熙試署欽此

軍機大臣署名

臣奕 臣毓 臣那 臣徐

1336

鈐章

宣統二年十二月二十九日內閣奉

上諭廣西勸業道員缺著胡銘槃補授欽此

軍機大臣署名

臣奕 臣毓 臣那 臣徐

1337

鈐章

宣統二年十二月二十九日内閣奉

上諭甘肅蘭州道一缺即行裁撤改設勸業道著彭
英甲補授欽此

軍機大臣署名

臣奕 臣毓 臣那 臣徐

1338

鈐章

宣統二年十二月二十九日内閣奉

上諭前據御史石長信奏參趙爾豐徇私溺職殘刻
貪污各節當經諭令長庚確查茲據查明覆奏或
事出有因或傳聞失實惟趙爾豐前在永甯道任
内辦理敘永土匪任用官紳罰及無辜究屬失於
覺察趙爾豐著交部察議候選知府傅嵩炑都司鄭
子均隨辦匪案擅作威福恃勢勒罰均著革職永
不敘用鄭子均貪黷無恥情節尤重著發往軍台
効力贖罪知縣用候補府經歷范國溥聲名素劣
分省補用知縣吳俣不戒於火燒毀營中糧米均
著交部分別議處打箭爐同知王典章既多物議
著開缺另補寶豐隆銀行股東喬世傑結交官長
把持招摇著查明如有官職即行斥革並發交原
籍地方官嚴加管束以示懲儆餘著照所議辦理
該部知道欽此

1339

鈐章

宣統二年十二月二十九日内閣奉

上諭楊文鼎奏耆紳鄉舉重逢籲懇恩施一摺在籍
翰林院檢討王闓運早列賢書儒林矜式現屆該
員鄉舉之年花甲適周洵屬科名盛事加恩著賞
加翰林院侍講銜以惠耆年欽此

軍機大臣署名

臣奕 臣毓 臣那 臣徐

1340
鈐章
軍機大臣欽奉
諭旨廣壽等電奏
德宗景皇帝几筵前歲暮致祭祭文由禮部封交陸軍
部轉齎竟未交到等語歲暮典禮何等隆重豈容
貽誤著禮部陸軍部查明何處躭延據實奏參欽此
軍機大臣署名
臣奕
臣毓
臣那
臣徐
十二月二十九日

1341
鈐章
軍機大臣欽奉
諭旨資政院奏議決修正報律繕單呈覽請旨裁
奪一摺又據軍機大臣會同民政部奏覆議報律
第十二條施行窒礙照章分別具奏一摺報律第
十二條之其他政治上秘密事件著改為其他政
務字樣餘依議欽此
軍機大臣署名
臣奕
臣毓
臣那
臣徐
十二月二十九日

1342
臣奕　等跪
奏為資政院覆議報律第十二條施行窒礙謹遵院
章分別具奏恭摺仰祈
聖鑒事竊臣等於宣統二年八月二十三日議覆民
政部修正報律案請
旨交資政院議決一摺欽奉
諭旨著依議欽此遵將修正報律案及理由書咨送
資政院協議並派員隨時到會發議當經議決
咨請會奏前來臣等覆查該院修正頗多就中
關於第十一條登載損害他人名譽之語第十
二條登載外交陸海軍及政治上秘密事件二

條臣等以為關係人民權利及國家政務者甚大該院議決案實與現行法律牴觸並有施行室礙之處未便遽以為然當即遵照資政院院章第十七條酌加修正將第十一條規定為損害他人名譽之語報紙不得登載但專為公益不涉陰私者不在此限第十二條規定為外交陸海軍事件及其他政務經該管官署禁止登載者報紙不得登載等語咨送覆議去後茲據覆稱第十一條已照提出修正條文議決而第十二條未得贊成改為外交陸海軍事件及其他政治上秘密事件經該管官署禁止登載者報紙不得登載咨請會奏前來臣等查漏洩機密懲罰宜嚴現行刑律載若漏洩機密重事於人者絞新刑律分則第五章於漏洩機務罪各有專條如第一百二十九條凡漏洩中國內治外交應秘密之政務者處三等至五等有期徒刑各等語謂之機密重事即不限於外交軍事謂之內政即包括其他政務此項漏洩機務之罪按以新刑律法例第二條之規定雖外國人有犯均應

同一科罰亦不問其曾否經由該管官署禁止誠以政務之秘密為國家安危所繫故中外刑律均嚴定科條所以預防機務之漏洩與外交軍事同一重視並無軒輊於其間也至修正報律第十二條所稱外交陸海軍事件及其他政務悉指通常關係外交陸海軍事件及其他通常政務而言官署認為必要始得從而禁止其登載若事涉機密當然不得登載本毋庸再由官署禁止竊以報律雖為單行法律究不能過侵刑律之範圍若輒以言論之自由破壞刑律之限制揆諸立法體例未免多所紛歧今資政院覆議報律修正案第十二條於外交軍事之秘密認為報紙當然不得登載而於政務上之秘密仍執前議似認為當然有登載之自由違犯禁止登載之命令者又僅處以罰金是於保持政務機密之意實有未合即與刑律限制之條互相抵觸若如該院覆議施行恐於國家政務之前途殊多危險查資政院院章第十八條資政院於軍機大臣或各部行政大臣咨送覆

議事件若仍執前議應由資政院總裁副總裁
及軍機大臣各部行政大臣分別具奏各陳所
見恭候
聖裁等語臣等爲慎重政務防洩機密起見謹遵章
分別具奏並將修正報律第十二條原文繕單
恭候
欽定至其餘各條臣等均無異議一俟
命下即由臣等通行京外一體欽遵所有資政院覆
議報律第十二條施行窒碍緣由謹恭摺具陳
伏乞
皇上聖鑒訓示再此摺係由軍機處主稿會同民政
部辦理合併聲明謹
奏

宣統二年十二月　日

1343 謹將咨送資政院覆議報律第十二條修正原
文繕具清單恭呈
御覽
報律第十二條　外交陸海軍事件及其他政
務經該管官署禁止登載者報紙不得登載

1344 查各處繳到
硃筆暨清漢摺片單例應彙齊繳進茲將陸軍部
繳到
硃筆暨載濤等繳到清漢摺片單一併開單繳進謹
奏

1345 恭繳
硃筆暨
硃批清漢摺片單共一百一十二封
陸軍部三封
海軍部二封
禁衛軍一封
軍諮處一封

載濤一封
溥良等三封
溥錮一封
意普等一封
奎瑛等二封
錫恆二封
聯豫等一封
三多二封
誠勳十三封
增祺等三封
瑞興等一封
信勤一封
瑞良一封
玉崑一封
堃岫等一封
樸壽等一封
清銳等一封
清銳二封
文瑞等二封

恩存等二封
台布等一封
蘇嚕岱二封
錫良等一封
陳夔龍一封
趙爾豐一封
張人駿等二封
張人駿二封
張鳴岐二封
瑞澂等二封
長庚一封
豐陞阿一封
儒林五封
豐吉一封
福海九封
秀昌一封
墨麒一封
恩志一封
吳重憙一封

丁寶銓一封
龐鴻書一封
增韞五封
聯魁一封
周樹模等一封
周樹模一封
王慶平一封
李傳元一封
趙淵一封
龍濟光一封
希廉一封
吴祥達一封
成衆一封
黄培松一封
張記廷一封
李進才等一封
彬格一封
賽崇阿一封
德克吉克一封

袁樹勛一封
岑春蓂三封
陳啟泰一封